INTEGRADO

LÍNGUA PORTUGUESA · MATEMÁTICA
HISTÓRIA · GEOGRAFIA · CIÊNCIAS
ARTE · LÍNGUA INGLESA

CÉLIA PASSOS

Cursou Pedagogia na Faculdade de Ciências Humanas de Olinda, PE, com licenciaturas em Educação Especial e Orientação Educacional. Professora do Ensino Fundamental e Médio (Magistério), coordenadora escolar e autora de materiais didáticos.

ZENEIDE SILVA

Cursou Pedagogia na Universidade Católica de Pernambuco, com licenciatura em Supervisão Escolar. Pós-graduada em Literatura Infantil. Mestra em Formação de Educador pela Universidade Isla, Vila de Nova Gaia, Portugal. Formação em *coaching*. Professora do Ensino Fundamental, supervisora escolar e autora de materiais didáticos e paradidáticos.

3º ANO
ENSINO FUNDAMENTAL

4ª edição
São Paulo
2022

Coleção Eu Gosto Mais
Integrado 3º ano
© IBEP, 2022

Diretor superintendente	Jorge Yunes
Diretora editorial	Célia de Assis
Coordenadora editorial	Viviane Mendes
Editores	Mizue Jyo, Marília Pugliese Branco, Deborah Quintal, Adriane Gozzo, Soraia Willnauer
Assistentes editoriais	Isabella Mouzinho, Stephanie Paparella, Daniela Venerando, Patrícia Ruiz
Revisores	Denise Santos, Yara Afonso, Pamela P. Cabral da Silva, Marcio Medrado
Secretaria editorial e processos	Elza Mizue Hata Fujihara
Departamento de arte	Aline Benitez, Gisele Gonçalves
Assistentes de iconografia	Victoria Lopes, Irene Araújo, Ana Cristina Melchert
Ilustração	João Anselmo e Izomar, José Luís Juhas, Dawidson França, Mw Ed. Ilustrações, Lu Kobayashi, J. C. Silva/ M10, Anderson de Oliveira Santos, Fábio/Imaginário Studio, Eunice/Conexão, Imaginário Studio e Ulhôa Cintra
Produção Gráfica	Marcelo Ribeiro
Projeto gráfico e capa	Departamento de Arte - Ibep
Diagramação	Dilex Editoração, Dinâmica Produção Editorial, Formata Produções Editoriais, Nany Produções Gráficas, NPublic

Dados Internacionais de Catalogação na Publicação (CIP) de acordo com ISBD

P289e   Passos, Célia

       Eu gosto m@is: Integrado / Célia Passos, Zeneide Silva. - 4. ed. - São Paulo : IBEP - Instituto Brasileiro de Edições Pedagógicas, 2022.
       480 p. ; 20,5cm x 27,5cm. – (Eu gosto m@is ; v.3)

       ISBN: 978-65-5696-254-2 (aluno)
       ISBN: 978-65-5696-255-9 (professor)

       1. Educação infantil. 2. Livro didático. I. Silva, Zeneide. II. Título. III. Série.

2022-3013   CDD 372.2
                                                                CDU 372.4

Elaborado por Vagner Rodolfo da Silva - CRB-8/9410

Índice para catálogo sistemático:
1. Educação infantil : Livro didático 372.2
2. Educação infantil : Livro didático 372.4

4ª edição – São Paulo – 2022
Todos os direitos reservados

Rua Gomes de Carvalho, 1306, 11º andar, Vila Olímpia
São Paulo – SP – 04547-005 – Brasil – Tel.: (11) 2799-7799
www.grupoibep.com.br/ – editoras@ibep-nacional.com.br

Impressão - Gráfica Mercurio S.A. - Agosto 2024

APRESENTAÇÃO

Querido aluno, querida aluna,

Ao elaborar esta coleção, pensamos muito em vocês. Queremos que esta obra possa acompanhá-los em seu processo de aprendizagem pelo conteúdo atualizado e estimulante que apresenta e pelas propostas de atividades interessantes e bem ilustradas.

Nosso objetivo é que as lições e as atividades possam fazer vocês ampliarem seus conhecimentos e suas habilidades nessa fase de desenvolvimento da vida escolar.

Por meio do conhecimento, podemos contribuir para a construção de uma sociedade mais justa e fraterna: esse é também nosso objetivo ao elaborar esta coleção.

Um grande abraço,

As autoras

SUMÁRIO

PÁGINA

LÍNGUA PORTUGUESA 5

MATEMÁTICA 121

HISTÓRIA 235

GEOGRAFIA 287

CIÊNCIAS 339

ARTE 413

LÍNGUA INGLESA 445

ALMANAQUE 481

ADESIVOS 505

LÍNGUA PORTUGUESA

3º ANO

ENSINO FUNDAMENTAL

SUMÁRIO

Lição 1 – Segredo..**8**
- Ordem alfabética 9
- Palavras com M antes de P e B 14

Lição 2 – O céu está caindo **17**
- Classificação das palavras quanto ao número de sílabas 22
- Palavras com H inicial 23

Lição 3 – O raio x da tartaruga...**26**
- Acento agudo e acento circunflexo...28
- Acentuação dos monossílabos tônicos 29
- Palavras com til, M e N 30

Lição 4 – Reduza, reutilize e recicle!..**33**
- Sílaba tônica..35
- Letras R e RR 36

Lição 5 – Descobrindo histórias e autores...**39**
- Classificação das palavras quanto à posição da sílaba tônica 42
- O e U em final de palavra 44

Lição 6 – O leão e o ratinho **45**
- Acentuação das palavras oxítonas..48
- Palavras com S e SS 49

Lição 7 – Vida de piolho **51**
- Sinais de pontuação 54
- Tipos de frase 54
- Palavras com L e LH 55

Lição 8 – O colecionador **57**
- Substantivos 61
- Substantivos comuns e próprios 61
- Uso de LH, NH, CH 62

Lição 9 – Quem lê? Júlia Martins..**65**
- Gênero do substantivo 67
- Palavras com C e QU 67

Lição 10 – A lenda da vitória-régia **70**
- Número do substantivo 72
- Palavras com G e GU 74

Lição 11 – Carta da Galinha Ruiva **76**
- Pronomes pessoais.. 78
- Pronomes possessivos 79
- Pronomes demonstrativos... 80
- Palavras com S em final de sílaba 81

Lição 12 – Correr, jogar, pular e brincar **82**
- Verbo 84
- Tempos verbais 87
- Palavras com C e Ç 89

Lição 13 – Parque Nacional de Itatiaia **92**
- Verbo: pessoa e número 94
- Palavras com G e J 96

Lição 14 – Eva Furnari..**99**
- Adjetivos 101
- E e I em final de palavra... 103

Lição 15 – Bonecas que celebram a diversidade **105**
- Formação de palavras... 108
- Palavras com L e U em final de sílaba 109

Lição 16 – Branca de Neve **111**
- Pontuação e discurso direto... 114
- X com som de CH 115

Ampliando o vocabulário 118

SEGREDO

VAMOS COMEÇAR!

Leia o título do poema. Você acha que o segredo será revelado?
Faça uma leitura em voz alta com os colegas para descobrir.

Segredo

Andorinha no fio
escutou um segredo.
Foi à torre da igreja,
cochichou com o sino.

E o sino bem alto:
delém-dem
delém-dem
delém-dem
dem-dem!

Toda a cidade
ficou sabendo.

Henriqueta Lisboa. *Poesia fora da estante*. Compilação de Vera Teixeira de Aguiar.
Porto Alegre: Projeto, 2013. p. 54.

ESTUDO DO TEXTO

Estrofe é um conjunto de versos. **Verso** é cada linha do poema. **Rima** é a semelhança de sons finais entre as palavras do poema.

1. Observe o poema "Segredo" e responda.

a) Há quantas estrofes?
_____

b) Há quantos versos em cada estrofe?
_____

2. Releia as duas primeiras estrofes do poema "Segredo" e responda.

a) Na primeira estrofe, que palavra tem o mesmo sentido de **sussurrou**?
_____

b) Na segunda estrofe, quais palavras transmitem a ideia de barulho?
_____
_____
_____

c) Que verso indica que o sino está parando de tocar?
_____

d) Por que, mesmo lendo ou ouvindo o poema, não desvendamos o segredo? Converse com os colegas.

ESTUDO DA LÍNGUA

Ordem alfabética

Você já conhece o alfabeto. Leia-o em voz alta.

A B C D E F G H I J K L M
N O P Q R S T U V W X Y Z

Relembre quais são as **vogais**.

A E I O U

Agora reveja as **consoantes**.

B C D F G H J L M
N P Q R S T V X Z

As letras **K**, **W** e **Y** são empregadas em nomes de pessoas e de lugares, em palavras de origem estrangeira e em abreviaturas e siglas.

Por meio da **ordem alfabética**, organizamos as palavras em diversas situações.

9

O dicionário começa com a letra **A**, e as palavras iniciadas por essa letra também são organizadas pela sequência de letras do alfabeto. Com que letra começam as palavras escritas na página ao lado do dicionário?

____

____

ALIMENTO

ALIMENTO (A-LI-**MEN**-TO)
TUDO AQUILO QUE OS SERES VIVOS COMEM E BEBEM PARA PODER VIVER E CRESCER.
◆ *AS CRIANÇAS PRECISAM COMER* ***ALIMENTOS*** *VARIADOS.*

ALMOÇO (AL-**MO**-ÇO)
SEGUNDA REFEIÇÃO DO DIA, FEITA ENTRE O CAFÉ DA MANHÃ E O JANTAR, POR VOLTA DO MEIO-DIA.
◆ *MAMÃE COMEU PEIXE NO* ***ALMOÇO.***

ALMOFADA (AL-MO-**FA**-DA)
SACO RECHEADO DE ESPUMA QUE SERVE PARA ENCOSTO, ASSENTO OU ENFEITE.
◆ *VIVIAN ENFEITOU A CAMA COM DUAS* ***ALMOFADAS.***

ALTO (**AL**-TO)
1. QUE TEM MUITA ALTURA.
◆ *EU MORO EM UM EDIFÍCIO* ***ALTO.***
2. QUE ESTÁ EM PONTO OU LOCAL ELEVADO.
◆ *A PIPA VOA* ***ALTO.***
3. COM VOZ OU SOM FORTE.
◆ *A CORNETA TOCAVA* ***ALTO.***

ALUGAR (A-LU-**GAR**)
DEIXAR USAR ALGUMA COISA OU LUGAR, EM TROCA DE PAGAMENTO.
◆ *MEU TIO* ***ALUGA*** *A CASA ONDE MORA.*

ALUNO (A-**LU**-NO)
ESTUDANTE, AQUELE QUE RECEBE AULAS NA ESCOLA OU EM CASA.
◆ *OS* ***ALUNOS*** *GOSTAM DE MATEMÁTICA.*

AMANHÃ (A-MA-**NHÃ**)
O DIA QUE VEM DEPOIS DE HOJE.
◆ ***AMANHÃ*** *NÃO HAVERÁ AULA PORQUE É FERIADO.*

AMAR (A-**MAR**)
SENTIR AMOR, GOSTAR MUITO DE ALGUMA COISA OU DE ALGUÉM.
◆ *FERNANDO* ***AMA*** *SEUS FILHOS.*

AMARGO (A-**MAR**-GO)
QUE TEM GOSTO RUIM E SABOR NADA DOCE.
◆ *O JILÓ É* ***AMARGO,*** *MAS EU GOSTO.*

AMEIXA (A-**MEI**-XA)
FRUTO DA AMEIXEIRA, DOCE E SUCULENTO. PODE SER AMARELO, VERMELHO OU ROXO-ESCURO.
◆ *MARCELO COMEU PUDIM COM* ***AMEIXAS.***

16

IBEP

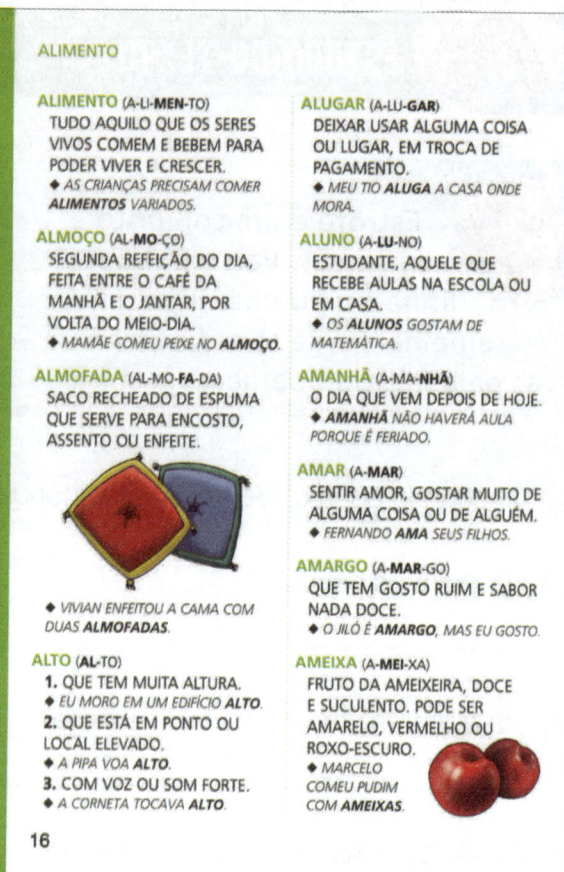

Dicionário escolar de alfabetização: língua portuguesa. São Paulo: IBEP, 2011. p. 16.

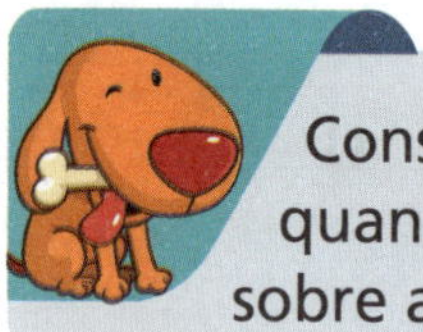

Consulte o dicionário quando ficar em dúvida sobre a escrita de palavras.

Em uma agenda de telefones, impressa ou eletrônica, também usamos a ordem alfabética para localizar os nomes rapidamente.

SCISETTI ALFIO/SHUTTERSTOCK

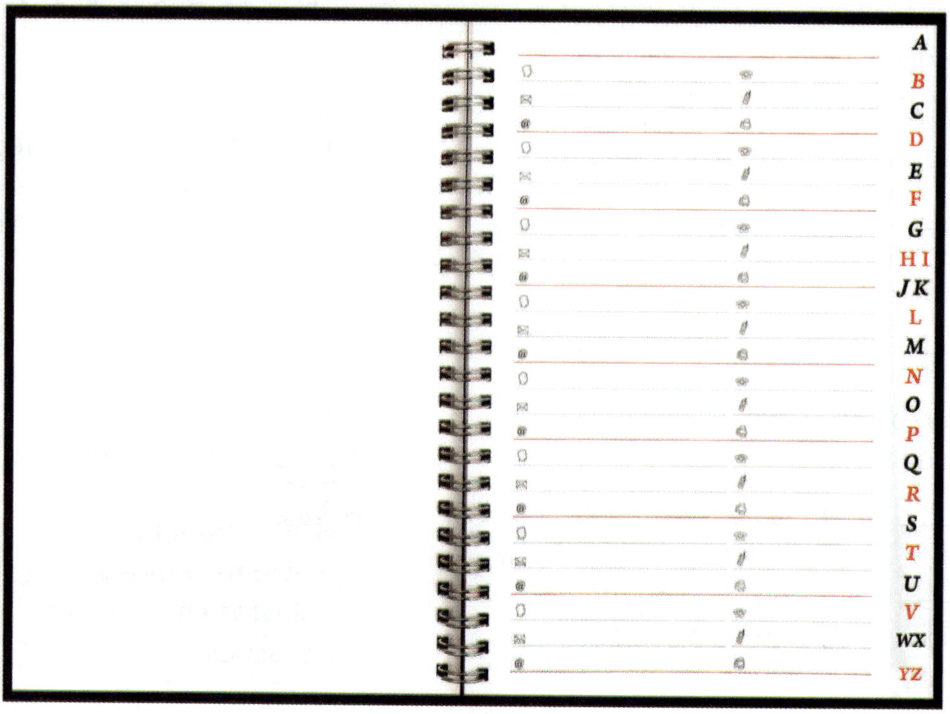

Na agenda pessoal, geralmente usa-se a letra cursiva.

Ao escrever com a letra cursiva, é importante fazer um traçado legível.

Observe o traçado das letras cursivas maiúsculas.

Agora veja o traçado das letras cursivas minúsculas.

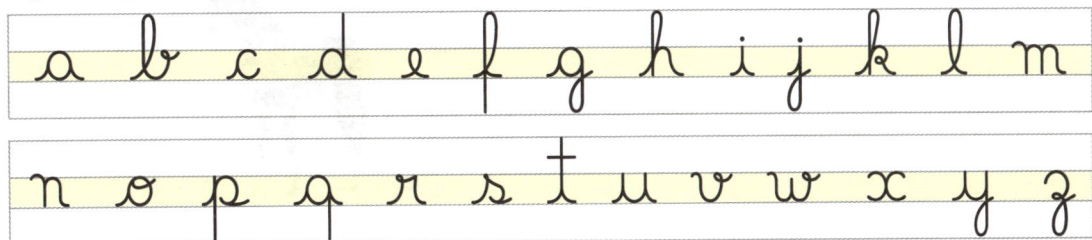

ATIVIDADES

1. Responda à questão.

    - Há quantas letras no alfabeto da língua portuguesa?  letras

2. Escreva o nome das figuras no espaço adequado, em ordem alfabética.

Palavras iniciadas por vogal	Palavras iniciadas por consoante

3. Escreva o nome das figuras. Depois, numere-as em ordem alfabética.

[1]

bebê

[ ]

[ ]

[ ]

[ ]

4. Escreva palavras iniciadas com a mesma letra do seu nome.

objeto	animal	fruta

5. Vamos treinar a escrita das letras cursivas? Escreva o alfabeto com letras maiúsculas e minúsculas.

Maiúsculas

Minúsculas

Palavras com M antes de P e B

1. Leia as palavras a seguir.

te**mp**o	exe**mp**lo
instrume**nt**o	moderniza**nd**o
sa**mb**a	ta**mb**or

a) Que letra vem imediatamente antes das letras **p** e **b** nessas palavras?

_____
_____

b) A letra **m** é usada antes de alguma outra consoante? Por quê?

_____
_____
_____

2. Ordene as sílabas e forme palavras.

po-tem _____

po-lim _____

lê-bam-bo _____

pre-em-go _____

bo-tom _____

ba-trom _____

bi-um-go _____

pa-da-em _____

3. Complete as palavras com ⓜ ou ⓝ e copie-as.

ba___da _____

deze___bro _____

le___brar _____

e___presa _____

a___tigo _____

tro___bone _____

pe___te _____

ca___painha _____

4. Complete a parlenda com as letras ⓜ ou ⓝ.

O te___po pergu___tou

pro te___po

Qua___to te___po

o te___po tem

O te___po respo___deu

pro te___po

Que o te___po

tem qua___to te___po

o te___po tem.

Domínio público.

5. Com a ajuda do professor, organize o "Meu Livro de: parlendas, trava-línguas e cantigas de roda" do Almanaque, no final do livro.

Antes de **p** e **b** no meio das palavras, usa-se a letra **m**.

14

PRODUÇÃO DE TEXTO

Você vai escrever um poema para fazer parte de um livro de poemas da turma.

Preparação

Para se preparar, escreva palavras que rimem com:

a) beleza

b) mudo

c) diversões

d) flores

e) mar

Leia a seguir um poema de Elias José.

a) Complete os versos com uma palavra que rime com a palavra destacada.

Caixa mágica de surpresa

Um livro
é uma **beleza**,
é caixa mágica
só de _____ .

Um livro
parece **mudo**,
mas nele a gente
descobre _____ .

Um livro
tem asas
longas e leves
que, de repente,
levam a gente
longe, longe.

Um livro
é parque de **diversões**
cheio de sonhos coloridos,
cheio de doces sortidos,
cheio de luzes e _____ .

Um livro é uma floresta
com folhas e **flores**
e bichos e _____ .

É mesmo uma festa,
um baú de feiticeiro,
um navio pirata do **mar**,
um foguete perdido no _____ ,
é amigo e companheiro.

Elias José. *Caixa mágica de surpresa*. 20. ed. São Paulo: Paulus, 2017.

b) O professor vai ler o poema da forma como foi escrito pelo poeta.

- Para mostrar o que acha dos livros, o poeta faz várias comparações. A que ele compara um livro?
- O poema diz que um livro é uma caixa mágica de surpresa. Você concorda? Por quê?

Escrita

Em "Caixa mágica de surpresa", o poeta mostrou o que pensa e o que sente quando abre e lê um livro. Escolha um dos temas a seguir e escreva um poema, mostrando que sentimentos ele lhe desperta.

Sugestões de tema:
- Meu animal de estimação.
- Meus amigos.
- Minha família.
- Brincadeiras.
- A escola.
- Meus sonhos.

Siga estas orientações:

a) Escreva pelo menos seis versos. Você pode ou não dividir os versos em estrofes.

b) Faça rimas.

c) Faça comparações para que seus leitores possam entender como você se sente.

Lembre-se: poemas são um retrato do que o poeta sente, mas são também uma brincadeira que se faz com as palavras. Fique à vontade para criar o poema do seu jeito.

No final, dê um título ao poema que combine com o que você diz nele.

Revisão

Releia seu poema.

Reescreva o que for necessário e entregue o texto ao professor. Depois, com a orientação dele, participe da montagem de um livro de poemas da turma.

- No espaço a seguir, faça uma ilustração do seu poema.

O CÉU ESTÁ CAINDO

VAMOS COMEÇAR!

Leia o conto a seguir, prestando atenção aos trechos que se repetem e ao que é acrescentado.

O céu está caindo

Era uma vez uma galinha que andava ciscando embaixo de uma jabuticabeira, quando uma jabuticabinha seca caiu bem em cima da sua cabeça. A galinha assustou-se e pensou: "Meu Deus! O céu está caindo". E saiu correndo, espavorida.

No caminho, encontrou-se com o pato e pôs-se a cacarejar:

— Corra, pato, vamos nos proteger, que o céu está caindo!

— Quem lhe disse isso?

— Um pedacinho do céu caiu bem no meu cocuruto.

O pato, amedrontado, seguiu a galinha.

Logo à frente, estava o pintinho.

— Venha conosco, pintinho – grasnou o pato —, pois o céu está caindo!

— Quem lhe disse isso?

— Quem me disse foi a galinha, que sentiu um pedacinho do céu cair bem no seu cocuruto.

O pintinho achou melhor ir com eles.

Correram mais um pouco e esbarraram no peru.

— Vamos fugir, peru, que o céu está caindo! – piou o pintinho.

— Quem lhe disse isso?

— Quem me disse foi o pato, que ouviu da galinha, que sentiu um pedacinho do céu cair bem no seu cocuruto.

O peru, alarmado, foi logo se juntando à turma.

Iam naquele alarido, cacarejando, grasnando, piando e grugulejando, quando encontraram a raposa.

— Esperem! Aonde vão com tanta pressa?

— Estamos procurando um abrigo, pois o céu está caindo! – foi a vez do peru grugulejar.

— Quem lhe disse isso?

— Quem me disse foi o pintinho, que ouviu do pato, que ouviu da galinha, que sentiu um pedacinho do céu cair bem no seu cocuruto.

— Um pedacinho do céu? – regougou a esperta raposa. Isso é mesmo perigoso! Mas eu sei de um lugar onde poderemos ficar todos protegidos. Venham comigo, sigam-me!

E as tolas aves seguiram a raposa para a sua toca. O céu não caiu; quem caiu foi a raposa, em cima delas, devorando-as uma por uma.

Rosane Pamplona. *Era uma vez... três!* Histórias de enrolar. São Paulo: Moderna, 2013. p. 24-27.

As palavras destacadas em azul também estão na seção **Ampliando o vocabulário**.

ESTUDO DO TEXTO

Você leu um **conto de repetição**, isto é, uma história que apresenta trechos que se repetem com o acréscimo de palavras, frases ou uma nova sequência.

1. Quais personagens participam do conto?

_____
_____

2. Localize no conto características de outros animais que participam como personagens. Escreva-as abaixo.

_____
_____

Nos contos de repetição e acumulação, os personagens podem ser animais que agem, falam e pensam como seres humanos.

3. Quem narra o conto "O céu está caindo"? Assinale.

☐ Alguém que não faz parte da história, mas observa tudo o que acontece.

☐ Uma personagem da história, a galinha.

☐ Uma personagem da história, a raposa.

4. Releia o trecho a seguir, observando a expressão sublinhada.

> <u>Era uma vez</u> uma galinha que andava ciscando embaixo de uma jabuticabeira, quando uma jabuticabinha seca caiu bem em cima da sua cabeça.

Marque um **X** na alternativa correta.

☐ A expressão **Era uma vez** indica o tempo exato em que a história acontece.

☐ A expressão **Era uma vez** indica que não se sabe exatamente em que tempo a história acontece.

5. Por que a galinha imaginou que o céu estava caindo?

_____
_____
_____
_____

6. Como a raposa reagiu à fala do peru?

_____
_____
_____

7. Os trechos transcritos a seguir são falas dos personagens do conto.

a) Sublinhe de vermelho as partes que sempre se repetem.

b) Circule de verde as palavras ou sequências que foram se acumulando.

LÍNGUA PORTUGUESA

19

— Quem me disse foi a galinha, que sentiu um pedacinho do céu cair bem no seu cocuruto.

— Quem me disse foi o pato, que ouviu da galinha, que sentiu um pedacinho do céu cair bem no seu cocuruto.

— Quem me disse foi o pintinho, que ouviu do pato, que ouviu da galinha, que sentiu um pedacinho do céu cair bem no seu cocuruto.

Observe a palavra destacada. A quem ela se refere?

_____

8. Qual(is) diferença(s) você pode notar entre a raposa e os outros personagens do conto?

_____
_____
_____

9. Desenhe o final da história em folha avulsa.

10. Releia este trecho do conto.

E as tolas aves seguiram a raposa para a sua toca. O céu não caiu; quem caiu foi a raposa, em cima delas, **devorando-as** uma por uma.

11. Releia este trecho do conto.

A galinha assustou-se e pensou: "Meu Deus! O céu está caindo". E saiu correndo, espa vorida.

No caminho, encontrou-se com o pato e pôs-se a cacarejar:

— Corra, pato, vamos nos proteger, que o céu está caindo!

— Quem lhe disse isso?

Circule os sinais que foram utilizados nesse trecho para indicar o pensamento da galinha e as falas do pato e da galinha.

Os pensamentos dos personagens são, geralmente, indicados por **aspas** (" ").
As falas dos personagens podem ser indicadas por **travessão** (—) ou **aspas** (" ").

12. Complete a tabela com o nome do personagem que fala.

trecho 1	personagem
Iam naquele alarido, cacarejando, grasnando, piando e grugulejando, quando encontraram a raposa. — Esperem! Aonde vão com tanta pressa?	
trecho 2	**personagem**
— Estamos procurando um abrigo, pois o céu está caindo! – foi a vez do peru grugulejar.	

- Circule, nos trechos 1 e 2, as palavras que indicam qual personagem está falando.

13. Ligue a figura de cada animal à palavra que indica o som que ele emite.

Regougar

Cacarejar

Grugulejar

Piar

Grasnar

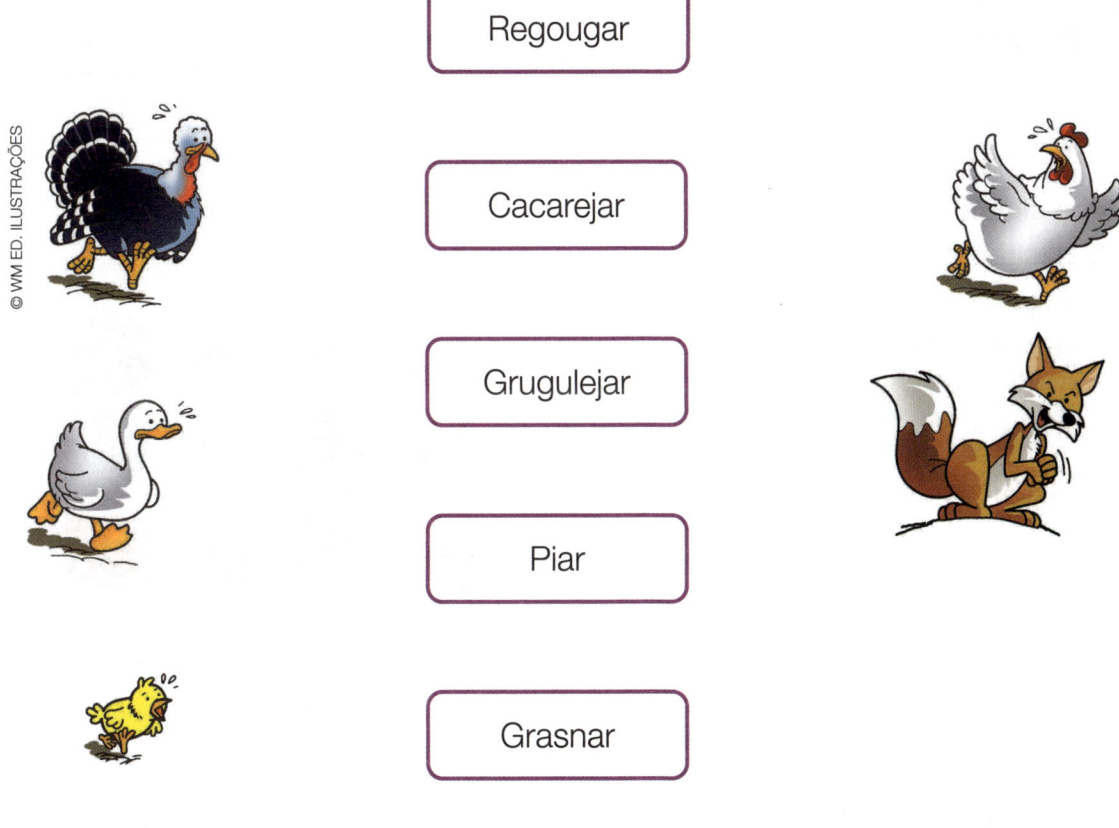

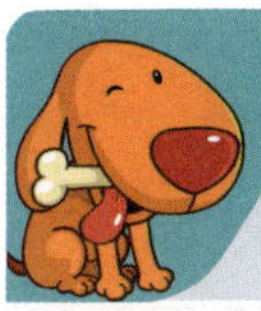

As palavras **cacarejar, piar, regougar, grugulejar** e **grasnar** têm origem nos sons emitidos pelos animais.

ESTUDO DA LÍNGUA

Classificação das palavras quanto ao número de sílabas

Leia pausadamente a palavra **galinha**.

Observe que ela tem três partes: **ga - li - nha**.

Cada uma dessas partes recebe o nome de **sílaba**.

> **Sílaba** é um som ou grupo de sons que se pronuncia de uma só vez. Toda sílaba tem ao menos uma vogal. As palavras são formadas por uma, duas, três, quatro ou mais sílabas.

Veja como são chamadas as palavras com:

uma sílaba: monossílabas (céu);
duas sílabas: dissílabas (pa-to);
três sílabas: trissílabas (ra-po-sa);
quatro ou mais sílabas: polissílabas (pe-da-ci-nho; ja-bu-ti-ca-bei-ra).

ATIVIDADES

1. Releia o trecho a seguir observando as palavras destacadas.

Era uma vez uma galinha que andava ciscando embaixo de uma jabuticabeira, quando uma **jabuticabinha seca** caiu bem em cima da sua **cabeça**. A galinha assustou-se e pensou: "Meu Deus! O céu está caindo". E saiu correndo, **espavorida**.

a) Separe as sílabas das palavras destacadas no trecho.

_____
_____
_____
_____

b) Quantas sílabas cada uma dessas palavras tem? Complete a tabela.

Palavra	Quantidade de sílabas
jabuticabinha	
seca	
cabeça	
espavorida	

2. Ordene as sílabas de acordo com a cor dos quadrinhos e forme palavras polissílabas.

GO	LAR	RI	TO
MA	CO	A	SO
RU	DO	PE	CU

_____
_____
_____

22

3. Classifique as palavras quanto ao número de sílabas, escrevendo-as na coluna certa.

folha	travessura	guitarra
louça	rei	gostosura
homem	vizinho	amizade
mãe	árvore	pão
presunto	lapiseira	bicho

Monossílaba

Dissílaba

Trissílaba

Polissílaba

Palavras com H inicial

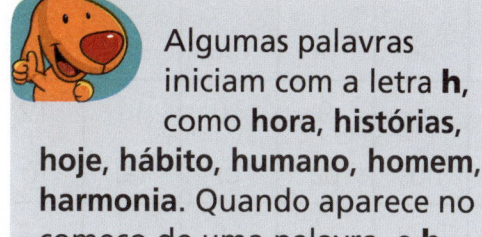

Algumas palavras iniciam com a letra **h**, como **hora, histórias, hoje, hábito, humano, homem, harmonia**. Quando aparece no começo de uma palavra, o **h** não é pronunciado.

1. Pronuncie estas palavras com **h** inicial.

> habitação   hélice   hífen
> hortelã   humor

Em cada uma dessas palavras, qual letra aparece imediatamente após o **h**?

_____

2. Agora, faça um teste! Tente pronunciar essas palavras sem o **h** inicial. Houve alguma diferença no som emitido?

_____

3. Que outras palavras você conhece que são escritas com **h** inicial? Cite três. Se necessário, consulte revistas, jornais, livros ou *sites* na internet.

4. Acrescente a letra **h** onde for necessário. Depois, copie as palavras.

___arpa – _____

___úmido – _____

___óspede – _____

___aste – _____

___ontem – _____

___orário – _____

___único – _____

___onra – _____

5. Forme palavras com as sílabas.

1	2	3	4	5	6
har	hé	pi	ma	ta	ce
7	8	9	10	11	12
hor	hos	pa	bi	tal	to
13	14	15	16	17	18
hu	há	te	li	no	lã

1 + 9 _____

13 + 4 + 17 _____

14 + 10 + 12 _____

2 + 16 + 6 _____

8 + 3 + 11 _____

7 + 15 + 18 _____

7 + 5 _____

14 + 16 + 12 _____

6. Complete as regras do uso do **h** em início de palavra.

Logo após o **h** inicial em uma palavra, usam-se apenas _____.

Na pronúncia, esse **h** não tem _____.

7. É com **h** ou sem **h**? Pesquise e escreva no caderno três palavras que comecem com vogais e três palavras que comecem com a letra **h**.

Agora, junte-se a um colega: você vai ditar suas seis palavras para ele escrever. Depois, é a vez dele: escute com atenção e anote as palavras no seu caderno.
Vocês acertaram a escrita das palavras ditadas? Façam a correção.

PRODUÇÃO DE TEXTO

Você vai ler a seguir o começo e o final de um conto de repetição.

Com um colega criem um texto que possa completar a parte que falta, isto é, o meio do conto. Depois, apresentem o conto completo para a turma comparar as versões.

Preparação

Leiam o início e o final do conto "A Galinha Ruiva". Observem os trechos que se repetem no conto.

Início do conto

A Galinha Ruiva

Um dia, a Galinha Ruiva estava ciscando no quintal e achou um grão de trigo. Ela correu para seus amigos e perguntou:

— Quem quer me ajudar a plantar este grão de trigo?

— Eu é que não – disse o patinho.

— Eu é que não – disse o gatinho.

— Eu é que não – disse o cachorrinho.

— Oh! Está bem – disse a Galinha Ruiva. — Eu vou plantar o trigo sozinha!

Dito e feito. A Galinha Ruiva plantou o trigo sozinha.

E os dias foram passando. O grão de trigo cresceu e virou um grande pé de trigo.

A Galinha Ruiva, então, perguntou para seus amigos:

— Quem quer me ajudar a colher todo este trigo?

— Eu é que não – disse o patinho.

— Eu é que não – disse o gatinho.

— Eu é que não – disse o cachorrinho.

— Oh! Está bem – disse a Galinha Ruiva. — Eu vou colher o trigo sozinha!

Dito e feito. A Galinha Ruiva colheu o trigo sozinha.

Depois de colher o trigo, a Galinha Ruiva perguntou:

— Quem quer me ajudar a debulhar todo este trigo?

— Eu é que não – disse o patinho.

— Eu é que não – disse o gatinho.

— Eu é que não – disse o cachorrinho.

— Oh! Está bem – disse a Galinha Ruiva. — Eu vou debulhar o trigo sozinha!

Dito e feito. A Galinha Ruiva debulhou o trigo sozinha!

Depois de debulhar o trigo, a Galinha Ruiva perguntou:

[...]

Final do conto

[...]

A Galinha Ruiva chamou seus pintinhos e comeram todo o pão sozinhos.

E os três amigos aprenderam que é muito feio ser preguiçoso. Desse dia em diante, eles passaram a ajudar sempre os outros.

André K. Breitmann. *A Galinha Ruiva*: um conto popular inglês. São Paulo: Companhia Editora Nacional, 2004.

Como você pôde observar, falta o meio do conto. Nessa parte, a galinha faz outros pedidos aos animais.

Discutam sobre os pedidos que a galinha faria aos animais e como eles responderiam. Vejam a lista de pedidos:

- ir ao moinho para moer o trigo e fazer farinha;
- fazer o pão com a farinha de trigo;
- convidar para comer o pão.

Planejamento e escrita

Escrevam os diálogos da galinha com os diferentes animais.

Lembrem-se de que a galinha faz um pedido aos animais e cada um deles responde.

Releiam o texto e vejam as respostas anteriores que os animais deram. Será que eles vão dar essas mesmas respostas no final?

Revisão e reescrita

Troquem o texto de vocês com o de outra dupla.

Leiam o texto de seus colegas e verifiquem:

- O texto apresenta a sequência de pedidos da galinha e as respostas dos outros personagens?
- Há diálogos entre a galinha e os outros personagens?
- O que vocês poderiam sugerir à dupla de colegas como enriquecimento ao texto deles?

Recebam o texto de vocês e façam as alterações propostas, se houver.

Apresentação

O professor vai combinar um dia para a apresentação dos textos.

O RAIO X DA TARTARUGA

VAMOS COMEÇAR!

Leia o texto a seguir:

> A Tartaruga Cabeçuda é a que mais desova no Brasil, em uma área que se estende de Sergipe ao Rio de Janeiro, especialmente no litoral da Bahia.

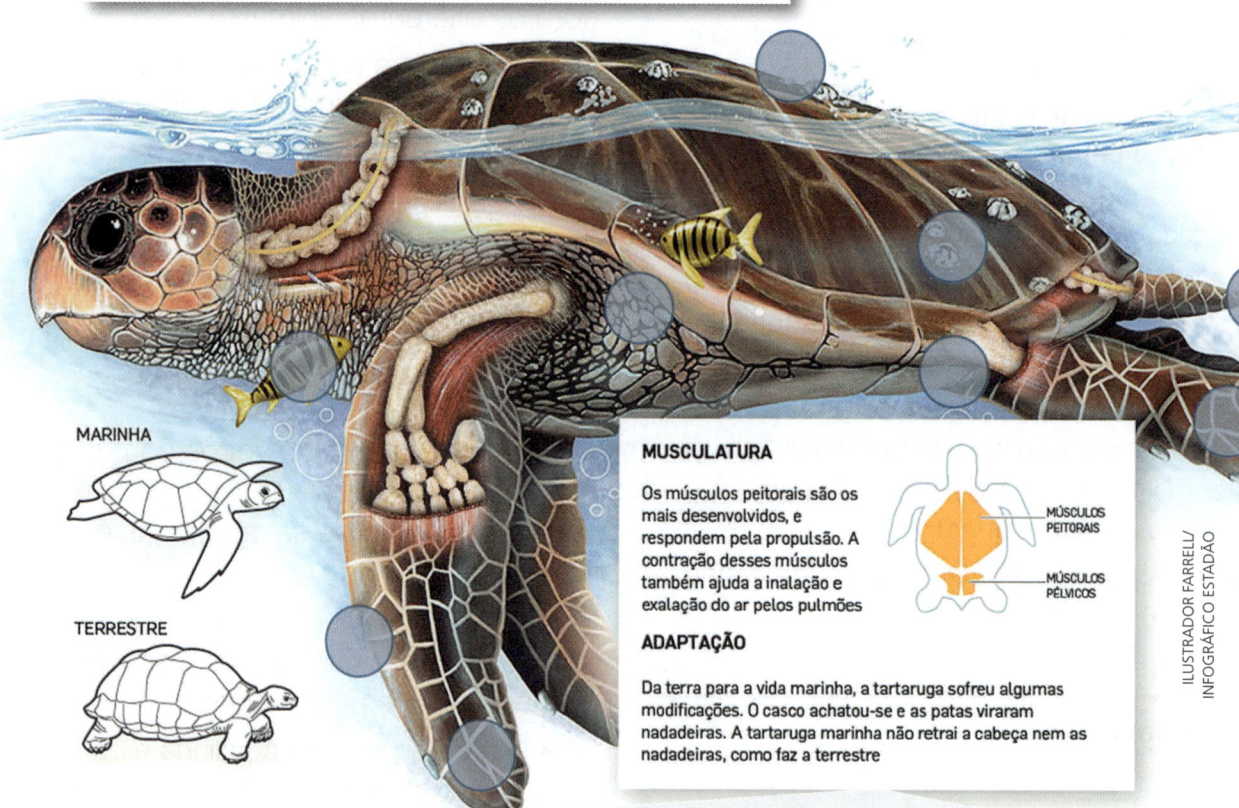

MUSCULATURA

Os músculos peitorais são os mais desenvolvidos e respondem pela propulsão. A contração desses músculos também ajuda a inalação e exalação do ar pelos pulmões.

ADAPTAÇÃO

Da terra para a vida marinha, a tartaruga sofreu algumas modificações. O casco achatou-se, e as patas viraram nadadeiras. A tartaruga marinha não retrai a cabeça nem as nadadeiras, como faz a terrestre.

O RAIO X da tartaruga. *Estadão*. Disponível em: https://infograficos.estadao.com.br/sustentabilidade/raio-x-tartaruga-cabecuda/#. Acesso em: 22 ago. 2022.

ESTUDO DO TEXTO

1. Sobre qual animal trata o infográfico?

_____

_____

2. Quais são as informações principais nessa seção do infográfico?

_____

_____

3. Releia este trecho do infográfico:

> A Tartaruga Cabeçuda é a que mais desova no Brasil, em uma área que se estende de Sergipe ao Rio de Janeiro, especialmente no litoral da Bahia.

a) Procure no dicionário a palavra **desova**. O que ela significa?

_____

_____

b) Considerando seu significado, de qual palavra ela se origina?

_____

_____

O texto que você leu chama-se **infográfico**. Ele apresenta informações reunindo fotografias, desenhos, dados numéricos e textos explicativos sobre um tema ou assunto.

4. Observe as seguintes ilustrações do infográfico:

ILUSTRADOR FARRELL/INFOGRÁFICO ESTADÃO

a) Qual é o objetivo de serem apresentadas?

_____

_____

b) Ligue as palavras ao ambiente em que vive cada uma das tartarugas.

marinha   terra

terrestre   mar

5. No infográfico, aparecem várias bolinhas azuis. Considerando que ele é um infográfico interativo, ou seja, o leitor precisa interagir com ele para encontrar informações, o que você acha que acontecerá quando, no *site*, você passar o cursor do *mouse* nessas bolinhas?

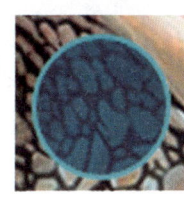

_____

_____

_____

_____

_____

ESTUDO DA LÍNGUA

Acento agudo e acento circunflexo

Leia esta informação sobre a tartaruga-cabeçuda e observe as palavras destacadas.

A tartaruga-cabeçuda nada pelos oceanos **Índico**, **Pacífico** e **Atlântico**, em mares tropicais, subtropicais e temperados. Mas, mesmo espalhada por uma **área** tão vasta, ela não **está** a salvo, como fica claro pelas ameaças que sofre no Brasil. Por aqui, a **espécie** pode ser avistada ao longo de todo o litoral. [...]

Tartaruga-cabeçuda. *National Geographic Brasil*, 21 abr. 2020. Disponível em: https://www.nationalgeographicbrasil.com/animais/repteis/tartaruga-cabecuda. Acesso em: 29 ago. 2022.

Nas palavras **Índico**, **Pacífico**, **área**, **está** e **espécie**, há um sinal chamado **acento agudo** (´).

O **acento agudo** é usado para indicar o som aberto das vogais.

Na palavra **Atlântico**, há um sinal chamado **acento circunflexo** (^).

O **acento circunflexo** é usado para indicar o som fechado das vogais.

Leia algumas palavras com **acento agudo**.

Ceará José xícara cipó
árvore pé sítio vovó
sofá picolé família óculos

Leia algumas palavras com **acento circunflexo**.

lâmpada português vovô
lâmina tênis maiô câmera
três robô infância
pêssego metrô

ATIVIDADES

1. Leia a frase e observe as palavras destacadas.

A tartaruga-cabeçuda **está** correndo risco de extinção, mas ainda podemos ver **esta** espécie nas praias do litoral brasileiro.

a) O que diferencia as palavras destacadas na escrita?

_____

b) O que acontece com a palavra quando colocamos o acento ou quando o retiramos?

_____

O **acento agudo** modifica a pronúncia e o significado da palavra.

2. Use as palavras do quadro para completar as frases.

maio   maiô

O _____ tem bolinhas brancas.

No segundo domingo do mês de _____ comemora-se o Dia das Mães.

vovó   vovô

_____ é professor de História.

_____ é escritora.

3. Reescreva estas palavras, retirando o acento. Depois, leia cada uma delas, observando se o significado continua igual.

ópera _____

término _____

país _____

público _____

4. Acentue e separe as sílabas das palavras.

picole _____

matematica _____

mare _____

lapis _____

voce _____

portugues _____

frances _____

silencio _____

Acentuação dos monossílabos tônicos

Monossílabos são palavras de uma só sílaba. Alguns monossílabos são acentuados, outros não.

São acentuados:
- os monossílabos tônicos terminados em **a**, **e** e **o**, seguidos ou não de **s**. Exemplos:

mês – já – trás – pé – pá – pó – ré

- os monossílabos tônicos terminados em ditongos abertos **-éis**, **-éu(s)**, **-ói(s)**. Exemplos:

céu(s) – véu(s) – réis – dói

ATIVIDADES

1. Leia as palavras monossílabas do quadro a seguir.

chá   pá   Brás   pé   mês
crê   nós   pôs   só

a) O que essas palavras têm de semelhante quanto à acentuação?
_____
_____

b) Complete a regra.
Acentuamos as palavras monossílabas terminadas em _____, _____ e _____, seguidas ou não de **s**.

2. Leia estes ditados populares.

> Saco vazio não para em pé.

> As más notícias chegam depressa.

> Cada um dá o que tem.

> Uma andorinha só não faz verão.

- Copie os monossílabos tônicos que aparecem nesses ditados.

Ditados populares são frases curtas que expressam uma opinião. Muitos ditados foram criados em tempos bem antigos; fazem parte da cultura popular.

3. Sobre a acentuação de palavras monossílabas, marque **V** para as informações verdadeiras e **F** para as falsas.

☐ Nem todos os monossílabos tônicos são acentuados.

☐ Monossílabos tônicos terminados em **-a**, **-e** ou **-o** são acentuados.

☐ Monossílabos tônicos, quando acentuados, só recebem acento agudo.

☐ Monossílabos como **dor**, **mar**, **sol** e **flor** não recebem acento.

Palavras com til, M e N

Releia em voz alta estas palavras do infográfico.

> es**ten**de
> especial**men**te
> de**sen**volvidos
> res**pondem**
> con**tra**ção
> tam**bém**
> pul**mões**
> propul**são**
> vira**ram**

Perceba que as sílabas em destaque têm pronúncia nasalizada. Isto acontecerá sempre que as vogais estiverem acompanhadas por **m** ou **n** ou quando as vogais **a** e **o** forem sinalizadas com **til** .

ATENÇÃO! Diferentemente dos acentos agudo e circunflexo, o **til** não é um acento tônico, mas um acento (ou sinal) gráfico que indica nasalidade, portanto, seu uso não indica tonicidade em uma sílaba.

Esteja atento ao fato de que a nasalização acontece porque as consoantes **m** e **n** estão no final de uma sílaba acompanhando a vogal. Caso uma das letras forme uma nova sílaba, não há nasalidade.

ATIVIDADES

1. Encontre no diagrama cinco palavras sinalizadas com **til**. Depois, copie-as.

P	Q	A	P	A	X	S	X	G
B	A	L	Ã	O	C	Ó	F	R
R	C	L	W	I	Q	T	W	Ã
M	Ó	R	F	Ã	O	Ã	P	O
T	U	B	A	R	Ã	O	D	E

_____

_____

_____

_____

_____

2. Complete as palavras abaixo com **m** ou **n**.

te____pestade   sa____bista

prolo____gado   i____strume____to

i____co____pleto   e____pregado

i____pone____te   bo____ba

zi____co   carpi____teiro

si____plesme____te   u____bigo

Antes das letras **p** e **b** devemos sempre empregar a letra **m**.

3. Escreva os nomes das figuras.

_____

_____

_____

_____

_____

_____

4. Complete a tabela escrevendo três nomes de pessoas ou locais de acordo com as indicações.

a) nomes com **ão**:

_____

_____

b) nomes com vogal + **m**:

_____

_____

c) nomes com vogal + **n**:

_____

_____

5. Desembaralhe as sílabas e escreva as palavras formadas.

| man | do | Ar |

_____

| in | te | fe | ren | di |

_____

| pes | de | ta | tem |

_____

| te | fei | en |

_____

| tar | sen |

_____

| pi | ca | tães |

_____

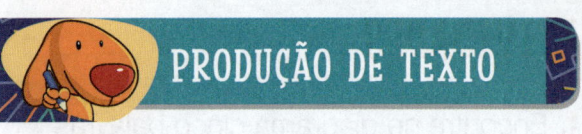

PRODUÇÃO DE TEXTO

Sua sala de aula já tem um mural para colocar os temas e assuntos mais interessantes ou curiosos que surgem nas aulas? Se não tiver, vamos criá-lo? Se já tiver, é preciso apenas afixar nele alguns materiais. Um bom tema seria animais silvestres.

Preparação

Forme dupla com um colega e escolham um animal.

Depois, criem uma lista de perguntas e curiosidades que gostariam de saber sobre ele, como tamanho, alimentação, onde vive etc.

Façam uma pesquisa sobre esse animal. Essa pesquisa pode ser na biblioteca da escola, na internet ou em livros trazidos de casa.

Escrita

Criem um texto informativo com o resultado da pesquisa.

Não se esqueçam de incluir imagens ou ilustrações do animal.

Revisão

Entreguem o texto ao professor. Ele fará anotações daquilo que precisa ser modificado e vocês farão as correções.

Painel

Com os textos já corrigidos e ilustrados, montem o painel na sala de aula.

4 REDUZA, REUTILIZE E RECICLE!

VAMOS COMEÇAR!

Todos os dias jogamos fora muitas coisas. Como podemos diminuir nosso lixo?

Reduza

É preciso adotar atitudes para evitar a produção de resíduos, com base na adoção de pequenas práticas. Com elas, criamos uma nova mentalidade em relação a coisas simples do nosso dia a dia, por exemplo:

- sempre que puder, adquirir produtos com embalagens retornáveis;
- aproveitar os dois lados das folhas de papel e revisar os textos antes de imprimi-los no computador;
- economizar água, luz, gás, combustível do automóvel, alimentos etc.

Reutilize

O reaproveitamento de materiais é hoje indispensável quando se pensa em diminuir a quantidade de materiais nos lixões.

É importante criar o hábito de doar roupas, brinquedos, móveis, livros e outros objetos para que outras pessoas possam utilizá-los.

Aproveitar garrafas e outras embalagens para fazer brinquedos, guardar alimentos etc. Reutilizar também sacolas plásticas, mas nunca objetos que impliquem a falta de higiene.

Recicle

Por fim, o processo de reciclagem completa os três Rs. Ele consiste em processar determinados produtos novamente. Assim, os materiais produzidos podem voltar para as indústrias como matéria-prima a fim de serem usados na fabricação de novos produtos. Se todos ajudam, a reciclagem pode se tornar um hábito que ajude a salvar o planeta Terra.

Pratique os Três Rs. Disponível em: http://www.oocities.org/br/lixoreciclavel/rs.htm. Acesso em: 13 ago. 2022.

ESTUDO DO TEXTO

Você leu um **texto informativo**. Podemos encontrar textos assim em jornais, revistas, enciclopédias, *sites*.

1. O que são os 3 Rs?

_____

_____

2. Escreva uma sugestão para:

a) reduzir.

_____

_____

b) reutilizar.

_____

_____

c) reciclar.

_____

_____

3. Você sabe o que é coleta seletiva? Ela é feita em seu bairro?

_____

_____

_____

_____

_____

_____

4. Copie do texto três palavras que indicam ação.

_____

_____

_____

_____

5. Releia o texto. Com base nele, o que significam **reduzir**, **reutilizar** e **reciclar**? Faça a correspondência.

1	Reduzir.
2	Reutilizar.
3	Reciclar.
☐	Usar de novo.
☐	Usar um material na produção de outro.
☐	Diminuir.

A palavra **reciclar** tem origem em uma palavra da língua inglesa, *recycle*, que significa "repetir um ciclo".

6. Observe o exemplo e escreva as palavras que representam os termos.

utilizar de novo – reutilizar

ler de novo – _____

fazer de novo – _____

começar de novo – _____

numerar de novo – _____

34

Sílaba tônica

Em toda palavra existe sempre uma sílaba que é pronunciada de um modo mais forte que as outras. Vamos ver como isso acontece.

Leia em voz baixa os exemplos, pronunciando devagar cada sílaba.

Exemplo 1:

hábito

reci**cla**gem

fabri**ca**ção

Em cada uma das palavras acima, qual sílaba é pronunciada mais fortemente?

Exemplo 2:

práticas

brin**que**dos

computa**dor**

Aqui você deve ter percebido que todas as sílabas destacadas são as que pronunciamos com mais intensidade.

Sílaba tônica é a sílaba da palavra pronunciada com mais intensidade.

ATIVIDADES

1. Circule a sílaba tônica das palavras a seguir.

reduza   reduzir

reutilize   reutilizar

recicle   reciclar

2. Escreva os nomes das figuras separando as sílabas. Os nomes dessas figuras estão escritos no quadro da atividade 3.

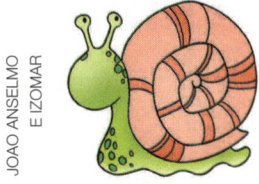

_____

_____

_____

_____

3. Leia as palavras em voz alta e circule a sílaba tônica.

janela	mágica	cantava	alfinete
página	relógio	tomou	ninguém
panela	leite	girassol	piscava
coragem	voltagem	colégio	caracol
cedinho	livro	país	

Escolha nesse quadro duas palavras que rimem.

_____

Letras R e RR

1. As palavras abaixo fazem parte do texto "Pratique os Três Rs". Agrupe-as nos quadros de acordo com as indicações.

garrafas	reduza	terra	recicle
adotar	evitar	reutilize	economizar
resíduos	materiais	computador	roupas

R no início da palavra	RR no meio da palavra

R entre vogais	R no final da palavra

2. Pesquise outras palavras escritas com **r** para completar os quadros da atividade 1.

3. Observe as palavras da atividade 1. Marque **V** para verdadeiro e **F** para falso.

☐ O **r** no início da palavra tem o mesmo som de **rr**.

☐ Há palavras que terminam com **rr**.

☐ Há palavras que começam com **rr**.

☐ O **rr** só aparece no meio de duas vogais.

☐ O **r** entre vogais tem som mais fraco que **rr**.

4. Complete com (r) ou (rr).

___ua   besou___o

___ei   to___ada

co___ida   cou___o

ma___ido   ba___iga

5. Acrescente um (r) e forme outra palavra.

caro _____

tora _____

moro _____

vara _____

6. Forme novas palavras colocando (R) no final de uma das sílabas de cada palavra.

foca _____

baba _____

lago _____

maca _____

PRODUÇÃO DE TEXTO

Nesta lição você descobriu o que são os três Rs do reaproveitamento dos materiais.

Vamos criar cartazes para uma campanha de conscientização, na escola, sobre a importância de "reduzir, reutilizar e reciclar".

Preparação

Com toda a turma, pensem em ações que levariam a reduzir, reutilizar e reciclar. Faça um resumo nas linhas a seguir.

_____
_____
_____
_____
_____
_____
_____
_____
_____
_____

- Pesquisem mais sobre o assunto em livros, *sites*, revistas e jornais.

Escrita

Formem grupos de três ou quatro alunos. Cada grupo vai escolher uma das opções levantadas durante a preparação.

- exemplos de redução, reutilização ou reciclagem;
- exemplos da falta de redução, reutilização ou reciclagem.

Pensem, em grupo, em uma frase chamativa sobre o assunto escolhido. A frase pode ser:

- positiva, incentivando as ações abordadas na campanha;
- negativa, mostrando o lado ruim de não praticá-las.

Vocês devem escolher também uma imagem (foto, ilustração ou colagem) que combine com a frase que criaram.

Façam um rascunho do cartaz no espaço a seguir.

Revisão

Confiram no rascunho:
- se a frase está escrita corretamente;
- se está legível;
- se está bem posicionada.

A imagem e o texto chamam a atenção do leitor?

Passem o texto a limpo e ilustrem-no.

Mural

Montem um mural com os cartazes que criaram. Esse mural será exposto num lugar de passagem na escola.

5 DESCOBRINDO HISTÓRIAS E AUTORES

VAMOS COMEÇAR!

Você vai ler a seguir algumas indicações literárias postadas em um *blog*. O texto completo apresenta os 30 melhores livros infantis de 2021. Na listagem abaixo, você vai encontrar as cinco obras indicadas para leitores a partir de 8 anos.

http://leiturinha.com.br/blog/os-30-melhores-livros-infantis-de-2021/

Os 30 melhores livros infantis de 2021

por Sarah Helena | dez 6, 2021

Neste, que foi o segundo ano de pandemia que enfrentamos, os livros foram mais do que nunca alicerces para imaginarmos um novo futuro. Os livros foram a pausa necessária no fim do dia para alimentar a alma, o colo e o afago antes de dormir, o riso fácil no virar de uma página, a confirmação de se saber bem acompanhados, ainda que fisicamente isolados.

[...]

Vamos conhecer [cinco deles] [...]

1. Você e eu

Editora: Tiger Tales
Autoria: Nicola Edwards
Tradução: Vivian Vallii

Você e eu é um livro que fala sobre o afeto e o quanto ele é importante para os bebês. As relações que são baseadas no amor e no respeito proporcionam sentimentos de confiança para a criança explorar sua potencialidade e os diferentes ambientes que a cercam. Além disso, este livro possui recursos interativos incríveis, para exercitar a motricidade dos bebês e o encanto dos adultos. [...]

7. Uma lagarta muito comilona

Editora: Callis

Autoria: Eric Carle

Tradução: Miriam Gabbai

Um pequeno ovinho descansa em uma folha. E, desse ovo, nasce uma pequena lagarta faminta. Pelo caminho, ela encontra muitos alimentos. De pedacinho em pedacinho, vai comendo todos eles e logo se torna uma lagarta beeem grande. E agora? O que fazer? O livro *Uma lagarta muito comilona*, como relata o autor, Eric Carle, fala sobre esperança! Afinal, para se tornar uma borboleta é preciso paciência, mesmo que em algum momento da vida exista alguma dor de barriga pelo caminho e mesmo que um casulo temporário seja necessário.

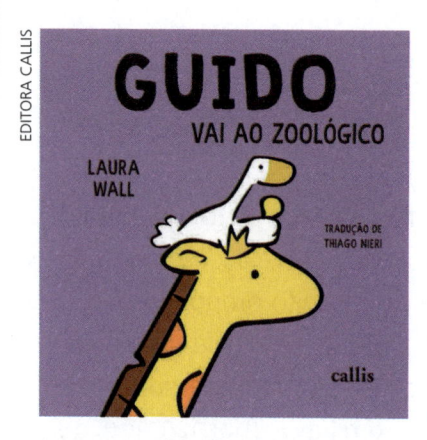

[...]

11. Guido vai ao zoológico

Editora: Callis

Autoria: Laura Wall

Tradução: Thiago Neri

Em *Guido vai ao zoológico* conhecemos Sofia, uma menininha adorável, e Guido, um ganso muito especial. Eles se conheceram em um parque, e Sofia não quis mais desgrudar dele. Eles se tornaram melhores amigos. Fazem tudo juntos, tudinho. Ops! Nem tudo! Algumas coisas eles não podem fazer juntos, afinal, ela é uma menina e ele é um ganso. Por isso, Guido às vezes se sente só. Então, Sofia tem uma ideia para ajudar o seu grande amigo.

[...]

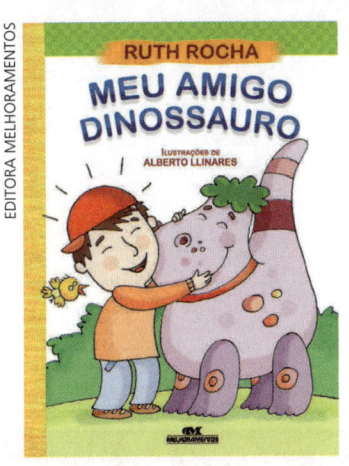

17. Meu amigo dinossauro

Autoria: Ruth Rocha

Ilustrações: Elisabeth Teixeira

Imagina o que aconteceria se um dinossauro aparecesse agorinha na sua casa? Sabemos que os dinossauros estão extintos, mas isso não impede nossa imaginação de voar! Ao invés de nos fazer correr de medo, essa é a história de um dinossauro que ensinará sua criança sobre o mundo. Em *Meu amigo dinossauro*, escrito por Ruth Rocha, sua criança viajará pela história do petróleo e, de certa forma, da humanidade. E o melhor de tudo é que sua criança, como parte da nossa futura geração, será inspirada a pensar em nosso papel de cuidado com o mundo. Uma leitura com relevância ontem, hoje e amanhã!

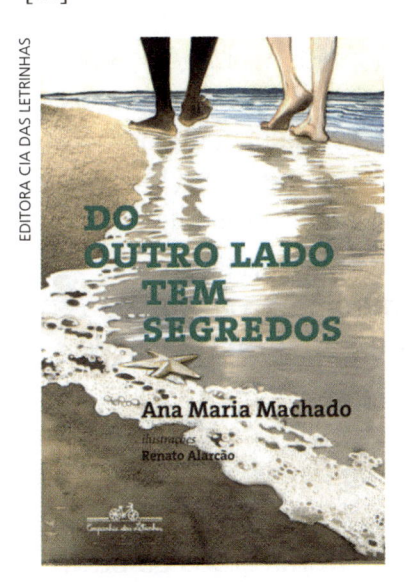

[...]

27. Do outro lado tem segredos

Editora: Cia. das Letrinhas

Autoria: Ana Maria Machado

Ilustrações: Renato Alarcão

Do outro lado tem segredos conta a história de Bino, um menino que vive e convive com o mar, a pesca e as tradições de uma comunidade que tem no peixe seu sustento. Seu sonho? Ir para o alto-mar, assim como os bons e velhos pescadores. Mas o que será que tem do outro lado?

Os leitores conhecerão a vida num contexto de compartilhamento, comunidade, sonhos e descobertas. Um livro de autoria de Ana Maria Machado, para conhecer e amar desde cedo!

Sarah Helena. Os 30 melhores livros infantis 2021. *Leiturinha*, 6 dez. 2021. Disponível em: https://leiturinha.com.br/blog/os-30-melhores-livros-infantis-de-2021/. Acesso em: 30 ago. 2022.

ESTUDO DO TEXTO

A publicação em um *blog* é chamada **post** ou postagem e nela é possível utilizar, além de texto, outros tipos de mídia, como imagens, vídeos e músicas.

1. Responda de acordo com o texto postado no *blog*.

a) De que assunto trata a publicação?

_____
_____
_____

b) Quem foi o responsável pela publicação da postagem?

_____
_____

2. De acordo com a postagem, escreva o nome do livro que trata de:

a) esperança:
_____

b) relações de amor e respeito:
_____

c) cuidado com o mundo:
_____

d) sonhos:
_____

e) amizade:
_____

3. O texto postado no *blog* é destinado aos adultos ou às crianças? Explique sua resposta.

_____
_____
_____
_____
_____
_____

ESTUDO DA LÍNGUA

Classificação das palavras quanto à posição da sílaba tônica

A posição da sílaba tônica determina a classificação da palavra. A tonicidade é verificada do final para o início da palavra, ou seja, a sílaba tônica estará na antepenúltima, penúltima ou última sílaba.

Quando a sílaba tônica é a **antepenúltima**, a palavra é classificada como **proparoxítona**. Exemplos: **dú**vidas, **tí**tulos.

Se a sílaba tônica for a **penúltima**, a palavra será **paroxítona**. Exemplos: lei**tu**ra, **Ro**sa.

Caso a **última** sílaba da palavra seja a tônica, teremos uma palavra **oxítona**. Exemplos: infan**tis**, a**vó**.

As sílabas da palavra pronunciadas com menor intensidade são chamadas **sílabas átonas**.

42

ATIVIDADES

1. Faça a correspondência escrevendo o número nos quadrinhos.

- **1** oxítona
- **2** paroxítona
- **3** proparoxítona

☐ útil
☐ vítima
☐ máquina
☐ anzol
☐ lápis
☐ família

2. Classifique as palavras quanto à quantidade de sílabas e à tonicidade. Siga o modelo.

| pas | sa | ri | nho |

polissílaba, paroxítona

| pre | pa | ra | ção |

_____

| in | ten | so |

_____

| qui | lo | mé | tri | co |

_____

| vo | gal |

_____

3. Escolha duas palavras da atividade 2 e forme duas frases com elas.

I. _____

II. _____

4. Releia este trecho do texto "Os 30 melhores livros infantis de 2021".

> Em *Guido vai ao zoológico* conhecemos Sofia, uma menininha adorável, e Guido, um ganso muito especial. Eles se conheceram em um parque, e Sofia não quis mais desgrudar dele. Eles se tornaram melhores amigos.

Copie do texto uma palavra:

a) proparoxítona:

_____

b) paroxítona:

_____

c) oxítona:

_____

O e U em final de palavra

1. Leia a parlenda em voz alta.

> Viva eu,
> Viva tu,
> Viva o rabo do tatu!
>
> Domínio público.

a) Pinte de verde a palavra oxítona e de vermelho a palavra paroxítona.

| rabo | tatu |

b) Pronuncie as palavras em voz alta. O som final, representado pelas letras **o** e **u**, é semelhante ou diferente?

_____

_____

c) Leia mais estas palavras em voz alta. Contorne a sílaba tônica.

estado	bantu
chuchu	vitiligo
albinismo	zebu
angu	modelo

d) Agora, organize as palavras no quadro.

Palavras paroxítonas	Palavras oxítonas

PRODUÇÃO DE TEXTO

Agora é com você, crie o próprio *blog*!

Preparação

Escolha o tema sobre o qual você deseja falar. O que você prefere: histórias em quadrinhos, fotografia, culinária, *games*, notícias, esportes...?

Busque por páginas que sejam referências sobre o tema que você selecionou. Observe as imagens que são usadas nelas, os assuntos postados, a linguagem usada para falar com o público etc. Anote o que possa servir de inspiração.

Produção

Defina a plataforma que hospedará seu *blog*. Os *sites* WordPress.com e Blogger.com são os mais populares, no entanto existem diversas outras hospedagens.

Crie um nome atrativo para seu espaço.

Monte a aparência do seu *blog*: a cor, tamanho e tipo da fonte; uma foto para o perfil; uma imagem para plano de fundo... Use sem limites a sua criatividade!

Faça um resumo do que será sua primeira postagem. Pense nas imagens que pretende usar.

Revisão

Pergunte a um colega se está interessante e se a linguagem está acessível e original.

Entregue este resumo ao professor para possíveis correções. Mostre-lhe também as imagens que pretende usar e peça a ele que lhe ajude a organizar a postagem.

Passe o rascunho para seu *blog* e divulgue entre seus amigos! E não esqueça de visitar os *blogs* deles também!

6 — O LEÃO E O RATINHO

VAMOS COMEÇAR!

Leia uma fábula recontada por Monteiro Lobato.

Antes de iniciar a leitura, pense nas características que geralmente são atribuídas a esses dois animais. Imagine como eles se comportarão nessa história e conte aos colegas o que você pensou.

Leia o texto silenciosamente. Depois, acompanhe no livro a leitura que será feita pelo professor.

O leão e o ratinho

Ao sair do buraco, viu-se um ratinho entre as patas do leão. Estacou, de pelos em pé, paralisado pelo terror. O leão, porém, não lhe fez mal nenhum.

— Segue em paz, ratinho; não tenhas medo de teu rei.

Dias depois o leão caiu numa rede. Urrou desesperadamente, debateu-se, mas quanto mais se agitava, mais preso no laço ficava. Atraído pelos urros, apareceu o ratinho.

— Amor com amor se paga — disse ele lá consigo e pôs-se a roer as cordas. Num instante conseguiu romper uma das malhas. E como a rede era das tais que rompida a primeira malha as outras se afrouxam, pôde o leão deslindar-se e fugir.

Mais vale paciência pequenina do que arrancos de leão.

Monteiro Lobato. *Fábulas*. São Paulo: Globo, 2008. [Livro eletrônico]

ESTUDO DO TEXTO

1. No texto lido, os dois personagens enfrentam situações difíceis.

a) Qual foi a situação enfrentada pelo ratinho?
_____
_____

b) E qual foi a situação enfrentada pelo leão?
_____
_____
_____

2. Ao se ver entre as patas do leão, o que o ratinho deve ter pensado?
_____
_____

3. O leão agiu conforme a expectativa do ratinho?
_____
_____

4. Para libertar o leão, o ratinho usa para si mesmo uma justificativa: "amor com amor se paga". O que ele quis dizer com isso?
_____
_____

5. O leão conseguiu libertar-se da rede porque:

☐ era o rei dos animais e nenhum caçador conseguiria detê-lo.

☐ debateu-se até arrebentar as malhas da rede.

☐ o ratinho o ajudou, roendo as cordas da rede.

6. Sublinhe a frase que mais se assemelha à fala do ratinho antes de libertar o leão: "Amor com amor se paga".

a) Quem com ferro fere, com ferro será ferido.

b) Quem faz o bem geralmente recebe o bem.

c) Quem usa a força despreza a razão.

> **Fábula** é uma história curta que transmite um ensinamento.
> Na maioria das fábulas, os personagens são animais que falam e se comportam como humanos. Geralmente, ela finaliza com um ensinamento, chamado **moral da história**.

7. Além da frase do ratinho, a fábula traz um ensinamento:

> Mais vale paciência pequenina do que arrancos de leão.

• A que personagem a expressão "paciência pequenina" se refere?
_____

8. O que o autor pretende mostrar com esse ensinamento?

_____
_____
_____
_____
_____
_____

9. Você já viveu alguma situação em que precisou de ajuda ou ajudou alguém em um momento difícil? Conte aos colegas como foi.

10. Releia esta frase da fábula.

> Estacou, **de pelos em pé**, paralisado pelo terror.

- Na fábula, qual é o significado da expressão destacada?

_____

11. No texto, o autor faz referência a um dos personagens como **ratinho**, em vez de **rato**, para mostrar:

☐ quanto o ratinho era pequeno em relação ao leão.

☐ quanto o ratinho era forte em relação ao leão.

☐ que o ratinho teria chance de vencer o leão.

ESTUDO DA LÍNGUA

Acentuação das palavras oxítonas

Algumas palavras oxítonas são acentuadas, e outras não. Conheça algumas regras.

São acentuadas:

- as oxítonas terminadas em **a**, **e**, **o**, seguidas ou não de **s**. Exemplos:

maracujá	atrás	filé
português	jiló	pivô

- as oxítonas terminadas em **em**, **ens**. Exemplos:

parabéns	vintém
Belém	também

- as oxítonas terminadas em **-éis**, **-éu(s)** ou **-ói(s)**. Exemplos:

anéis	papéis
chapéu(s)	herói(s)

ATIVIDADES

1. As palavras a seguir são todas oxítonas. Leia-as e observe as que são acentuadas e as que não são. Depois complete.

> maracujá café gibi
> avô umbu sofás bebês
> abacaxis paletós Jesus

48

Recebem acento gráfico agudo ou circunflexo as palavras oxítonas terminadas em _____.

2. Agora leia outras palavras oxítonas.

> vintém   parabéns
> ninguém   Belém   armazéns

- Complete a regra de acentuação das oxítonas.

As palavras oxítonas terminadas em _____ são acentuadas.

3. Leia mais estas palavras oxítonas.

> anéis   papéis   troféu
> chapéus   herói   anzóis

- Complete mais uma regra de acentuação das oxítonas.

As palavras oxítonas terminadas em _____ também são acentuadas.

4. Leia as palavras do quadro e acentue-as corretamente.

> vintens   vatapa
> cafe   ingles
> alguem   fregues
> armazem   sutil
> cipo   pajes
> mocotos   pontapes
> bambu   fuba

5. Considere as palavras oxítonas **feroz** e **dominós**. Por que a primeira não é acentuada e a última recebeu acento?

_____
_____
_____

6. Pesquise e escreva palavras que atendam ao que se pede. Siga o modelo.

> Duas palavras polissílabas e oxítonas – amendoim, parabéns

a) Três palavras dissílabas e paroxítonas – _____

b) Duas palavras trissílabas e proparoxítonas – _____
_____

c) Três palavras monossílabas acentuadas – _____
_____

d) Três palavras polissílabas e paroxítonas – _____

Palavras com S e SS

Releia estas palavras escritas com **s** retiradas da fábula "O leão e o ratinho".

> sair paralisado segue preso
> desesperadamente disse
> conseguiu estacou pelos
> consigo instante dias

A letra **s** apresenta sons diversos, que variam de acordo com a posição que ocupa na palavra.

A letra **s** terá som forte quando:
- estiver no começo de uma palavra. Exemplos: sair, segue.

- vier depois de uma consoante. Exemplos: conseguiu, consigo.
- no final de sílabas. Exemplos: estacou, dias.
- entre vogais, porém duplicada. Exemplo: disse.

A letra **s** terá o mesmo som da letra **z** quando estiver entre vogais. Exemplos: paralisado, preso.

ATIVIDADES

Na separação das sílabas de uma palavra que tenha **ss**, cada **s** fica em uma sílaba diferente. Veja: a-ma**s**-**s**a-do.

1. Complete as palavras com ss e reescreva-as, separando as sílabas.

se____enta _____

a____ustado _____

engana____e _____

estive____e _____

apre____ado _____

pá____aros _____

ma____agem _____

pre____a _____

po____e____ivo _____

a____ado _____

2. Complete as palavras com s ou ss e reescreva-as.

con____ultório _____

conden____ar _____

per____istente _____

a____inar _____

conde____a _____

con____istência _____

a____ento _____

rece____o _____

an____ioso _____

poeti____a _____

3. Leia estas palavras, em que o s tem som de z, e depois copie-as.

coisa _____

música _____

asa _____

avisar _____

besouro _____

roseira _____

casamento _____

cortesia _____

despesa _____

surpresa _____

paraíso _____

francesa _____

A consoante **s** terá o mesmo som que a letra **z** quando estiver entre vogais. Por exemplo: raposa, parafuso, invisível.

VIDA DE PIOLHO

VAMOS COMEÇAR!

Pulga, piolho, pernilongo... O que eles têm em comum? Converse com o professor e com os colegas.

Agora vamos ler uma história que conta o drama vivido por um piolho.

Vida de piolho

Era um piolho chamado Godofredo que gostava de filosofia. Ele vivia pensando nos dias, pensando nas coisas, pensando na vida. Pensava se valia a pena ser piolho, se fazia sentido morder os outros ou não. Morder ou não, eis a questão.

Godofredo era um piolho muito cabeça.

Ele ia pulando de criança em criança no pátio da escola e cada noite dormia numa cabeça, num travesseiro, numa cama, numa casa diferente.

Godofredo gostava daquela vida animada, ora aqui, ora ali, e tinha juízos bem claros a respeito das pessoas. Pra ele, elas eram como palito de picolé, como coluna de prédio, como perna de cadeira. Pessoas eram só partes de baixo que serviam para apoiar as melhores partes, que ficavam em cima.

E o mais incrível é que as partes de cima pensavam. E cada parte de cima, apoiada na de baixo, pensava de um jeito diferente.

Godofredo ouvia várias histórias por onde passava e aprendia tudo muito rápido. Até que um dia, depois de muito pensar, chegou a uma conclusão: "Mas esta vida de morder a cabeça das pessoas não me dá outra opção!" E resolveu viver uma vida diferente.

Acontece que Godofredo só tinha a parte de cima. Para viver uma vida de pessoa, ele ia precisar de uma parte de baixo. E começou a procurar uma parte de baixo que combinasse com ele.

Alfinete? Não. Alfinete fura.

Palito de fósforo? Queima.

Bola de gude? Ele ia ficar muito gordo e podia rolar até ladeira abaixo.

Só depois de procurar uma boa parte de baixo pelos quatro cantos do mundo, Godofredo descobriu que a melhor parte de baixo era a que ele já tinha. A cabeça das cabeças.

A partir de então, passou a ver as pessoas como elas são: cabeça, corpo, membros e piolho.

E ficou muito orgulhoso dele próprio.

Adriana Falcão. *Sete histórias para contar*.
São Paulo: Salamandra, 2013.

ESTUDO DO TEXTO

"Ser ou não ser, eis a questão" é uma frase muito conhecida da peça de teatro *Hamlet*, escrita por William Shakespeare. Nascido na Inglaterra, em 1564, ele, que também era poeta, é até hoje bastante famoso.

1. Quem era Godofredo? Do que ele gostava?

_____

_____

2. Releia o primeiro parágrafo do texto e copie a frase que resume o drama vivido por Godofredo.

_____

_____

3. Numere a sequência dos fatos de acordo com a história.

☐ Ele ouvia várias histórias por onde passava e aprendia muito rápido.

☐ Passou a ver as pessoas como elas são.

☐ Ele vivia pensando nos dias, nas coisas e na vida.

☐ Ele ia pulando de criança em criança no pátio da escola.

☐ Pensava se valia a pena ser piolho.

4. Qual era a opinião de Godofredo sobre as pessoas? Marque com um **X** as alternativas corretas.

☐ Elas eram como palito de picolé.

☐ As pessoas pensavam da mesma forma.

☐ As pessoas eram só parte de baixo.

☐ Elas eram como coluna de prédio.

5. De que Godofredo precisava para viver uma vida de pessoa?

_____

6. Depois de tanto procurar, o que ele descobriu?

_____

_____

O piolho (*Pediculus capitis*, nome científico) é um inseto que existe no mundo todo, independentemente de clima e região, e infesta gente de qualquer idade e classe social.

7. Complete as frases com as palavras do vocabulário do texto.

a) Assisti a um espetáculo _____.

b) Não tenho _____ a respeito do jogo de ontem.

c) Tive de fazer uma _____ entre um sanduíche de atum e um de frango.

53

ESTUDO DA LÍNGUA

Sinais de pontuação

Os sinais de pontuação são sinais gráficos que aparecem nos textos. Você verá que existem tipos de frases que podem ser identificadas pelo sinal de pontuação que aparece nelas.

> Godofredo era um piolho muito cabeça.

O **ponto-final** (.) indica o final de uma frase.

> Alfinete?
> Palito de fósforo?
> Bola de gude?

O **ponto de interrogação** (?) indica que é uma pergunta, dúvida ou questionamento.

> Mas esta vida de morder a cabeça das pessoas não me dá outra opção!

O **ponto de exclamação** (!) indica sentimentos de admiração, surpresa, alegria, dor etc.

Tipos de frase

Você viu que os sinais de pontuação nos auxiliam a reproduzir alguns recursos da fala na escrita. Um deles é a entonação da voz durante a leitura, determinada pela pontuação usada no final da frase.

As frases podem ser classificadas como:

- **declarativas** (afirmativas ou negativas): quando declaram afirmativa ou negativamente uma ideia. São encerradas com ponto-final. Por exemplo: Godofredo gostava de filosofia. (frase declarativa afirmativa)

Godofredo não tinha uma parte de baixo. (frase declarativa negativa)

> As frases declarativas negativas podem ser formadas com palavras que indiquem negação, como **nunca**, **jamais**, **nunca mais** etc.

- **interrogativas**: determinam uma pergunta e, naturalmente, encerram com um ponto de interrogação.

Por exemplo: Morder ou não morder?

- **exclamativas**: indicam que algo foi dito com admiração, surpresa, medo, alegria etc.

Por exemplo: Que piolho orgulhoso!

ATIVIDADES

1. Reescreva as frases abaixo no seu caderno substituindo os códigos pelos sinais correspondentes.

> 🟧 ponto-final
> 🔺 ponto de interrogação
> 🟢 ponto de exclamação

a) Quem descobriu o Brasil 🔺

b) Que bom que você veio 🟢

c) Meu pai chegou ontem 🟧

2. Escreva no ☐ o sinal de pontuação mais adequado para cada frase.

a) Quando ele voltará de viagem ☐

b) Como o dia está bonito ☐

c) Anita gosta de biscoito ☐

d) Que tarefa difícil ☐

e) Quantos anos você tem ☐

3. Observe a ilustração e crie uma frase afirmativa, uma frase negativa, uma exclamativa e uma frase interrogativa.

_____
_____
_____
_____

4. Transforme as frases afirmativas em frases exclamativas. Veja o modelo.

O circo estava lotado. →
Como o circo estava lotado!

a) A festa está animada.
_____

b) A maçã está saborosa.
_____

5. Escreva perguntas para estas respostas usando a palavra onde. Observe o modelo.

Eu comprei laranjas na feira.
→ **Onde** você comprou laranjas?

a) Os livros estão na estante.
_____

b) Mariana guardou a chave no chaveiro.
_____
_____

Palavras com L e LH

Leia estas palavras: piolho, melhores, orgulhoso.

O que essas palavras têm em comum?

ATIVIDADES

1. Leia as palavras e copie-as nos quadros certos.

trabalheira   cabeleireiro
tabuleiro   conselheiro
prateleira   saleiro
barulheira   artilheiro

palavras com l

55

palavras com lh

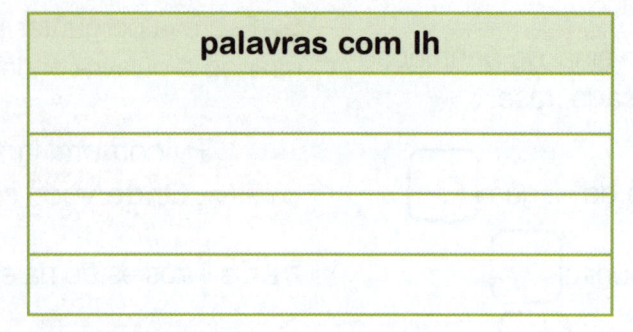

2. Complete as frases com as palavras dos quadros.

a) mola – molha

Renato _____ as plantas do jardim.

A _____ da cadeira do papai está quebrada.

b) afilado – afilhado

O padrinho deu um presente ao _____.

Camila tem o nariz _____.

PRODUÇÃO DE TEXTO

Imagine que agora você é um inseto. Relate como seria sua vida de inseto.

Preparação

Primeiro, pense nas seguintes questões:
- Qual inseto você seria?
- É um inseto verdadeiro ou imaginário?
- Como é esse inseto? Quais as características físicas dele (tamanho, cor, quantidade de pernas, asas, presença ou não de carapaça, de antenas etc.)?
- Onde vive esse inseto?
- O que pensa esse inseto sobre a vida que leva?

Produção

Numa folha avulsa, faça um rascunho com as respostas dessas perguntas. Se precisar, principalmente se seu inseto for verdadeiro e não imaginário, pesquise outras informações para criar seu personagem-inseto.

Ao escrever seu texto, seja criativo, solte a imaginação, pense, reflita, filosofe. Lembre-se, também, de organizá-lo em parágrafos. Pense, por exemplo, se você gosta ou não de sua vida de inseto. E qual seria o final da sua história. Dê um título à sua história.

8 O COLECIONADOR

VAMOS COMEÇAR!

Você já ouviu falar do Menino Maluquinho? É um personagem alegre e sapeca criado pelo cartunista Ziraldo. Vamos conhecê-lo?

Leia a história em quadrinhos a seguir.

O COLECIONADOR

— Essa é minha coleção de soldadinhos... Esta é de selos... Aquela é de corujinhas!

— Caraca! Que maneiro!

— Por que você não faz como eu?

— Isso aí! Vou começar uma coleção agora mesmo!

— Uma coleção de amigos!

Ziraldo. *Curta O Menino Maluquinho*: em histórias rapidinhas. São Paulo: Globo, 2006.

ESTUDO DO TEXTO

Histórias em quadrinhos, como o nome já diz, são histórias contadas quadro a quadro, em sequência, por meio de imagens. Podem ser acompanhadas de texto escrito.

1. Você leu uma história em quadrinhos do Menino Maluquinho. Sobre o que fala essa história?

_____

2. Marque com um **X** quais são as coleções de Junim, o amigo do Menino Maluquinho.

☐ Figurinhas

☐ Soldadinhos

☐ Selos

☐ Corujinhas

3. O Menino Maluquinho também resolveu fazer uma coleção. O que ele decidiu colecionar?

_____

4. Converse com o professor e os colegas.

- Por que você acha que o Menino Maluquinho tem esse nome?

_____
_____

5. Pinte o tipo de balão que aparece na história do Menino Maluquinho.

fala

pensamento

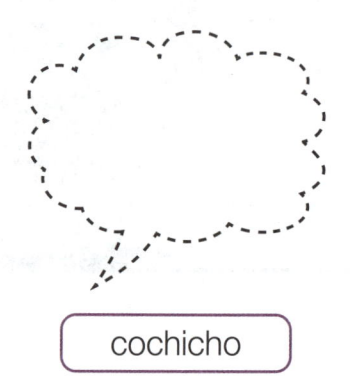

grito

cochicho

58

6. Ligue cada frase ao balão a que ela pertence.

"Mãe! Cadê meu tênis?!"

"Preciso falar baixo, porque vou te contar um segredo..."

"Por favor, onde fica a farmácia?"

"Não posso esquecer de fazer a lição de casa!"

Para dar voz às personagens, usam-se **balões**. Há balões: de fala, pensamento, ruído, grito etc.

As **gírias** são palavras e expressões utilizadas na linguagem informal, características de alguns grupos de pessoas.

7. Releia o quadrinho.

Converse com o professor e com os colegas sobre a questão a seguir. Depois, responda nas linhas abaixo.

- Em que situação você poderia dizer: CARACA! QUE MANEIRO! ?

_____

_____

8. Pergunte a alguns adultos de sua escola quais gírias eles costumavam usar quando eram mais novos e seus significados. Depois, preencha o quadro a seguir.

gíria	significado

O Brasil é um país muito grande e existem várias gírias regionais. Veja a seguir alguns exemplos de gírias regionais:

gíria	significado	lugar
mina	menina	São Paulo
aperreado	impaciente	Ceará
toró	chuva forte	Manaus
cheiro	beijo	Pernambuco

9. Reescreva as frases a seguir, substituindo as gírias destacadas pelos significados que você leu no quadro da página anterior.

a) Venha aqui me dar um **cheiro**.

_____
_____

b) Desde ontem cai esse **toró**.

_____
_____

c) João está **aperreado** para saber o resultado da prova.

_____
_____
_____

ESTUDO DA LÍNGUA

Substantivos

Observe estas palavras.

> corujinhas   Ziraldo
> selos   Menino Maluquinho

Substantivo é a palavra que designa o nome dos seres.

As palavras **corujinhas**, **Ziraldo**, **selos** e **Menino Maluquinho** são substantivos.

Substantivos comuns e próprios

> Os **substantivos comuns** são aqueles que dão nome a todos os seres da mesma espécie. Eles são escritos com a letra inicial minúscula. Exemplos: corujinhas, selos.
> Os **substantivos próprios** são aqueles que dão nome a um só ser da mesma espécie. Eles são escritos com letra inicial maiúscula. Exemplos: Ziraldo, Menino Maluquinho.

ATIVIDADES

1. Complete com substantivos próprios. Lembre-se de usar letra maiúscula.

> Eu me chamo _____.
> Moro na cidade de _____,
> no estado de/do _____.

2. Leia o poema e circule os substantivos comuns.

Biografia

Com o lápis do pião
o menino escreve sobre
o chão
a história da sua vida.

Poemas com sol e sons. São Paulo: Melhoramentos, 2011.

LÍNGUA PORTUGUESA

3. Sublinhe os substantivos próprios e contorne os substantivos comuns destas frases.

a) Meu amigo chama-se Frederico.

b) André comprou chocolate para Juliana.

c) Fui de carro para Salvador.

4. Classifique as palavras a seguir, colocando o número **1** para os substantivos **próprios** e o número **2** para os substantivos **comuns**.

☐ rosa   ☐ Ana

☐ Marte   ☐ caneta

☐ Brasil   ☐ Itália

☐ Vítor   ☐ criança

☐ porta

Uso de LH, NH, CH

Leia o poema "Maluquices do H" e represente-o com um desenho em uma folha avulsa.

Maluquices do H

O H é letra incrível,
muda tudo de repente.
Onde ele se intromete,
tudo fica diferente...

Se você vem pra cá,
vamos juntos tomar chá.

Se o sono aparece,
vem um sonho e se adormece.

Se sai galo no poleiro,
pousa no galho ligeiro.

Se a velha quiser ler,
vai a vela acender.

Se na fila está a avó,
vira filha, veja só!

Se da bolha ela escapar,
uma bola vai virar.

Se o bicho perde o H,
com um bico vai ficar.

Hoje com H se fala,
sem H é uma falha.
Hora escrita sem H,
ora bolas vai virar.

O H é letra incrível,
muda tudo de repente.

Onde ele se intromete,
tudo fica diferente...

Pedro Bandeira. *Mais respeito, eu sou criança!* São Paulo: Moderna, 2009. p. 58.

1. Quais foram as palavras do poema modificadas pela letra **h**? Complete.

cá – _____

fila – _____

sono – _____

bola – _____

galo – _____

bico – _____

2. Complete as palavras com **nh**, **ch** ou **lh**. Depois, escreva-as.

se ___ ora _____

i ___ a _____

___ uveiro _____

i ___ ame _____

a ___ eio _____

a ___ ado _____

ama ___ ã _____

pirra ___ o _____

espe ___ o _____

gan ___ o _____

pe ___ asco _____

se ___ a _____

3. Pesquise em revistas e jornais e copie palavras que apresentem cada um dos grupos de letras abaixo.

a) nh: _____

b) lh: _____

c) ch: _____

PRODUÇÃO DE TEXTO

Vamos completar os balões da tirinha? Reúna-se com um colega.

Preparação

A mãe do Menino Maluquinho o proibiu de comer porcarias e o mandou se alimentar somente com frutas no lanche da escola. No dia seguinte, ele não levou cadernos nem livros na mochila. Por que será?

Observem as ilustrações da tirinha abaixo.

Produção

Agora, completem os balões de fala da tirinha.

Ziraldo. *As melhores tiradas do Menino Maluquinho.*
São Paulo: Melhoramentos, 2000.

Revisão

Entreguem a tirinha para o professor ler. Se for necessário, façam as correções que ele indicar.

9 QUEM LÊ? JÚLIA MARTINS

VAMOS COMEÇAR!

Júlia Martins faz parte de um clube de leitores de livros infantis e juvenis chamado A Taba. Ela tem apenas 8 anos de idade, mas já possui uma estante de livros e boas dicas para compartilhar com outros leitores.

Leia um trecho da entrevista de A Taba com a menina e sua mãe, Débora Martins, que é professora e também adora ler.

A Taba: Débora, quando você era criança, costumava ler ou ouvir histórias de livros? Quem fazia os livros chegarem até você?

Débora: Sim, quando era criança costumava ler e ouvir histórias. Os livros chegavam pelo meu pai, que comprava de vendedores que, naquela época, iam de casa em casa oferecer os exemplares. Outro dia ainda comentava com uma amiga que o meu gosto pela leitura nasceu do cuidado que meu pai teve de trazer livros para casa.

A Taba: Júlia, por que você lê?

Júlia: Porque a literatura é importante para o crescimento de toda criança. Eu gosto de ler e me sinto bem lendo.

A Taba: Qual livro que mais gostou de ler? O que fez você gostar tanto dele?

Júlia: O livro que mais gostei de ler foi *O BGA*. Primeiro porque começa como se fosse um gigante que quer raptar a menina. Mas durante a história, que ainda estou lendo, percebo que é como se o gigante fosse um pai para Sofia. E também gostei porque o gigante tem sentimentos pela menina.

A Taba: Como e onde é seu momento de leitura?

Júlia: Gosto de ler à noite, antes de dormir, deitada na minha cama com uma lanterna ou no sofá com cobertas.

[...]

A Taba: Quais dicas vocês podem dar para quem quer despertar o interesse das crianças pela leitura?

Júlia: Não é só a capa que representa o livro todo. Às vezes a capa não é bacana, mas a história é bem interessante. Folheie o livro, leia a quarta capa para saber se vai gostar da leitura. Se você gostar do livro, compre.

Débora: Ler para as crianças diariamente, ter livros disponíveis em casa, ir à livraria, escolher livros de interesse delas pensando na riqueza literária, sem ter como critério apenas a idade.

A Taba. Disponível em: http://ataba.com.br/quem-le-julia-martins-ataba/ >. Acesso em: 22 ago. 2022.

ESTUDO DO TEXTO

Uma entrevista consiste em uma conversa entre duas ou mais pessoas, onde alguém pergunta e o(s) outro(s) responde(m). Esse tipo de publicação tem o propósito de informar, seja a fim de formar uma opinião ou entreter o leitor ou espectador.

Quando publicadas, as entrevistas não devem apresentar alteração, ou seja, o que está escrito deve equivaler exatamente às respostas dadas pelo entrevistado.

1. Quem é o entrevistador?

_____
_____

2. Quem são as entrevistadas?

_____
_____

3. Marque um **X** nas informações verdadeiras.

( ) Júlia lê porque a mãe lhe disse que é importante.

( ) Julia lê porque acredita que a leitura é importante para o desenvolvimento de toda criança.

( ) O avô de Júlia sempre comprava livros e por isso as histórias sempre estiveram presentes na vida de Débora.

( ) O horário que Júlia prefere para ler é à noite, antes de dormir.

( ) Débora é mãe e professora de Júlia.

( ) Ler para as crianças e ter livros disponíveis em casa são duas das maneiras que Débora cita para despertar o interesse das crianças pela leitura.

4. Com base na entrevista lida e nas características apresentadas, marque a alternativa correta.

( ) As entrevistadas ficaram à vontade para falar sobre o que quisessem.

( ) A entrevista foi objetiva, com poucas perguntas e respostas diretas.

( ) As perguntas do entrevistador não foram suficientemente claras.

( ) A transcrição da entrevista está cheia de inferências.

5. Releia a resposta de Débora a respeito de seu contato com os livros na infância.

> [...] quando era criança costumava ler e ouvir histórias. Os livros chegavam pelo meu pai que comprava de vendedores que, naquela época, iam de casa em casa oferecer os exemplares.

Agora, responda.

a) A palavra **exemplares** substitui que palavra? _____ .

b) Que outras palavras podem substituir o termo **exemplares**? Circule-as.

prêmios   volumes

edições   qualidades

ESTUDO DA LÍNGUA

Gênero do substantivo

Os substantivos podem ser classificados como **femininos** ou **masculinos**.

Antes de substantivo feminino, usamos **a**, **as**, **uma**, **umas**.

| uma amiga | a menina |

Antes de substantivo masculino, usamos **o**, **os**, **um**, **uns**.

| os livros | um gigante |

ATIVIDADES

1. Complete o quadro com as formas feminina e masculina dos substantivos.

substantivos femininos	substantivos masculinos
princesa	
	senador
dama	
	bode

2. Marque um **X** na alternativa que apresenta apenas palavras femininas.

( ) tabela, cozinheira, rainha, autora, ladra, janela

( ) rádio, cabeça, unha, regime, bagunça, helicóptero

3. Reescreva as frases passando-as para o masculino.

a) A égua e a vaca corriam pelo pasto.

_____

b) A tia do meu primo é minha mãe.

_____

c) A ginasta voltou para casa com o troféu.

_____

d) A leoa é dócil e carinhosa.

_____

4. Agora passe as frases para o feminino.

a) O presidente pronunciou-se pela televisão.

_____

b) O poeta lançará seu quarto livro durante a feira.

_____

c) O senhor de quem falo é o meu avô, pai do meu tio João.

_____

d) O neném mal completou 1 ano e já sabe andar!

_____

Palavras com C e QU

Leia em voz alta as palavras do quadro.

| **ca**feína – **ce**noura – **ci**gana – **co**lheita – **cu**idado |

Note que a letra **c** apresenta sons que variam de acordo com a vogal que a acompanha:

- diante de **a**, **o** e **u**, a letra **c** terá o mesmo som da letra **k**;
- diante das letras **e** e **i**, o **c** terá o mesmo som da letra **s**.

Leia agora estas palavras.

quadrado – es**que**leto – cin**que**nta – **qui**ntal – tran**qui**lo – **quo**tizar

Quando **qu** está acompanhado das letras **a** e **o**, as duas letras do encontro **qu** são pronunciadas.

Quando acompanhado por **e** ou **i**, **qu** tem o mesmo som da letra **k**.

ATIVIDADES

1. Escreva as palavras que dão nome às imagens.

2. Complete as frases com as palavras do quadro.

chocalhos – Carmem – couro –
cima – camiseta – leque –
cama – cinto – querida

a) Tia _____ deixou o _____ em _____ da minha _____.

b) A minha _____ nova tem estampa de _____.

c) Minha _____ irmã me presenteou com um _____ de _____.

3. Ordene as sílabas e escreva as palavras que você formou.

| vo | cu | ti | ra |

_____

| ja | ru | co |

_____

| ri | to | qui | pe |

_____

| a | bo | qui |

_____

| quei | va | ro |

_____

| qui | mó | es |

_____

Agora, responda.

a) Nas palavras formadas, a letra **c** e o encontro **qu** têm o mesmo som? Que som é esse?

_____

b) Escreva três exemplos nos quais a letra **c** tenha som da letra **s**.

_____

PRODUÇÃO DE TEXTO

Agora é sua vez de criar um texto sobre um livro ou autor para expor em um cartaz na sala de aula. Pode ser uma indicação literária ou uma entrevista.

Preparação

Escolha sobre o que você vai falar:
- seu livro preferido;
- um autor de quem você é fã;
- um autor de sua cidade;
- um escritor que você conhece e quer que outras pessoas conheçam.

Decida agora o tipo de texto que você fará. Analise algumas ideias:
- Para falar de seu livro preferido, é interessante que a indicação literária contenha um resumo da história, um pouco sobre o autor e por que as pessoas deveriam conhecer a obra.
- Se você tiver a oportunidade de entrevistar um escritor, pergunte-lhe um pouco sobre seu processo de criação, sua influência, inspiração etc.

Produção

Realize pesquisas, consulte *sites* especializados, acompanhe notícias sobre o assunto e leia textos de conteúdo semelhante para que tenha ideia do que e como abordar seu assunto.

Monte a veiculação de seu texto em forma de cartaz. Ilustre e/ou faça uma colagem com imagens que envolvam o tema e o assunto. Antes de passar seu texto para o cartaz, faça um rascunho no espaço abaixo.

Revisão

Releia seu texto. Depois, entregue-o para que um colega leia e comente. Faça o mesmo com o texto dele.

Aceite as observações que achar pertinentes e esteja atento à gramática e à ortografia. Peça a ajuda do professor em caso de dúvida.

Ao montar e ilustrar seu cartaz, exponha-o na sala ou na escola com os trabalhos dos outros colegas.

LIÇÃO 10
A LENDA DA VITÓRIA-RÉGIA

VAMOS COMEÇAR!

Você conhece a vitória-régia? Leia uma lenda indígena sobre a origem dessa planta.

A vitória-régia

Há muitos e muitos anos, em certas noites, a Lua, chamada Jaci pelos índios tupis-guaranis, aparecia com todo o seu esplendor para iluminar uma aldeia na Amazônia brasileira.

Sabia-se que Jaci, quando se escondia atrás das montanhas, sempre levava consigo as jovens de sua preferência e as transformava em estrelas no céu.

Acontece que uma moça da tribo, a guerreira Naiá, vivia sonhando com esse encontro, e seus olhos brilhavam quando pensava no grande dia em que seria convidada pela deusa Jaci. No entanto, os anciões da tribo alertavam:

— Naiá, as moças são transformadas em estrelas depois que são tocadas pela formosa deusa. Não tem volta, Naiá!

Mas quem conseguia convencê-la? Naiá queria porque queria ser levada pela Lua, para ser estrela no céu e brilhar ao lado de Jaci!

Nas noites claras da floresta, ou quando apenas um pedacinho da Lua aparecia no céu, a índia sonhadora corria e implorava pelo toque de Jaci, sem nunca a alcançar.

Naiá subia nos galhos mais altos das árvores ou pernoitava no cume dos morros silenciosos, na esperança de ascender ao céu pelo convite da deusa.

Mas Jaci sumia na imensidão do céu, para depois ressurgir linda, redonda e brilhante. Enquanto isso, a jovem índia apenas definhava.
Naiá já não sentia fome nem sede. E não havia pajé que a curasse do seu imenso desejo.

Uma noite, tendo parado para descansar após longa caminhada, Naiá sentou-se à beira de um lago. Viu, então, na superfície, a imagem da deusa: a Lua estava bem ali, ao seu alcance, refletida no espelho d'água. Naiá, pensando que a Lua descera para se banhar, mergulhou fundo ao seu encontro e se afogou.

JOSÉ LUIS JUHAS

Jaci, comovida com tão intenso desejo, quis recompensar o sacrifício da bela jovem índia e resolveu metamorfoseá-la em uma estrela diferente de todas aquelas que brilhavam no céu.

Assim, Naiá foi transformada na "Estrela das Águas", única e majestosa, que é a vitória-régia ou mumuru, como é chamada pelos índios tupis-guaranis.

Conta-se que, por isso, as flores perfumadas e brancas da vitória-régia só se abrem à noite: uma homenagem à Jaci, a deusa Lua. E, ao nascer do Sol, as flores ficam rosadas, como o rosto da índia guerreira Naiá.

Conta pra mim: A lenda da vitória-régia. Brasília: MEC/Sealf, 2020.
Disponível em: http://alfabetizacao.mec.gov.br/images/conta-pra-mim/livros/versao_digital/vitoria_regia_versao_digital.pdf. Acesso em: 30 ago. 2022.

ESTUDO DO TEXTO

1. Como se chamam textos como esse que você leu?

_____

2. Quais são as personagens principais da história?

_____

O texto que você leu é uma **lenda indígena**. As lendas indígenas brasileiras são narrativas ligadas à vida nas florestas, onde moravam e ainda moram os habitantes mais antigos de nosso país. Essas lendas, que são transmitidas oralmente de geração para geração, procuram explicar o surgimento do ser humano, da noite, das estrelas, das flores mais vistosas e de muitos outros elementos da natureza.

3. Qual era o maior desejo de Naiá?

_____

4. Naiá realizou seu sonho? Justifique sua resposta. Ouça também as respostas de seus colegas.

5. Marque um **X** a resposta correta.

a) Jaci é:

☐ o nome de uma tribo.

☐ uma jovem indígena.

☐ um nome dado à deusa Lua.

☐ o nome de uma planta.

b) Vitória-régia é:

☐ um perfume doce.

☐ uma planta.

☐ a Lua.

☐ uma ilha.

LÍNGUA PORTUGUESA

71

6. Substitua as palavras em destaque por outras que tenham significado semelhante.

a) Mas quem conseguia convencê-la? Naiá **queria porque queria** ser levada pela Lua, para ser estrela no céu e brilhar ao lado de Jaci!

b) Assim, Naiá foi transformada na "Estrela das Águas", única e **majestosa**, que é a vitória-régia ou mumuru, como é chamada pelos índios tupis-guaranis.

c) Mas Jaci **sumia** na imensidão do céu, para depois ressurgir linda, redonda e brilhante. Enquanto isso, a jovem índia apenas definhava.

ESTUDO DA LÍNGUA

Número do substantivo

Os substantivos podem estar no singular ou no plural.

Singular: indica apenas um ser ou um grupo de seres. Exemplos: rio, vitória-régia, estrela.

Plural: indica dois ou mais seres ou grupos de seres. Exemplos: aldeias, cunhãs, moças.

Para flexionar um substantivo para o plural, geralmente acrescentamos **-s** no final da palavra. Veja: cabel**o** → cabel**os**; aldei**a** → aldei**as**; águ**a** → águ**as**.

Mas existem outras maneiras de formar o plural, uma vez que nem todas as palavras terminam em vogal:

- substantivos terminados em **-r, -s** ou **-z** formam o plural com o acréscimo de **-es**. Exemplos: repórte**r** → repórter**es**, paí**s** → país**es**, lu**z** → luz**es**

- substantivos terminados em **-al, -el, -il, -ol, -ul** terão a última letra substituída por **-is**. Exemplos: anima**l** → anima**is**; carrete**l** → carreté**is**; faro**l** → faró**is**

- substantivos terminados em **-il** formam o plural de acordo com a tonicidade:
    – substantivos oxítonos seguem a regra anterior, na qual a letra **-l** é substituída por **-s**: canti**l** → canti**s**; genti**l** → genti**s**
    – substantivos paroxítonos substituem a terminação **-il** por **-eis**: répt**il** → répt**eis**; fút**il** → fút**eis**

- substantivos terminados em **-m** terão a última letra substituída por **-ns**. Exemplos: ite**m** → ite**ns**, nuve**m** → nuve**ns**

- substantivos que terminam com **-ão** podem formar o plural de três maneiras:
  - com o acréscimo de **-s**: gr**ão** ⟶ gr**ão**s, m**ão** ⟶ m**ão**s
  - substituindo **-ão** por **-ões**: mel**ão** ⟶ mel**ões**, avi**ão** ⟶ avi**ões**
  - substituindo **-ão** por **-ães**: alem**ão** ⟶ alem**ães**, c**ão** ⟶ c**ães**

Existem também as palavras que apresentam sempre a mesma forma, tanto no singular como no plural.

Exemplos: **o** lápis ⟶ **os** lápis, **o** pires ⟶ **os** pires

Da mesma maneira há palavras que só aceitam a forma plural: pêsames, óculos, núpcias etc.

ATIVIDADES

1. Você sabia que os indígenas constroem os próprios instrumentos de trabalho e também seus brinquedos? Veja alguns brinquedos e coloque **s** de singular ou **p** de plural nos quadrinhos.

( ) petecas

( ) bilboquê

( ) pião

( ) dobraduras

2. Escreva no plural o nome das imagens abaixo.

_____   _____

3. Reescreva as frases passando para o plural as palavras em destaque. Faça as adaptações necessárias.

a) Para fazer o **trabalho**, precisei de um **atlas**.
_____
_____

b) A decoração do **ambiente** foi feita por uma equipe.
_____
_____

4. Complete as frases com as palavras do quadro flexionando-as para o plural.

> balão – cão – hambúrguer – capital

a) Os dois _____ da vizinha fugiram enquanto ela estacionava.

b) As _____ do Rio de Janeiro e de São Paulo têm o mesmo nome dos estados.

c) Na festa de Letícia havia vários _____ de gás hélio.

d) Estou com tanta fome que vou comer uns três _____!

5. Escreva na forma singular.

cachecóis _____

roedores _____

moscas _____

mensagens _____

fuzis _____

carrosséis _____

Palavras com G e GU

Leia o texto a seguir. Preste atenção ao som da letra **g** nas palavras destacadas.

Sabia-se que Jaci, quando se escondia atrás das montanhas, sempre levava **consigo** as jovens de sua preferência e as transformava em estrelas no céu.
Acontece que uma moça da tribo, a **guerreira** Naiá, vivia sonhando com esse encontro, e seus olhos brilhavam quando pensava no grande dia em que seria convidada pela deusa Jaci.

Observe que a letra **g** tem o mesmo som nas palavras destacadas, mas a sílaba com a letra **g** não tem a mesma grafia: con-si-**go**, **guer**-rei-ra.

Observe que a letra **g** tem o mesmo som nas palavras destacadas, mas a sílaba com a letra **g** não tem a mesma grafia: a-mi-**ga**, con-se-**gui**-do.

Leia em voz alta mais estes exemplos.

> **ga**linha – **gue**pardo – en**gui**a – **go**rila – can**gu**ru

O encontro **gu** tem o mesmo som da letra **g** quando vem seguido de **e** e **i** e quando o **u** não é pronunciado.

ATIVIDADES

1. Leia estas palavras. Depois, copie-as e separe as sílabas.

franguinho _____

_____

português _____

_____

guerreiro _____

_____

formigueiro _____

_____

74

2. Complete estas palavras com ga, gue, gui, go, gu e depois copie-as.

che_____da   _____sado

_____   _____

fran_____   _____tarra

_____   _____

al_____m   man_____ira

_____   _____

fo_____te   fi_____ra

_____   _____

san_____   ami_____

_____   _____

_____ndaste   tri_____

_____   _____

_____veta   jo_____

_____   _____

PRODUÇÃO DE TEXTO

Nesta lição, você conheceu uma lenda. Agora, chegou a hora de conhecer mais lendas do folclore brasileiro.

Preparação

Converse com seus familiares sobre lendas do folclore brasileiro e veja se alguém conhece alguma.

Escolha uma lenda e pesquise sobre ela. Essa pesquisa pode ser feita em livros ou na internet.

Produção

Escreva um texto sobre a lenda que você pesquisou. Lembre-se de escrever o nome da lenda no título.

Você pode escrever o texto em forma de narrativa (uma história) ou como um texto informativo.

Revisão

Confira o uso de ponto-final e letra maiúscula.

Entregue o texto escrito para correção do professor.

Reescreva o texto, fazendo as correções.

Faça um desenho para sua lenda.

Apresentação

Combinem o dia da apresentação e aprendam um pouco mais sobre o nosso folclore.

LÍNGUA PORTUGUESA

LIÇÃO 11

CARTA DA GALINHA RUIVA

VAMOS COMEÇAR!

Leia a carta a seguir.

Quintal dos Ruivos, inverno de mil novecentos e milho verde.

Ah, meu filho ruivinho!

Desde o dia em que você foi morar no quintal da Dona Celeste, meus dias são cheios de vazios.

Meu coração está em frangalhos.

Parece que eu tenho um grão de milho entalado na garganta.

Agora, até o gato, o cachorro, o porco e o pato, que, naquela vez, inventaram um milhão de desculpas, para não nos ajudar, me visitam com frequência e trazem pãozinho quentinho.

Eles dizem que não gostam de me ver quietinha e cabisbaixa.

Por que você se foi? Por quê?

Quero que saiba que, aqui no nosso lar, vai ter sempre água com açúcar para acalmar seus medos.

Vai ter sempre abraços e afagos.

Vai ter sempre seu ninho limpinho, aconchegante e cheiroso para confortar seus cansaços.

Vai ter sempre comida quentinha para saciar sua fome.

E vai ter sempre bolo de fubá para eternizar o amor de nossos sábados cheirosos.

Alonso, meu querido, estou com tantas saudades.

Com o amor da mamãe.

Galinha Ruiva

Anderson Novello. *O pintinho ruivo de raiva*. Curitiba: Palavras Arteiras, 2018.

ESTUDO DO TEXTO

Carta é uma mensagem escrita que se envia para alguém. Serve para se apresentar, para contar notícias, revelar segredos... Também chamada correspondência, em geral, a carta é colocada dentro de um envelope e enviada por correio.

1. De acordo com o texto, responda.

a) Quem escreveu a carta?
_____

b) A quem a correspondência foi destinada?
_____

c) De onde a carta foi escrita?
_____

d) Quando a carta foi escrita?
_____

e) Qual é a relação entre os correspondentes?
_____

2. Que assuntos são tratados na carta? Escreva ao menos três deles.
_____
_____
_____
_____

3. Escreva um dos assuntos tratados na carta.
_____
_____

4. Releia estes trechos da carta.

> Meu coração está em **frangalhos**.
> Parece que eu tenho **um grão de milho** entalado na garganta.

a) A expressão "em frangalhos" tem o mesmo sentido de:

☐ acabado, triste

☐ contente, palpitante

b) A expressão "nó na garganta" costuma ser utilizada para se referir a um aperto na garganta, causado por uma emoção forte. Que expressão o autor utilizou na carta?
_____
_____
_____

c) Por que você acha que o autor utilizou as expressões destacadas?
_____
_____
_____

d) Que outras palavras do texto estão relacionadas ao mundo em que vivem os personagens?
_____
_____
_____

LÍNGUA PORTUGUESA

ESTUDO DA LÍNGUA

Pronomes pessoais

Releia este trecho da carta.

Parece que **eu** tenho um grão de milho entalado na garganta.

A palavra **eu** faz referência à pessoa que está falando; no caso, a personagem Galinha Ruiva.

A palavra **eu** é um **pronome**.

Pronome é a palavra que substitui ou determina o substantivo, indicando a *pessoa do discurso*.
A pessoa do discurso aponta quem fala, de quem se fala ou para quem se fala. Portanto, existem três pessoas do discurso.

Há diversos tipos de pronome. Começaremos pelos pronomes pessoais.

Pronomes pessoais são aqueles que substituem os substantivos e representam as pessoas do discurso.

	pronomes pessoais	
	singular	plural
1ª pessoa do discurso: aquela que fala	eu	nós
2ª pessoa do discurso: aquela com quem se fala	tu	vós
3ª pessoa do discurso: aquela de quem se fala	ele, ela	eles, elas

ATIVIDADES

1. Quais pronomes substituem as expressões destacadas?

a) **Eu e Laura** iremos ao teatro mais tarde. _____

b) Faz muito tempo que não vejo **Gustavo e Paula**. _____

c) **Os alunos** fizeram uma surpresa para **a secretária**. _____

d) **O equilibrista e a bailarina** formam um lindo casal. _____

e) **Miguel**, **Luísa e eu** estávamos jogando bola de gude. _____

2. Reescreva as frases substituindo os substantivos em destaque por pronomes pessoais equivalentes.

a) Ontem **Catarina** chegou muito atrasada ao curso.

_____

b) Luano, meu cachorro, sempre quer brincar com **o carteiro**.

_____

c) O ônibus quebrou devido à falta de manutenção.

_____

d) Minha família e eu passamos um maravilhoso final de semana na praia!

_____

e) Gabriel usou meu lápis e entregou-o a outra pessoa.

_____

Pronomes possessivos

Releia estes trechos.

> Quero que saiba que, aqui no **nosso** lar, vai ter sempre água com açúcar para acalmar **seus** medos.

As palavras **nosso** e **seus** são pronomes possessivos.

> Pronomes possessivos são aqueles que se referem às pessoas do discurso (1ª, 2ª, 3ª) para indicar posse de alguma coisa.

	pronomes possessivos	
	singular	plural
1ª pessoa do discurso	meu(s), minha(s)	nosso(s), nossa(s)
2ª pessoa do discurso	teu(s), tua(s)	vosso(s), vossa(s)
3ª pessoa do discurso	seu(s), sua(s)	seu(s), sua(s)

ATIVIDADES

1. Justifique o uso do pronome possessivo nas frases a seguir.

a) Guardei apenas as minhas coisas.

_____

b) Esse livro embaixo da cadeira é teu?

_____

c) Traga sua vasilha para que eu possa enchê-la.

_____

Pronomes demonstrativos

Leia.

Este é Alonso, o filho ruivinho.
Aquela é a Galinha Ruiva.
Esses são os animais do quintal.

As palavras **este**, **aquela** e **esses** são pronomes demonstrativos.

> Pronomes demonstrativos são aqueles que indicam o lugar, a posição dos objetos, das pessoas etc. em relação à pessoa que fala.

ATIVIDADES

1. Para as situações a seguir, elabore frases com pronomes demonstrativos.

ILUSTRAÇÕES: VANESSA ALEXANDRE

2. Preencha os espaços com os pronomes demonstrativos do quadro.

| esta | este | esses | esse |
| isto | aquele | aquela | aquilo |

a) _____ bolsa é minha e _____ ali é sua.

b) _____ brincos que você está usando lhe ficam muito bem.

c) _____ violão é maior do que _____.

d) Fabiano, de quem é _____ relógio que está no seu braço?

e) _____ vai dar certo; _____, não.

3. Sublinhe os pronomes demonstrativos.

a) Quem era aquele rapaz na porta conversando com você?

b) Aquelas pessoas de quem você está falando são importantes para mim.

c) Esse telefone nunca funciona quando eu preciso.

d) Eu comprei esta TV numa promoção.

e) Aquela rosa é a mais linda que já vi.

f) Isto é seu ou do seu primo?

g) Esta bola é minha.

h) Aqueles meninos são espertos.

i) Essa é a ministra da Educação.

j) O que é aquilo?

Palavras com S em final de sílaba

Leia este poema.

Final

[...]
Um siamês, pelo escuro,
Olhos azuis, cara preta,
É o bicho – lhes asseguro –
Mais "fofo" deste planeta

Ferreira Gullar. *Um gato chamado Gatinho*. São Paulo: Moderna, 2013.

ATIVIDADES

1. Que palavras do poema acima têm sílabas terminadas em s ?

_____

_____

2. Complete as palavras com as , es , is , os ou us . Depois, escreva-as.

c___cuz – _____

rev___ta – _____

c___ca – _____

f___ta – _____

r___to – _____

p___ta – _____

3. Ordene as sílabas e forme palavras.

coi-bis-to – _____

es-lho-pe – _____

ne-cis – _____

dor-pes-ca – _____

to-ros – _____

PRODUÇÃO DE TEXTO

Vamos escrever uma carta?

Pense em algo interessante que você queira contar. Para quem quer contar?

Preparação

Faça um rascunho de sua carta no caderno, seguindo estes passos:

- escreva o local onde está o remetente (você) e a data em que a carta é escrita;
- o nome do destinatário;
- uma saudação inicial;
- o corpo da carta, o texto com o assunto de que você vai falar, com começo, meio e fim;
- uma saudação de despedida;
- a assinatura do remetente (você).

Produção e revisão

Verifique se escreveu tudo o que queria. Complete se faltar algo.

Peça a um colega que leia sua carta enquanto você lê a dele.

Conversem sobre os textos e corrijam o que for necessário: algo que não ficará claro para o destinatário, ortografia etc.

Passe o texto a limpo em uma folha de papel pautado.

Encaminhamento

Traga um envelope na próxima aula. O professor vai ajudá-lo a endereçar e, se possível, enviar por uma agência de correios. Ou você mesmo será o carteiro e levará para o destinatário.

Destinatário:
Vovó Elza
Rua dos Papagaios, 22
Aracaju - SE
CEP: 49010-000

Remetente:
Mariana Santana
Rua dos Sabiás, 32
Salvador - BA - CEP: 40470-630

LIÇÃO 12

CORRER, JOGAR, PULAR E BRINCAR

VAMOS COMEÇAR!

A propaganda que você vai ler a seguir foi lançada pelo Ministério da Saúde. Qual poderia ser o assunto dela?

CORRER, JOGAR, PULAR E BRINCAR TODO DIA. ASSIM A GENTE VAI LONGE.

PROGRAMA SAÚDE NA ESCOLA

Todo dia é dia de realizar práticas corporais e atividades físicas. Vamos criar esse hábito saudável que, além de dar prazer, alegria e bem-estar, estimula a boa convivência e o respeito entre todos. **Participe! Assim você vai longe.**

Verifique se sua escola está praticando.

ESTUDO DO TEXTO

1. Responda de acordo com a propaganda da página anterior.

a) Como é formada a imagem da propaganda?
_____
_____

b) Que desenho os objetos agrupados estão compondo?
_____
_____

c) Que elemento está mais destacado: o texto ou a imagem?
_____
_____

d) Que cor é predominante?
_____
_____

a) Que ligação existe entre a frase (1) e os objetos da imagem?
_____
_____
_____
_____
_____

b) Quais são os sentidos da expressão "vai longe", na frase (2)?

☐ Ir a um lugar muito distante.

☐ Desenvolver-se para melhor.

☐ Ter qualidade de vida.

c) Qual é a relação entre a frase (2) e a imagem da criança com asas formadas por brinquedos?
_____
_____

> Nas propagandas, o texto e a imagem estão relacionados. Algumas vezes a imagem complementa o texto. Outras vezes, é o texto que amplia o significado da imagem.

> Nas propagandas, as imagens ocupam um lugar de destaque. Há, geralmente, cores e imagens que atraem a atenção do leitor.

2. Releia estas frases da propaganda.

(1) **CORRER, JOGAR, PULAR E BRINCAR TODO DIA.**

(2) **ASSIM A GENTE VAI LONGE.**

3. Volte ao texto que aparece do lado esquerdo da propaganda.

• A quem o texto é dirigido, ou seja, quem são seus possíveis leitores?
_____
_____
_____

4. Qual é o objetivo dessa propaganda?
_____
_____

> Para que a propaganda atinja seu objetivo, ela tem de ser dirigida a determinado grupo de pessoas, denominado público-alvo.

5. O responsável por essa propaganda é o Ministério da Saúde. Qual é a relação entre saúde e o conteúdo da propaganda?
_____
_____
_____

6. Em sua opinião, por que o Ministério da Saúde fez essa propaganda?
_____
_____
_____
_____
_____

7. Você tem o hábito de realizar práticas corporais e atividades físicas? Com qual frequência? O que você faz?
_____
_____
_____
_____

ESTUDO DA LÍNGUA

Verbo

Releia esta frase da propaganda.

CORRER, JOGAR, PULAR E BRINCAR TODO DIA.

> Verbo é a palavra que exprime ação, estado ou fenômeno da natureza.

Uma **ação** está relacionada a movimento, portanto, verbos como correr, jogar, pular, brincar são verbos de ação.

Os verbos que indicam **estado** apontam uma característica ou condição (como sente ou parece sentir-se): ficar, ser, estar, parecer.

Os verbos de **fenômeno da natureza** referem-se a ações executadas apenas pela natureza: chover, ventar, trovejar, nevar.

ATIVIDADES

1. Complete as frases com os verbos de ação que você julgar adequados.

a) Minha colega _____ o lanche dela comigo.

b) O vestido que ela _____ ficou perfeito.

c) Eu e minha família _____ durante as férias.

d) No finais de semana, meu irmão _____ futebol com os amigos.

e) As portas do museu _____ pontualmente ao meio-dia.

2. Observe cada imagem e escreva sob cada uma que ações são executadas.

_____   _____

_____   _____

3. Identifique e circule os verbos de estado nas frases abaixo.

a) Márcia e o marido estão doentes há cerca de duas semanas.

b) Ele ficou visivelmente feliz com sua presença.

c) Lara é uma das melhores alunas da turma!

d) Graziela parece cansada. Ela está bem?

e) A festa de aniversário da minha avó foi emocionante.

4. Em qual das alternativas o verbo **andar** não foi empregado como um verbo de ação?

☐ Ernesto anda numa velocidade que não dá para acompanhar.

☐ Fabíola anda triste desde que soube que os pais vão se separar.

☐ Ando devagar porque já tive pressa.

Justifique sua escolha.

_____
_____
_____
_____

5. Transforme os substantivos em verbos que indiquem fenômeno da natureza. Siga o modelo.

vento – ventar

geada _____
noite _____
flor _____
chuva _____
neve _____
relâmpago _____

6. Reescreva as frases. Siga o modelo.

> A **noite** chegou e eu senti frio.
> Anoiteceu e eu senti frio.

a) O **vento** estava tão forte que abriu todas as janelas.

_____
_____

b) A **chuva** caiu o dia inteiro.

_____
_____

c) A árvore da pracinha **deu mais flores** que ano passado.

_____
_____

d) Por aqui nunca **cai neve**.

_____
_____

Tempos verbais

Leia as frases observando as palavras destacadas.

> Meu colégio **participou** do Programa Saúde na escola.
>
> Os alunos **praticam** atividades físicas.
>
> Amanhã os alunos **brincarão** de amarelinha.

As ocasiões retratadas acontecem em diferentes momentos: uma participação que já aconteceu; uma prática referente ao momento em que se fala; e uma brincadeira que será realizada. Cada um desses instantes mostra o verbo flexionado em um tempo verbal.

> Os tempos verbais determinam o momento em que a situação retratada aconteceu, acontece ou acontecerá. Conjugamos os verbos em três tempos:
> • presente: normalmente refere-se ao que acontece no momento em que falamos.
> • pretérito (ou passado): refere-se ao que já passou.
> • futuro: refere-se ao que ainda vai acontecer.

Veja o verbo **estudar** conjugado nos três tempos verbais.

presente	pretérito (ou passado)	futuro
eu estudo	eu estudei	eu estudarei
tu estudas	tu estudaste	tu estudarás
ele/ela estuda	ele/ela estudou	ele/ela estudará
nós estudamos	nós estudamos	nós estudaremos
vós estudais	vós estudastes	vós estudareis
eles/elas estudam	eles/elas estudaram	eles/elas estudarão

ATIVIDADES

1. Destaque o verbo em cada frase e determine o tempo verbal.

a) Choveu muito naquele dia.
_____

b) Preciso de uma nova sandália, a minha partiu-se.
_____

c) O avião pousará nos próximos 30 minutos.
_____

2. As frases estão no pretérito. Mude o tempo verbal. Veja:

> João **vendeu** a bicicleta.
> João **vende** a bicicleta.
> João **venderá** a bicicleta.

a) O vento soprava forte.
_____
_____

b) Passeei no parque à tarde.
_____
_____

3. Complete as frases com os verbos entre parênteses conjugando-os no tempo indicado.

a) Faça suas malas, _____ no final de semana. (viajar – futuro)

b) Kátia _____ quase 1 ano sem comer carne. (passar – pretérito)

c) O time _____ vitórias a cada jogo. (conquistar – presente)

4. Considere as frases.

I. **Guarde** o material utilizado.
II. **Seja** gentil com seus colegas.
III. **Mastigue** os alimentos devagar.

Agora responda.

a) Os verbos destacados exprimem:

☐ conselho ou advertência

☐ ordem ou instrução

As frases da questão anterior expressam uma ordem/instrução. Mas também podemos transformá-las em pedidos ou conselhos afirmativos ou negativos. Veja:

Guarde o material utilizado. → Por favor, guarde o material utilizado. → pedido

Seja gentil com seus colegas. → Você deve ser gentil com seus colegas. → conselho

Mastigue os alimentos devagar. → Não mastigue os alimentos com pressa. → advertência negativa

Palavras com C e Ç

Leia o nome de alguns objetos escolhidos para brincar de adivinhar.

| aliança | cesta | cinto | lenço | açucareiro |

ATIVIDADES

1. Contorne nas palavras do quadro acima as sílabas iniciadas por **c** ou **ç** e escreva-as abaixo.

_____

2. Releia as palavras e responda: com que vogais foi usado o **ç**? E o **c**?

_____

3. Leia as palavras do quadro com o professor. Em seguida, contorne todas as palavras escritas com **ç**.

bagaço	dentuça	terraço	cedilha
sumiço	louça	redação	concordar
traço	força	açude	palhaço
criança	cidade	roça	berço

4. Agora, copie as palavras que sobraram, na ordem em que elas aparecem em cada linha. O que você descobriu?

_____

_____

_____

> O **ç** é usado com as vogais **a**, **o** e **u**. Com as demais vogais, **e** e **i**, é usado o **c**. Na língua portuguesa, não há palavras começadas por **ç**.

5. Escreva os substantivos no diminutivo, como no exemplo.

> graça – gracinha

laço _____   braço _____

palhaço _____   lenço _____

praça _____   roça _____

poça _____   caroço _____

6. O que aconteceu com o ç quando você formou o diminutivo?

_____
_____

7. Troque o c por ç e forme uma nova palavra.

louca _____

calca _____

forca _____

faca _____

8. Procure em jornais e revistas palavras com ça, ce, ci, ço e çu e copie-as.

_____
_____
_____
_____

PRODUÇÃO DE TEXTO

Você e sua turma vão fazer uma campanha educativa para ser divulgada no local onde estudam. Para isso, deverão produzir propagandas que serão afixadas em lugares estratégicos, por exemplo: sobre lixeiras e torneiras, em quadros de avisos, na quadra esportiva etc.

Preparação

Junte-se a mais três colegas e, em grupo, escolham um tema que considerem importante para a escola.

Depois de escolhido o tema, façam uma pesquisa sobre ele. Recorram a livros e *sites* sobre o assunto. Por exemplo, se o tema for meio ambiente/reciclagem do lixo, pesquisem quais tipos de lixo podem ser reciclados; como separar os materiais; como fazer a coleta etc.

Determinem o público-alvo a que será dirigida a campanha. Às crianças, aos adultos, à comunidade em geral? Quais são os locais mais adequados para a fixação do cartaz com a propaganda? Quais locais estão disponíveis? Será necessário pedir autorização da direção para colocar os cartazes? Como isso pode ser feito?

Planejamento e criação

Com as informações que vocês pesquisaram sobre o assunto e tendo em mente o público-alvo da campanha, o grupo vai produzir uma propaganda.

Pensem em uma frase que deve levar o público a pensar na importância daquilo que querem divulgar.

Definam quais imagens você e seus colegas vão utilizar. Lembrem-se de que a imagem sempre deve estar relacionada ao texto.

Em grupo, produzam a propaganda com as imagens e a frase escolhidas. Usem uma folha avulsa ou o caderno para fazer um rascunho.

Revisão e reescrita

Troquem a(s) propaganda(s) que vocês criaram com a(s) de outro grupo.

Verifiquem se os colegas do outro grupo:

a) escolheram um tema para a(s) propaganda(s) deles;

b) criaram uma frase para chamar a atenção do leitor;

c) colocaram fotos e desenhos relacionados ao tema e à frase.

Façam as observações necessárias e devolvam a propaganda ao outro grupo.

No seu grupo, revisem a(s) propaganda(s), levando em conta as observações que os colegas fizeram, passem a limpo e entreguem ao professor.

Refaçam a propaganda com as sugestões do professor, se necessário.

Apresentação

Conforme as instruções do professor, espalhem as propagandas em locais visíveis para o público-alvo.

LIÇÃO 13 — PARQUE NACIONAL DE ITATIAIA

VAMOS COMEÇAR!

As reportagens podem ter os mais variados assuntos. Leia uma reportagem publicada no *site* de uma revista de divulgação científica para crianças, a *Ciência Hoje das Crianças*.

Parque Nacional de Itatiaia
A primeira área de preservação ambiental do Brasil

PARQUES DO BRASIL - 17-10-2017 MEIO AMBIENTE

Não é novidade que as florestas brasileiras vêm sendo destruídas desde que o país foi descoberto pelos europeus, há mais de 500 anos. Mas a preocupação com a preservação dos recursos naturais no Brasil é quase tão antiga quanto sua exploração. Você sabia? Já no século 18, por exemplo, foi criado no Brasil colônia o cargo de Juiz Conservador das Matas. Documentos daquela época também comprovam a preocupação da Coroa portuguesa com a conservação da Mata Atlântica, como uma Carta Régia de 1797, que afirma ser "necessário tomar todas as precauções para a conservação das matas no Estado do Brasil, e evitar que elas se arruinem e destruam [...]". Viu?

O Pico das Agulhas Negras (ao fundo), um dos pontos mais altos do Brasil, está localizado no Parque Nacional de Itatiaia.

Infelizmente, essas ideias conservacionistas demoraram ainda muitos anos para serem levadas a sério. Por esse motivo, grande parte da Mata Atlântica original foi destruída, tendo que ceder espaço para as cidades, indústrias e fazendas.

Somente no século 20 começamos a perceber a importância de se preservar os trechos que restaram dessa exuberante floresta brasileira.

Foi então que, há exatos 80 anos, uma grande área da Mata Atlântica foi escolhida para a criação do primeiro parque nacional do Brasil: o Parque Nacional de Itatiaia, localizado na parte sul da divisa entre os estados do Rio de Janeiro e Minas Gerais. Hoje, ele protege um trecho importante do conjunto de montanhas conhecido como Serra da Mantiqueira.

Uma das principais características do parque é o seu relevo. Itatiaia é um termo indígena que significa algo como "pedra com pontas". O parque ganhou esse nome por causa dos muitos picos daquela região. No parque, encontra-se, por exemplo, o Pico das Agulhas Negras, um dos mais altos do Brasil, com 2.800 metros de altitude. Nessas partes mais altas do parque, a floresta dá lugar à vegetação rasteira, chamada de campos de altitude, onde o inverno é tão rigoroso que pode fazer temperaturas de até menos 10 graus durante a noite! Logo abaixo, extensas áreas de floresta tropical, com vegetação exuberante, cercam o parque.

Da combinação de serras e florestas o que acontece, geralmente, é a existência de água em abundância. São tantos riachos, cachoeiras e piscinas naturais que o Itatiaia ficou conhecido como "castelo de águas". Um castelo que abriga outra riqueza impressionante: cerca de 1.500 espécies de plantas, 5.000 insetos, 50 mamíferos e 400 aves! Aliás, o parque é um dos melhores locais para a prática do turismo de observação de aves em todo o mundo!

Parabéns ao Parque Nacional de Itatiaia por seus 80 anos! Parabéns também a todos aqueles que lutaram pela criação desta e de todas as outras áreas de preservação do Brasil!

Vinicius São Pedro. Parque Nacional de Itatiaia. *Ciência Hoje das Crianças*, 17 dez. 2017. Disponível em: http://chc.org.br/coluna/parque-nacional-de-itatiaia/. Acesso em: 30 ago. 2022.

ESTUDO DO TEXTO

1. A reportagem fornece informações sobre o Parque Nacional de Itatiaia. Releia-a e responda.

a) Quando o parque foi criado?

b) Onde ele fica localizado?

c) Por que foi criado?

2. A reportagem foi publicada no *site* de uma revista de divulgação científica para crianças. Esse tipo de reportagem tem o objetivo de:

( ) contar histórias ao público leitor.

( ) esclarecer o público sobre fatos ligados à ciência.

3. Releia o título e o subtítulo da reportagem.

título → **Parque Nacional de Itatiaia**

subtítulo → A primeira área de preservação ambiental do Brasil

a) Na sua opinião, o título é chamativo? Por quê?

_____
_____

b) O subtítulo tem a função de:

☐ complementar as informações dadas no título.

☐ organizar a leitura.

☐ explicar o assunto da reportagem.

4. Segundo a reportagem, Itatiaia é uma palavra indígena que significa "pedra com pontas". Observe a imagem que acompanha a reportagem e responda: por que os indígenas deram esse nome àquela região?

_____
_____

5. Por que Itatiaia é conhecida como "castelo das águas"?

_____
_____

6. Na reportagem, o autor afirma que Itatiaia é um dos melhores locais para a prática de turismo de observação de aves.

a) Você gostaria de viajar para um lugar para observar aves? Por quê?

_____
_____

b) Você gostaria de conhecer o Parque Nacional de Itatiaia? Por quê?

_____
_____
_____

ESTUDO DA LÍNGUA

Verbo: pessoa e número

Leia as frases a seguir.

> Documentos antigos **comprovam** a preocupação com a conservação da Mata Atlântica.
>
> O Parque Nacional de Itatiaia **protege** um conjunto de montanhas conhecido como Serra da Mantiqueira.

Os verbos **comprovam** e **protege** foram modificados para concordarem com as palavras que os antecedem. Veja:

> Documentos antigos → plural → comprovam
>
> O Parque Nacional de Itatiaia → singular → protege

94

Outra variação sofrida pelos verbos, além do tempo, é a de pessoa e número.

Você viu existem dois números gramaticais (singular e plural) e, no estudo dos pronomes, três pessoas do discurso.

pessoa do discurso	singular	verbo flexionado
1ª pessoa	eu	amo
2ª pessoa	tu	amas
3ª pessoa	ele/ela	ama

pessoa do discurso	plural	verbo flexionado
1ª pessoa	nós	amamos
2ª pessoa	vós	amais
3ª pessoa	eles/elas	amam

ATIVIDADES

1. Escreva a que pessoa do discurso (pronome) equivale o verbo em cada uma das frases. Siga o modelo.

> Jantaram, mas logo foram embora.
> **eles/elas**

a) Aproveitei bastante o período de férias.
_____

b) Brincou o dia inteiro.
_____

c) Disseram que querias falar comigo.
_____

d) A que horas chegastes da festa?
_____

e) Pedi que vieste à minha sala para conversarmos.
_____

2. Escreva frases de acordo com as indicações.

a) verbo estar, 3ª pessoa do singular
_____

b) verbo fazer, 2ª pessoa do plural
_____

c) verbo pôr, 1ª pessoa do plural
_____
_____

3. Complete com os verbos entre parênteses respeitando a pessoa do discurso.

a) Eu _____ por ficar em casa em vez de viajar. (optar – pretérito)

b) Assume tuas responsabilidades! Não _____ viver fugindo! (poder – presente)

c) Amanhã, com certeza, _____ me sentindo melhor. Só _____ descansar um pouco. (estar – futuro, precisar – presente)

d) Todos os domingos, eu e minha família _____ passar o dia juntos. (procurar – presente)

e) O delegado _____ que os policiais retomassem a investigação. (sugerir – pretérito)

4. Considere as orações do quadro para responder às perguntas.

> I. Quando saí do cinema, Luciana e Bárbara chegaram.
>
> II. Eunice estava na festa e percebeu que esquecera o presente.
>
> III. Serão divulgadas, na próxima semana, as notas finais.

a) Qual das frases traz vários verbos concordando com apenas uma pessoa? Especifique a pessoa (na frase e no discurso).

_____
_____
_____

b) Quantas pessoas do discurso há na frase **I**? Determine-as.

_____
_____
_____

c) Em qual das frases a pessoa do discurso não está na ordem direta?

_____
_____
_____

d) Qual o tempo verbal em cada uma das frases?

_____
_____

Palavras com G e J

1. Releia este trecho da reportagem.

> Foi então que, há exatos 80 anos, uma grande área da Mata Atlântica foi escolhida para a criação do primeiro parque nacional do Brasil: o Parque Nacional de Itatiaia, localizado na parte sul da divisa entre os estados do Rio de Janeiro e Minas Gerais. Hoje, ele protege um trecho importante do conjunto de montanhas conhecido como Serra da Mantiqueira.
>
> Uma das principais características do parque é o seu relevo. Itatiaia é um termo indígena que significa algo como "pedra com pontas". O parque ganhou esse nome por causa dos muitos picos daquela região. [...]

a) Sublinhe as palavras desse trecho são escritas com a letra **j**.

b) Circule as palavras do trecho em que a letra **g** tem o mesmo som da letra **j**.

2. Leia esta quadrinha em voz alta e observe as palavras destacadas.

> Com **jeito** tudo se arranja,
> De tudo o jeito é capaz,
> A coisa é ajeitar o jeito,
> E isso pouca **gente** faz.
> Domínio público.

O que você percebe em relação ao som de **g** e **j** nas palavras **jeito** e **gente**?

_____
_____
_____

3. Neste diagrama, só vale encontrar palavras com **g** e com **j**. Circule-as.

R	G	Z	C	Ã	H	D	P	Ç	V	D	J
J	O	N	O	J	O	G	J	E	I	T	O
A	G	K	R	E	G	I	M	E	A	A	L
G	E	L	A	T	I	N	A	W	G	J	G
V	N	O	G	J	Y	J	K	G	E	L	E
Z	G	D	E	G	J	E	R	I	M	U	M
Ã	I	J	M	Q	S	Ç	J	K	U	G	A
O	V	G	R	P	W	Ã	O	R	J	Ç	Õ
F	A	L	M	T	B	O	F	A	H	Ã	L

Agora, organize no quadro a seguir as palavras que você localizou.

Palavras com g	Palavras com j

A letra **g** representa o mesmo som que a letra **j** sempre que vem seguida de **e** ou **i**. Exemplos: gelo, ginásio, jenipapo, jiló.

4. Complete as palavras. Depois, verifique em um dicionário se você escreveu as palavras corretamente.

berin_____ela   _____ipe   _____irassol   ti_____ela

97

PRODUÇÃO DE TEXTO

As reportagens podem apresentar os assuntos mais diversos.

Que tal se reunir com os colegas e escrever uma reportagem sobre um acontecimento da escola? Mãos à obra!

Preparação

Em grupos, passeiem pela escola e observem os detalhes, em busca de algum assunto que possa ser o tema da reportagem.

Planejamento

Depois de escolhido o tema da reportagem, planejem-na juntos:
- Que fato ocorreu, ocorre ou ocorrerá na escola?
- Quem participou, participa ou participará desse fato?
- Entre os participantes, quem pode ser entrevistado para dar seu depoimento?
- Quando o fato ocorreu, ocorre ou vai ocorrer?

Criação

Entrevistando os participantes: preparem entrevistas com os participantes, criando um roteiro com perguntas para levantar detalhes e a opinião deles sobre o fato escolhido.

Dividam-se para realizar as entrevistas, lembrando-se de pegar os dados do entrevistado (nome, idade, função). Em seguida, vejam os principais pontos apresentados.

Escrita do texto: escrevam um rascunho, com a situação e os principais pontos levantados pelos participantes.

Depois, criem um título e alguns subtítulos para organizar a reportagem.

Decidam que fotografias ou ilustrações vão compor a reportagem e criem legendas.

Revisão

Troquem o rascunho com outro grupo e revisem a produção dos colegas, observando:
- O tema escolhido está claro e foi apresentado para o leitor, identificando local e data?
- Os principais pontos foram apresentados?
- Os participantes foram identificados?
- As imagens escolhidas ilustram a reportagem? Elas possuem legendas claras?
- O título e o(s) subtítulo(s) estão adequados ao tema e aos principais pontos?

Reescrita e edição

Reescrevam a reportagem conforme planejado. Se possível, digitem-na no computador, fazendo uma última revisão antes da impressão.

As imagens poderão ser digitalizadas ou coladas no papel impresso.

Não se esqueçam de colocar a autoria da reportagem!

Publicação

Depois de impressas as reportagens, o professor vai reuni-las para compor uma revista de reportagens da turma. Combinem com ele um rodízio e levem a publicação para casa, para ler com os familiares.

O exemplar, posteriormente, poderá ser doado para a biblioteca da escola.

14 EVA FURNARI

VAMOS COMEÇAR!

Você conhece a escritora e ilustradora Eva Furnari? Já leu alguma história escrita e ilustrada por ela? Qual? Leia o texto a seguir.

Eva Furnari

Biografia

[...]

Eva Furnari (Roma, Itália, 1948). Autora de histórias infantis, ilustradora, professora e arquiteta. Vive no Brasil desde os dois anos de idade, após a família radicar-se em São Paulo em 1950. Desde criança é atraída pelas imagens e pela pintura. Fruto dessa afinidade e de sua formação, seus desenhos são apresentados pela primeira vez em 1971, em uma mostra individual na Associação Amigos do Museu de Arte Moderna. Forma-se em arquitetura pela Faculdade de Arquitetura e Urbanismo da Universidade de São Paulo (FAU/USP), e segue participando de diversas exposições de desenhos e pinturas. Participa da idealização e da montagem do Ateliê Permanente do Museu Lasar Segall, onde trabalha de 1976 a 1979. Estreia em livro em 1980, com a coleção Peixe Vivo, narrativas visuais para crianças não alfabetizadas. Nessa mesma época, inicia colaboração como ilustradora para diversas publicações – entre elas, o jornal *Folha de S.Paulo*, em cujo suplemento infantil publica histórias da personagem Bruxinha.

Fonte: Itaú Cultural. Disponível em: https://goo.gl/qakqSy. Acesso em: 30 ago. 2022.

ESTUDO DO TEXTO

1. O texto que você acabou de ler é uma biografia. Marque um **X** na alternativa que indica as características de uma biografia.

☐ Narra uma história com personagens, como fadas e bruxas.

☐ Relata fatos importantes da vida de uma pessoa ao longo do tempo.

2. Na biografia, como os fatos da vida de Eva Furnari foram organizados?

☐ Do mais novo para o mais antigo.

☐ Do mais antigo para o mais recente, ou seja, em sequência temporal.

3. Nessa biografia, os fatos são narrados:

☐ pela própria pessoa.

☐ por outra pessoa.

4. Onde essa biografia foi publicada? Verifique essa informação ao final do texto.

_____

5. O que a pessoa biografada faz?

_____
_____

6. Que obra de Eva Furnari recebeu um prêmio?

_____
_____

> **Biografia** é o relato de fatos de várias fases da vida de uma pessoa ou personagem. A biografia pode ser oral, escrita ou visual – em livro, filme, vídeo, peça teatral etc.

7. O trecho a seguir tem expressões que indicam tempo. Observe.

> Participa da idealização e da montagem do Ateliê Permanente do Museu Lasar Segall, onde trabalha de 1976 a 1979. Estreia em livro em 1980, com a coleção Peixe Vivo [...]

a) Quando Eva Furnari trabalhou no Museu Lasar Segall?

_____

b) Quando a biografada escreveu sua primeira coleção?

_____

8. Leia outro texto sobre Eva Furnari. Observe as diferenças entre este texto e a biografia da página 99.

Autora e obra

Eu vou contar aqui como é que eu sou. Eu tenho 1,60 m, não sou nem gorda nem magra, tenho cabelos castanhos e uso óculos.

Só que eu estou achando que isso não vai ser suficiente para vocês saberem como é que eu sou, então vou contar mais coisas. Eu adoro sorvete de chocolate, torta de morango e torta de maçã. Hum, desconfio que isso também não vai explicar muito bem quem sou eu.

Posso dizer um pouco da minha maneira de ser, que sou bagunceira e organizada, mas não as duas coisas ao mesmo tempo, uma de cada vez. Por exemplo, quando estou escrevendo ou ilustrando um livro, eu sou bagunceira, quando acabo, sou organizada, e aí arrumo tudo muito bem arrumado.

Eu posso dizer também que, em geral, sou uma pessoa muito bem-humorada, mas que, de vez em quando, também fico de mau humor, só que uma coisa de cada vez. Quando estou de bom humor, garanto que não estou de mau humor.

⬇️ Pra dizer a verdade eu acho bem difícil a gente contar quem é. Vocês já experimentaram fazer isso? Será que eu ia conhecer vocês ao ler o que escrevessem?

Engraçado, agora eu fiquei muito curiosa de saber quem é você que está lendo este livro. Será que você é uma pessoa grande, pequena, clara, morena, sardenta, que fala muito, fala pouco, que gosta de histórias, que gosta de brincadeiras? Já sei, vou ficar aqui imaginando quem é você.

Eva Furnari

Eva Furnari. *O amigo da bruxinha*. São Paulo: Moderna, 2002. p. 32.

Agora, responda.

a) No texto "Autora e obra", os fatos são narrados:

☐ pela própria pessoa biografada.

☐ por outra pessoa.

b) O texto que você leu é uma **autobiografia**. O que você acha que significa essa palavra?

_____
_____
_____
_____

c) Quem é a pessoa autobiografada?

_____

d) Onde a autobiografia foi publicada?

_____
_____

Autobiografia é o relato sobre a vida de uma pessoa, escrito por ela mesma.

ESTUDO DA LÍNGUA

Adjetivos

Releia este trecho da autobiografia.

Engraçado, agora eu fiquei muito curiosa de saber quem é você que está lendo este livro. Será que você é uma pessoa grande, pequena, clara, morena, sardenta, que fala muito, fala pouco, que gosta de histórias, que gosta de brincadeiras? Já sei, vou ficar aqui imaginando quem é você.

As palavras **grande**, **pequena**, **clara**, **morena**, **sardenta** são características que Eva Furnari escolheu para se referir às pessoas. Essas palavras são chamadas de **adjetivos**.

Adjetivo é a palavra que caracteriza o substantivo concordando com ele em gênero (masculino e feminino) e número (singular e plural).

LÍNGUA PORTUGUESA

101

ATIVIDADES

1. Complete as frases com adjetivos para os substantivos em destaque.

a) Juliana comprou **óculos** _____.

b) Minha **mãe** é _____ e _____.

c) Os **resultados** não foram _____.

2. Marque com **V** (de verdadeiro) as frases com as quais você concorda.

☐ O adjetivo apresenta uma característica do substantivo.

☐ O adjetivo pode vir antes ou depois do substantivo.

☐ Se o substantivo é masculino, o adjetivo também é masculino.

☐ Se o substantivo é feminino, o adjetivo também é feminino.

☐ O adjetivo dá ordens ao substantivo.

☐ Se o substantivo está no singular, o adjetivo também deve estar.

☐ Se o substantivo está no plural, o adjetivo também deve estar.

3. Leia este diálogo entre dois amigos. Em seguida, sublinhe de azul os substantivos e de vermelho os adjetivos do texto.

— Leandro, você me empresta uma bola?

— Claro! Qual você quer? A bola azul ou a bola verde?

— A azul, pode ser?

— Pode! Vou buscá-la. As bolas estão naquele nosso incrível esconderijo!

4. Passe as frases para o feminino.

a) O novo professor de matemática é mais alto que o antigo.

_____
_____

b) Esse escritor sempre publica livros excelentes.

_____
_____

c) O mergulhador experiente foi paciente comigo.

_____
_____

Sobre os adjetivos das frases que você reescreveu, pode-se afirmar que:

☐ alguns adjetivos não sofrem flexão de gênero.

☐ todos os adjetivos foram flexionados para a forma feminina.

☐ nenhum adjetivo foi flexionado para a forma feminina.

5. Considere as frases abaixo.

> Inácio é um **pobre** viúvo.
>
> Inácio é um viúvo **pobre**.

• Agora, explique o sentido do mesmo adjetivo empregado nas frases acima.

_____
_____
_____
_____

E e I em final de palavra

1. Leia esta canção infantil.

> Um elefante incomoda muita gente.
> Dois elefantes incomodam, incomodam muito mais.
> Três elefantes incomodam muita gente.
> Quatro elefantes incomodam, incomodam, incomodam,
> incomodam muito mais.
> Domínio público.

a) Como poderia ser a continuação dessa cantiga?

_____
_____
_____
_____
_____
_____
_____
_____
_____

b) Circule, na cantiga, as palavras que terminam com a letra **e**.

2. Leia esta parlenda.

> Da janela lá de casa,
> Vejo coisa que não acaba.
> Vejo até jabuti
> Comendo jabuticaba.
> Domínio público.

a) Leia em voz alta estas palavras.

elefante   jabuti

b) Você considera o som das letras finais dessas palavras semelhante ou diferente?

_____
_____

3. Circule a sílaba tônica das palavras de cada quadro.

jabuti	guri	
aqui	lambari	caqui
rubi	bisturi	

elefante	cidade	
rinoceronte	longe	tomate
peixe	bife	

a) Todas as palavras do primeiro quadro são:

☐ oxítonas.   ☐ paroxítonas.

b) Todas as palavras do segundo quadro são:

☐ oxítonas.   ☐ paroxítonas.

c) Em relação à escrita, qual a diferença entre os finais das palavras dos dois quadros?

_____

> No caso das palavras não acentuadas, a posição da sílaba tônica nos ajuda a saber se ela deve ser escrita com E ou I. Se a palavra for oxítona, deve ser escrita com a letra I no final. Se a sílaba tônica não estiver no final da palavra, escrevemos com E no final.

LÍNGUA PORTUGUESA

PRODUÇÃO DE TEXTO

Planejamento e criação

Que tal escrever a biografia de um artista, escritor, cantor, músico?

Escolha alguém de que você goste para relatar os principais fatos da vida dessa pessoa. Ao final do trabalho, você e seus colegas farão uma coletânea dos famosos mais admirados pela turma, para compor um livro de biografias.

Para produzir seu texto, faça uma pesquisa em livros, revistas, jornais e sites, de acordo com as orientações do professor.

Os itens a seguir podem orientar sua pesquisa sobre a pessoa biografada:

- nome completo;
- data de nascimento;
- lugar em que nasceu;
- quando o biografado frequentou a escola (ano em que entrou e ano em que saiu da escola);
- onde o artista estudou e em que curso se formou;
- atividade que exerce (se é cantor, ator, músico etc.);
- quando iniciou a carreira;
- quais são seus maiores sucessos (se for o caso);
- curiosidades sobre o biografado.

Anote todas as respostas.

Escreva um rascunho da biografia no caderno, tendo como modelo o texto sobre Eva Furnari.

Revisão e reescrita

Depois de concluído o texto, verifique se a biografia apresenta todos os dados que você pesquisou.

Verifique também se você:

- colocou as informações pedidas no roteiro de pesquisa;
- escreveu a biografia do fato mais antigo para o mais recente;
- colocou informações e curiosidades sobre o biografado.

Escreva a versão final da biografia em uma folha de papel.

Faça uma letra bem legível, pois ela irá para o livro de biografias.

15 BONECAS QUE CELEBRAM A DIVERSIDADE

VAMOS COMEÇAR!

Leia o título para saber qual é o assunto tratado na reportagem a seguir, publicada em um jornal destinado às crianças.

Artista cria bonecas com vitiligo e celebra diversidade

17 de outubro de 2017

Kay Black, uma artista de Kansas City, no estado do Missouri, Estados Unidos, resolveu celebrar a diversidade ao criar bonecas personalizadas com condições de pele como vitiligo e albinismo.

Kay inspirou-se em dois modelos famosos – Winnie Harlow, que tem vitiligo, e Shaun Ross, com albinismo – e criou a marca Kay Customz para mostrar que a beleza vai muito além da cor da pele.

A artista é especialista em bonecas de porcelana que representam as mulheres negras, e cria suas personagens com cabelos naturais, tranças, nó bantu e *dreadlocks*, e já fez até bonecos masculinos com barba grossa. Além das bonecas, Kay também vende acessórios de moda.

"Todo mundo é lindo à sua maneira. Sinto que é importante criar bonecas com diferentes distúrbios da pele para que as pessoas possam se identificar", disse Kay.

O que é vitiligo?

É uma manifestação na pele caracterizada pela diminuição ou falta de melanina (pigmento que dá cor à pele) em determinadas áreas do corpo. O vitiligo surge quando as células que produzem melanina, chamadas de melanócitos, morrem ou deixam de produzir o pigmento.

O que é albinismo?

É um desvio genético que causa uma imperfeição na produção de melanina (pigmento que da cor à pele). Esse desvio provoca a ausência total ou parcial da pigmentação da pele, dos olhos e dos cabelos. O albinismo é hereditário e aparece com a combinação de pais portadores de gene recessivo.

Artista cria bonecas com vitiligo e celebra diversidade. Joca, 17 out. 2017.
Disponível em: https://www.jornaljoca.com.br/artista-cria-bonecas-com-vitiligo-ecelebra-diversidade/.
Acesso em: 31 ago. 2022.

ESTUDO DO TEXTO

1. As reportagens informam sobre fatos.

a) Quem participou do fato relatado na reportagem?
_____

b) Quando a reportagem foi publicada?
_____

c) Onde aconteceu o fato?
_____

> A **reportagem** é um texto jornalístico produzido por repórteres ou jornalistas. As reportagens podem ser impressas ou virtuais.

> As **reportagens** informam fatos: o que aconteceu, quem participou dele, quando e onde ocorreu e por quê.

2. Por que as bonecas criadas pela artista Kay Black são diferentes?
_____
_____
_____

3. Por que a artista resolveu criá-las?
_____

4. A reportagem sobre as bonecas foi publicada em um:

☐ jornal impresso.

☐ *site* de entretenimento.

☐ portal de notícias para jovens e crianças.

5. As reportagens são organizadas em parágrafos.

a) Quantos parágrafos há na reportagem?
_____

b) Que parágrafo informa qual foi a inspiração da artista para criar as bonecas com vitiligo e albinismo?
_____

c) Em qual parágrafo está registrado um depoimento da artista criadora das bonecas?
_____

6. Assim como as reportagens apresentam as falas de pessoas, existem outros textos que também apresentam vozes, como os textos teatrais. Os textos teatrais são escritos para serem montados e encenados em uma peça, um espetáculo.

Leia o trecho de um texto escrito para teatro e repare na forma como é apresentado o diálogo entre as personagens.

Cinderelo

ATO ÚNICO

[...] **Bobo**: E logo se descobriu que a rainha estava grávida! Eles estavam muito felizes, afinal estava vindo o primeiro filho do reino! As coisas só estavam complicadas para mim.

(A Rainha volta com um barrigão e senta-se)

Rei: Palhaçooooo! Minha rainha está enjoada e deseja sorrir um pouco, colabore ou te jogo no calabouço!

Bobo: Mas ela já conhece todas as minhas piadas...

Rei: Reinvente. [...]

Bobo: Era uma vez uma galinha pedrês...

Rei: Essa ela já conhece, essa é sem graça... Muito sem graça. [...]

Rainha: E eu estou com desejo...

Rei: Desejo de que, minha rainha?

Bobo: Seja o que for, eu consigo para a senhora.

Rainha: Não riam... tá bem? Eu estou com desejo de comer algo diferente, exótico, talvez vocês achem inacreditável, já tive vontade de comer cimento, areia, e quase faço uma edificação dentro de mim... mas, agora me deu vontade de comer cocô de galinha.

Rei: Cocô de galinha, minha rainha?

Bobo: Acho que quem vai vomitar sou eu...

Rainha: Mas se eu não comer o bebê vai nascer com cara de cocô de galinha.

Bobo: Tá bom, eu conheço uma galinha que bota ovos de ouro, irei pegar as caquinhas dela e trarei para a senhora, segundo eu soube é uma das caquinhas de galinha mais gostosas de todo o mundo. *(saindo)*

Rainha: Quero essas caquinhas, traga um saco cheio.

Rei: Amor, depois que você come essas coisas exóticas você escova o dente, né? Você nunca me beijou com a boca suja, não é, rainha?

Rainha: Só uma vez, meu rei, me perdoe...

Rei: O que você comeu?

Rainha: Nada demais, só uma minhoquinha que tava na lama do nosso jardim. [...]

Fonte: Diego Alano. *Cinderelo*. Disponível em: https://goo.gl/nvqVdh. Acesso em: 22 ago. 2022.

a) Você já tinha lido um texto teatral? Converse com os colegas.

b) Quais personagens participam desse trecho do texto?
_____
_____

c) Um dos personagens é o bobo da corte. O que você sabe sobre os bobos da corte?

d) Observe a forma como são apresentados os diálogos e responda.

- Como se pode saber quem está falando de cada vez?
_____
_____
_____

- Qual é o sinal utilizado para indicar que uma fala se inicia?
_____
_____

> O **texto teatral** é formado por diálogos, mas também apresenta outros elementos, que podem indicar o cenário ou anunciar algo que ocorre ao longo das cenas. Essas indicações são chamadas de **rubricas**.

e) Sublinhe no texto dois momentos que apresentam informações que não são falas e responda.

- A rainha estava em cena antes dessa rubrica?

_____

_____

- A quem se refere a segunda rubrica?

_____

_____

f) Releia a primeira fala do texto. Quem você acha que está contando essa história?

g) Assinale a(s) alternativa(s) correta(s).

☐ O Bobo é o narrador de "Cinderelo".

☐ A rainha não é personagem desse texto teatral.

☐ O Bobo é personagem da história.

☐ O rei não participa dos diálogos.

h) Que desejos estranhos a rainha tem? Escreva-os abaixo.

_____

_____

_____

_____

ESTUDO DA LÍNGUA

Formação de palavras

1. Leia o trecho de uma postagem de blogue de uma ONG que trabalha em prol da preservação ambiental.

Ilhas de lixo plástico nos oceanos

29 de maio de 2020

No oceano Pacífico há uma enorme camada flutuante de plástico que já é considerada a maior concentração de lixo do mundo, com cerca de 1.000 km de extensão. [...]

Segundo investigadores, no Atlântico Norte também existe uma lixeira flutuante de detritos de plástico de densidade "comparável à Ilha de Lixo do Pacífico Norte", que tem sido "extremamente ignorada" Estudo de duas décadas foram apresentado no Encontro de Ciências do Oceano, que decorreu em Portland, nos EUA, os detritos flutuantes são constituídos por pedaços de plástico utilizado em inúmeros produtos de consumo, incluindo sacos.

FUNVERDE. Ilhas de lixo plástico nos oceanos. Disponível em: https://bit.ly/3TDcltW. Acesso em: 22 ago. 2022.

a) Segundo a postagem, onde há ilhas de lixo?

b) Na sua opinião, o que deveria ser feito para acabar com o mar de lixo?

2. Localize a palavra **lixeira** no texto da reportagem e circule-a.

A palavra **lixeira** é formada a partir de outra palavra já existente. Veja: lixo + eira = lixeira;
lixo = palavra primitiva (que dá origem a outra);
lixeira = palavra derivada (que se originam da palavra primitiva);
A parte **-eira** forma palavras diferentes quando colocada após a palavra original; **-eira** é um **sufixo**.
Sufixos são elementos que, quando acrescentados ao final de uma palavra, formam uma nova palavra.

3. Organize as palavras nas colunas correspondentes.

atualizar – abordar – beleza – belo – abordagem – atual

Palavra primitiva	Palavra derivada

4. Leia as palavras e circule a parte comum a todas elas.

lancheira   manteigueira   pipoqueira
saladeira   sapateira

Complete as lacunas com a palavra que deu origem a cada palavra da lista anterior.

a) Guardamos o _____ na lancheira.

b) Colocamos a _____ na manteigueira.

c) Fazemos _____ na pipoqueira.

Veja outros sufixos:
• **-ista**: forma nomes de profissões, como jornalista, dentista, radialista;
• **-oso**: forma adjetivos, como vaidoso, caloroso, amoroso;
• **-aria**: forma nomes de estabelecimentos, como padaria, papelaria.

Palavras com L e U em final de sílaba

1. Leia uma carta feita especialmente para você.

Olá, querido(a),
Gostaria de te lembrar o quanto és in**crí**vel. Por favor, não deixe de lutar para al**can**çar os seus sonhos, e não se entristeça tanto por **cau**sa das circunstâncias. Use cada difi**cul**dade como um de**grau** no seu aprendizado. Por fim, saiba que, no fi**nal**, as coisas acabam bem.
Com amor.

• O que você percebeu em relação ao som final das sílabas destacadas? E quanto à escrita?

LÍNGUA PORTUGUESA

2. Retire do texto as palavras que apresentam **L** ou **U** no final da sílaba. Em seguida, separe as sílabas.

L e U em final de sílaba	Separação silábica

PRODUÇÃO DE TEXTO

Na lição 13, você participou da escrita de uma reportagem. Agora, seu grupo vai se reunir para apresentá-la oralmente, compondo um jornal de rádio.

Preparação geral

Com os colegas, escute trechos de programas de rádio que apresentam notícias, reparando na forma como o locutor narra essas notícias:

- Como ele(a) apresenta o assunto principal?
- Há falas ou depoimentos de pessoas envolvidas ou especialistas?
- Qual é o ritmo da fala utilizada pelo locutor? Ele(a) fala de uma forma diferente ou que chama a atenção por algum motivo?
- O que será que desperta a atenção do ouvinte para escutar as notícias?

Troquem ideias sobre o assunto. Combinem uma data com o professor, planejando anteriormente o espaço e a forma como será gravado o programa.

Preparação dos grupos

Reúnam-se novamente nos mesmos grupos e dividam a reportagem, para que todos possam falar uma parte. A divisão poderá ser feita pelos parágrafos, ou pela leitura do título, dos subtítulos, dos fatos narrados e dos depoimentos.

Ensaio

Prepare sua parte individualmente, treinando a leitura em voz alta, lembrando dos programas de rádio que escutou. Após os ensaios individuais, ensaiem juntos, promovendo a leitura na ordem combinada até que a mesma esteja fluente.

Apresentação

Gravem o jornal, conforme planejado. Ele poderá ser reproduzido para os familiares ou para os ouvintes escolhidos pela turma.

16 BRANCA DE NEVE

VAMOS COMEÇAR!

Você conhece a história da Branca de Neve?

Além de Branca de Neve, que outros personagens fazem parte deste conto?

Leia o texto a seguir.

Branca de Neve

Era uma vez... em um reino muito distante, num dia muito frio, uma bela rainha estava sentada perto da janela, bordando um lençol de nenê. Sem querer, ela espetou o dedo na agulha e caíram três gotas de sangue. Então a rainha olhou para fora e fez um pedido:

— Quero ter uma filha de pele branca como a neve que está caindo, cabelos pretos como a madeira desta janela e boca vermelha como o sangue que saiu do meu dedo.

Alguns meses depois, a rainha deu à luz uma menina do jeitinho que tinha pedido. E resolveu chamá-la de Branca de Neve. Dia e noite ela ficava do lado da filha, cuidando dela com muito amor e carinho.

Mas a rainha morreu antes de criar a filha como queria.

O rei chorou durante meses, até que conheceu uma princesa lindíssima e se casou com ela. A princesa só tinha beleza, porque o resto nela era só vaidade, orgulho e malvadeza. O dia todo ficava na frente do espelho, perguntando:

— Espelho, espelho meu, existe no mundo mulher mais bonita do que eu?

E o espelho, que era mágico, dizia:

— Não, rainha, você é a mais linda.

Enquanto a rainha conversava com o espelho, Branca de Neve crescia bonita como ela só, era de uma formosura que não tinha igual no planeta inteiro. Tanto assim que um dia a rainha ouviu do espelho uma resposta que não esperava:

— Sim, existe outra muito mais bonita que você.

— E quem é essa atrevida? – perguntou ela.

— Branca de Neve!

Desde então a rainha que era má, começou ameaçá-la.

Branca de Neve com medo foi se refugiar na floresta, na casa dos sete anões.

[...]

Enquanto isso a rainha preparava um plano mirabolante, transforma-se na bruxa mais horripilante e má...

De repente surpreendentemente aparece na janela uma velhinha pedindo água à Branca de Neve. Ela muito boa recebe a velha e esta em agradecimento oferece à Branca de Neve uma maçã, e pede a ela que dê uma mordida e faça um pedido.

Mal sabia ela que aquela velha era a rainha, sua madrasta, aplicando-lhe o golpe fatal.

Infelizmente Branca de Neve não resistiu e caiu no sono da morte.

Os anões chegaram logo após, mas não conseguiram impedir que ela mordesse a maçã, mas conseguiram finalmente acabar com a bruxa, perseguiram-na até que despencou de um penhasco, morrendo em seguida.

A tristeza toma conta dos anõezinhos.

Quando de repente um jovem aproxima-se de Branca de Neve, naquele sono profundo e lhe dá um beijo apaixonado.

Imediatamente Branca de Neve desperta do sono da morte e vai embora com seu príncipe, agradecendo aos anões por tudo que fizeram por ela.

Mini Web Educação. Disponível em: https://goo.gl/ai4JD.
Acesso em: 28 ago. 2022.

ESTUDO DO TEXTO

1. Converse com os colegas:

a) Quais personagens participam da história?

b) Quais são as características da madrasta de Branca de Neve?

2. Localize no texto e copie no caderno as características de Branca de Neve.

3. Em que lugares a história acontece? Escreva em seu caderno.

4. Quem é o personagem principal desse conto?

- ☐ O príncipe.
- ☐ Branca de Neve.
- ☐ A madrasta.
- ☐ Os sete anões.

• Justifique sua resposta.

_____

_____

5. Que personagem se opõe a Branca de Neve?

- ☐ O príncipe.
- ☐ Os sete anões.
- ☐ A madrasta.

6. Por que Branca de Neve teve de se refugiar na casa dos anões?

- ☐ Para fugir da madrasta.
- ☐ Porque estava chovendo.

7. O que a madrasta fez para tentar matar Branca de Neve? Assinale as alternativas corretas.

- ☐ Transformou-se numa velhinha.
- ☐ Mandou os anões matarem a jovem.
- ☐ Envenenou uma maçã e deu a fruta para a moça.

> **Contos de fadas** são histórias da tradição oral, contadas de geração em geração, que se concentram nos poderes mágicos de fadas, bruxas, duendes e outros seres fantásticos.

8. Assinale com um **X** as características de contos de fadas que aparecem em "Branca de Neve".

- ☐ princesa
- ☐ bruxa
- ☐ rainha
- ☐ fada
- ☐ gigante
- ☐ reino
- ☐ duendes
- ☐ príncipe
- ☐ floresta
- ☐ magia
- ☐ anões
- ☐ animais falantes

9. Em quase todos os contos de fadas há um final feliz, em que o herói ou a heroína vence o mal ou resolve o problema que enfrentava. Em "Branca de Neve" há um final feliz? Por quê?

_____

_____

_____

_____

_____

LÍNGUA PORTUGUESA

ESTUDO DA LÍNGUA

Pontuação e discurso direto

Em um texto, quando as falas das personagens são reproduzidas diretamente, temos o **discurso direto**. Alguns verbos, como **falar**, **dizer**, **perguntar**, **indagar**, entre outros, são usados para introduzir e dar vida à fala das personagens. Sinais gráficos, como dois-pontos e travessões são muito usados durante a reprodução das falas.

Usa-se os **dois-pontos** (**:**) para anunciar a fala de alguém.

O **travessão** (**—**) é usado para indicar uma fala em um discurso.

ATIVIDADES

1. Releia a conversa do espelho com a rainha.

> Tanto assim que um dia a rainha ouviu do espelho uma resposta que não esperava:
> — Sim, existe outra muito mais bonita que você.
> — E quem é essa atrevida? — perguntou ela.
> — Branca de Neve!

a) Circule o sinal que indica que a personagem vai falar.

b) Que sinal indica a fala da personagem?
_____

> Um carteiro chegou à casa de Dona Filó para deixar uma carta e viu uma placa com os dizeres "Cuidado com o papagaio!".

c) De quem é a primeira fala? E a segunda?
_____
_____

2. Veja como esse tipo de discurso se apresenta na piada a seguir.

> — Só pode ser gozação. Quem vai ter medo de um papagaio? — o carteiro pensou.
> Então, o carteiro entrou no quintal para deixar a carta. Foi quando o papagaio gritou:
> — Pega, Rex! Pega, Rex!
> Domínio público.

a) Que frase determina o humor da piada? Por quê?
_____
_____
_____
_____
_____

b) Quais frases do texto estão escritas em discurso direto? Deixar apenas a resposta para o mestre, sem linhas para o aluno.
_____
_____
_____
_____

c) Que verbo introduz a fala do papagaio
_____

d) Que sinais de pontuação são usados antes das falas das personagens?
_____

X com som de CH

Leia esta quadrinha.

> X de xícara, de xixi
> Xadrez, xavante e Xingu
> Xarope, xerife, xodó
> Mas não tem X na palavra chuchu.
>
> Darci M. Brignani. *De A a Z, de 1 a 10*. São Paulo: Companhia Editora Nacional, 2012.

Você acha que alguém poderia pensar que, como a palavra **xodó**, a palavra **chuchu** é escrita com **x**? Por quê?

ATIVIDADES

1. Complete as palavras com **xa**, **xe**, **xi**, **xo** ou **xu**. Depois, copie e leia.

   li___ro – _____   ___drez – _____

   abaca___ – _____   pei___ – _____

   ___rope – _____   fei___ – _____

   amei___ – _____   ___cara – _____

   en___to – _____   en___da – _____

2. Complete as palavras colocando **x** ou **ch**. Depois, copie e leia.

   ___ícara – _____   ___aveiro – _____

   ma___ado – _____   ___ale – _____

   abaca___i – _____   ___ave – _____

   amei___a – _____   fe___adura – _____

   ___apéu – _____   mo___ila – _____

PRODUÇÃO DE TEXTO

Você e seus colegas vão produzir a continuação de um conto de fadas. Depois, farão uma apresentação para a turma.

Preparação

Leia o início do conto "As três penas", recontado pelos irmãos Grimm.

As três penas

Era uma vez um rei que despachou os três filhos mundo afora, e aquele que trouxesse a linha de linho mais fina herdaria seu reino depois que ele morresse. Para que soubessem que direção seguir, ele se pôs diante do castelo e soprou três penas no ar, cujo voo os filhos deveriam seguir. Uma delas voou para o Ocidente e foi seguida pelo irmão mais velho, a outra voou para o Oriente e foi seguida pelo irmão do meio; já a terceira caiu numa pedra, não longe do palácio, e o terceiro príncipe, Tolinho, teve de ficar por ali mesmo, e os outros zombaram dele, dizendo: "Tente encontrar a linha de linho na pedra".

Tolinho sentou-se na pedra e começou a chorar e a se balançar para lá e para cá e a pedra se deslocou, revelando, embaixo dela, uma placa de mármore com uma argola de puxar. Tolinho a ergueu e deparou com uma escada, pela qual ele desceu e chegou numa caverna subterrânea, onde encontrou uma menina sentada fiando linho. Ela perguntou por que seus olhos estavam vermelhos de chorar e ele se queixou de sua sorte, contando que deveria procurar o fio mais fino de linho, mas que não poderia sair dali atrás dele. Então a menina lhe entregou sua linha, que era a mais fina do mundo, e mandou que ele a levasse para o pai. Quando Tolinho voltou, muito tempo havia se passado e seus irmãos tinham acabado de retornar, certos de terem trazido a mais fina das linhas. Quando cada um mostrou a sua, porém, ficou claro que Tolinho é que tinha a mais fina de todas as linhas e seria o herdeiro do trono. Mas os irmãos não se deram por satisfeitos e exigiram que o pai impusesse nova condição.

O rei, então, exigiu o mais belo tapete e de novo soprou três penas no ar. E novamente a terceira caiu sobre a pedra e Tolinho não pôde se afastar dali, enquanto os irmãos seguiram para o Ocidente e para o Oriente. Ele ergueu a pedra, desceu a escada e encontrou a menina... [...]

Jacob Grimm e Wilhelm Grimm. *Contos maravilhosos infantis e domésticos*. São Paulo: Cosac Naify, 2013 [1812], p. 301. t. 1.

E agora? O que será que aconteceu? Você acha que Tolinho vai conseguir o tapete? Converse com os colegas sobre as questões a seguir. Depois, escreva as respostas no caderno.

a) Quais são os personagens desse conto de fadas?

b) Qual desses personagens é o principal?

c) Quais personagens se opõem ao personagem principal?

d) Que provações ou obstáculos o personagem principal deve superar?

e) Quem ajuda o personagem principal a superar os obstáculos?

Planejamento e criação

- Como você percebeu, o conto "As três penas" está incompleto. Sua tarefa será imaginar e escrever uma continuação para ele. Para isso, forme dupla com um colega e trabalhem juntos. Escrevam o restante do conto, de acordo com as orientações a seguir.
- Lembrando que o pai pediu o mais belo tapete para os três filhos, será que a menina ajudará Tolinho novamente? Imaginem o que poderá acontecer depois que ele descer a escada e encontrá-la.
- Ao escreverem a continuação da história, será que o rei fará uma nova exigência aos três filhos e soprará novamente as três penas?

Revisão e reescrita

Depois de concluído o trabalho, verifiquem:
- O texto está organizado em parágrafos?
- Há sinais de pontuação no final das frases?
- As palavras estão escritas corretamente?
- Vocês utilizaram vocabulário adequado e pronomes para evitar a repetição de palavras e expressões?
- Troquem de caderno com outra dupla e vejam se a continuação que fizeram está coerente com o texto apresentado. Escrevam, em outra folha, um comentário para os colegas e entreguem a eles. Depois, escrevam a versão final do conto, corrigindo eventuais erros ou inadequações.

Apresentação

O professor vai organizar a leitura dos textos produzidos. Leia seu texto para a turma, dividindo a leitura com seu colega. Depois, escute a leitura das outras duplas com atenção. No final da apresentação, escute a leitura do conto original que o professor fará.

- Em uma folha de papel, faça um desenho da sua versão da história.

AMPLIANDO O VOCABULÁRIO

abundância (a-bun-**dân**-cia): em grande quantidade, farto.

aconchegante (a-con-che-**gan**-te): acolhedor.

afago (a-**fa**-go): gesto amável, de carinho.

afinidade (a-fi-ni-**da**-de): semelhança, relação.

alarmado (a-lar-**ma**-do): assustado.

alicerce (a-li-**cer**-ce): base, suporte, força.

amedrontado (a-me-dron-**ta**-do): assustado, com medo.

arranco (ar-**ran**-co): movimento rápido e violento.

ascender (as-cen-**der**): subir.

atividade física (a-ti-vi-**da**-de **fí**-si-ca): exercício executado para manter a saúde física e a boa forma.

atrevido (a-tre-**vi**-do): audacioso, ousado.

bantu (ban-**tu**): referente à língua africana.

campos de altitude (**cam**-pos de al-ti-**tu**-de): vegetação rasteira, encontrada em áreas elevadas e onde predominam rochas expostas.

caraca (ca-**ra**-ca): gíria que expressa espanto, admiração.

Carta Régia (**Car**-ta **Ré**-gia): documento oficial assinada por um rei ou rainha.

cocuruto (co-cu-**ru**-to): o alto da cabeça.

coleção (co-le-**ção**): conjunto de objetos da mesma espécie.

confortar (con-for-**tar**): reanimar, tornar confortável.

conservacionista (con-ser-va-ci-o-**nis**-ta): aquele que luta pela preservação do meio ambiente.

contração (con-tra-**ção**): encurtar ou reduzir involuntariamente um músculo de volume.

cume (**cu**-me): ponto mais alto.

definhar (de-fi-**nhar**): perder as forças, tornar-se fraco e abatido.

deslindar (des-lin-**dar**): desembaraçar.

desovar (de-so-**var**): pôr os ovos.

Tartaruga em desova.

dreadlocks: tipo de penteado.

espavorido (es-pa-vo-**ri**-do): amedrontado, apavorado.

esplendor (es-plen-**dor**): brilho intenso.

exalação (e-xa-la-**ção**): soltar o ar.

exuberante (e-xu-be-**ran**-te): em grande quantidade, farto.

filosofia (fi-lo-so-**fi**-a): área de estudo que pensa sobre a origem e o sentido da nossa existência; que também busca conhecimento e sabedoria sobre fatos da vida.

grugulejar (gru-gu-le-**jar**): som emitido pelo peru.

hábito (**há**-bi-to): forma habitual de ser ou agir.

inalação (i-na-la-**ção**): puxar o ar.

incrível (in-**crí**-vel): fantástico, inacreditável.

juízo (ju-**í**-zo): ideia, opinião; juizado que julga causas.

malha (**ma**-lha): tecido produzido com fios que se entrelaçam; tipo de tecido grosso.

maneiro (ma-**nei**-ro): gíria que significa interessante, bacana, legal, ótimo.

matéria-prima (ma-**té**-ria-**pri**-ma): principal material usado na fabricação de alguma coisa.

metamorfosear (me-ta-mor-fo-se-**ar**): alterar sua forma, transformar.

mirabolante (mi-ra-bo-**lan**-te): surpreendente, extravagante.

motricidade (mo-tri-ci-**da**-de): referente a movimento.

narrativa visual (nar-ra-**ti**-va vi-su-**al**): imagens, acompanhadas de textos ou não, que contam histórias.

nó bantu: tipo de penteado composto por pequenos coques espalhados pela cabeça.

opção (op-**ção**): escolha.

penhasco (pe-**nhas**-co): grande rochedo escarpado.

pernoitar (per-noi-**tar**): passar a noite.

pigmentação (pig-men-ta-**ção**): coloração.

LÍNGUA PORTUGUESA

119

potencialidade (po-ten-ci-a-li-**da**-de): que apresenta potencial, talentos inatos.

prática corporal (**prá**-ti-ca cor-po-**ral**): jogos, danças, acrobacias.

precaução (pre-cau-**ção**): cuidado, prevenção, cautela.

processo de reciclagem (pro-**ces**-so de re-ci-**cla**-gem): modo de fazer a reciclagem.

propulsão (pro-pul-**são**): impulso para ir para a frente.

radicar-se (ra-di-**car**-se): fixar residência.

reciclagem (re-ci-**cla**-gem): reutilização de materiais descartados, reintroduzindo-os na cadeia produtiva, para que se torne, novamente, matéria-prima.

recurso interativo (re-**cur**-so in-te-ra-**ti**-vo): que possibilita algum tipo de interação com o usuário.

refugiar (re-fu-gi-**ar**): colocar-se em lugar seguro.

regougar (re-gou-**gar**): emitir som característico (da raposa).

saciar (sa-ci-**ar**): satisfazer, matar a fome.

sustento (sus-**ten**-to): garantir a manutenção da vida, alimento.

trigo (**tri**-go): planta cujas sementes são utilizadas para fazer a farinha.

Coleção Eu gosto m@is

MATEMÁTICA

3º ANO
ENSINO FUNDAMENTAL

SUMÁRIO

Lição 1 – Os números e sua história **124**
- Sistema de numeração egípcio 124
- Sistema de numeração romano 126

Lição 2 – Números no dia a dia **128**
- Números ordinais 131
- Dúzia e meia dúzia 133

Lição 3 – Sistema de Numeração Decimal – a unidade de milhar **136**
- Características do Sistema de Numeração Decimal 136
- A relação entre as quantidades de unidades de milhar e de centenas 137
- Diferentes representações dos números no Sistema de Numeração Decimal 139
- Ordens e classes 141

Lição 4 – Geometria **144**
- Sólidos geométricos 144

Lição 5 – Comparação e ordenação de números naturais ... **148**
- Ordem crescente e ordem decrescente 149

Lição 6 – Adição com números naturais **152**
- Ideias básicas da adição 152
- Propriedades da adição 153
- Verificação da adição 155

Lição 7 – Subtração com números naturais **160**
- Ideias básicas da subtração 160
- Subtração por reagrupamento 161
- Verificação da subtração 164
- Algumas conclusões sobre a subtração 164

Lição 8 – Localização e movimentação **168**

Lição 9 – Multiplicação de números naturais **171**
- Ideias da multiplicação 171
- Tabuada do 2 174
- Tabuada do 3 174
- Outras tabuadas 175
- Algoritmo da multiplicação 177
- O dobro e o triplo 178
- Multiplicação com reagrupamento 181

Lição 10 – Divisão de números naturais **184**
- Repartindo em partes iguais 184
- Algoritmo da divisão 187
- Divisão exata e divisão não exata 187
- Verificação da divisão 189

Lição 11 – Geometria plana **193**
- Figuras geométricas planas 193
- Classificação de algumas figuras planas 194
- Figuras congruentes 196

Lição 12 – Álgebra: sequência e igualdade **197**
- Sequência 197
- Relação de igualdade 199

Lição 13 – Frações **202**
- Metade ou meio 202
- Um terço ou terça parte 203
- Um quarto ou quarta parte 204
- Um quinto ou quinta parte 205
- Um décimo ou décima parte 206

Lição 14 – Medidas de tempo **209**
- As horas 209
- Os minutos 210
- O calendário 213

Lição 15 – Medidas de comprimento **216**
- Comprimento 216
- Metro e centímetro 216

Lição 16 – Simetria **219**
- Vistas 219
- Simetria 220

Lição 17 – Noções de acaso **222**
- Chances: maiores ou menores 222

Lição 18 – Medidas de capacidade **225**
- Capacidade 225

Lição 19 – Medidas de massa **228**
- Massa 228
- Quilograma e grama 228

Lição 20 – Nosso dinheiro **231**
- O Real 231

LIÇÃO 1 — OS NÚMEROS E SUA HISTÓRIA

Sistema de numeração egípcio

Os números surgiram quando as pessoas sentiram necessidade de contar e registrar a quantidade de seus animais, alimentos e objetos.

Inicialmente, os registros das quantidades eram bem diferentes daqueles que usamos em nosso dia a dia. Cada civilização tinha sua maneira de representar quantidades.

Veja os símbolos criados pelos egípcios.

Símbolo egípcio	|	∩	⟨	flor de lótus	dedo dobrado	girino	homem ajoelhado
Descrição	bastão	calcanhar	corda enrolada	flor de lótus	dedo dobrado	girino	homem ajoelhado
Número indo-arábico	1	10	100	1 000	10 000	100 000	1 000 000

Veja, no quadro, como eram representados os números de 1 a 9.

1	2	3	4	5	6	7	8	9
|	||	|||	||||	|||||	||||||	|||||||	||||||||	|||||||||

Para representar outros números, os egípcios repetiam os símbolos até que pudessem trocá-los pelo próximo símbolo. Veja os números de 10 a 19.

10	11	12	13	14	15	16	17	18	19
∩	∩|	∩||	∩|||	∩||||	∩|||||	∩||||||	∩|||||||	∩||||||||	∩|||||||||

O 20 era representado por ∩∩.

Veja as outras dezenas inteiras.

30 ∩∩∩
40 ∩∩∩∩
50 ∩∩∩∩∩
60 ∩∩∩∩∩∩
70 ∩∩∩∩∩∩∩
80 ∩∩∩∩∩∩∩∩
90 ∩∩∩∩∩∩∩∩∩

Para registrar 100, em vez de escrever ∩∩∩∩∩∩∩∩∩∩, trocavam esse agrupamento por um símbolo parecido com um pedaço de corda enrolada: ૭.

Agora observe, por exemplo, alguns modos como os egípcios escreviam o número 342.

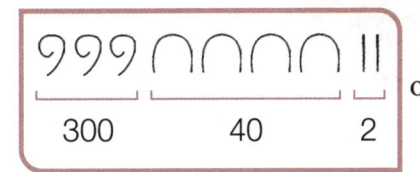

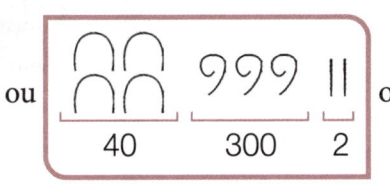

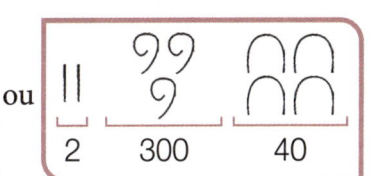

૭૭૭ ∩∩∩∩ ||	ou	∩∩ ∩∩ ૭૭૭ ||	ou	|| ૭૭ ૭ ∩∩ ∩∩
300 40 2		40 300 2		2 300 40

ATIVIDADE

1. Represente os números com símbolos egípcios.

a) 23 _____

b) 234 _____

c) 517 _____

d) 111 _____

e) 999 _____

Sistema de numeração romano

Os romanos usavam um sistema de numeração interessante para representar os números.

Eles escolheram sete letras e atribuíram valores a cada uma delas.

I	V	X	L	C	D	M
1	5	10	50	100	500	1 000
um	cinco	dez	cinquenta	cem	quinhentos	mil

Conheça a escrita numérica romana até 20.

1	I	11	XI
2	II	12	XII
3	III	13	XIII
4	IV	14	XIV
5	V	15	XV
6	VI	16	XVI
7	VII	17	XVII
8	VIII	18	XVIII
9	IX	19	XIX
10	X	20	XX

Consulte o quadro para resolver as atividades.

Observando o quadro acima, é possível destacar algumas regras desse sistema:

- as letras **I** e **X**, que valem 1 e 10, respectivamente, podem se repetir até **3** vezes.
- a letra **V** vale 5. Colocando **I à esquerda**, escrevemos 4 (IV). Então, o **I** colocado **à esquerda** do **V** indica que devemos **diminuir** 1.
- colocando **I à direita** de **V**, escrevemos 6 (VI). Então, o **I** colocado **à direita** do **V** indica que devemos **somar** 1.
- o mesmo acontece com o **X**, que vale 10. **IX** vale 9 e **XI** vale 11.

ATIVIDADES

1. Represente os seguintes números.

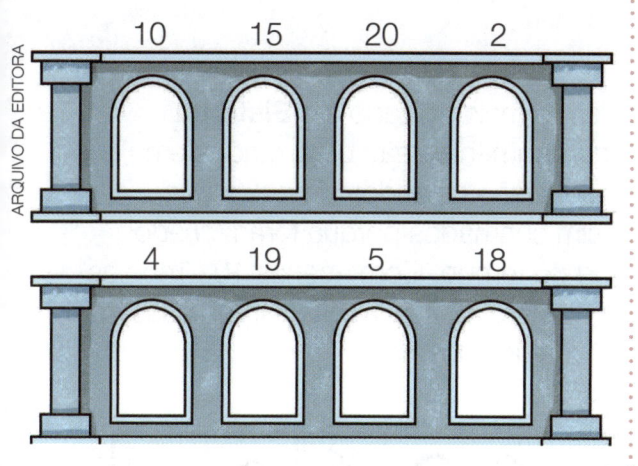

10   15   20   2

4   19   5   18

2. Faça a correspondência entre os números.

3		XX
6		IX
8		VIII
9		XII
12		VI
20		III

3. Complete a sequência.

I, II, _____, _____, V, _____, _____, VIII,

_____, X, _____, _____, _____, XIV,

_____, _____, _____, _____, _____, XX.

4. Escreva os números romanos que vêm imediatamente antes e imediatamente depois.

a) ___ XII ___
b) ___ VII ___
c) ___ XIX ___
d) ___ V ___
e) ___ XVIII ___
f) ___ X ___

5. Resolva as sentenças matemáticas e dê os resultados em números romanos.

a) 5 − 1 → ☐
b) 10 + 10 → ☐
c) 5 + 3 → ☐
d) 10 − 1 → ☐
e) 10 + 1 → ☐
f) 10 + 2 → ☐
g) 10 + 5 → ☐
h) 1 + 1 + 1 → ☐

6. Descubra as quantidades que estão representadas em numeração romana.

IV ☐   VIII ☐   XIX ☐

XI ☐   XIV ☐   II ☐

Numeros romanos no século XXI

Até hoje a escrita numérica dos romanos é utilizada.

Os séculos são representados nessa escrita.

Os capítulos de livros, assim como seus volumes, também são numerados com algarismos romanos.

Os relógios de pulso, de bolso e modelos de parede conservam um charme especial com a representação numérica romana.

Relógio de parede.

LIÇÃO 2
NÚMEROS NO DIA A DIA

Existem vários sistemas de numeração, porém o mais utilizado é o **Sistema de Numeração Decimal**. Nesse sistema, os agrupamentos são organizados em quantidades de 10, e, para representar os números, são utilizados símbolos que chamamos algarismos **indo-arábicos**. São assim chamados porque foram criados pelos hindus e divulgados pelos árabes ao longo do tempo. Com apenas 10 símbolos (os 10 algarismos) é possível escrever qualquer número. Esses 10 algarismos passaram por diversas transformações até chegarem aos que usamos hoje.

HINDU 300 a.C.	−	=	≡	Ψ	Υ	6	7	5	7	
HINDU 500 d.C.	7	?	3	8	Ψ	(	7	∧	9	0
ÁRABE 900 d.C.	1	∽	⋓	ε	0	7	V	Λ	9	0
ÁRABE (ESPANHA) 1000 d.C.	1	2	3	2	4	2	7	8	9	0
ITALIANO 1400 d.C.	1	2	3	4	4	6	7	8	9	0
ATUAL	1	2	3	4	5	6	7	8	9	0

COLEÇÃO PARTICULAR

Hoje fazemos uso desses símbolos (e dos números compostos por eles) nas mais diversas situações.

Em situações de comunicação, como na telefonia móvel, utilizamos os números com o significado de código, por exemplo, para entrar em contato com alguém.

AFRICA STUDIO/SHUTTERSTOCK

- Você sabe para que utilizamos os números?

ATIVIDADES

1. Responda.

a) Qual é a data do seu nascimento? _____

b) Qual é sua idade? _____ anos.

c) Qual é sua altura? _____ metro e _____ centímetros.

d) Qual é o número do seu sapato? _____

2. Escreva quantos algarismos há em cada número representado abaixo.

a) 7 _____

b) 6 503 _____

c) 136 _____

d) 1 200 _____

e) 98 _____

f) 9 828 _____

g) 19 _____

h) 321 _____

3. Represente as quantidades por meio de números.

a) catorze _____

b) setecentos e trinta _____

c) cento e vinte e oito _____

d) cinquenta e oito _____

e) vinte _____

f) onze _____

g) dezesseis _____

h) dois _____

i) trezentos e dez _____

j) quatrocentos _____

4. Com os algarismos 7 9 8 , forme todos os números possíveis:

a) com 2 algarismos não repetidos. _____

b) com 3 algarismos não repetidos. _____

INFORMAÇÃO E ESTATÍSTICA

A tabela a seguir apresenta a quantidade de materiais recicláveis coletados por duas empresas: a empresa Coleta Inteligente e a empresa Recicle Bem. Observe:

Materiais recicláveis	Coleta Inteligente	Recicle Bem
Papel	50	35
Plástico	30	20
Metal	10	40
Vidro	15	10

Organize as informações da tabela nos gráficos abaixo.

Materiais recicláveis coletados pela Coleta Inteligente

(eixo vertical: 10 a 100; eixo horizontal: Metal, Plástico, Papel, Vidro)

Materiais recicláveis coletados pela Recicle Bem

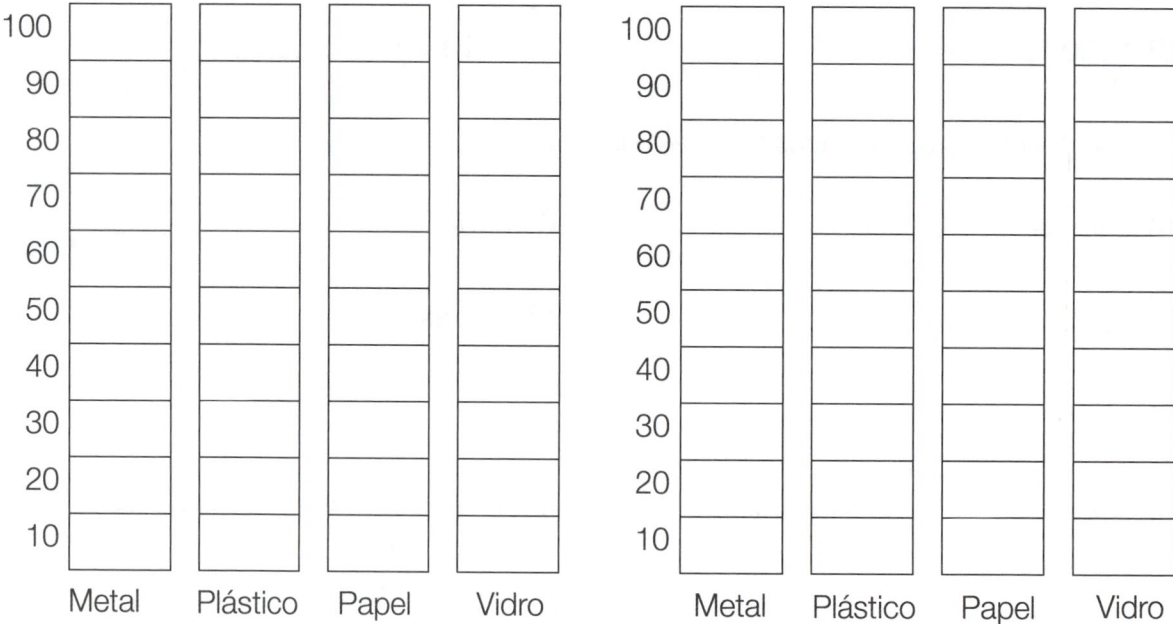

(eixo vertical: 10 a 100; eixo horizontal: Metal, Plástico, Papel, Vidro)

1. Qual empresa coletou maior número de materiais?

_____

2. Qual empresa coletou maior número de materiais de metal?

_____

Números ordinais

O instrutor está passando as orientações aos adolescentes que vão para uma excursão.

- Qual é a posição da menina de calçado amarelo? _____
- Se tivesse uma pessoa depois da garota de tiara, qual seria a posição dessa pessoa? _____
- Qual é a posição do garoto que está usando celular? _____
- Você acha que a atitude desse garoto com celular na fila está correta? Converse com os colegas.

Você conhece os números ordinais após a 10ª posição? Observe o quadro com alguns números ordinais.

10º	Décimo	60º	Sexagésimo
20º	Vigésimo	70º	Septuagésimo
30º	Trigésimo	80º	Octogésimo
40º	Quadragésimo	90º	Nonagésimo
50º	Quinquagésimo	100º	Centésimo

Agora veja como podemos ler outros números ordinais com base nesse quadro.

12º – **décimo segundo**   44º – **quadragésimo quarto**   79º – **septuagésimo nono**

35º – **trigésimo quinto**   53º – **quinquagésimo terceiro**   81º – **octogésimo primeiro**

> Observe como podemos fazer a leitura de qualquer número ordinal a partir das dezenas exatas:
>
> **12º**
>
> 10º décimo + 2º segundo = décimo segundo

ATIVIDADES

1. Complete com o nome ou com a representação numérica dos ordinais.

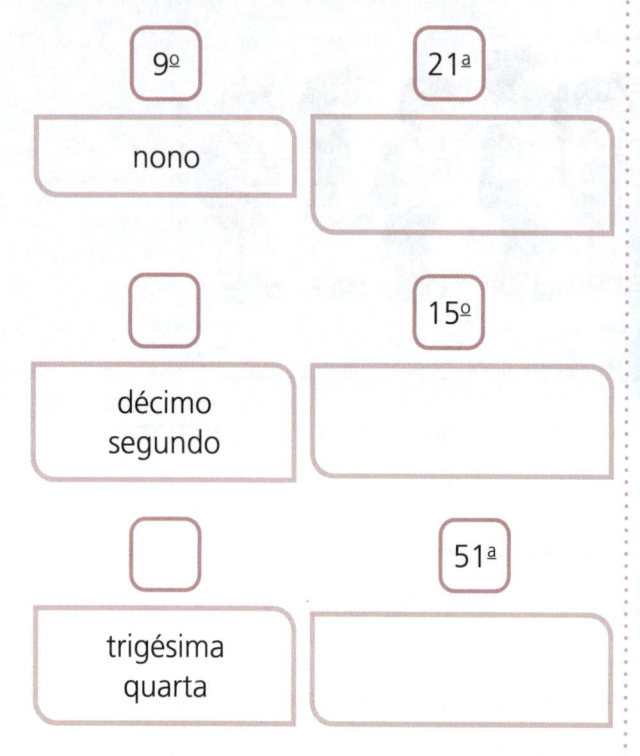

9º — nono

21ª —

☐ — décimo segundo

15º —

☐ — trigésima quarta

51ª —

Você percebeu a diferença na representação dos números 21ª, 34ª, 51ª e sua escrita?

Converse com sua professora sobre essa forma de representação dos números ordinais

2. Responda.

- Qual é a 1ª letra do seu nome?

- Qual é a 3ª letra do seu nome?

- Qual é o nome do 9º mês do ano?

- Qual é o nome do 2º dia da semana?

- Qual é a 6ª letra do nosso alfabeto?

3. Observe a posição de cada letra na ordem alfabética.

A B C D E F G H I J K L M N O P Q R S T U V W X Y Z

Descubra o nome das brincadeiras preenchendo os quadros com as letras correspondentes à sua posição no alfabeto.

17ª	21ª	5ª	9ª	13ª	1ª	4ª	1ª

16ª	5ª	7ª	1ª	16ª	5ª	7ª	1ª
			-				

Você conhece essas brincadeiras?

4. Com seus colegas, organize uma fila em ordem de altura, do mais alto para o mais baixo. Depois, registre as posições.

- Quantos alunos estão na fila?

- Quem é o primeiro da fila?

- Quem é o último da fila?

- Qual é a sua posição na fila?

Dúzia e meia dúzia

Carmem e sua mãe foram fazer compras no mercado.

Veja o que elas compraram.

Produtos	Quantidade em unidades	Quantidade em dúzias
Tomate	6	meia
Banana	12	1
Laranja	24	2
Pregadores de roupa	36	3

12 bananas é o mesmo que **uma dúzia**.

6 tomates é o mesmo que **meia dúzia**.

Agora, é com você:

- 24 laranjas é o mesmo que _____.

- 36 pregadores é o mesmo que _____.

ATIVIDADES

1. Dona Lúcia fez uma lista dos ingredientes de que precisa para preparar uma sobremesa.

- 1 dúzia e meia de ovos
- 2 dúzias e meia de pêssegos
- 1 dúzia de maçãs
- 4 dúzias de morangos
- Meia dúzia de cachos de uva

Na feira, dona Lúcia pediu as quantidades da lista.

Escreva os números correspondentes às quantidades escritas na lista. O primeiro já foi feito.

- 1 dúzia e meia de ovos são 18 ovos.
- 2 dúzias e meia de pêssegos são ____ pêssegos.
- 1 dúzia de maçãs são ____ maçãs.
- 4 dúzias de morangos são ____ morangos.
- E meia dúzia de cachos de uva são ____ cachos de uva!

2. Faça o cálculo mental e assinale a resposta correta.

a) Antes de jogar, Luciano tinha 5 bolas de gude.
Agora, ele tem 17. Luciano ganhou no jogo:

☐ 1 dezena de bolas de gude.

☐ 1 dúzia de bolas de gude.

☐ 1 dezena e meia de bolas de gude.

b) Maria tem 6 chocolates.
Quantos chocolates faltam para ela ter 24?

☐ 1 dúzia

☐ 2 dúzias

☐ 1 dúzia e meia.

c) Chegaram ao mercado 5 dúzias e meia de ovos para vender.
Quantas unidades de ovos chegaram ao mercado?

☐ 60 ovos

☐ 66 ovos

☐ 72 ovos

3. Calcule mentalmente e complete.

a) Preciso juntar _____ a 4 para ter 1 dúzia.

b) Preciso juntar _____ a 14 para ter 1 dúzia e meia.

c) Preciso juntar _____ a 8 para ter 2 dúzias.

d) Preciso juntar _____ a 18 para ter 2 dúzias e meia.

e) Preciso juntar _____ a 14 para ter 3 dúzias.

4. Complete o quadrado mágico. A soma dos números na horizontal e na vertical deve ser sempre uma dúzia e meia.

5		
	6	
		7

PROBLEMAS

1. Para uma festa de aniversário, Daniela comprou 2 dúzias de pratos, 2 dúzias de copos e 3 dúzias de garfos. Ao todo, quantos objetos Daniela comprou para a festa de aniversário?

Cálculo

Resposta: _____

2. No pomar da escola há uma laranjeira repleta de frutos. Colhemos 4 dúzias e meia de laranjas só nessa laranjeira. Quantas unidades de laranjas colhemos?

Cálculo

Resposta: _____

3. Um criador de codornas pegou 2 dúzias de ovos que as aves botaram em um dia. Cozinhou meia dúzia para seus filhos no almoço. Quantos ovos de codorna sobraram?

Cálculo

Resposta: _____

4. Foram distribuídas igualmente 5 dúzias de livros infantis entre 3 classes do 3º ano. Quantos livros cada classe recebeu?

Cálculo

Resposta: _____

5. Carlos tem 1 dúzia de carrinhos, Pedro tem o triplo. Quantas unidades de carrinhos os 2 têm juntos?

Cálculo

Resposta: _____

6. Elisa comprou 1 dúzia de laranjas, meia dúzia de figos e 2 dúzias de bananas. Quantas frutas ela comprou ao todo?

Cálculo

Resposta: _____

MATEMÁTICA

135

LIÇÃO 3
SISTEMA DE NUMERAÇÃO DECIMAL – A UNIDADE DE MILHAR

Características do Sistema de Numeração Decimal

No Sistema de Numeração Decimal agrupamos as quantidades em 10. Cada 10 unidades de uma ordem forma uma unidade da ordem seguinte. Essa ideia fica mais clara se observamos o Material Dourado.

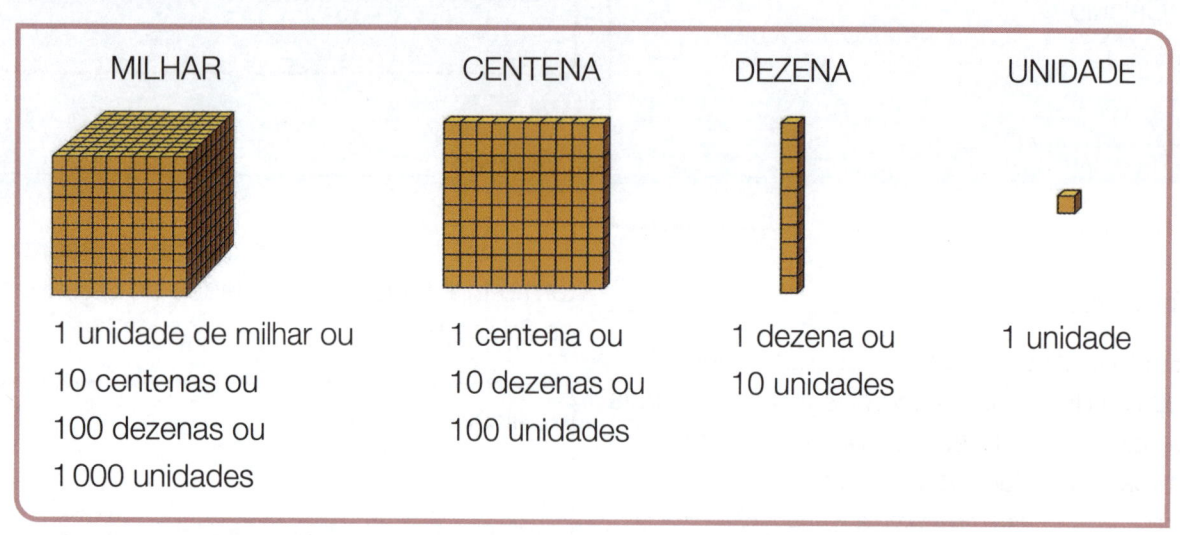

MILHAR	CENTENA	DEZENA	UNIDADE
1 unidade de milhar ou 10 centenas ou 100 dezenas ou 1 000 unidades	1 centena ou 10 dezenas ou 100 unidades	1 dezena ou 10 unidades	1 unidade

No Material Dourado, o **milhar** é representado pelo cubo, pois para formar um cubo com 1 000 cubinhos são necessárias 10 placas com 100 cubinhos cada uma.

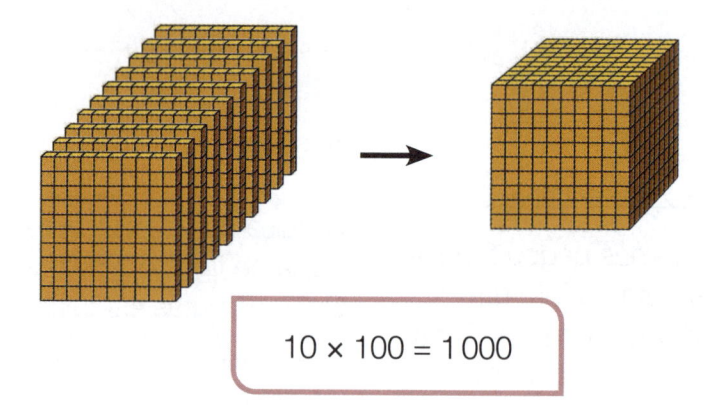

$$10 \times 100 = 1\,000$$

- Para fazer a troca de 2 cubos grandes por placas, quantas placas são?

_____

- Para fazer a troca de 5 placas por barras, quantas barras são?

_____

- Para fazer a troca de 8 barras por cubinhos, quantos cubinhos são?

_____

A relação entre as quantidades de unidades de milhar e de centenas

Os agrupamentos e as trocas no Sistema de Numeração Decimal permitem algumas composições. Vamos observar as composições e as decomposições entre as unidades de milhar e as centenas.

Observe o número 2 300.

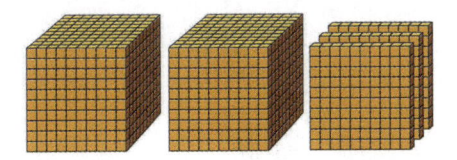

Dentro do número 2 300 cabem, no máximo, 2 unidades de milhar, ou seja:

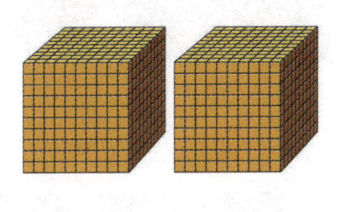

Dentro do número 2 300 cabem, no máximo, 23 centenas, ou seja:

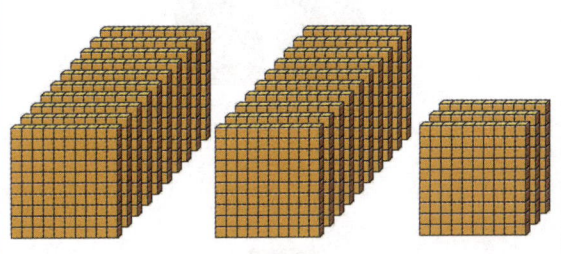

- Se, em vez de somente placas, fossem somente barras?
Quantas barras seriam necessárias para representar esse número?

ATIVIDADES

1. Observe o número 3 400 representado com o Material Dourado.

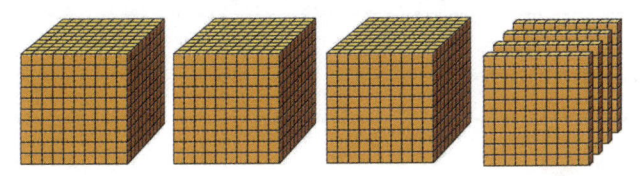

a) Quantas unidades de milhar cabem nesse número?

_____

b) Quantas centenas cabem nesse número?

_____

2. Observe as quantidades representadas com o Material Dourado e ligue às quantidades correspondentes.

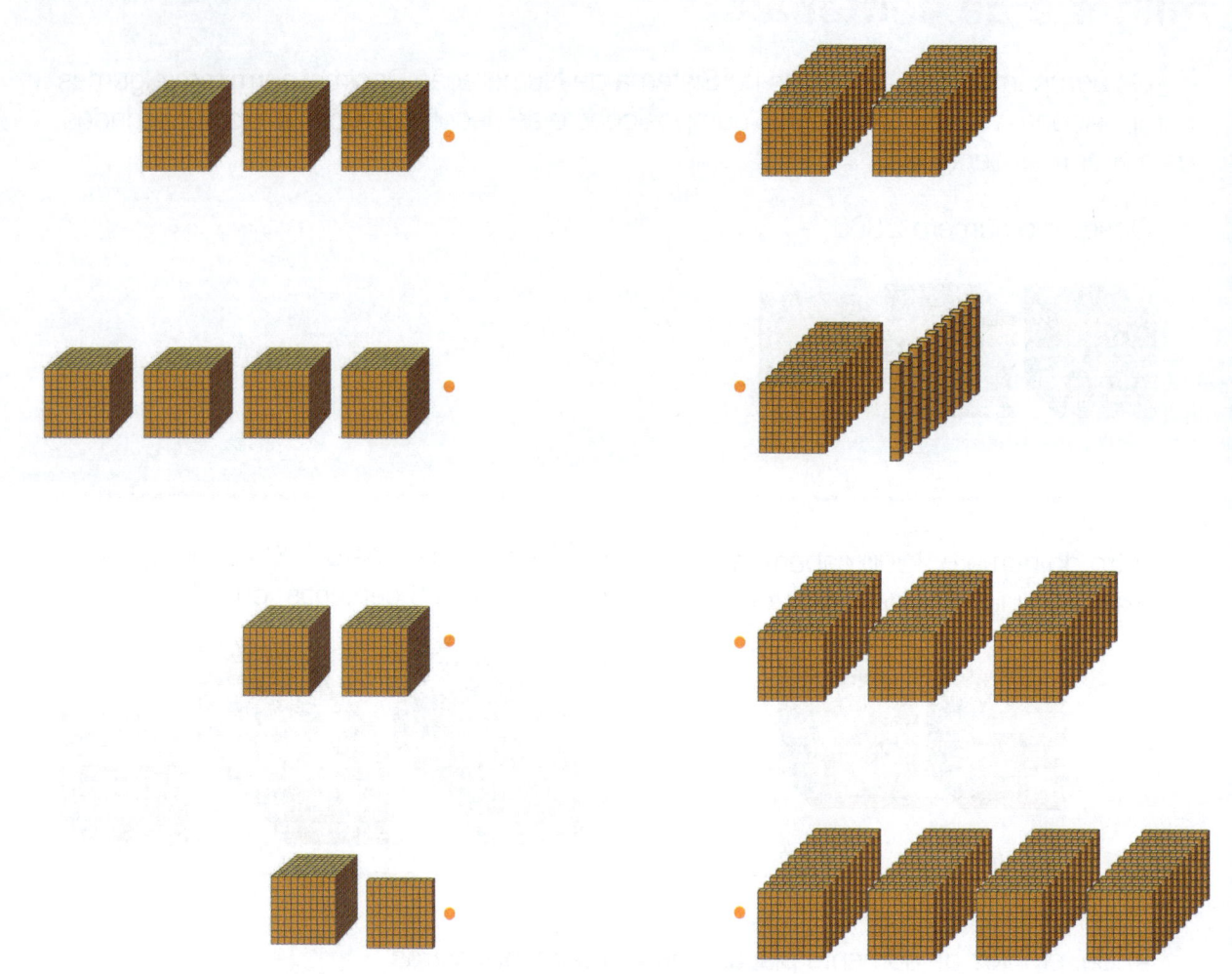

3. Observe o exemplo e preencha o quadro.

	1 200	mil e duzentos

Diferentes representações dos números no Sistema de Numeração Decimal

Os números podem ser representados de diversos modos. Observe as diferentes representações do número 1 325.

Com o Material Dourado:

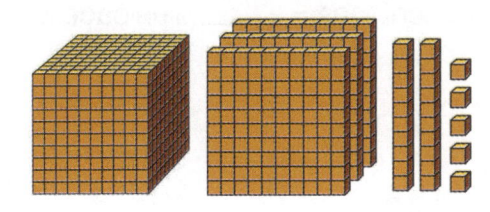

No quadro de ordens:

Unidade de milhar	Centena	Dezena	Unidade
1	3	2	5

Por decomposição:

1 325 = 1 × 1 000 + 3 × 100 + 2 × 10 + 5 × 1

Por composição:

1 000 + 300 + 20 + 5 = 1 325

Observe quatro maneiras de representar um número. Complete.

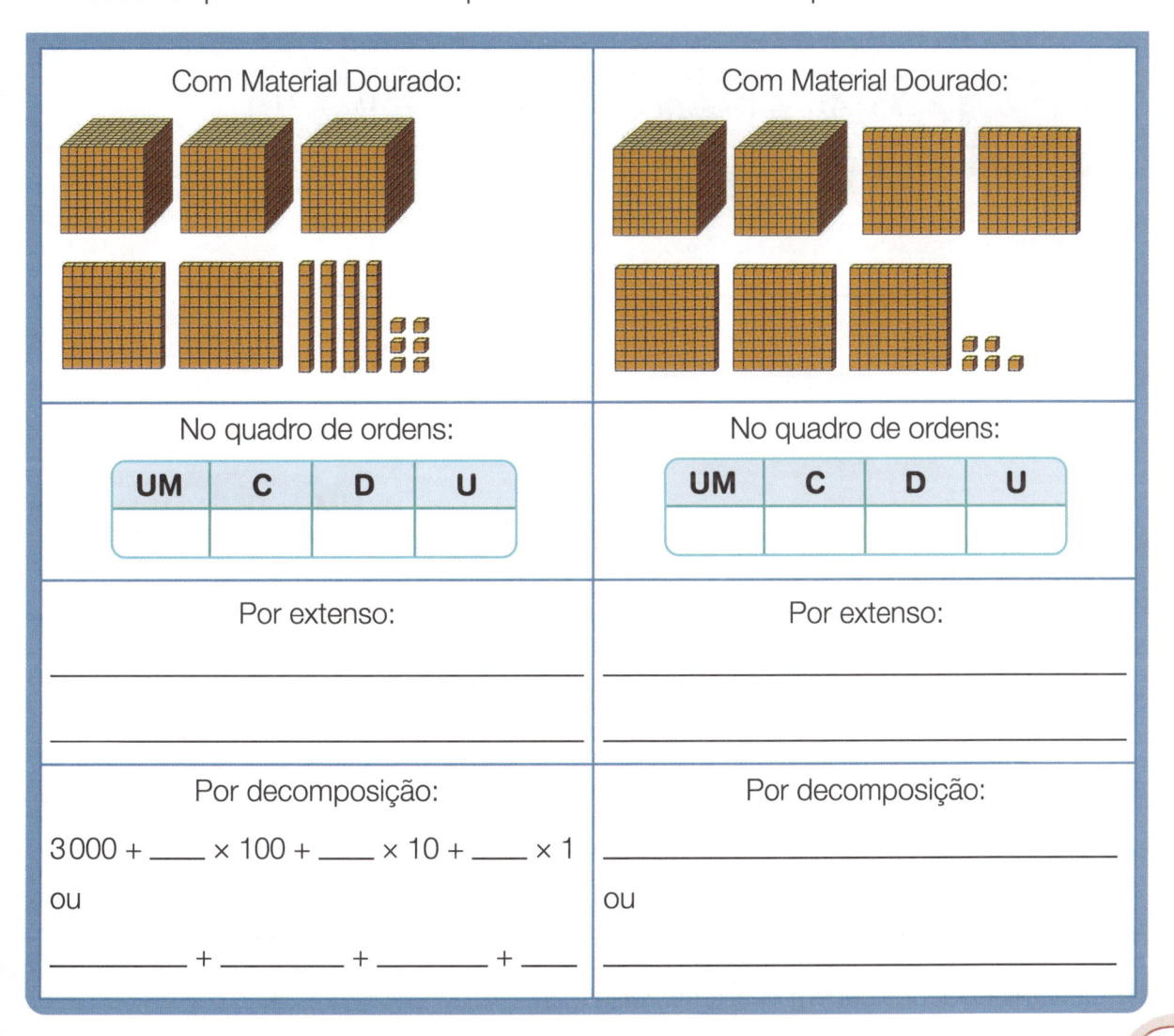

Com Material Dourado:

No quadro de ordens:

UM	C	D	U

Por extenso:
_____
_____

Por decomposição:

3 000 + ____ × 100 + ____ × 10 + ____ × 1

ou

_____ + _____ + _____ + ____

Com Material Dourado:

No quadro de ordens:

UM	C	D	U

Por extenso:
_____
_____

Por decomposição:
_____

ou

_____

ATIVIDADES

1. Complete.

a) 100 unidades = _____ dezenas.

b) 1 centena = _____ dezenas.

c) 100 unidades = _____ centena.

d) 1 000 unidades = _____ unidade de milhar.

e) 10 centenas = _____ unidade de milhar.

2. Observe os números representados e complete:

a)

UM	C	D	U

3 333 = _____ × 1 000 + _____ × 100 + _____ × 10 + _____ × 1 ou

3 333 = 3 000 + _____ + _____ + _____

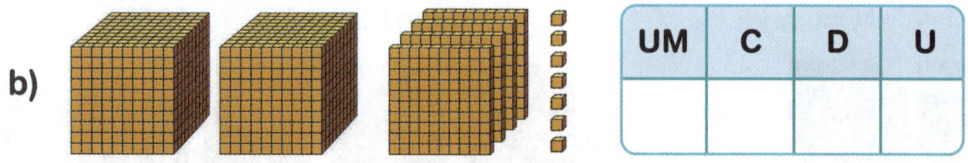

b)

UM	C	D	U

2 407 = _____ ou

2 407 = _____

3. Leia o número e escreva no quadro de ordens.

6 unidades de milhar, 3 centenas, 5 dezenas e 5 unidades

UM	C	D	U

4. Observe o número representado abaixo.

5 000

a) Quantas unidades de milhar cabem nesse número? _____

b) Quantas centenas cabem nesse número? _____

c) Quantas dezenas cabem nesse número? _____

d) Quantas unidades cabem nesse número? _____

Ordens e classes

Outra característica do nosso sistema de numeração é que ele segue o princípio do **valor posicional do algarismo**, isto é, cada algarismo tem um valor de acordo com a posição que ocupa na representação do número.

O **ábaco vertical** é um recurso que pode ser utilizado para representar unidades, dezenas, centenas, unidades de milhar, dezenas de milhar e centenas de milhar. Com ele fica mais fácil visualizar as posições e as ordens dos algarismos no Sistema de Numeração Decimal.

Observe a quantidade representada.

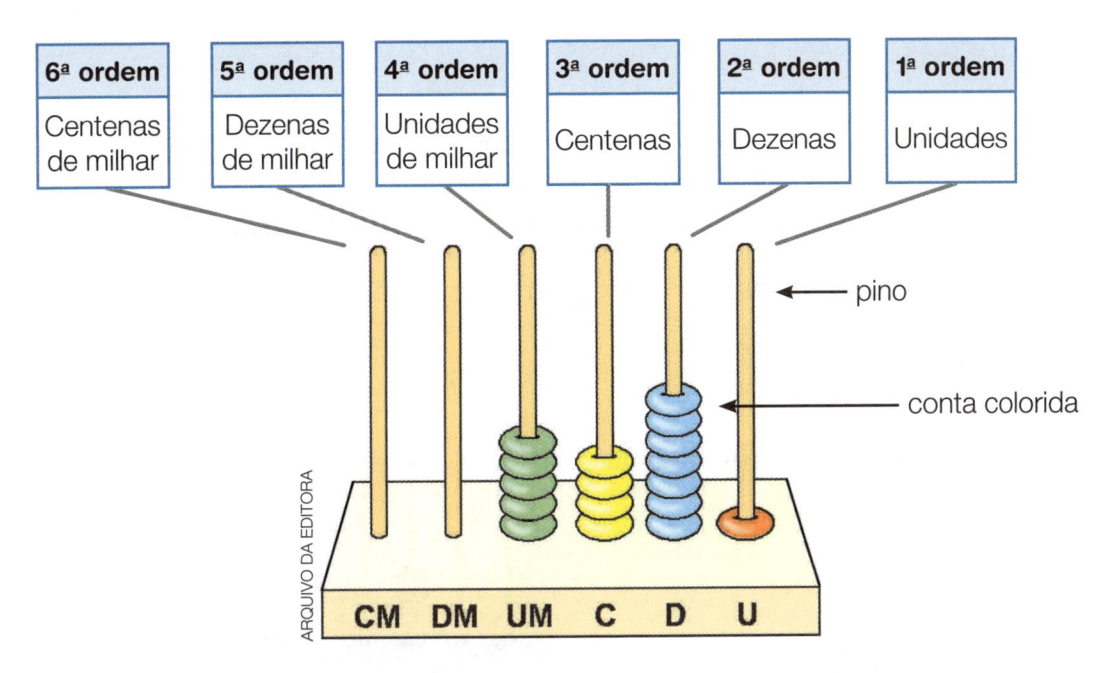

- 6ª ordem — Centenas de milhar
- 5ª ordem — Dezenas de milhar
- 4ª ordem — Unidades de milhar
- 3ª ordem — Centenas
- 2ª ordem — Dezenas
- 1ª ordem — Unidades

pino

conta colorida

CM DM UM C D U

Cada pino do **ábaco vertical** representa uma ordem do Sistema de Numeração Decimal. A quantidade de contas coloridas em cada pino representa o valor da ordem. Três ordens formam uma classe.

Ordem	4ª	3ª	2ª	1ª
Nome	Unidade de milhar (UM)	Centena (C)	Dezena (D)	Unidade (U)
Quantidade de contas	5	4	7	1
Quantidade representada	5 × 1 000 = 5 000	4 × 100 = 400	7 × 10 = 70	1 × 1 = 1

Basta adicionar as quantidades para descobrir o número representado no ábaco: 5 000 + 400 + 70 + 1 = 5 471.

Para melhor visualizar as classes e as ordens, utilizamos o **quadro de ordens**.
Observe o número 5 471 no quadro de ordens.

2ª classe			1ª classe		
Milhares			Unidades		
6ª ordem	5ª ordem	4ª ordem	3ª ordem	2ª ordem	1ª ordem
Centenas	Dezenas	Unidades	Centenas	Dezenas	Unidades
		5	4	7	1

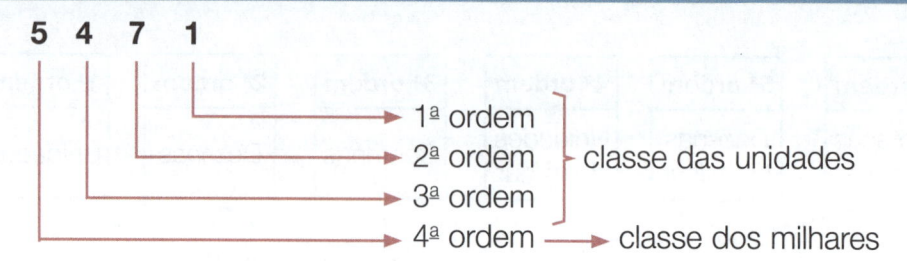

5 4 7 1

- 1ª ordem ⎫
- 2ª ordem ⎬ classe das unidades
- 3ª ordem ⎭
- 4ª ordem → classe dos milhares

O número 5 471 tem 4 ordens: 5 unidades de milhar, 4 centenas, 7 dezenas e 1 unidade.

ATIVIDADES

1. Escreva a quantidade representada em cada ábaco.

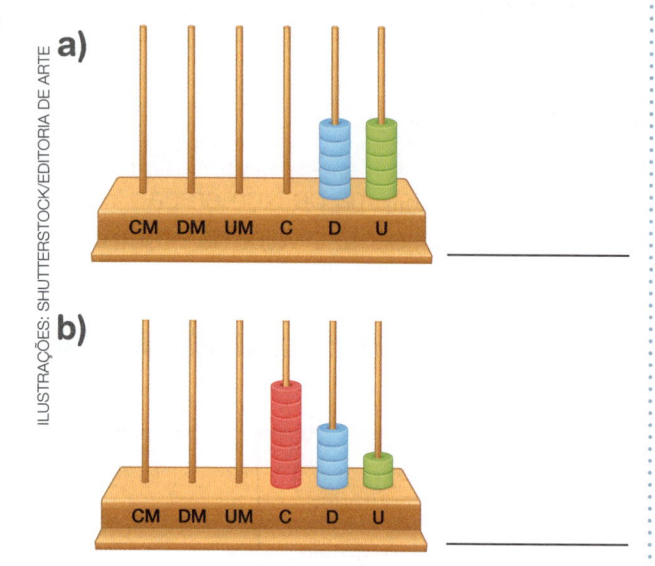

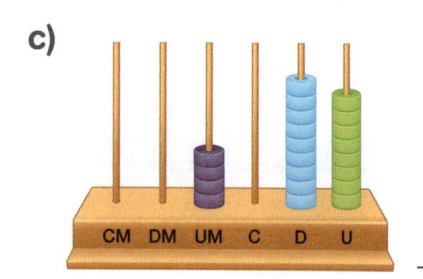

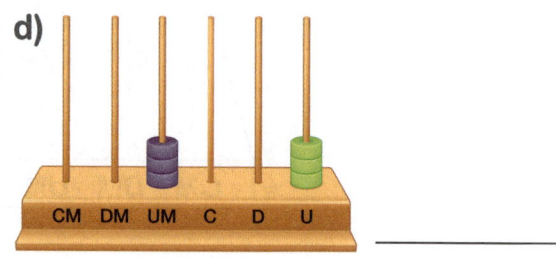

a)

b)

c)

d)

2. Converta as quantidades abaixo em unidades e escreva os números encontrados.

a) 15 D e 6 U = _____ U

b) 45 D e 8 U = _____ U

c) 32 C = _____ U

d) 7 C e 15 D = _____ U

e) 260 D = _____ U

f) 4 UM, 4 C e 4 D = _____ U

g) 2 UM e 23 D = _____ U

h) 1 UM e 2 D = _____ U

Agora, escreva esses números em ordem crescente.

_____

3. Componha os números observando o exemplo.

> 1 unidade de milhar + 3 centenas + 2 dezenas + 9 unidades = 1 329

a) 2 unidades de milhar + 9 centenas + 4 dezenas + 2 unidades = _____

b) 3 unidades de milhar + 6 centenas + 5 dezenas + 6 unidades = _____

c) 4 unidades de milhar + 1 centena + 1 dezena + 2 unidades = _____

d) 9 unidades de milhar + 9 unidades = _____

4. Decomponha os números observando o exemplo.

> 1 762 = 1 unidade de milhar + 7 centenas + 6 dezenas + 2 unidades

a) 1 831 = _____

b) 1 239 = _____

c) 1 397 = _____

d) 2 465 = _____

e) 1 592 = _____

5. Escreva os números que vêm imediatamente antes e imediatamente depois.

	3225			1000	
	1400			4512	
	2350			4689	

6. Complete:

a) dois mil e trezentos _____

b) mil, trezentos e dois _____

c) três mil, seiscentos e cinco _____

d) dois mil e oitocentos _____

e) mil, quinhentos e vinte e seis _____

f) quatro mil, cento e trinta e oito _____

g) mil, quatrocentos e vinte e um _____

h) dois mil, quinhentos e noventa e seis _____

i) mil, setecentos e oitenta e nove _____

Agora, escreva esses números em ordem crescente.

_____

7. Nesta atividade, você só poderá usar os quatro algarismos abaixo, e não poderá repeti-los em um mesmo número.

2   5   9   8

a) Forme quatro números possíveis com esses quatro algarismos.

_____

LIÇÃO 4 — GEOMETRIA

Sólidos geométricos

Em nosso dia a dia, podemos observar diversas formas nas coisas que estão à nossa volta.

Construções de casas, templos, monumentos, objetos de decoração e até frutas, que fazem parte do nosso cotidiano, têm formas que lembram as dos sólidos geométricos. Veja alguns exemplos.

Vaso com flores.

Bola de futebol.

Lata.

Caixa de chocolate.

Cubo mágico.

Observe estes sólidos geométricos e seus respectivos nomes.

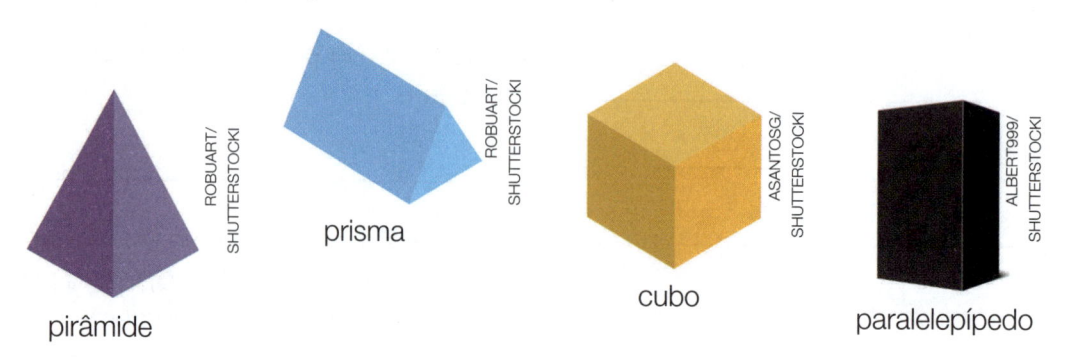

pirâmide

prisma

cubo

paralelepípedo

Os sólidos que apresentam apenas **superfícies planas** são chamados **poliedros**.

Veja os elementos dos poliedros:

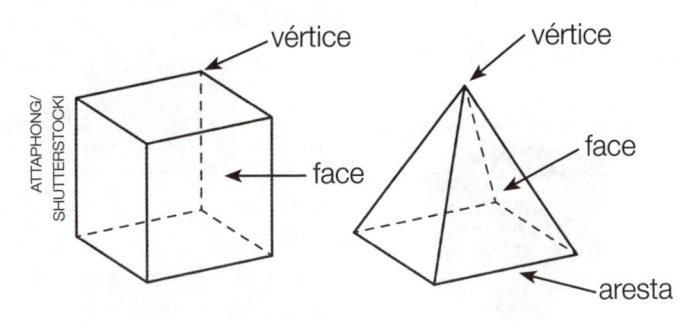

Face – é a superfície plana de um sólido, a mesma coisa que "lado".

Aresta – são as linhas que unem uma face a outra, ou seja, encontro de duas faces.

Vértice – são os pontos de encontro das arestas, as quinas.

Observe estes outros sólidos geométricos.

esfera   cone   cilindro

Os sólidos que apresentam **superfícies curvas** são chamados **corpos redondos**.

- Complete a cruzadinha.

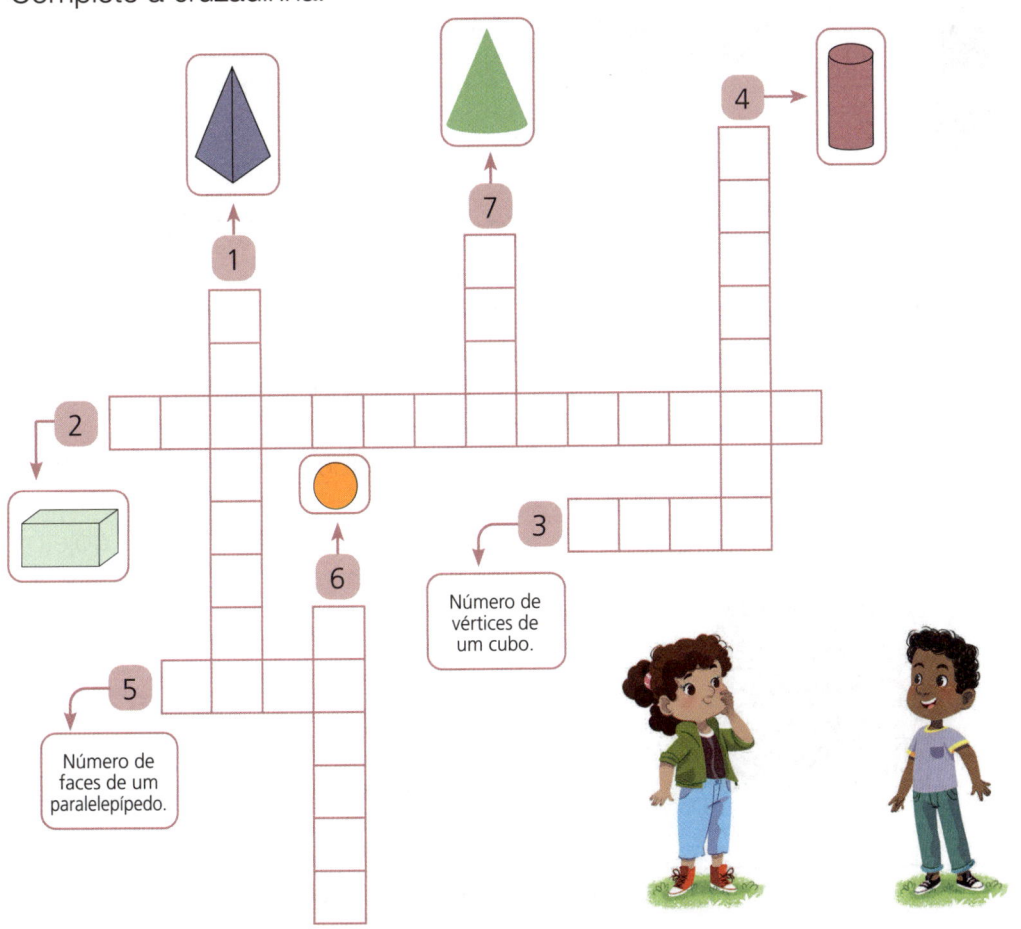

1.
2.
3. Número de vértices de um cubo.
4.
5. Número de faces de um paralelepípedo.
6.
7.

ATIVIDADES

1. Com qual sólido geométrico os objetos se parecem?

Observe a representação do paralelepípedo planificado.

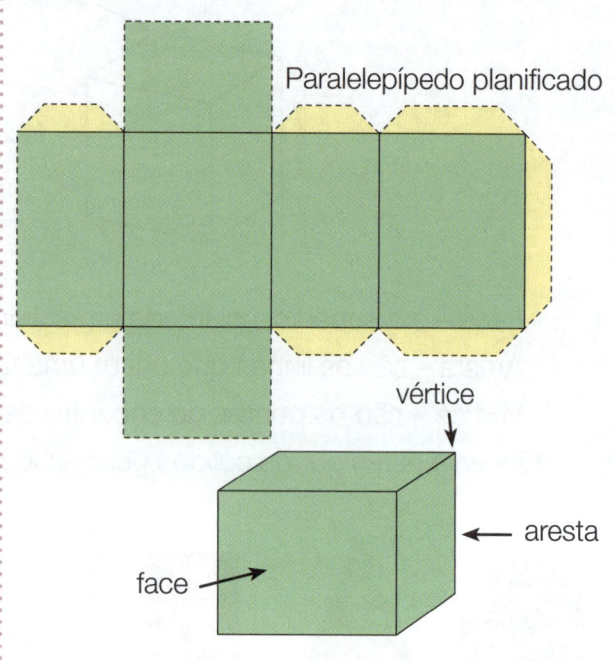

Paralelepípedo planificado

vértice
aresta
face

Responda.

a) Quais objetos do nosso dia a dia se parecem com um paralelepípedo?

b) Complete.

• Uma aresta é o encontro de duas _____.

• Um vértice é o encontro de duas _____.

• Um paralelepípedo tem _____ faces, _____ vértices e _____ arestas.

3. Escreva os nomes de três objetos que se parecem com as figuras dos sólidos:

a) _____

b) _____

c) _____

AS IMAGENS NÃO ESTÃO EM PROPORÇÃO ENTRE SI.

146

4. Observe a representação de uma pirâmide.

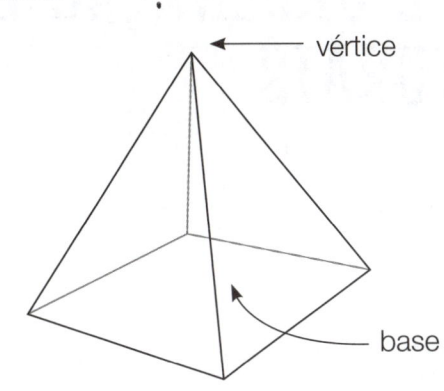

← vértice

base

Essa figura representa uma pirâmide de base quadrada.

a) A pirâmide de base quadrada tem:

_____ vértices

_____ faces

_____ arestas.

b) Observe sua planificação:

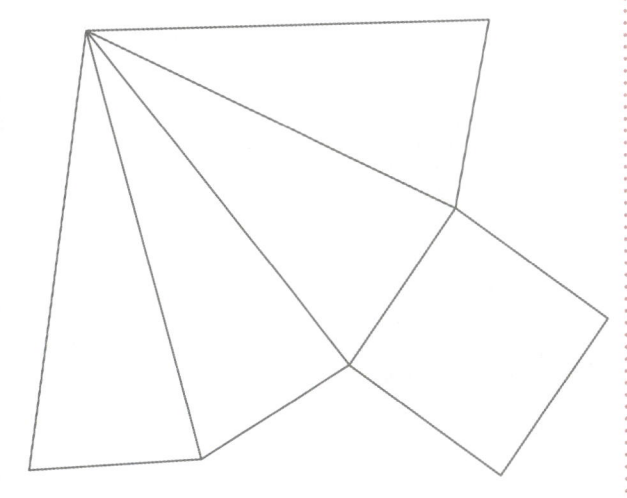

Pinte na planificação:
- de vermelho as faces da pirâmide que são triângulos.
- de amarelo a face quadrada.
- passe um lápis de cor azul nas arestas dessa pirâmide.

5. Observe os corpos redondos a seguir.

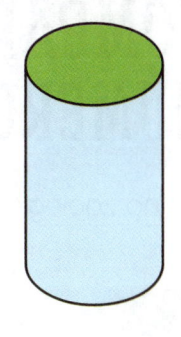

_____   _____

a) Escreva o nome de cada um deles.

b) A parte em verde lembra qual figura geométrica plana?

_____

c) Observe cada uma das planificações a seguir. Escreva a qual corpo redondo ela pertence.

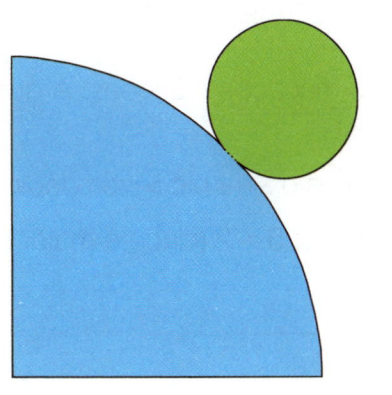

_____

_____

147

LIÇÃO 5
COMPARAÇÃO E ORDENAÇÃO DE NÚMEROS NATURAIS

Observe alguns animais no zoológico.

Há 5 macacos e 2 leões. A quantidade de macacos é maior do que a quantidade de leões.

Usamos o símbolo **>** para indicar que um número é **maior** do que outro.

Exemplo: 5 > 2 (cinco é maior do que dois).

No mesmo zoológico há 3 girafas e 7 araras. A quantidade de girafas é menor do que a quantidade de araras.

Usamos o símbolo **<** para indicar que um número é **menor** do que outro.

Exemplo: 3 < 7 (três é menor do que sete).

Ordem crescente e ordem decrescente

A ordem **crescente** representa uma sequência que vai do menor para o maior. Já a ordem **decrescente** representa uma sequência que vai do maior para o menor.

Fila em ordem crescente.

Fila em ordem decrescente.

Observe a reta numérica.

ordem crescente: do menor para o maior

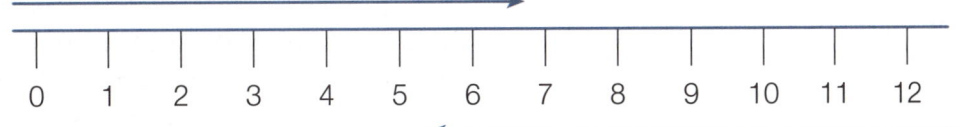

0 1 2 3 4 5 6 7 8 9 10 11 12

ordem decrescente: do maior para o menor

ATIVIDADES

1. Coloque corretamente os sinais **>** ou **<**.

a) 15 _____ 67

b) 20 _____ 5

c) 100 _____ 500

d) 1 300 _____ 980

2. Escreva os números em ordem crescente, empregando o sinal **<** (menor do que).

132 114 2 105 128 1 350 97 43 50 1 530

_____

_____

3. Escreva os números em ordem decrescente, empregando o sinal **>** (maior do que).

117 3 020 115 66 3 002 42 58 2 003 84

_____

4. Complete a reta numérica.

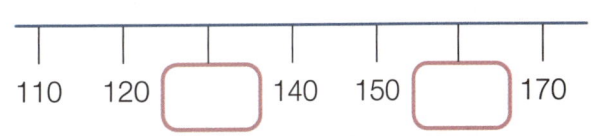

110 120 ☐ 140 150 ☐ 170

Esses númerros estão em ordem _____.

5. Complete os quadros colocando os números na ordem crescente ou decrescente. Use os números em destaque.

a) 112   124   125   114

| 110 | | | 120 | | | 130 |

Os números estão na ordem _____

b) 276   264   272   266

| | | 270 | | | 250 | 245 |

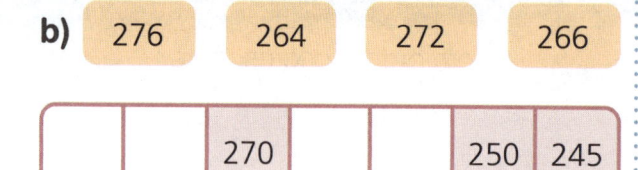

Os números estão na ordem _____

6. Complete com < ou >.

a) 15 − 4 ____ 25 − 8

b) 8 + 10 ____ 20 − 5

c) 33 − 3 ____ 22 − 2

d) 9 + 40 ____ 50 − 5

7. Complete as expressões observando os sinais.

a) 39 > ☐ > 37

b) 77 > ☐ > 75

c) 119 < ☐ < 121

d) 134 < ☐ < 136

e) 68 < ☐ < 70

f) 85 > ☐ > 83

8. Continue as sequências.

a) | 500 | 499 | 498 | | |

b) | 650 | | | 647 | |

c) | 1 315 | | 1 115 | 1 015 | |

d) | | | 3 307 | 3 207 | 3 107 |

9. As fichas abaixo serão colocadas nas gavetas coloridas. Pinte cada ficha com a cor que ela deve ocupar em cada gaveta.

Números de 0 a 99

Números de 100 a 999

Números de 1 000 a 1 999

| 899 | 89 | 809 | 890 |

| 1 899 | 1 809 | 90 | 800 |

| 909 | 1 009 | 908 | 9 |

| 98 | 889 | 1 999 | 999 |

INFORMAÇÃO E ESTATÍSTICA

1. Analise o gráfico e responda às questões.

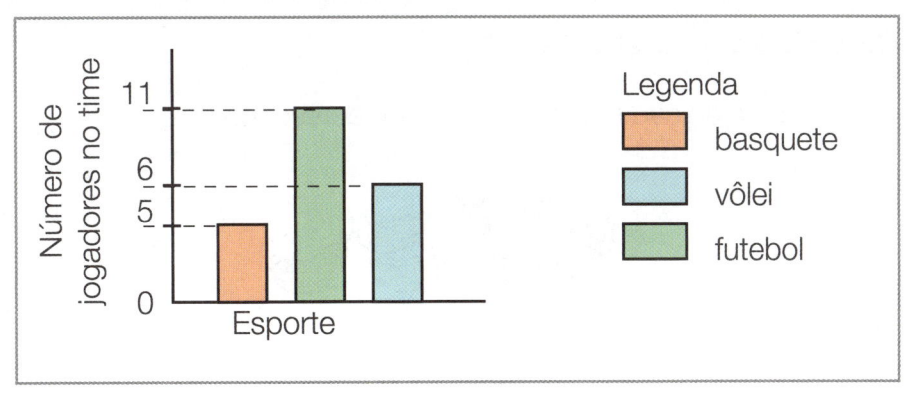

Legenda:
- basquete
- vôlei
- futebol

FONTE: ELABORADO PARA FINS DIDÁTICOS.

a) Em qual desses esportes há menos jogadores por time?

_____

b) Quantos jogadores um time de vôlei tem a menos do que um time de futebol?

_____

2. Na escola de Diana há duas turmas de 3º ano: **A** e **B**. Veja a distribuição dos alunos e, analisando o gráfico, complete o quadro.

Responda:

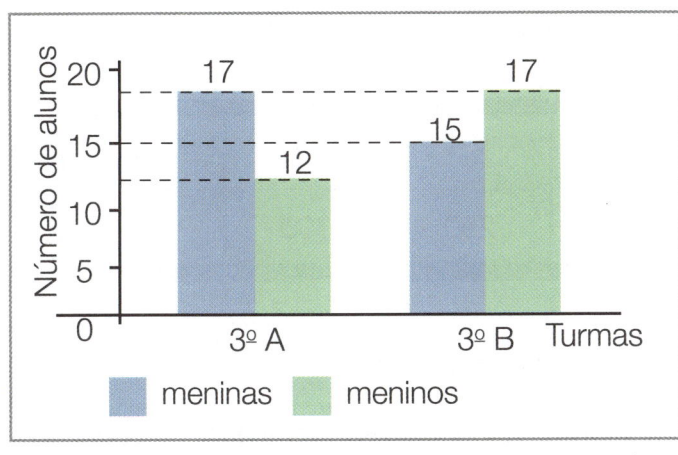

	3º A	3º B
Meninas		
Meninos		
Total		

FONTE: ELABORADO PARA FINS DIDÁTICOS.

a) Há mais alunos no 3º A ou no 3º B? _____ Quantos a mais? _____

b) Quantos alunos de 3º ano há na escola de Diana? _____

LIÇÃO 6 — ADIÇÃO COM NÚMEROS NATURAIS

Ideias básicas da adição

As ideias básicas da adição são: juntar, reunir e acrescentar.

Juntar: 5 + 3 = 8

Reunir: 7 + 4 = 11

Acrescentar: 3 + 6 = 9

Pela manhã, uma padaria produz a seguinte quantidade de pães:

Horário	5 h	6 h	7 h	8 h
Pães produzidos	150	250	300	120

Quantos pães a padaria produz até as 8 horas da manhã?

Para responder a essa questão, juntamos quantidades. Todas as vezes que, ao resolver uma situação, juntamos quantidades, usamos a operação de **adição**.

> A **adição** está associada às ideias de **juntar**, **reunir** e **acrescentar**.

Propriedades da adição

Observe alguns conceitos importantes que envolvem a operação de adição.

Fechamento

- Veja esta adição.

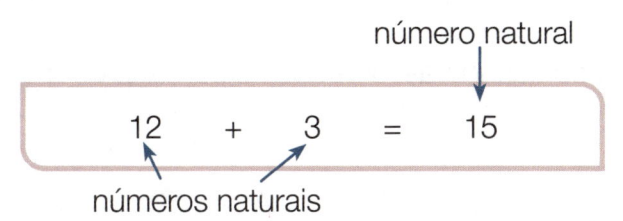

$$12 + 3 = 15$$

números naturais → 12, 3; número natural → 15

> A soma de dois ou mais números naturais é um número natural. Em Matemática, isso é chamado de propriedade do **fechamento** da adição.

- Pense em um número natural qualquer.

    Adicione 34 a esse número.

    Qual é o resultado?

    Esse resultado também é um número natural.

    ```
      1 9 0   ← parcelas ou termos da adição
    +   5 0   ←
      -----
      2 4 0   ← soma ou total (resultado da adição)
    ```

Comutativa

- Verifique o que acontece quando invertemos a ordem das parcelas.

```
   2 6          5 2
 + 5 2        + 2 6
 -----        -----
   7 8          7 8
```

```
   2 2 4          3 0
   3 0          1 4 2
 + 1 4 2      + 2 2 4
 -------      -------
   3 9 6          3 9 6
```

Observe.

26 + 52 = 52 + 26
78 = 78

224 + 30 + 142 = 30 + 142 + 224
396 = 396

Trocando-se a ordem das parcelas de uma adição, a soma não se altera. Em Matemática, isso é chamado de propriedade **comutativa** da adição.

Associativa

- Veja o que acontece quando associamos as parcelas de modos diferentes.

$$\underbrace{\underbrace{40 + 30}_{70} + 90}_{160} = \underbrace{40 + \underbrace{30 + 90}_{120}}_{160}$$

$$(40 + 30) + 90 = 40 + (30 + 90) = 160$$

Associando-se as parcelas de uma adição de modos diferentes, a soma não se altera. Em Matemática, isso é chamado de propriedade **associativa** da adição.

Elemento neutro

- Agora, vamos adicionar 0 (zero) a um número natural.

$$138 + 0 = 138 \quad \text{ou} \quad 0 + 138 = 138$$

$$25 + 0 = 25 \quad \text{ou} \quad 0 + 25 = 25$$

Adicionando-se 0 a qualquer número natural, o resultado é sempre o próprio número natural. Em Matemática, isso é chamado de **elemento neutro**.

O zero (0) é o **elemento neutro** da adição.

Verificação da adição

Preste atenção nas operações efetuadas abaixo.

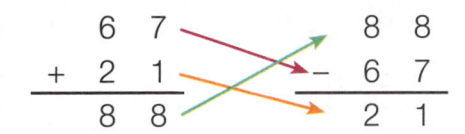

```
  6 7          8 8
+ 2 1        − 6 7
─────        ─────
  8 8          2 1
```

> Subtraindo do total uma das parcelas, encontra-se a outra parcela.
>
> A adição e a subtração são **operações inversas**.

Observe agora estas três operações.

```
  3 2
  4 7          3 2          1 2 9
+ 5 0        + 4 7        −   7 9
─────        ─────        ───────
1 2 9          7 9            5 0
```

> Em uma adição de três ou mais parcelas, quando separamos uma delas e retiramos do total a soma das demais parcelas, a parcela separada aparece como resultado.

Esse processo permite conferir se a conta está correta ou não. Observe o procedimento.

```
  7 2
  1 2          1 2          8 9
+   5        +   5        − 1 7
─────        ─────        ─────
  8 9          1 7          7 2
```

- Separar uma parcela. Exemplo: 72.
- Adicionar as parcelas restantes: 12 + 5.
- Subtrair do total (89) a soma de duas parcelas (17). Você vai obter a parcela separada: 89 − 17 = 72.

ATIVIDADES

1. Escreva uma adição que exemplifique cada afirmação.

a) A soma de dois ou mais números naturais é sempre um número natural.

_____

b) Trocando-se a ordem das parcelas de uma adição, a soma não se altera.

_____

c) Associando-se as parcelas de uma adição de modos diferentes, o resultado não se altera.

_____

d) Adicionando-se zero a qualquer número natural, o resultado é sempre o próprio número natural.

_____

- Como você fez para resolver as atividades?
- Sua resposta foi diferente das respostas dadas pelos colegas? Por quê?

2. Efetue as operações e encontre os resultados.

a)
```
   3 7 5
 + 2 4 9
 ───────
```

b)
```
   8 3 6
 + 5 9 4
 ───────
```

c)
```
   5 2 1
   1 7 6
 +   9 9
 ───────
```

d)
```
   1 4 2 6
   2 6 5 5
 +   8 7 1
 ─────────
```

3. Efetue as adições, aplicando a propriedade associativa da adição. Veja o exemplo.

```
   19  +  17   +  15
(19 + 17)  +  15  =  19  +  (17 + 15)
    36   +  15  =  19  +   32
         51    =       51
```

a) 23 + 14 + 9

_____

b) 18 + 7 + 9

_____

c) 16 + 8 + 10

_____

d) 35 + 12 + 26

_____

e) 24 + 6 + 4

_____

f) 3 + 15 + 5

_____

4. Reescreva as adições usando a propriedade comutativa da adição.

a) 9 + 5 + 2 _____

b) 6 + 8 + 1 _____

c) 3 + 7 + 4 _____

d) 1 + 6 + 3 _____

e) 4 + 3 + 9 _____

f) 7 + 1 + 5 _____

5. Efetue as adições e verifique se o resultado está correto. Observe o exemplo.

a) 869 + 459

```
      8  6  9           1  3  2  8
   +     4  5  9      −     8  6  9
   ─────────────      ─────────────
      1  3  2  8              4  5  9
```

b) 1 354 + 781

c) 1 849 + 4 653

d) 731 + 2 406

6. Efetue as adições.

C	D	U
5	0	9
2	5	6

UM	C	D	U
	3	8	7
	4	0	8
	7	3	4

UM	C	D	U
4	9	6	1
3	0	6	9

UM	C	D	U
7	1	8	4
	5	2	4

7. Efetue as adições de acordo com o que é pedido em cada item.

a) Utilizando Material Dourado e

19 + 34

b) Por decomposição

56 + 27

c) Utilizando o algoritmo.

42 + 39

8. Arme e efetue as adições.

a) 1 326 + 149 + 207 =

b) 3 028 + 617 + 238 =

c) 1 465 + 219 + 86 =

d) 2 227 + 519 + 25 =

9. Resolva as adições no quadro de ordens. Observe o exemplo.

a) 1 478 + 586

UM	C	D	U
¹1	¹4	¹7	8
	5	8	6
2	0	6	4

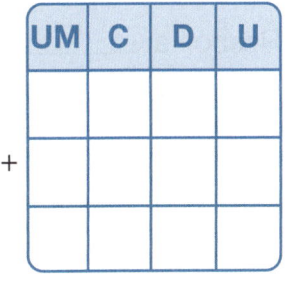

b) 3 147 + 484

UM	C	D	U

c) 1 349 + 221

UM	C	D	U

d) 2 564 + 289

UM	C	D	U

PROBLEMAS

1. Na cantina da escola, há 1 448 garrafas de suco de laranja, 965 garrafas de suco de caju e 1 050 garrafas de suco de pêssego. Quantas garrafas há ao todo?

Resposta: _____

2. Papai comprou 3 livros de uma coleção. O 1º volume tem 360 páginas, o 2º tem 128 páginas a mais do que o 1º, e o 3º volume tem 64 páginas a mais do que o 2º. Qual é o número de páginas de cada volume?

Resposta: _____

3. Um farmacêutico vendeu 282 caixas de remédio pela manhã e 198 à tarde. Quantas caixas de remédio ele vendeu nesse dia?

Resposta: _____

4. O professor de Carlos e de Catarina pediu a eles que resolvessem o seguinte problema:

> Em um dia foram plantados na fazenda de Orlando 3 215 pés de café. No dia seguinte foram plantados 2 162 pés de café. Quantos pés de café foram plantados ao todo?

Veja como cada um resolveu:

Carlos resolveu esse problema utilizando o quadro de ordens. Veja:

	UM	C	D	U
	3	2	1	5
+	2	1	6	2
	5	3	7	7

Catarina resolveu esse problema decompondo os valores e depois somando. Veja:

$$3\,215 + 2\,162$$
$$3\,000 + 200 + 10 + 5 + 2\,000 + 100 + 60 + 2$$
$$5\,000 + 300 + 70 + 7$$
$$5\,377$$

Agora é sua vez! Resolva o problema a seguir da maneira que preferir.

• Uma fábrica de roupas produziu em uma semana 1 785 peças de roupas. Na semana seguinte ela produziu mais 2 114 peças. Quantas peças de roupa foram produzidas nessa fábrica durante essas duas semanas?

RESOLUÇÃO DE PROBLEMAS

1. Leia abaixo um problema sobre a festa de aniversário de Aline.

> A festa do meu aniversário será no sábado às 17 h. Para a festa minha mãe fez 6 centenas de coxinhas, 5 centenas e meia de empadas e 348 pastéis. Quantos salgadinhos minha mãe fez?

a) Leia o problema quantas vezes for necessário. Escreva abaixo os dados numéricos que aparecem no texto do problema.

_____

b) Há algum dado numérico nesse problema que não é necessário para a resolução?

Qual? _____

c) Qual ideia está envolvida nesse problema? Marque com um **X**.

( ) Ideia de separar ( ) Ideia de juntar ( ) Ideia de acrescentar

d) Que operação está relacionada a essa ideia? _____

e) Resolva o problema.

Resolução:

Resposta: _____

2. Crie os dados que faltam e complete o texto do problema a seguir.

> A festa de Théo vai durar _____ horas. Para a festa ele convidou _____ amigos do bairro, _____ amigos da escola e _____ amigos do clube. Quantos amigos ele convidou?

- Troque de problema com um colega e resolva o problema dele.

LIÇÃO 7: SUBTRAÇÃO COM NÚMEROS NATURAIS

Ideias básicas da subtração

As ideias básicas da subtração são: tirar, comparar e completar.

Observe os exemplos.

Dos 25 reais que Cristina conseguiu economizar, ela já gastou 12.

Sobraram quantos reais para Cristina?

Tirar: 25 – 12 = 13

Resposta: Sobraram 13 reais para Cristina.

Pedro, pai de Gustavo, tem 32 anos, e Gustavo tem 9 anos. Quantos anos Pedro tem a mais do que Gustavo?

Comparar: 32 – 9 = 23

Resposta: Pedro tem 23 anos a mais do que Gustavo.

A família de dona Isaura gosta de comer ovos. Na cartela, é possível guardar 30 ovos e há apenas 17 ovos. Quantos ovos faltam para completar a cartela?

Completar: 30 – 17 = 13

Resposta: Faltam 13 ovos para completar a cartela.

A **subtração** está associada às ideias de **tirar, comparar, completar**.

Subtração por reagrupamento

A distância entre Sinop–MT e Campinas–SP é de 1 926 quilômetros. Uma família percorreu o trajeto da seguinte maneira: no primeiro dia, percorreu 780 quilômetros e, no segundo dia, 868 quilômetros.

Quantos quilômetros ainda faltam para essa família chegar ao seu destino?
Para responder, podemos pensar nas seguintes questões:

• Qual é o total de quilômetros a serem percorridos? _____

• Qual é o total de quilômetros já percorridos? _____

• Quantos quilômetros ainda faltam percorrer? _____

Vamos fazer esses cálculos com Material Dourado.

780 + 868

- Total de quilômetros percorridos:

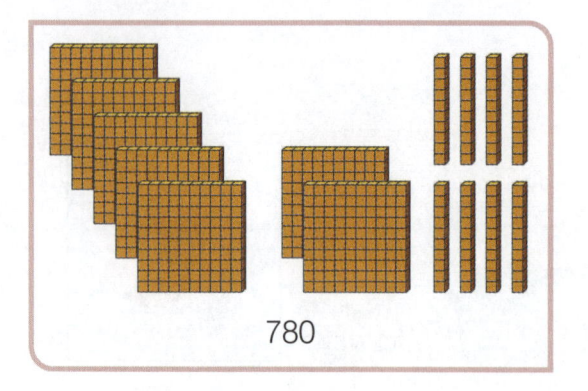

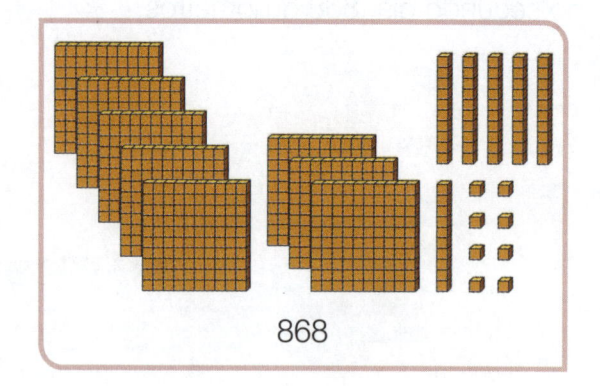

780

868

Juntando:

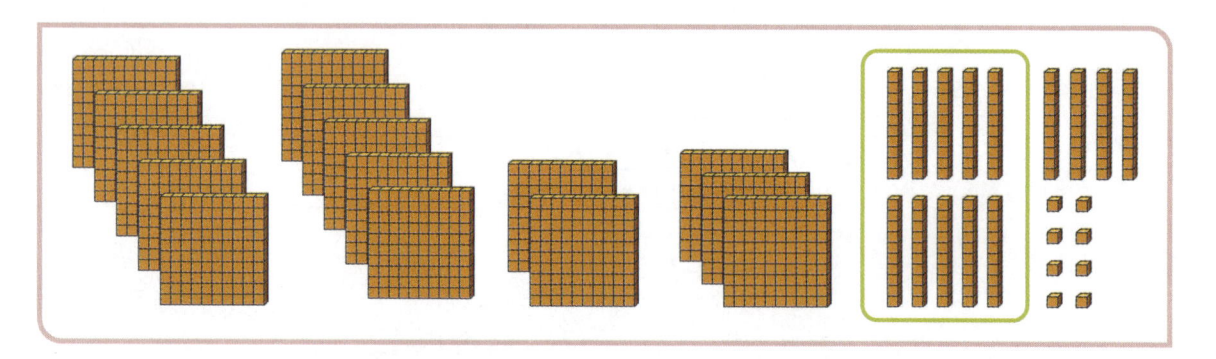

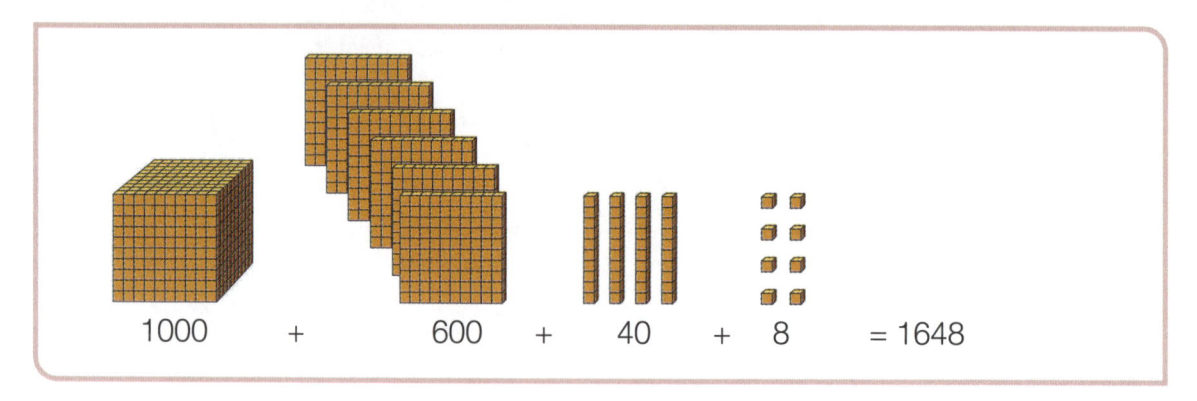

1000 + 600 + 40 + 8 = 1648

Representando no quadro de ordens, temos:

UM	C	D	U
¹1	¹7	8	0
+	8	6	8
1	6	4	8

UM é unidade de milhar.

162

Agora, vamos fazer este cálculo:

1926 – 1648

- Quilômetros que faltam percorrer:

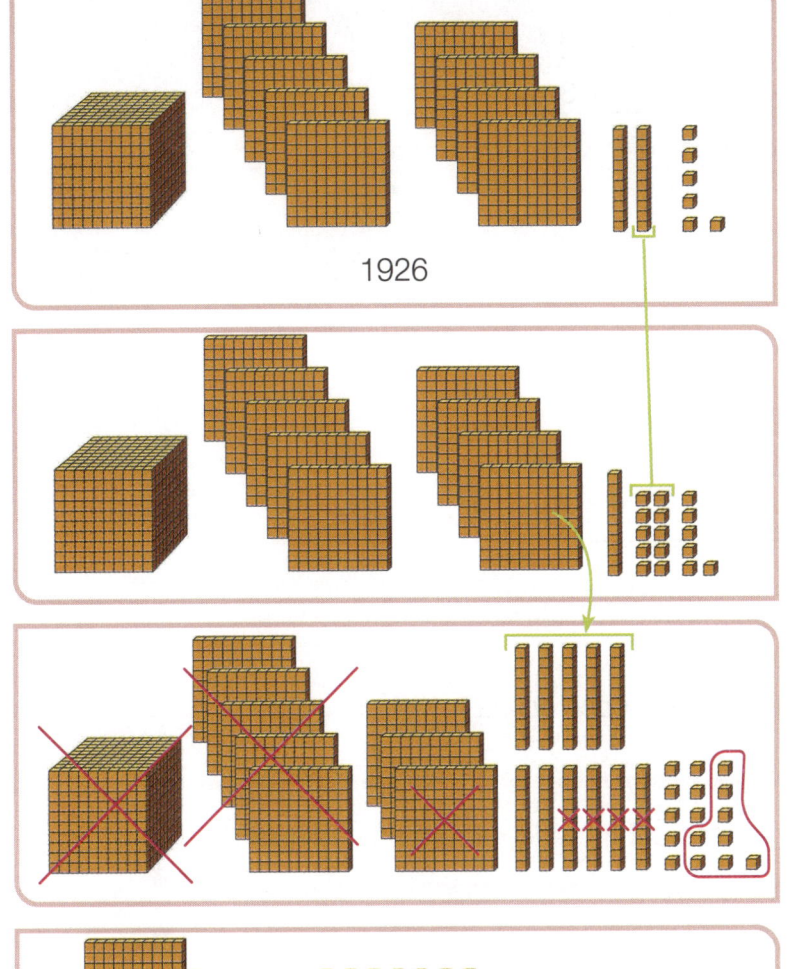

Trocando 1 barra (1 dezena) por 10 cubinhos (10 unidades).

1926

Trocando uma placa (1 centena) por 10 barras (10 dezenas).

Retirando 1648, ou seja: um cubo, 6 placas, 4 barras e 8 cubinhos.

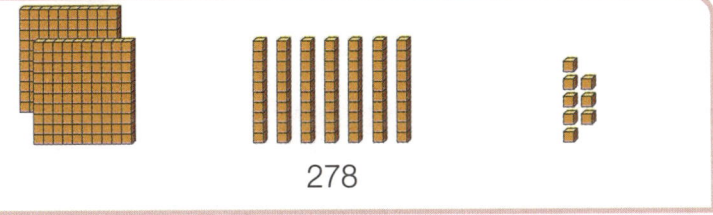

Ficaram: 2 placas, 7 barras e 8 cubinhos.

278

Representando no quadro de ordens:

UM	C	D	U
1	⁸9̶	¹²2̶₁₁	¹⁶6̶
− 1	6	4	8
0	2	7	8

Verificação da subtração

Veja:

```
   5   ← minuendo              2
 - 3   ← subtraendo          + 3
   2   ← resto ou diferença    5
```

O sinal da subtração é – .

Observe este outro exemplo:

```
   2 5 8            1 2 4
 - 1 2 4          + 1 3 4
   1 3 4            2 5 8
```

- O que você pôde verificar nas operações acima?

> Adicionando-se o resto ao subtraendo, obtém-se o minuendo.

Algumas conclusões sobre a subtração

```
   2 7    -2      2 5
 - 1 5    -2    - 1 3
   1 2            1 2
```

> Subtraindo-se o mesmo número do minuendo e do subtraendo, o resto não se altera.

```
   2 7    +2      2 9
 - 1 5    +2    - 1 7
   1 2            1 2
```

> Adicionando-se o mesmo número ao minuendo e ao subtraendo, o resto não se altera.

ATIVIDADES

1. Efetue as subtrações e em seguida faça a verificação. Observe o exemplo.

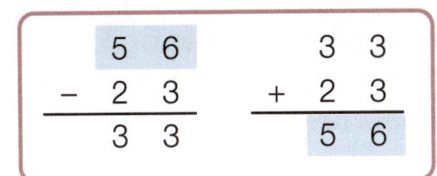

```
   5 6        3 3
 - 2 3      + 2 3
 ─────      ─────
   3 3        5 6
```

a) 8 793 – 7 214

b) 5 232 – 1 635

c) 2 934 – 243

d) 9 899 – 1 010

e) 3 500 – 872

2. Para determinar os resultados a seguir, utilize cálculo mental.

a) 10 – 9 = _____

100 – 90 = _____

b) 9 – 7 = _____

90 – 70 = _____

c) 300 – 200 = _____

3 000 – 2 000 = _____

3. Escreva o número que é 100 unidades menor do que cada número a seguir.

a) 200 ⟶ _____

b) 1 000 ⟶ _____

c) 3 400 ⟶ _____

d) 9 900 ⟶ _____

4. Escreva um número que é 1 000 unidades menor do que os números a seguir. Calcule mentalmente.

a) 1 078 ⟶ _____

b) 2 374 ⟶ _____

c) 5 004 ⟶ _____

d) 9 887 ⟶ _____

5. Complete com os números que estão faltando.

a)
```
    5 2
  - 1
  ─────
    3 6
```

b)
```
    5 0
  - 2
  ─────
    2 5
```

c)
```
    7 6
  - 4 8
  ─────
      2
```

d)
```
    5 1
  - 3 8
  ─────
      3
```

PROBLEMAS

1. Pedro tem 1 972 reais na poupança. Maria, sua irmã, tem 380 reais a menos do que Pedro. Quantos reais os dois têm juntos?

Resposta: _____

2. Em que ano completou 32 anos uma pessoa que fez 48 anos em 1999?

Resposta: _____

3. Em uma estante cabem 450 livros. Coloquei nela 162 livros e minha irmã, 184. Quantos livros faltam para completar a estante?

Resposta: _____

4. Celina faz cocadas para vender. Ela já fez 183, e sua mãe fez mais 2 dúzias. Desse total, venderam 122 cocadas. Quantas restaram?

Resposta: _____

5. Depois de resolver os problemas envolvendo adição, o professor de Carlos e de Catarina pediu para que resolvessem o seguinte problema:

> Gustavo tinha 5 470 reais e gastou 2 140 reais para comprar uma televisão. Qual valor restou para Gustavo?

Veja como cada um resolveu:

Carlos resolveu a subtração por decomposição:

$$5000 + 400 + 70$$
$$- 2000 + 100 + 40$$
$$\overline{3000 + 300 + 30} = 3330$$

Catarina resolveu usando o algoritmo:

$$\begin{array}{r} 5\ 4\ 7\ 0 \\ -\ 2\ 1\ 4\ 0 \\ \hline 3\ 3\ 3\ 0 \end{array}$$

Agora é sua vez! Resolva os problemas a seguir da maneira que preferir.

a) Um vendedor de coco saiu do centro de distribuição com 5 874 cocos no caminhão. Depois de um longo dia na rua, vendeu 3 552 cocos. Quantos cocos restaram ao fim do dia?

b) Foram impressos para uma campanha contra a dengue 7 000 panfletos para serem distribuídos em 2 semanas. Na primeira semana foram distribuídos 4 200 panfletos. Quantos panfletos sobraram para serem distribuídos na segunda semana?

RESOLUÇÃO DE PROBLEMAS

Leia o problema a seguir.

> Gabriel tem 16 anos e Helena, 15. Eles gostam muito de ler. Este ano, Gabriel já leu 898 páginas e Helena já leu 1 299. Quem leu mais páginas até agora? Quantas páginas a mais?

a) Há dados numéricos nesse problema que não são necessários para a resolução?

Quais? _____

b) Qual ideia está envolvida nesse problema? Faça um **X**.

( ) ideia de separar   ( ) ideia de juntar

( ) ideia de comparar   ( ) ideia de acrescentar

c) Que operação está relacionada a essa ideia? _____

d) Antes de resolver o problema, marque um **X** na alternativa que indica a melhor estimativa para esse resultado.

( ) 200 páginas   ( ) 300 páginas

( ) 400 páginas   ( ) 500 páginas

e) Agora resolva o problema.

Resposta: _____

LIÇÃO 8 — LOCALIZAÇÃO E MOVIMENTAÇÃO

Gabriel está brincando com jogos eletrônicos.

Observe uma cena do jogo.

- Para o personagem chegar ao tesouro, que movimentos ele deve fazer?

- E para ele fazer o monstro dormir, que movimento deve fazer até chegar a ele?

Agora, observe a outra cena.

Janaína está no centro do quarto.

a) Complete as frases com as palavras a seguir.

| Frente | Trás |
| Direita | Esquerda |

- Para Janaína chegar à escrivaninha, ela deve andar para _____.

- A janela está à _____ de Janaína.

- A estante de livro está à _____ dela.

- Para ir em direção à cama, ela deve girar para _____.

b) Descreva como Janaína deve fazer para sair do quarto.

_____

_____

168

ATIVIDADES

1. As gatas Juju e Mimi estão procurando seu novelo de lã. O novelo de Juju é amarelo e o de Mimi é azul.

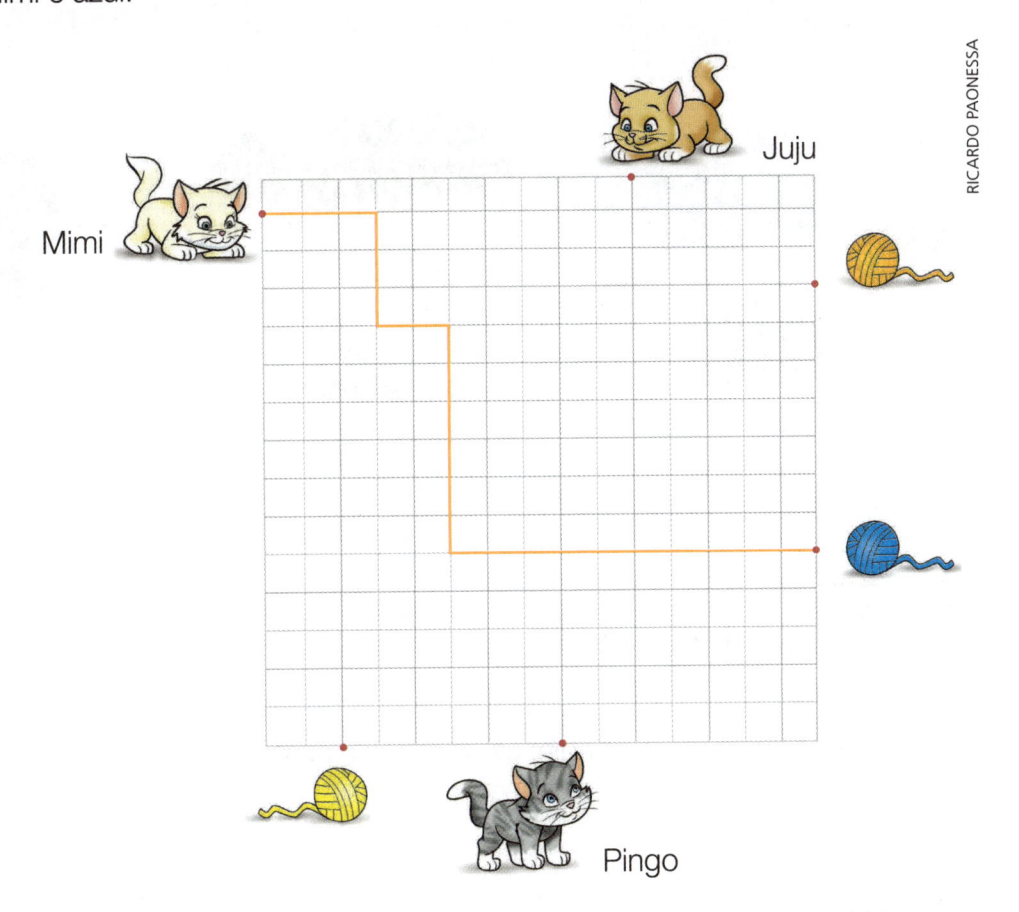

a) Veja o código de setas que descreve o trajeto que Mimi fez até chegar no novelo azul e complete a sequência.

3 →	3 ↓			

b) Trace na malha quadriculada a trajetória abaixo, que Juju fez até chegar ao novelo amarelo.

6 ↓	2 ←	3 ↓	4 ←	5 ↓	2 ←	1 ↓

c) Agora, trace um trajeto que Pingo pode fazer para chegar ao novelo laranja.

2. Flora está brincando de caça ao tesouro. Veja o mapa que ela recebeu. Nele, há um trajeto desenhado que começa na "entrada" e termina no "tesouro". Há também uma legenda que indica o sentido do movimento.

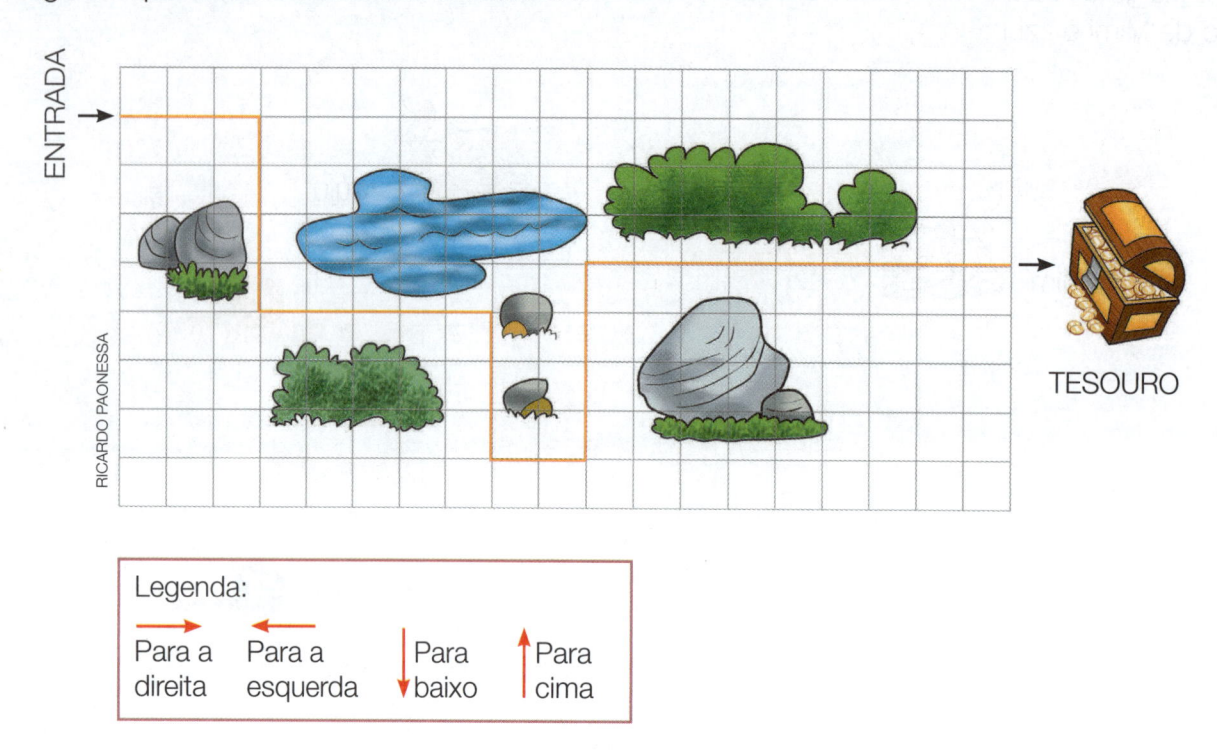

Legenda:

→ Para a direita   ← Para a esquerda   ↓ Para baixo   ↑ Para cima

Utilizando a legenda e os lados de quadradinhos da malha é possível representar o trajeto feito no mapa. Veja, Flora já começou a representar:

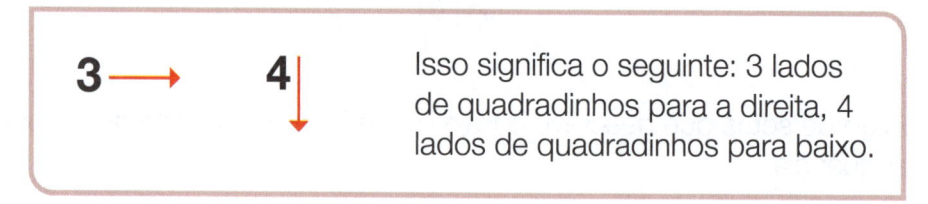

3 →   4 ↓   Isso significa o seguinte: 3 lados de quadradinhos para a direita, 4 lados de quadradinhos para baixo.

a) Faça como Flora e continue descrevendo o trajeto que ela já começou.

3 → 4 ↓ _____

b) Até chegar ao tesouro, quantas vezes o trajeto mudou de direção?

_____

c) Quantas vezes a direção do trajeto mudou "para baixo"?

_____

d) Quantos lados de quadradinhos foram percorridos "para cima"?

_____

9 MULTIPLICAÇÃO DE NÚMEROS NATURAIS

Ideias da multiplicação

Guilherme organizou uma festa em sua casa. Cuidou das comidas, mas pediu que cada amigo levasse duas garrafas de suco.

Observando a imagem, percebemos que 4 amigos foram para a festa de Guilherme. Podemos descobrir a quantidade total de garrafas de suco usando a **adição**:

$$2 + 2 + 2 + 2 = 8$$

Também podemos calcular a quantidade de garrafas de suco utilizando a **multiplicação**:

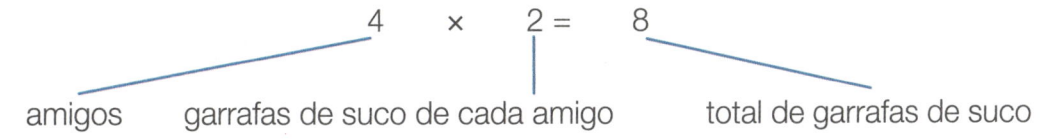

$$4 \times 2 = 8$$

amigos | garrafas de suco de cada amigo | total de garrafas de suco

A **multiplicação** pode ser representada das seguintes maneiras:

- horizontal

  $4 \times 2 = 8$

  fatores   produto

- conta armada

  $$\begin{array}{r} 4 \\ \times\ 2 \\ \hline 8 \end{array}$$

  fatores
  produto

O sinal da multiplicação é **x** (lê-se: **vezes**).

171

Utilizamos a multiplicação em diversas situações. Observe os diferentes significados dessa operação.

Adição de parcelas iguais

Temos 3 pacotes de figurinhas.

Cada pacote tem 5 figurinhas dentro.

Então:

$$5 + 5 + 5 = 15 \quad \text{ou} \quad 3 \times 5 = 15$$

Temos um total de 15 figurinhas.

O sinal da multiplicação é **×** (lê-se: **vezes**).

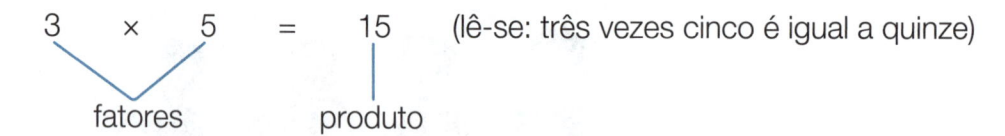

3 × 5 = 15   (lê-se: três vezes cinco é igual a quinze)

fatores   produto

Proporcionalidade

João Pedro organiza sua coleção de carrinhos em caixas. Ele guarda 6 carrinhos em cada caixa. João Pedro tem 4 caixas completas

Para descobrirmos a quantidade total de carrinhos da coleção de João Pedro, podemos utilizar a multiplicação:

$$4 \times 6 = 24$$

João Pedro tem 24 carrinhos em sua coleção.

Comparação

Rafaela tem 3 bonecas.

Íris tem 2 vezes mais bonecas do que Rafaela.

Então, se multiplicarmos 2 × 3, descobrimos que Íris tem 6 bonecas.

2 × 3 = 6

Organização retangular

O salão da escola tem 7 fileiras com 5 cadeiras em cada uma. Observe a representação desse espaço.

A organização retangular nos ajuda na contagem do total de cadeiras do salão.

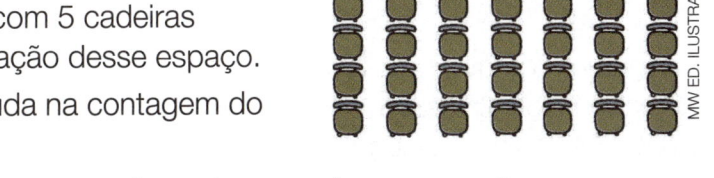

Podemos contar de 5 em 5:

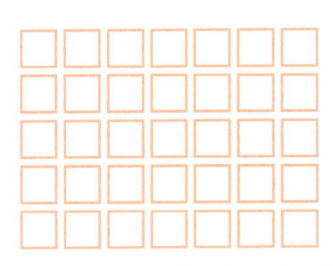

5 + 5 + 5 + 5 + 5 + 5 + 5 = 35

Ou podemos realizar a operação:

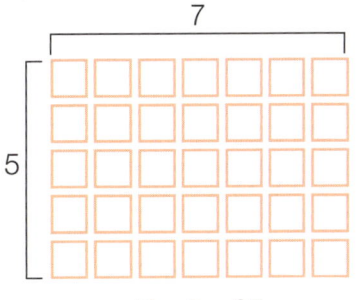

7 × 5 = 35

Combinatória

Em uma pastelaria, os clientes podem escolher os tipos de massa e os tipos de recheio. Observe como as possibilidades podem ser organizadas.

Massa \ Recheio	(carne)	(queijo)	(calabresa)	(frango)	(escarola)
(assado)	assado de carne	assado de queijo	assado de calabresa	assado de frango	assado de escarola
(frito)	frito de carne	frito de queijo	frito de calabresa	frito de frango	frito de escarola

Para calcular o total de combinações com 2 tipos de massa e 5 tipos de recheio, podemos:

- adicionar os 5 tipos de pastéis assados com os 5 tipos de pastéis fritos ou
- multiplicar 2 tipos de massa por 5 tipos de recheio.

Observe as operações: 5 + 5 = 10   2 × 5 = 10

Resposta: Os clientes podem fazer 10 tipos de combinações para comprar um pastel.

ATIVIDADES

1. Calcule o resultado das multiplicações:

a) 2 × 3 = _____   d) 3 × 2 = _____

b) 4 × 3 = _____   e) 3 × 4 = _____

c) 5 × 2 = _____   f) 2 × 5 = _____

Agora, compare os resultados da primeira coluna com os da segunda coluna. O que você pode concluir?

2. Ligue as figuras às multiplicações correspondentes. Depois, encontre os resultados das multiplicações.

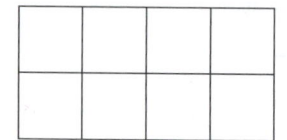

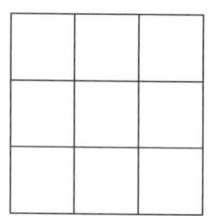

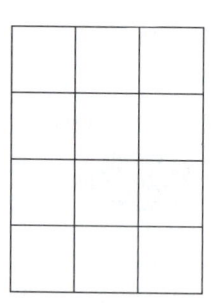

3 × 3 = _____

4 × 3 = _____

2 × 4 = _____

3. Pinte as flores conforme a legenda de cores.

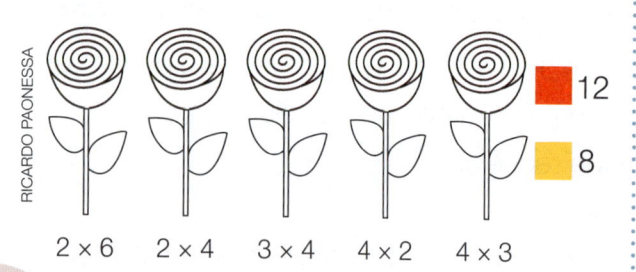

🟥 12
🟨 8

2 × 6   2 × 4   3 × 4   4 × 2   4 × 3

Tabuada do 2

TABUADA DO 2		
2 × 1	1 + 1	2
2 × 2	2 + 2	4
2 × 3	3 + 3	6
2 × 4	4 + 4	8
2 × 5	5 + 5	10
2 × 6	6 + 6	12
2 × 7	7 + 7	14
2 × 8	8 + 8	16
2 × 9	9 + 9	18
2 × 10	10 + 10	20

Tabuada do 3

TABUADA DO 3		
3 × 1	1 + 1 + 1	3
3 × 2	2 + 2 + 2	6
3 × 3	3 + 3 + 3	9
3 × 4	4 + 4 + 4	12
3 × 5	5 + 5 + 5	15
3 × 6	6 + 6 + 6	18
3 × 7	7 + 7 + 7	21
3 × 8	8 + 8 + 8	24
3 × 9	9 + 9 + 9	27
3 × 10	10 + 10 + 10	30

Outras tabuadas

4 ×	0	1	2	3	4	5	6	7	8	9	10
	0	4	8	12	16	20	24	28	32	36	40

+4 +4 +4 +4 +4 +4 +4 +4 +4 +4

5 ×	0	1	2	3	4	5	6	7	8	9	10
	0	5	10	15	20	25	30	35	40	45	50

+5 +5 +5 +5 +5 +5 +5 +5 +5 +5

6 ×	0	1	2	3	4	5	6	7	8	9	10
	0	6	12	18	24	30	36	42	48	54	60

+6 +6 +6 +6 +6 +6 +6 +6 +6 +6

7 ×	0	1	2	3	4	5	6	7	8	9	10
	0	7	14	21	28	35	42	49	56	63	70

+7 +7 +7 +7 +7 +7 +7 +7 +7 +7

8 ×	0	1	2	3	4	5	6	7	8	9	10
	0	8	16	24	32	40	48	56	64	72	80

+8 +8 +8 +8 +8 +8 +8 +8 +8 +8

9 ×	0	1	2	3	4	5	6	7	8	9	10
	0	9	18	27	36	45	54	63	72	81	90

+9 +9 +9 +9 +9 +9 +9 +9 +9 +9

ATIVIDADES

1. Calcule mentalmente.

a) 2 × 2 = _____
b) 3 × 3 = _____
c) 5 × 2 = _____
d) 1 × 1 = _____
e) 8 × 2 = _____

f) 9 × 3 = _____
g) 6 × 2 = _____
h) 1 × 2 = _____
i) 4 × 3 = _____
j) 1 × 3 = _____

k) 6 × 3 = _____
l) 7 × 3 = _____
m) 3 × 2 = _____
n) 4 × 2 = _____
o) 5 × 3 = _____

2. Complete as seguintes multiplicações.

a) 5 × 7 = _____
b) 9 × 5 = _____
c) 3 × 8 = _____

d) 7 × 5 = _____
e) 5 × 9 = _____
f) 8 × 3 = _____

Agora, compare os resultados da primeira coluna com os da segunda. O que você pode concluir?

3. Complete as sequências:

a) 0, 2, 4, ☐, ☐, ☐, ☐, ☐, ☐, ☐

b) 0, 3, 6, ☐, ☐, ☐, ☐, ☐, ☐, ☐

c) 0, 4, 8, ☐, ☐, ☐, ☐, ☐, ☐, ☐

d) 0, 5, 10, ☐, ☐, ☐, ☐, ☐, ☐, ☐

4. Resolva os problemas.

a) Em cada caixa há 6 copos. Quantos copos há em duas caixas?

☐ + ☐ = ☐   ☐ × ☐ = ☐

b) Rui anda 5 quilômetros todos os dias. Quantos quilômetros ele anda em 3 dias?

☐ + ☐ + ☐ = ☐   ☐ × ☐ = ☐

c) A sala da casa de Joana tem 4 janelas. Em cada janela há 2 vidros. Quantos vidros há na sala?

☐ + ☐ + ☐ + ☐ = ☐   ☐ × ☐ = ☐

Algoritmo da multiplicação

- Pedro comprou 4 pacotes com 12 balas cada um.

Quantas balas ele comprou?

D	U
1	2
×	4
4	8

4 vezes 2 unidades é igual a 8 unidades.

4 vezes 1 dezena é igual a 4 dezenas.

- Lucas gosta muito de ler. Ele leu 3 livros de 122 páginas cada um.

Quantas páginas Lucas leu?

C	D	U
1	2	2
×		3
3	6	6

3 vezes 2 unidades é igual a 6 unidades.

3 vezes 2 dezenas é igual a 6 dezenas.

3 vezes 1 centena é igual a 3 centenas.

ATIVIDADES

1. Resolva no quadro de ordens.

a)
C	D	U
	4	3
×		3

b)
C	D	U
1	2	2
×		3

c)
C	D	U
	8	4
×		2

d)
C	D	U
2	0	3
×		3

e)
C	D	U
	6	2
×		4

f)
C	D	U
2	1	2
×		4

g)
C	D	U
3	2	3
×		3

h)
C	D	U
4	2	1
×		2

i)
C	D	U
	5	0
×		5

j)
C	D	U
1	1	0
×		4

k)
C	D	U
2	4	0
×		2

l)
C	D	U
2	3	2
×		3

O dobro e o triplo

Maria tem 4 anos e João tem o dobro de sua idade.

O dobro de 4 é 8, pois 4 + 4 = 8.
2 × 4 = 8

Antônio pesa 10 quilos e seu primo tem o triplo do seu peso.

O triplo de 10 é 30, pois 10 + 10 + 10 = 30.
3 × 10 = 30

ATIVIDADES

1. Calcule o dobro de:

a) 7 → _____
b) 10 → _____
c) 5 → _____
d) 6 → _____
e) 15 → _____
f) 100 → _____

2. Calcule o triplo de:

a) 5 → _____
b) 7 → _____
c) 20 → _____
d) 8 → _____
e) 9 → _____
f) 100 → _____

3. Complete.

3	6	9					30

33	36	39				57

63	66	69				

4. Calcule mentalmente.

a) 1 × 12 = _____
b) 10 × 12 = _____
c) 100 × 12 = _____
d) 10 × 25 = _____
e) 100 × 25 = _____
f) 10 × 30 = _____
g) 100 × 30 = _____
h) 1000 × 30 = _____
i) 100 × 7 = _____
j) 1000 × 7 = _____

5. Calcule mentalmente o dobro de cada número.

a) 5 ⟶ _____
b) 10 ⟶ _____
c) 15 ⟶ _____
d) 20 ⟶ _____
e) 100 ⟶ _____
f) 200 ⟶ _____
g) 2 500 ⟶ _____
h) 4 050 ⟶ _____

6. Calcule mentalmente o triplo de cada número.

a) 2 ⟶ _____
b) 3 ⟶ _____
c) 5 ⟶ _____
d) 10 ⟶ _____
e) 20 ⟶ _____
f) 100 ⟶ _____
g) 300 ⟶ _____
h) 1 000 ⟶ _____

7. Calcule mentalmente.

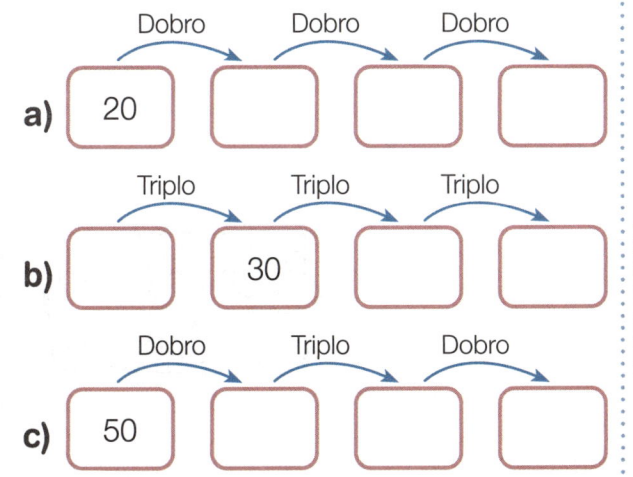

a) Dobro, Dobro, Dobro — 20, ____, ____, ____

b) Triplo, Triplo, Triplo — ____, 30, ____, ____

c) Dobro, Triplo, Dobro — 50, ____, ____, ____

PROBLEMAS

1. Mariana tem uma coleção de figurinhas. Para contá-las, agrupou-as em grupinhos de 5, completando 8 grupos e ainda sobraram 2 figurinhas. Quantas figurinhas ela tem?

Cálculo

Resposta: _____

2. A dona da cantina da escola foi comprar chocolates no supermercado. Ela viu que em cada caixa há 6 chocolates. Quantos chocolates há em 3 caixas?

Cálculo

Resposta: _____

3. No inverno, os pinguins-imperadores marcham para procriar na Antártida. As fêmeas desovam e vão buscar comida para os filhotes que nascerão, enquanto os machos guardam e chocam os ovos. A fêmea **A** partiu em busca de alimento e trouxe 4 peixes para seu filhote. A fêmea **B** trouxe o dobro da quantidade de peixes. Quantos peixes a fêmea **B** trouxe?

Cálculo

Resposta: _____

MATEMÁTICA

179

4. Combinei com minha mãe que hoje posso comprar lanche da cantina. Ela disse que eu poderia escolher um salgado, um doce e uma bebida. Veja quais são as opções de lanches vendidos na cantina e responda: Quantas combinações diferentes de lanche eu posso comprar?

Salgado: pão de queijo, esfirra
Doce: bolo, gelatina
Bebidas: suco, achocolatado

Para ajudar no raciocínio, primeiro escreva as opções.

Resposta: _____

5. Lúcia foi à sorveteria e pediu um cascão com sorvete e cobertura. Agora ela precisa escolher os sabores do sorvete: creme, chocolate ou morango; e da cobertura: caramelo, chocolate e morango. Quantas combinações diferentes ela pode fazer?

Resposta: _____

6. Em uma sala de aula, a professora da escola arrumou as carteiras da seguinte maneira: 4 fileiras com 6 carteiras em cada. Quantas carteiras há nessa sala de aula?

Cálculo

Resposta: _____

7. Em uma lanchonete foram feitos 3 tabuleiros de salgados, conforme a figura. Foram vendidos 77 salgados. Quantos salgados restaram?

Cálculo

Resposta: _____

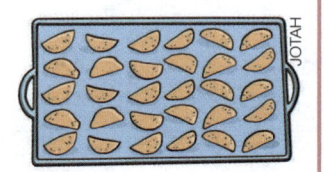

Multiplicação com reagrupamento

Cristina vai fazer uma festa e comprou 3 caixas de empadas.

Cada caixa tem 24 empadas.

Quantas empadas Cristina comprou no total?

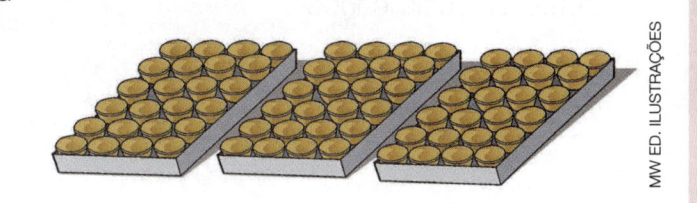

Vamos efetuar 24 × 3.

Algoritmo

D	U
①2	4
×	3
	2

- 3 vezes 4 unidades é igual a 12 unidades.
- 12 unidades = 1 dezena + 2 unidades.
- No resultado, escrevemos 2 na ordem das unidades e ① na ordem das dezenas.

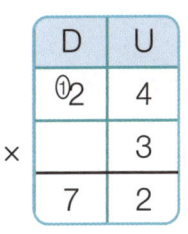

D	U
①2	4
×	3
7	2

- 3 vezes 2 dezenas é igual a 6 dezenas.
- 6 dezenas mais ① dezena é igual a 7 dezenas.

Resposta: _____

Observe esta outra situação.

Marcos tem 378 bolas de gude e Renato tem 2 vezes mais. Quantas bolas de gude tem Renato?

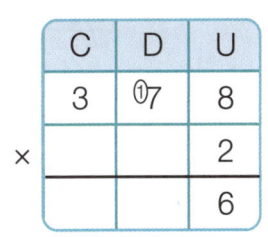

C	D	U
3	①7	8
×		2
		6

- 2 vezes 8 unidades é igual a 16 unidades.
- 16 unidades = 10 dezenas + 6 unidades.
- No resultado, escrevemos 6 na ordem das unidades e ① na ordem das dezenas.

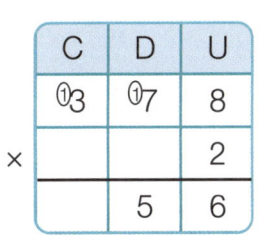

C	D	U
①3	①7	8
×		2
	5	6

- 2 vezes 7 dezenas é igual a 14 dezenas.
- 14 dezenas mais ① dezena é igual a 15 dezenas.
- 15 dezenas = 1 centena + 5 dezenas.
- No resultado, escrevemos 5 na ordem das dezenas, e ① na ordem das centenas.

C	D	U
①3	①7	8
×		2
7	5	6

- 2 vezes 3 centenas é igual a 6 centenas.
- 6 centenas mais ① centena é igual a 7 centenas.

Resposta: _____

ATIVIDADES

1. Efetue as multiplicações.

a)　　32
　× 　 6
　─────

b)　　73
　× 　 6
　─────

c)　　42
　× 　 7
　─────

d)　　63
　× 　 4
　─────

e)　　64
　× 　 3
　─────

f)　　338
　× 　 2
　─────

g)　　223
　× 　 4
　─────

h)　　65
　× 　 3
　─────

i)　　59
　× 　 2
　─────

j)　　43
　× 　 9
　─────

k)　　83
　× 　 5
　─────

l)　　97
　× 　 5
　─────

m)　　126
　× 　 6
　─────

n)　　218
　× 　 4
　─────

o)　　214
　× 　 3
　─────

p)　　329
　× 　 3
　─────

2. Observe o exemplo e efetue as multiplicações.

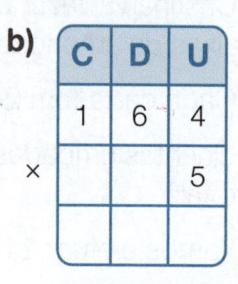

a)
C	D	U
3	7	8
		2
7	5	6

b)
C	D	U
1	6	4
		5

c)
C	D	U
2	5	8
		3

d)
C	D	U
4	8	5
		2

3. Arme e resolva.

a) 240 × 4

b) 397 × 2

c) 150 × 5

d) 437 × 2

e) 135 × 5

f) 108 × 8

g) 148 × 6

h) 133 × 7

i) 105 × 9

j) 109 × 7

RESOLUÇÃO DE PROBLEMAS

1. Veja como Juliana resolveu o problema a seguir pelo algoritmo da multiplicação.

> Lídia organizou 5 pacotes de folhas de sulfite coloridas, cada um com 230 folhas. Quantas folhas ela utilizou no total?

$$\begin{array}{r} 230 \\ \times 5 \\ \hline 1\,150 \end{array}$$

Ana resolveu pelo método da decomposição.

5 × 230

$$\begin{array}{r} 2\,0\,0 + 3\,0 \\ \times 5 \\ \hline 1\,0\,0\,0 + 1\,5\,0 = 1\,1\,5\,0 \end{array}$$

a) A diretora de uma escola comprou 625 caixas de lápis de cor para distribuir entre seus alunos. Em cada uma dessas caixas havia 6 lápis. Quantos lápis ela comprou no total?

Cálculo

b) A colheita de um laranjal deu 300 sacos com 9 laranjas cada. Quantas laranjas foram colhidas no total?

Cálculo

2. Leia abaixo um problema sobre a venda de espetinhos de frutas por Vitória e suas irmãs.

> Vitória e suas irmãs vendem espetinhos de fruta na feira de domingo. Elas chegam às 7 h da manhã. Cada espetinho é vendido por R$ 4,00. Na feira de ontem elas venderam 287 espetinhos até o fim da feira, às 14 h.
>
> Qual foi a quantia que elas arrecadaram com a venda dos espetinhos?

Responda.

a) Há dados numéricos nesse problema que não são necessários para a resolução?

Quais? _____

b) Qual ideia está envolvida nesse problema? Faça um **X**.

( ) ideia de separar
( ) ideia de proporcionalidade
( ) ideia de combinatória
( ) ideia de acrescentar

c) Que operação está relacionada a essa ideia? _____

d) Antes de resolver o problema, escreva abaixo um plano, ou seja, um passo a passo de como você fará para resolver esse problema.

_____
_____
_____

e) Agora resolva o problema.

Resposta: _____
_____

MATEMÁTICA

183

LIÇÃO 10 — DIVISÃO DE NÚMEROS NATURAIS

Repartindo em partes iguais

Rodrigo tem 16 soldadinhos de chumbo e quer fazer 4 fileiras, cada uma com a mesma quantidade de bonecos. Quantos soldadinhos ficarão em cada fileira?

16 soldadinhos divididos por 4 é igual a 4.

$$16 \div 4 = 4$$

Ele usou a **divisão** para distribuir igualmente os soldadinhos em filas.

A divisão pode ser representada das seguintes maneiras:

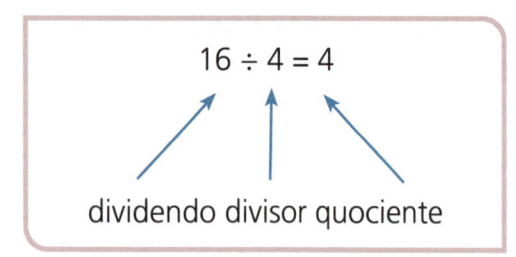

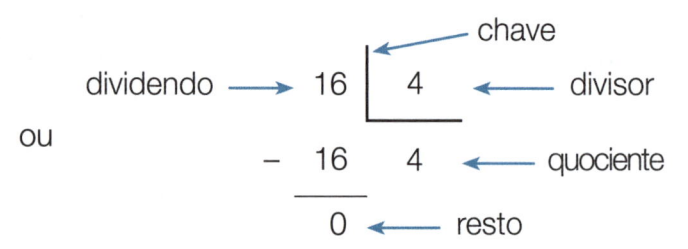

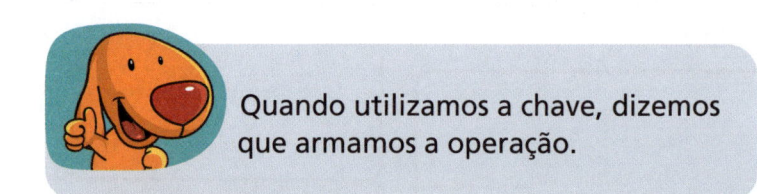

$16 \div 4 = 4$
dividendo divisor quociente

ou

dividendo → 16 | 4 ← chave / divisor
− 16   4 ← quociente
   0 ← resto

Quando utilizamos a chave, dizemos que armamos a operação.

O sinal da divisão é ÷ (lê-se: **dividido por**).

ATIVIDADES

1. Circule as figuras do primeiro quadro, repartindo-as igualmente como se pede no segundo quadro. Depois, escreva a operação realizada.

a) 6 peixinhos — em 3 aquários

_____

_____

b) 8 piões — entre 2 meninos

_____

_____

c) 10 xícaras — entre 2 bandejas

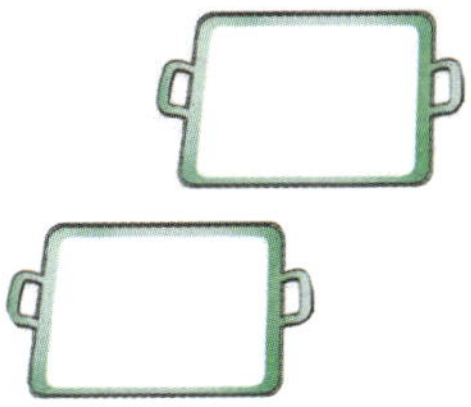

_____

_____

d) 12 laranjas — em 3 caixas

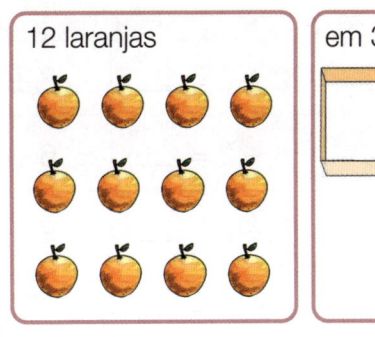

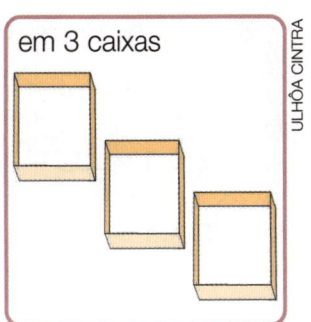

_____

_____

2. Resolva as divisões.

a) 21 ÷ 3 = _____

b) 24 ÷ 4 = _____

c) 36 ÷ 6 = _____

d) 49 ÷ 7 = _____

e) 10 ÷ 2 = _____

f) 32 ÷ 8 = _____

3. Complete as tabuadas da divisão.

1 ÷ 1 = ___	2 ÷ 2 = ___	3 ÷ 3 = ___	4 ÷ 4 = ___	5 ÷ 5 = ___
2 ÷ 1 = ___	4 ÷ 2 = ___	6 ÷ 3 = ___	8 ÷ 4 = ___	10 ÷ 5 = ___
3 ÷ 1 = ___	6 ÷ 2 = ___	9 ÷ 3 = ___	12 ÷ 4 = ___	15 ÷ 5 = ___
4 ÷ 1 = ___	8 ÷ 2 = ___	12 ÷ 3 = ___	16 ÷ 4 = ___	20 ÷ 5 = ___
5 ÷ 1 = ___	10 ÷ 2 = ___	15 ÷ 3 = ___	20 ÷ 4 = ___	25 ÷ 5 = ___
6 ÷ 1 = ___	12 ÷ 2 = ___	18 ÷ 3 = ___	24 ÷ 4 = ___	30 ÷ 5 = ___
7 ÷ 1 = ___	14 ÷ 2 = ___	21 ÷ 3 = ___	28 ÷ 4 = ___	35 ÷ 5 = ___
8 ÷ 1 = ___	16 ÷ 2 = ___	24 ÷ 3 = ___	32 ÷ 4 = ___	40 ÷ 5 = ___
9 ÷ 1 = ___	18 ÷ 2 = ___	27 ÷ 3 = ___	36 ÷ 4 = ___	45 ÷ 5 = ___
10 ÷ 1 = ___	20 ÷ 2 = ___	30 ÷ 3 = ___	40 ÷ 4 = ___	50 ÷ 5 = ___

6 ÷ 6 = ___	7 ÷ 7 = ___	8 ÷ 8 = ___	9 ÷ 9 = ___	10 ÷ 10 = ___
12 ÷ 6 = ___	14 ÷ 7 = ___	16 ÷ 8 = ___	18 ÷ 9 = ___	20 ÷ 10 = ___
18 ÷ 6 = ___	21 ÷ 7 = ___	24 ÷ 8 = ___	27 ÷ 9 = ___	30 ÷ 10 = ___
24 ÷ 6 = ___	28 ÷ 7 = ___	32 ÷ 8 = ___	36 ÷ 9 = ___	40 ÷ 10 = ___
30 ÷ 6 = ___	35 ÷ 7 = ___	40 ÷ 8 = ___	45 ÷ 9 = ___	50 ÷ 10 = ___
36 ÷ 6 = ___	42 ÷ 7 = ___	48 ÷ 8 = ___	54 ÷ 9 = ___	60 ÷ 10 = ___
42 ÷ 6 = ___	49 ÷ 7 = ___	56 ÷ 8 = ___	63 ÷ 9 = ___	70 ÷ 10 = ___
48 ÷ 6 = ___	56 ÷ 7 = ___	64 ÷ 8 = ___	72 ÷ 9 = ___	80 ÷ 10 = ___
54 ÷ 6 = ___	63 ÷ 7 = ___	72 ÷ 8 = ___	81 ÷ 9 = ___	90 ÷ 10 = ___
60 ÷ 6 = ___	70 ÷ 7 = ___	80 ÷ 8 = ___	90 ÷ 9 = ___	100 ÷ 10 = ___

Algoritmo da divisão

Sandra colocou 28 revistas em 2 pastas, de modo que cada pasta ficou com a mesma quantidade de revistas. Quantas revistas ela colocou em cada pasta? Para saber a resposta, dividimos 28 por 2.

```
   DU
   28  | 2
 − 20    14
   ───   DU
   08
 −  8
   ───
    0
```

28 é igual a 2 dezenas mais 8 unidades.
- Dividimos 2 dezenas por 2 ⟶ 2D ÷ 2 = 1D
- 2 vezes 1 dezena é igual a 2 dezenas.
  2 × 1D = 2D = 20
- Subtraímos 20 de 28 ⟶ 28 − 20 = 8 unidades.
- Dividimos 8 unidades por 2:
  8 ÷ 2 = 4 unidades.
- 2 vezes 4 unidades é igual a 8 unidades.
- Subtraímos 8 de 8 unidades ⟶ 8 − 8 = 0.

Resposta: Sandra colocou 14 revistas em cada pasta.

Divisão exata e divisão não exata

Veja estas situações.

Situação 1

Marcelo vai estudar com 4 amigos em sua casa. A mãe dele gosta de fazer bombons. Ela preparou 20 bombons para Marcelo distribuir entre ele e seus amigos.

Quantos bombons Marcelo dará para cada amigo?

Dividindo o número de bombons pelo número de crianças, vamos saber.

```
   20  | 5
 − 20    4
   ───
    0  ← resto
```

Marcelo dará 4 bombons para cada amigo.

Uma divisão é **exata** quando seu resto é zero.

Situação 2

O professor de Marcelo vai formar grupos para um trabalho de Geografia. O número de alunos é 27. E o professor quer formar grupos de 5 alunos.

Quantos grupos serão formados?

Dividindo o número total de alunos pela quantidade de alunos por grupo, vamos saber.

```
   27  | 5
 − 25    5
   ───
    2 ← resto
```

Serão formados 5 grupos de 5 alunos e sobrarão 2 alunos.

Quando uma divisão deixa resto, chamamos de divisão **não exata**.

ATIVIDADES

1. Arme as divisões para encontrar os resultados.

a) $7 \div 2 =$ _____

b) $17 \div 4 =$ _____

c) $16 \div 5 =$ _____

d) $11 \div 4 =$ _____

e) $9 \div 2 =$ _____

f) $13 \div 2 =$ _____

g) $63 \div 3 =$ _____

h) $77 \div 7 =$ _____

i) $46 \div 4 =$ _____

j) $84 \div 3 =$ _____

k) $68 \div 4 =$ _____

l) $75 \div 3 =$ _____

2. Quais divisões da atividade anterior apresentam resultados exatos? _____

PROBLEMAS

1. Glória vai embalar 18 bombons em 3 caixas. Quantos bombons ficarão em cada caixa?

Cálculo

Resposta: _____

2. Henrique organizou os 42 botões de sua coleção em cartelas. Em cada cartela cabem 6 botões. Quantas cartelas foram necessárias para Henrique organizar todos os botões?

Cálculo

Resposta: _____

3. Uma sala de aula tem 20 cadeiras. Essas cadeiras serão organizadas em 5 fileiras. Quantas cadeiras ficarão em cada fileira?

Cálculo

Resposta: _____

Verificação da divisão

A divisão é a operação inversa da multiplicação.

Observe:

$$10 \div 5 = 2, \text{ então: } 2 \times 5 = 10$$

Esse é um exemplo de divisão exata. Para verificar se uma divisão exata está correta, multiplicamos o quociente pelo divisor e encontramos o dividendo.

dividendo → 10 | 5 ← divisor
              − 10   2 ← quociente
resto →   0

$$\begin{array}{r} 5 \\ \times \quad 2 \\ \hline 10 \end{array}$$

Observe outra divisão:

$$19 \div 5 = 3, \text{ e tem resto } 4$$

Esse é um exemplo de **divisão não exata**. Para verificar se uma divisão que tem resto está correta, multiplicamos o quociente pelo divisor e somamos o produto ao resto, encontrando o dividendo.

dividendo → 19 | 5 ← divisor
              − 15   3 ← quociente
resto →   4

$$\begin{array}{r} 5 \\ \times \quad 3 \\ \hline 15 \\ + \quad 4 \\ \hline 19 \end{array}$$

Temos duas maneiras de registrar as divisões.

Método longo
```
  83 | 3
 − 6   27
  ---
  23
 − 21
  ---
   2
```

Método breve
```
  83 | 3
  23   27
   2
```

ATIVIDADES

1. Resolva e complete:

a) 2 × 5 = 10
10 ___ 2 = ___
10 ___ 5 = ___

b) 8 × 3 = 24
24 ___ 8 = ___
24 ___ 3 = ___

c) 6 × 5 = 30
30 ___ 6 = ___
30 ___ 5 = ___

d) 5 × 4 = 20
20 ___ 4 = ___
20 ___ 5 = ___

e) 6 × 2 = 12
12 ___ 6 = ___
12 ___ 2 = ___

f) 2 × 7 = 14
14 ___ 2 = ___
14 ___ 7 = ___

g) 2 × 8 = 16
16 ___ 2 = ___
16 ___ 8 = ___

h) 9 × 3 = 27
27 ___ 9 = ___
27 ___ 3 = ___

2. Descubra qual é o número que está faltando nas divisões a seguir.

a) 6 ÷ ___ = 3
b) 12 ÷ 4 = ___
c) ___ ÷ 3 = 3
d) ___ ÷ 3 = 8
e) ___ ÷ 4 = 4
f) 15 ÷ ___ = 5
g) 10 ÷ 2 = ___
h) 20 ÷ ___ = 5
i) 10 ÷ ___ = 5

3. Observe o exemplo, resolva as operações e confira suas respostas com a operação inversa.

$$96 \div 4 = 24 \qquad \begin{array}{r} \widehat{96} \\ -8 \\ \hline 16 \\ -16 \\ \hline 0 \end{array} \bigg| \begin{array}{l} 4 \\ 24 \end{array} \qquad \begin{array}{r} ^{1}24 \\ \times \ 4 \\ \hline 96 \end{array}$$

a) 96 ÷ 3 = ___

b) 15 ÷ 5 = ___

c) 83 ÷ 3 = ___

4. Resolva as divisões e circule as que apresentam resultados não exatos.

a) 482 | 2

b) 958 | 5

c) 976 | 6

d) 543 | 3

PROBLEMAS

1. A prefeitura de uma cidade comprou 35 mudas de ipê para serem plantadas em 5 ruas da cidade. Todas as ruas devem receber o mesmo número de mudas. Quantas mudas de ipê serão plantadas em cada rua?

Cálculo

Resposta: _____

2. No carrinho de sorvete do senhor Joaquim há 45 picolés. Ele quer distribuí-los igualmente entre 4 crianças. Quantos picolés sobrarão no carrinho do senhor Joaquim?

Cálculo

Resposta: _____

3. Um jardineiro possuía 624 mudas de mangueira. Morreram 186 mudas. As mudas que sobraram foram plantadas em quantidades iguais em 2 terrenos. Quantas mudas de mangueira foram colocadas em cada terreno?

Cálculo

Resposta: _____

4. O professor de Carlos e de Catarina pediu para que resolvessem o seguinte problema:

Se dividir 135 bolas em 9 caixas, quantas bolas ficarão em cada caixa?

Veja como cada um resolveu:

Carlos resolveu o problema por etapas.

1º) Colocou 10 bolas em cada caixa.

(10) (10) (10)
(10) (10) (10)   135 − 90 = 45
(10) (10) (10)

2º) Depois, colocou mais 5 bolas em cada caixa.

(5) (5) (5)
(5) (5) (5)   45 − 45 = 0
(5) (5) (5)

(10) + (5) = (15) bolas em cada caixa

Então, 135 ÷ 9 = 15

Catarina resolveu usando o algoritmo da divisão:

```
 135 | 9
−  9 | 15
  45
− 45
   0
```

Agora é sua vez! Resolva os problemas a seguir da maneira que preferir.

a) Ricardo comprou 800 salgadinhos para uma festa. Esses salgadinhos foram igualmente separados em embalagens com 8 unidades. Quantas embalagens foram montadas?

b) Uma floricultura tem 630 rosas para fazer buquês com 7 rosas cada. Quantos buquês é possível fazer com essa quantidade de rosas?

RESOLUÇÃO DE PROBLEMAS

1. Leia abaixo o problema.

> O Cine Escola esteve lotado nas 5 sessões de um filme sobre a vida marinha. As sessões aconteceram em 3 dias.
> Ao todo 640 alunos da escola assistiram ao filme.
> Quantos lugares há na sala do Cine da Escola?

a) Há dados numéricos nesse problema que não são necessários para a resolução? Quais?

_____

b) Que operação você acha que deverá usar para resolver esse problema?

_____

c) Agora resolva o problema.

Resposta: _____

2. Abaixo, um problema foi iniciado e ainda tem um dado faltando. Continue escrevendo o problema de modo que apareça algum dado que não será necessário utilizar na resolução.

> Murilo tem de empacotar ovos em cartelas com 6 ovos.
> Ele tem _____ ovos para empacotar.

- Troque seu problema com um colega e resolva o problema elaborado por ele.

11 GEOMETRIA PLANA

Figuras geométricas planas

Observe o contorno feito com lápis, em uma folha de papel, de uma das faces de cada sólido geométrico. As figuras obtidas são denominadas figuras **geométricas planas**.

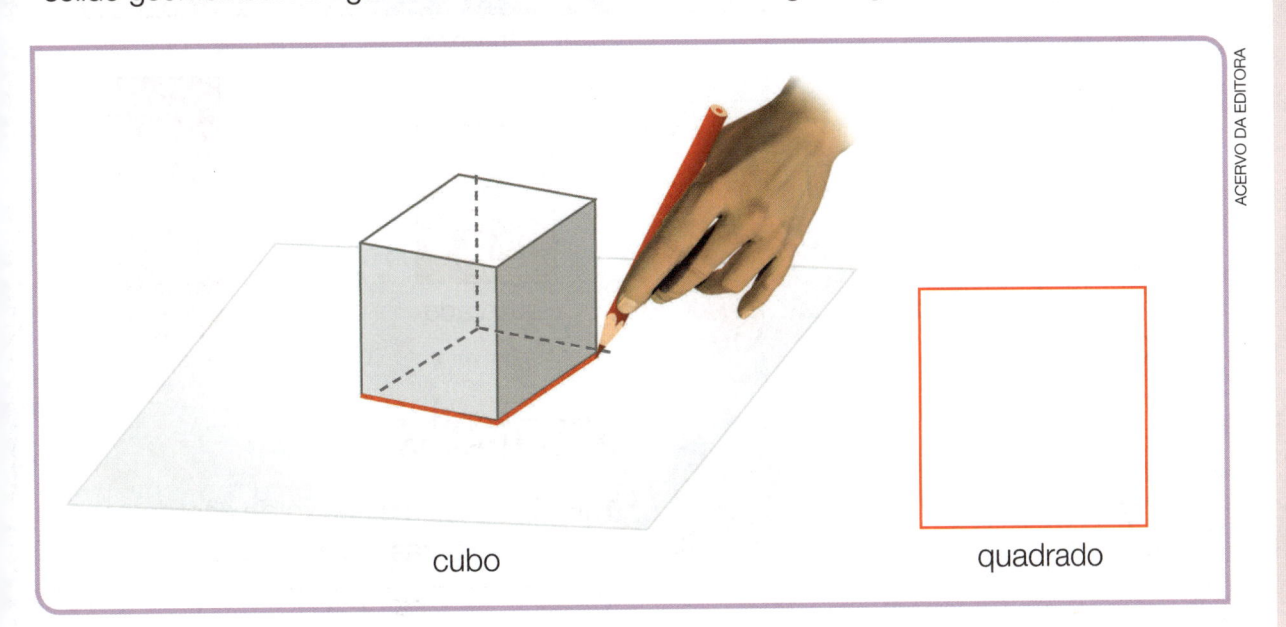

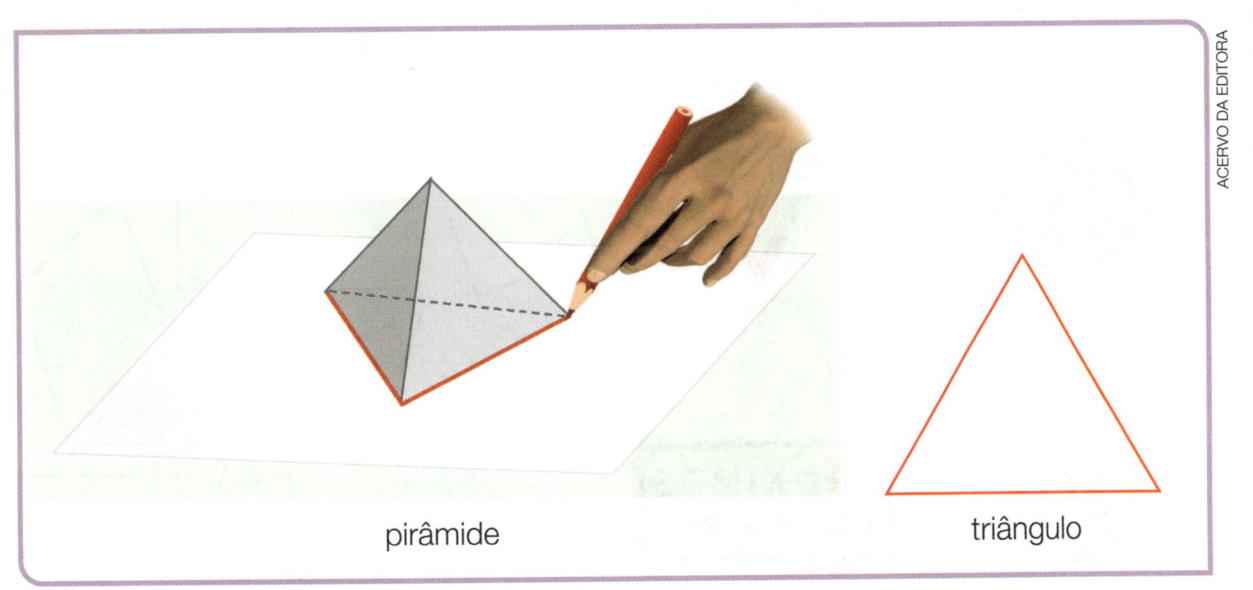

cubo

quadrado

pirâmide

triângulo

Quadrado e **triângulo** são figuras geométricas planas.

193

ATIVIDADES

1. Ligue os sólidos geométricos às figuras planas que podem ser encontradas em suas faces:

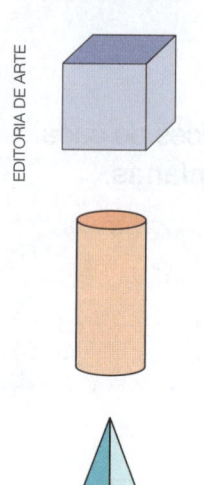

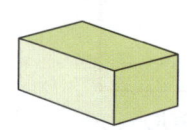

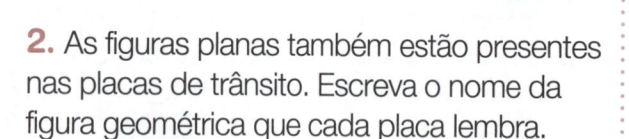

2. As figuras planas também estão presentes nas placas de trânsito. Escreva o nome da figura geométrica que cada placa lembra.

Você sabe o significado de cada placa? Converse com seus colegas.

Classificação de algumas figuras planas

Observe as figuras abaixo e seus nomes.

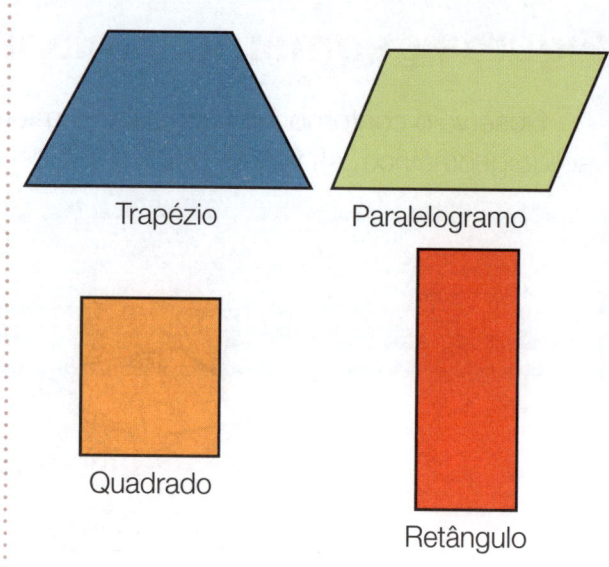

Trapézio

Paralelogramo

Quadrado

Retângulo

ATIVIDADES

1. Pinte as figuras abaixo de acordo com as cores das figuras acima.

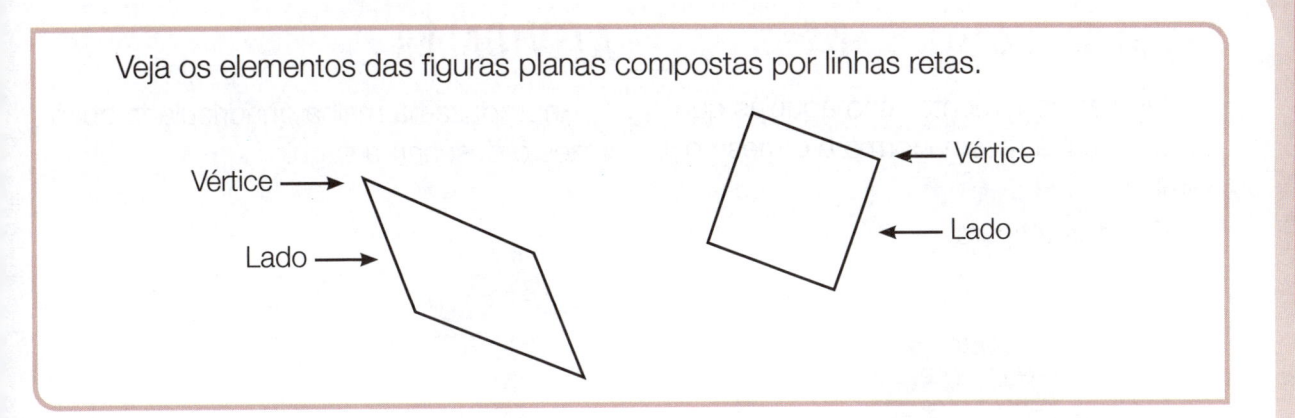

Veja os elementos das figuras planas compostas por linhas retas.

Vértice
Lado

Vértice
Lado

2. Pedro desenhou em seu caderno figuras geométricas com 4 lados. Circule as figuras que Pedro pode ter desenhado.

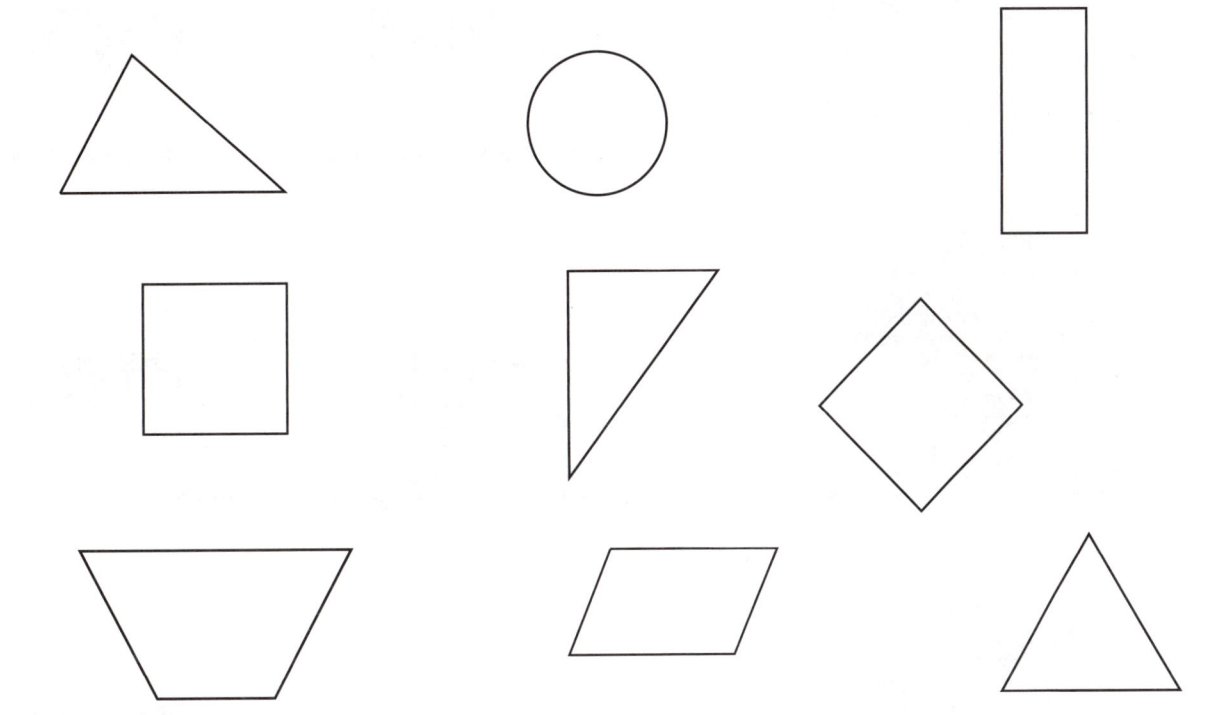

a) Quantos vértices têm as figuras que você circulou?

☐ 3   ☐ 4   ☐ 5

b) Faça um **X** nas figuras com 3 lados.

c) Qual o nome das figuras geométricas planas com 3 lados? _____

Quantos vértices tem cada triângulo?

☐ 3   ☐ 4   ☐ 5

Figuras congruentes

Figuras congruentes são aquelas que apresentam a mesma forma e o mesmo tamanho.

Observe a figura.

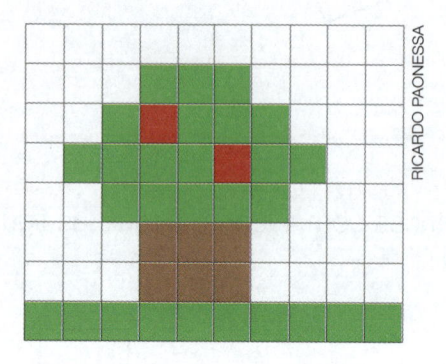

Qual das imagens a seguir é congruente à figura apresentada? Marque com um **X**.

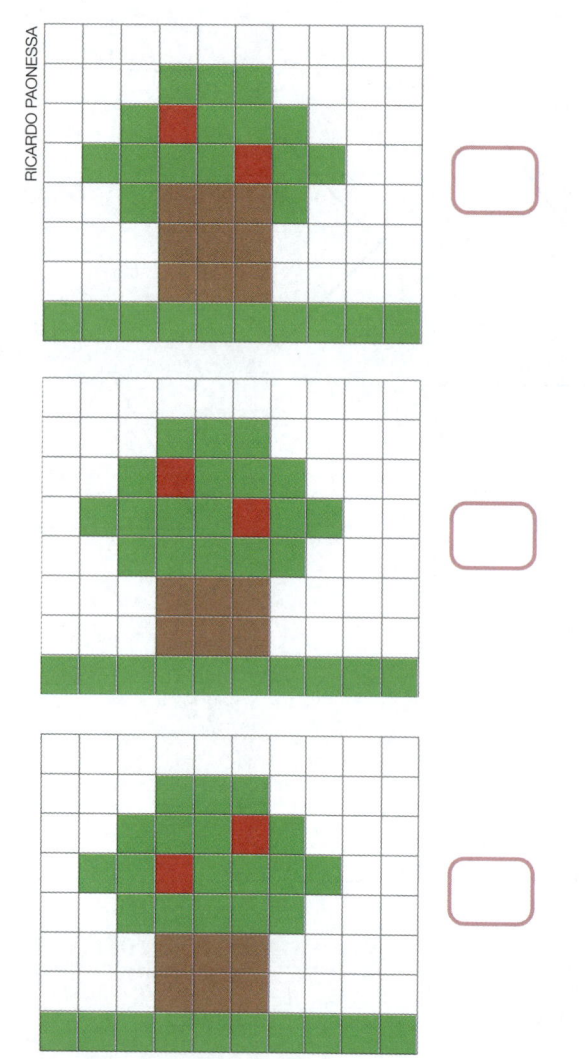

ATIVIDADES

1. Reproduza na malha quadriculada duas vezes o desenho a seguir.

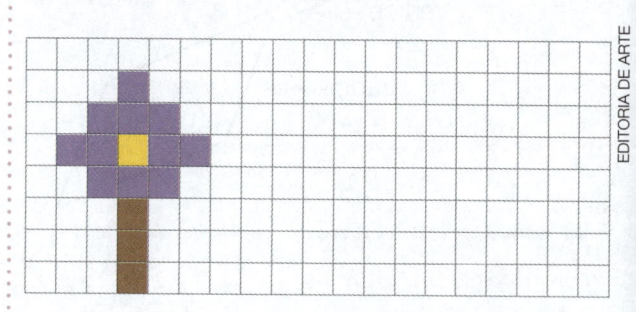

2. Relacione as figuras com a mesma forma.

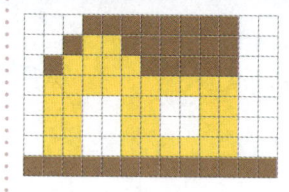

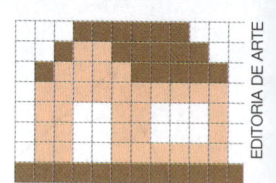

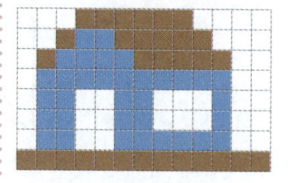

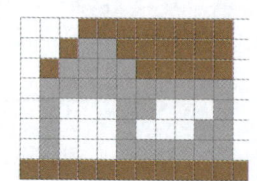

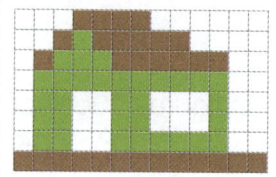

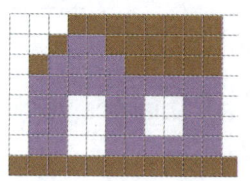

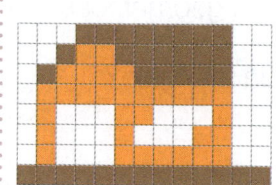

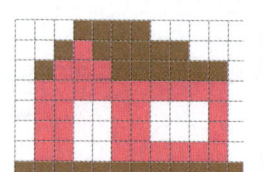

12 ÁLGEBRA: SEQUÊNCIA E IGUALDADE

Sequência

Heloisa gosta de fazer artesanato. E gosta também dos padrões matemáticos. Veja o colar que ela fez com fileiras de pedras rosas e amarelas.

- Esse colar é composto por quantas fileiras de pedras coloridas?
- As fileiras estão em ordem crescente ou decrescente de quantidade de pedras?
- A maior fila tem quantas pedras?
- Como a ordem das cores está composta na fileira mais longa? Descreva essa ordem.

> Os elementos que compõem uma sequência são os **termos** da sequência. Esses termos são organizados, a partir do primeiro termo, seguindo uma regra de formação, que chamamos **padrão** da sequência.

Por exemplo, observe a sequência numérica:

$$2, 5, 8, 11, 14, 17, 20$$

Essa sequência tem 7 termos. O primeiro termo é 2. O **padrão** é "**somar 3 ao número anterior**", a partir do número 2.

ATIVIDADES

1. Observe as sequências de números. Descubra os números que faltam e complete.

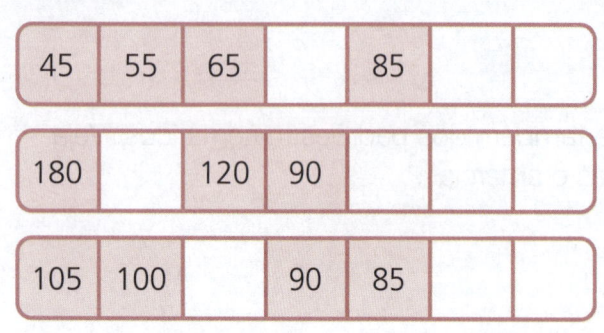

| 45 | 55 | 65 | | 85 | | |

| 180 | | 120 | 90 | | |

| 105 | 100 | | 90 | 85 | |

2. Observe a sequência e complete os termos ausentes.

| 7 849 | 7 859 | 7 869 | | 7 889 | |

Agora responda:

a) Qual é o primeiro termo? _____

b) Essa sequência é crescente ou decrescente? _____

c) Quantos termos ela tem? _____

d) Qual é o último termo? _____

3. Descreva o padrão de cada sequência de números a seguir.

| 1 152 | 1 252 | 1 352 | 1 452 | 1 552 | 1 652 | 1 752 |

| 1 135 | 2 140 | 3 145 | 4 150 | 5 155 | 6 160 | 7 165 |

| 2 750 | 2 500 | 2 250 | 2 000 | 1 750 | 1 500 | 1 250 |

4. Observe as fichas numéricas abaixo.

| 2 500 | 1 900 | 2 350 |
| 2 200 | 2 650 | 2 050 |

a) Organize os números que estão nas fichas em ordem crescente.
_____

b) Descreva o padrão dessa sequência organizada em ordem crescente.
_____

5. Ligue os pontos a partir do menor número.

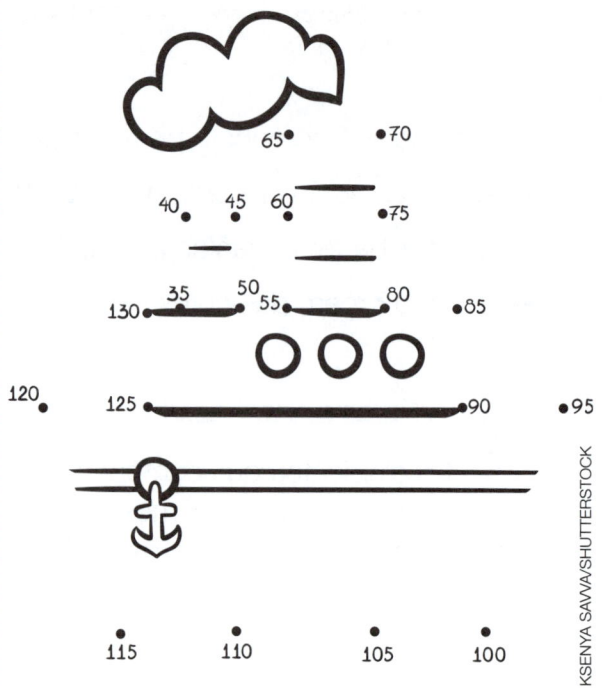

a) Qual é o menor número dessa sequência? _____

b) Qual é o padrão dessa sequência?
_____

Relação de igualdade

Observe as duas situações.

Veja as maçãs no cesto de Joel.

a) Quantas maçãs tem no cesto de Joel?

_____

Joel vai colher mais 3 maçãs e colocar no cesto.

b) Desenhe no cesto as maçãs que Joel vai colher.

c) Quantas maçãs tem no cesto?

_____

d) Escreva uma adição que represente a quantidade de maçãs no cesto de Joel.

_____ + _____ = _____

Veja as maçãs no cesto de Guilherme.

a) Quantas maçãs tem no cesto de Guilherme?

_____

Guilherme vai colher mais 2 maçãs e colocar no cesto.

b) Desenhe no cesto as maçãs que Guilherme vai colher.

c) Quantas maçãs tem no cesto?

_____

d) Escreva uma adição que represente a quantidade de maçãs no cesto de Guilherme.

_____ + _____ = _____

- Converse com os colegas sobre os resultados obtidos nas duas situações.

Agora complete:

$$5 \;+\; \underline{} \;=\; 6 \;+\; \underline{}$$

primeiro membro da igualdade — segundo membro da igualdade

A sentença matemática acima representa uma **relação de igualdade**.

ATIVIDADES

1. Observe as duas situações.

Suzana comprou uma bandeja com 30 ovos. Ela usou 12 ovos para fazer 4 bolos.

a) Circule na imagem a quantidade de ovos que Suzana usou.

b) Quantos ovos sobraram? _____

c) Represente quantos ovos sobraram por meio de uma subtração.

_____ – _____ = _____

Túlio comprou uma bandeja de ovos como esta:

a) Quantos ovos tem na bandeja que Túlio comprou? _____

b) Túlio usou 2 ovos para fazer uma omelete. Circule a quantidade de ovos que ele usou.

c) Quantos ovos sobraram? _____

d) Represente quantos ovos sobraram por meio de uma subtração.

_____ – _____ = _____

Agora, com base nessa situação, escreva a relação de igualdade:

_____ – _____ = _____ – _____

2. Leia o que as crianças estão dizendo.

> Eu tenho este dinheiro.

> E eu tenho este!

Complete a relação de igualdade que representa a quantia das duas crianças:

_____ + _____ = _____ + _____ + _____

3. Ligue cada soma ao número correspondente.

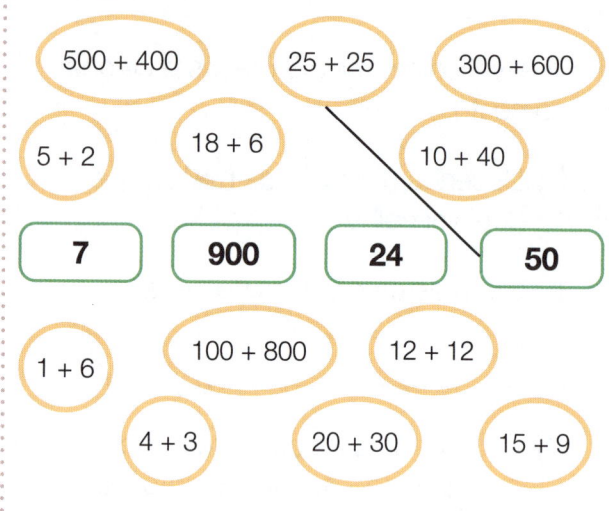

500 + 400   25 + 25   300 + 600

5 + 2   18 + 6   10 + 40

| 7 | 900 | 24 | 50 |

1 + 6   100 + 800   12 + 12

4 + 3   20 + 30   15 + 9

4. Ligue cada diferença ao número correspondente.

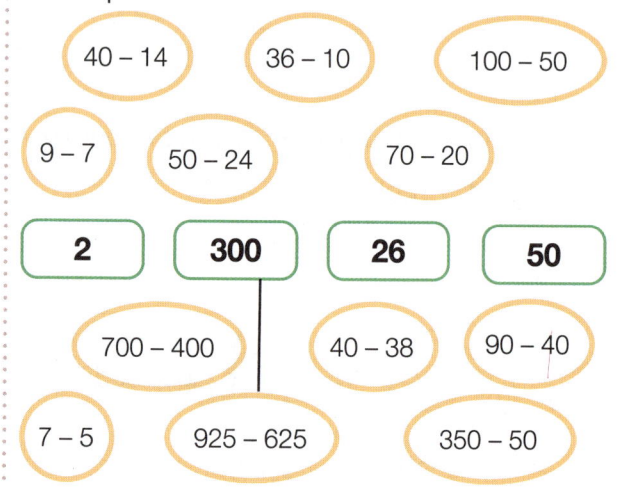

40 – 14   36 – 10   100 – 50

9 – 7   50 – 24   70 – 20

| 2 | 300 | 26 | 50 |

700 – 400   40 – 38   90 – 40

7 – 5   925 – 625   350 – 50

200

INFORMAÇÃO E ESTATÍSTICA

Cobertura de vacinação no Brasil nos últimos 3 anos

As vacinas existem para proteger as pessoas de várias doenças.

Para que a cobertura de vacinação seja considerada adequada, ela precisa estar acima de 95 por cento (95%). Esse número significa que, em cada 100 pessoas, 95 foram vacinadas. Se essa taxa for menor do que 95, há risco de termos essas doenças de volta.

Observe os gráficos que apresentam a cobertura de vacinação contra sarampo e poliomielite nos 3 últimos anos.

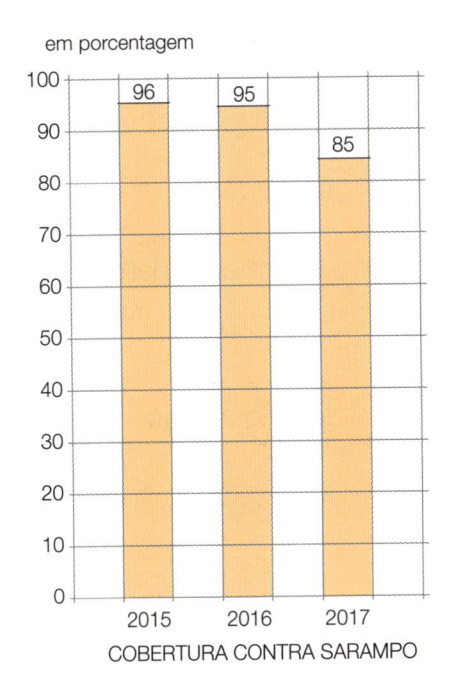

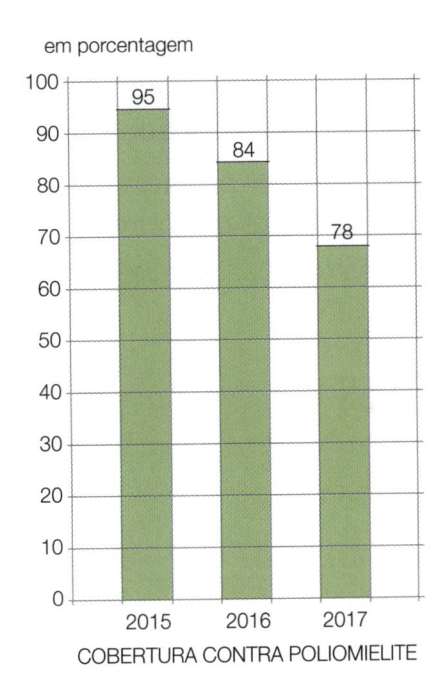

em porcentagem — COBERTURA CONTRA SARAMPO
- 2015: 96
- 2016: 95
- 2017: 85

em porcentagem — COBERTURA CONTRA POLIOMIELITE
- 2015: 95
- 2016: 84
- 2017: 78

Fonte: https://bit.ly/2LqGxIN. Acesso em: 18 jul. 2018.

Observe os gráficos e responda.

a) O número de crianças vacinadas contra sarampo aumentou ou diminuiu de 2015 para 2016? E de 2016 para 2017?

b) O número de crianças vacinadas contra poliomielite aumentou ou diminuiu de 2015 para 2017?

c) O número considerado adequado de cobertura para vacinação é de _____ pessoas vacinadas para um total de 100 pessoas.

d) Você tomou todas as vacinas indicadas para crianças de até 5 anos de idade? Pesquise com seus familiares.

LIÇÃO 13 — FRAÇÕES

Metade ou meio

Mariana dividiu um bolo de chocolate em duas partes iguais e deu uma delas à sua amiga Cláudia.

Para achar a **metade** ou **meio**, dividimos o inteiro em duas partes iguais.

Usando números, representamos a metade ou o meio assim: $\dfrac{1}{2}$, e chamamos essa representação de **fração**.

- O algarismo que fica acima do traço de fração indica o número de partes consideradas de um inteiro.
- O algarismo que fica abaixo do traço de fração indica em quantas partes o inteiro foi dividido.

ATIVIDADES

1. Calcule e complete.

a) A metade de 22 é _____

b) A metade de 60 é _____

c) A metade de 18 é _____

d) A metade de 150 é _____

2. Pinte o que se pede.

a) $\dfrac{1}{2}$ da *pizza*

b) $\dfrac{1}{2}$ de 6 figurinhas

c) $\dfrac{1}{2}$ do campo de futebol

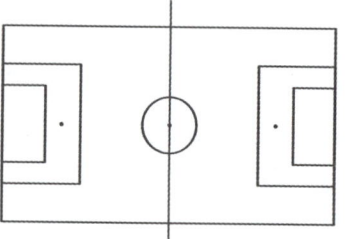

d) $\dfrac{1}{2}$ do prato

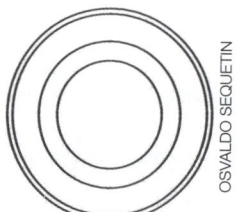

Um terço ou terça parte

Lucas, Pedro e Mateus foram à pizzaria. Escolheram uma *pizza* de muçarela e pediram ao garçom para dividi-la em 3 partes iguais.

Para obter **um terço** ou a **terça parte**, dividimos o inteiro por 3, igualmente. Um terço ou terça parte é cada uma das 3 partes iguais em que se divide o inteiro.

Representamos um terço ou a terça parte assim: $\frac{1}{3}$.

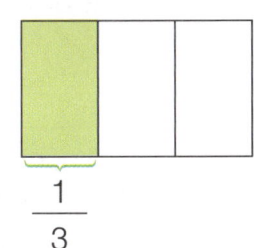

$\frac{1}{3}$ lê-se: um terço.

- O algarismo que fica acima do traço de fração indica o número de partes consideradas de um inteiro. Nesse caso, apenas uma das partes.
- O algarismo que fica abaixo do traço de fração indica em quantas partes o inteiro está dividido. No caso, o inteiro foi dividido por 3.

ATIVIDADES

1. Calcule e complete.

a) A terça parte de 12 é _____.

b) A terça parte de 24 é _____.

c) A terça parte de 48 é _____.

d) A terça parte de 90 é _____.

2. Pinte as figuras conforme o resultado das divisões.

a) um terço de 12   12 ÷ 3 = _____.

b) um terço de 9   9 ÷ 3 = _____.

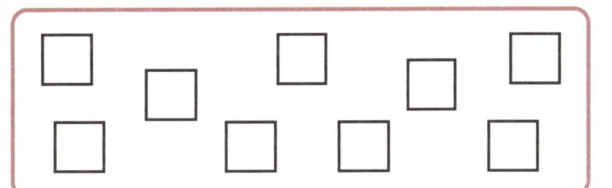

c) um terço de 6   6 ÷ 3 = _____.

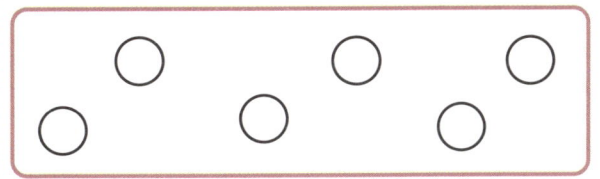

d) um terço de 15   15 ÷ 3 = _____.

Um quarto ou quarta parte

Luciana e mais três amigas fizeram um pão caseiro e o repartiram igualmente entre as quatro.

Para obter **um quarto** ou **quarta parte**, dividimos o inteiro por 4.

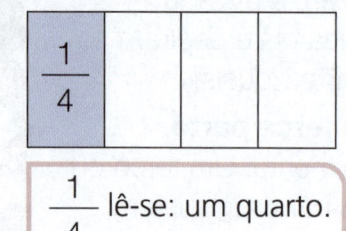

$\dfrac{1}{4}$ lê-se: um quarto.

Um quarto ou quarta parte é cada uma das 4 partes iguais em que se divide o inteiro.

Representamos um quarto ou quarta parte assim: $\dfrac{1}{4}$.

- O algarismo que fica acima do traço de fração indica o número de partes consideradas de um inteiro. No caso, apenas uma das partes.
- O algarismo que fica abaixo do traço de fração indica em quantas partes o inteiro está dividido. No caso, o inteiro foi dividido por 4.

ATIVIDADES

1. Calcule para completar.

a) A quarta parte de 16 é _____.

b) A quarta parte de 20 é _____.

c) A quarta parte de 84 é _____.

d) A quarta parte de 420 é _____.

e) A quarta parte de 160 é _____.

2. Complete as frases a seguir. Utilize o espaço para fazer os cálculos.

a) Um quarto de 12 cadeiras é igual a _____ cadeiras.

b) Um quarto de 24 limões é igual a _____ limões.

c) Um quarto de 128 bolas é igual a _____ bolas.

d) Um quarto de 452 alunos é igual a _____ alunos.

3. Os círculos abaixo representam alimentos. Observe como eles foram repartidos.

	1 bolo para 2 crianças	Grupo A
	1 torta para 4 crianças	Grupo B
	1 pizza para 3 crianças	Grupo C

a) Que parte cada criança recebeu?

Grupo A: ___ Grupo B: ___ Grupo C: ___

b) Quem recebeu a parte maior? Por quê?

_____

_____

c) O que aconteceria se a torta repartida fosse dada às crianças do Grupo A? Que parte cada criança receberia?

_____

d) E se a pizza repartida fosse dada às crianças do Grupo B?

_____

_____

Um quinto ou quinta parte

Pedro fez uma torta de vegetais para dividir igualmente entre ele e mais 4 amigos.

Para obter **um quinto** ou **quinta parte**, dividimos o inteiro por 5, igualmente.

Um quinto ou quinta parte é cada uma das 5 partes iguais em que se divide o inteiro.

Representamos um quinto ou quinta parte assim: $\frac{1}{5}$.

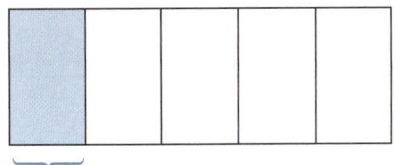

$\frac{1}{5}$ lê-se: um quinto.

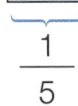

- O algarismo que fica acima do traço de fração indica o número de partes consideradas de um inteiro. No caso, apenas uma das partes.
- O algarismo que fica abaixo do traço de fração indica em quantas partes o inteiro está dividido. No caso, o inteiro foi dividido por 5.

ATIVIDADE

1. Calcule e complete.

a) A quinta parte de 5 é _____.

b) A quinta parte de 15 é _____.

c) A quinta parte de 30 é _____.

d) A quinta parte de 50 é _____.

Um décimo ou décima parte

Leonardo fez uma lasanha para um almoço com sua família. Ele fez uma grande travessa de modo que 10 pessoas pudessem se servir igualmente.

Para obter **um décimo** ou **décima parte**, dividimos o inteiro por 10, igualmente.

Um décimo é cada uma das 10 partes iguais em que se divide o inteiro.

Representamos um décimo ou décima parte assim: $\frac{1}{10}$.

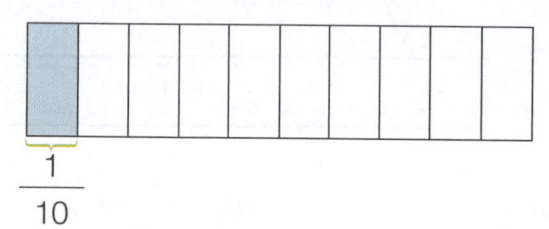

$\frac{1}{10}$ lê-se: um décimo.

- O algarismo que fica acima do traço de fração indica o número de partes consideradas de um inteiro. No caso, apenas uma das partes.

- O algarismo que fica abaixo do traço de fração indica em quantas partes o inteiro está dividido. No caso, o inteiro foi dividido por 10.

ATIVIDADES

1. Calcule e complete.

a) A décima parte de 10 é _____.

b) A décima parte de 30 é _____.

c) A décima parte de 100 é _____.

d) A décima parte de 500 é _____.

2. Em cada caso, pinte o que se pede.

a) a quinta parte dos lápis

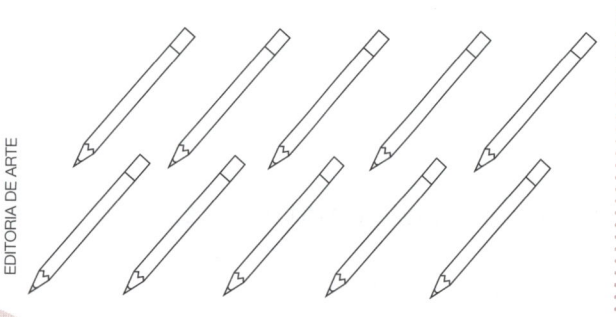

b) A quinta parte do retângulo.

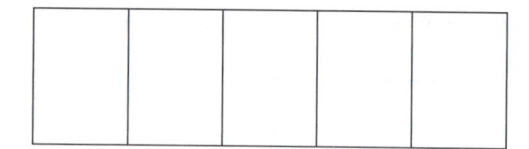

c) a décima parte das maçãs

d) a décima parte dos peixes

PROBLEMAS

1. Ana tem a terça parte de 66 papéis de carta e Dani tem a quarta parte de 48 papéis de carta. Quantos papéis de carta as duas têm juntas?

Cálculo

Resposta: _____

2. Para enfeitar a árvore de Natal, usamos a terça parte de 180 bolas douradas. Quantas bolas douradas tem nossa árvore?

Cálculo

Resposta: _____

3. Em uma estante há 288 livros. A metade dos livros é de Matemática. Quantos livros não são de Matemática?

Cálculo

Resposta: _____

4. A décima parte de uma horta foi destruída por uma enxurrada. Na horta havia 30 canteiros. Quantos canteiros foram destruídos pela enxurrada?

Cálculo

Resposta: _____

5. Para enfeitar um salão, já colocamos a quarta parte de 160 balões. Quantos balões ainda faltam colocar?

Cálculo

Resposta: _____

6. Em uma cesta havia 96 laranjas. O feirante vendeu um terço delas. Quantas laranjas ele vendeu?

Cálculo

Resposta: _____

7. De 3 dúzias de ovos, a metade quebrou. Quantos ovos ficaram?

Cálculo

Resposta: _____

8. O triplo do dobro de um número é 126. Qual é esse número?

Cálculo

Resposta: _____

RESOLUÇÃO DE PROBLEMAS

1. Leia o problema a seguir.

> Uma peça de teatro foi divulgada na escola. No dia da exibição, um quinto do auditório ficou vazio. O auditório comportava 150 pessoas. Quantos alunos compareceram a essa peça de teatro?

a) Há dados numéricos nesse problema que não são necessários para a resolução?

_____

_____

b) Quais são as ideias matemáticas que estão envolvidas no problema?

_____

_____

c) Agora, resolva o problema.

Resposta: _____

2. Um problema foi iniciado. Complete-o utilizando uma ideia de fração.

Mirela arrecada agasalhos para instituições carentes. Ela já arrecadou 120 agasalhos.

_____

_____

- Troque o problema que você criou com um colega e resolva o problema elaborado por ele.

14 MEDIDAS DE TEMPO

As horas

Muitos instrumentos foram inventados para medir o tempo.

Relógio de sol.

Ampulheta.

Nos dias atuais, é possível vermos a hora em diversos meios.

Telefone celular.   Rádio-relógio.   Relógio de pulso.   Relógio de rua.

Quanto ao modo de mostrar as horas, os relógios podem ter mostradores de ponteiros ou mostradores com dígitos.

Relógio de ponteiros.   Relógio digital.

O tempo pode ser medido em **horas**, **minutos**, **segundos**.

Veja as relações:

- Um dia tem 24 horas.
- Uma hora tem 60 minutos.
- Meia hora tem 30 minutos.
- Um quarto de hora tem 15 minutos.
- Um minuto tem 60 segundos.

Os minutos

Observe os relógios de ponteiros.

1 3 horas.

2 3 horas e 5 minutos.

3 4 horas.

- Do relógio **1** ao **2**, passaram-se 5 minutos. Observe que o ponteiro grande se deslocou do 12 ao 1. Cada espaço entre os risquinhos vale 1 minuto.

- Do relógio **1** ao **3**, passaram-se 60 minutos ou 1 hora, pois o ponteiro grande deu uma volta inteira, retornando ao 12. Conte os risquinhos para conferir.

> Em **1 hora** temos **60 minutos**.

Você sabe ver as horas em um relógio digital?

Esse relógio marca 9 horas e 45 minutos.

São 14 horas e 23 minutos.

Veja como se leem as horas a partir do meio-dia.

A PARTIR DO MEIO-DIA	
1 hora → 13 horas	7 horas → 19 horas
2 horas → 14 horas	8 horas → 20 horas
3 horas → 15 horas	9 horas → 21 horas
4 horas → 16 horas	10 horas → 22 horas
5 horas → 17 horas	11 horas → 23 horas
6 horas → 18 horas	12 horas → 24 horas

> Então posso dizer que 14 horas e 35 minutos é o mesmo que 2 horas e 35 minutos da tarde.

E como se leem as horas em um relógio de ponteiros?

Observe o relógio.

Ele indica 4 horas da tarde.

O ponteiro pequeno aponta para o 4.

Ele marca as **horas**.

O ponteiro grande aponta para o 12.

Ele marca os **minutos**.

Quando o ponteiro grande aponta para o número 12, as horas são exatas.

Agora, observe este outro relógio.

Ele indica 4 horas e meia, ou 4 horas e 30 minutos.

O ponteiro pequeno está entre o 4 e o 5. Ele marca as **horas**.

O ponteiro grande aponta para o 6.

Ele marca os **minutos**.

Quando o ponteiro grande aponta para o número 6, temos meia hora, ou 30 minutos.

ATIVIDADES

1. Observe os relógios e diga que horas são.

a) _____

b) _____

c) _____

d) _____

e) _____

f) _____

2. Represente em um relógio de ponteiros os horários em que você:

acorda

vai à escola

almoça

brinca com os amigos

vai dormir

O calendário

No calendário são representados os dias, as semanas e os meses de determinado ano. Usamos o dia, a semana, o mês e o ano para contar o tempo.

Observando o calendário, podemos fazer algumas descobertas.

- O **ano** tem **12 meses**: janeiro, fevereiro, março, abril, maio, junho, julho, agosto, setembro, outubro, novembro e dezembro.

- A **semana** tem **7** dias: domingo, segunda-feira, terça-feira, quarta-feira, quinta-feira, sexta-feira e sábado. Lembre-se: o primeiro dia da semana é o domingo.

- Há meses que têm 30 dias, outros têm 31.

- Fevereiro tem 28 dias e, de **4** em **4** anos, tem 29 dias. O ano em que fevereiro tem 29 dias é chamado **ano bissexto**.

- O ano bissexto tem 366 dias.

- Os 6 primeiros meses do ano formam o **1º semestre**.

- Os 6 últimos meses do ano formam o **2º semestre**.

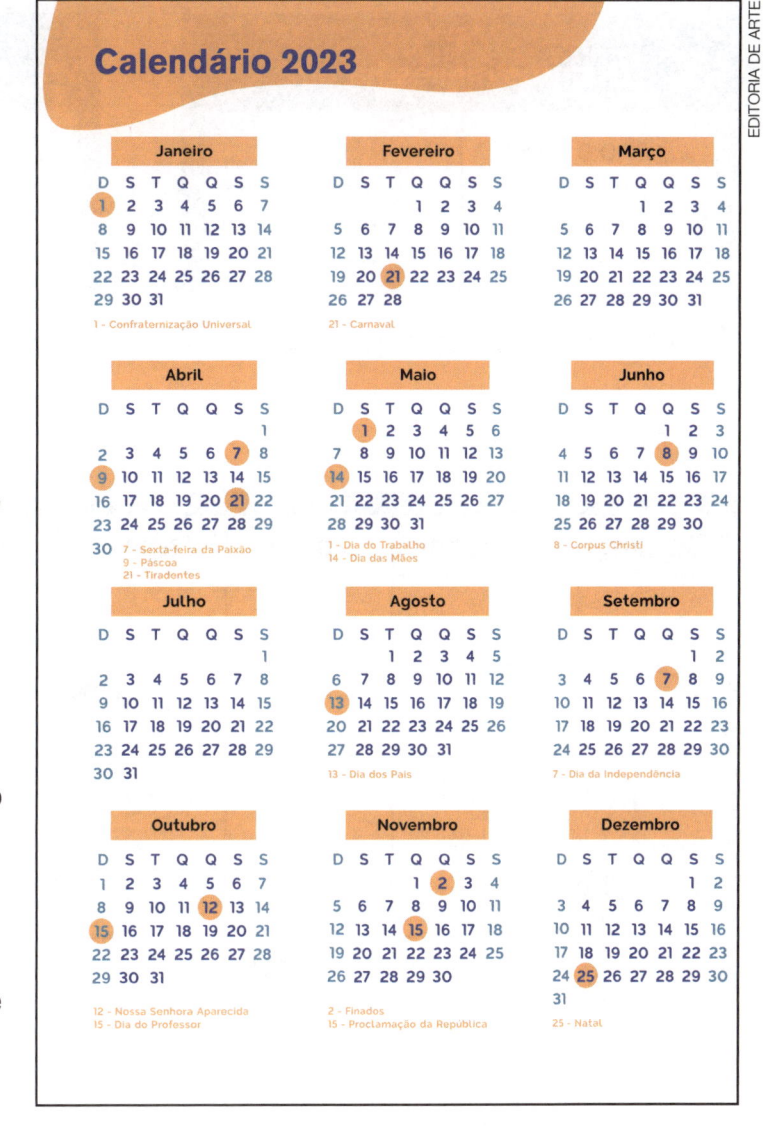

E mais!
- Uma quinzena tem 15 dias.
- Um bimestre tem 2 meses.
- Um trimestre tem 3 meses.
- Um semestre tem 6 meses.

ATIVIDADES

1. Complete os quadros.

Quantos meses há em	
1 ano e meio	
2 anos	
4 anos	

Quantas semanas há em	
14 dias	
21 dias	
42 dias	

2. Observe o calendário a seguir com o mês de abril de 2023.

Domingo	Segunda	Terça	Quarta	Quinta	Sexta	Sábado
						1
2	3	4	Pedro	6	7	Ivan
9	10	11	12	13	Camila	15
Bete	17	18	19	20	21	22
23	24	Ana	26	27	28	29
30						

Agora, responda às questões.

a) Em que dia do mês Camila faz aniversário? _____

b) Em que dia da semana Ivan faz aniversário? _____

c) Escreva o dia da semana em que Ana faz aniversário. _____

d) Qual é o nome da criança que aniversaria antes do dia 6? _____

e) Quem faz aniversário no dia 16? _____

f) Pesquise entre os colegas da sua turma quem faz aniversário em abril e escreva.

g) Qual é o dia da semana de que você mais gosta? Por quê?

PROBLEMAS

1. Trabalhei os meses de abril, maio e junho na reforma de uma casa. Quantos dias durou essa reforma?

Resposta: _____

2. Fábio chegou ao consultório médico às 15 horas e 45 minutos. Ele chegou com 45 minutos de atraso. A que horas Fábio deveria ter chegado ao consultório médico para que não se atrasasse?

Resposta: _____

3. Quantas quinzenas tem um bimestre?

Resposta: _____

4. Márcio fez uma viagem que durou 4 horas. Ele saiu às 2 horas da tarde. A que horas Márcio chegou?

Resposta: _____

PARA SE DIVERTIR

Para responder corretamente a quais meses do ano têm 31 dias, siga esta sugestão:

• Feche as mãos: observe os ossinhos que aparecem e o espaço entre eles.

• Comece apontando o osso do dedo mindinho de qualquer uma das mãos: dê-lhe o nome do mês de janeiro. O espaço seguinte é fevereiro; o ossinho que vem a seguir é março e assim por diante. Veja a figura.

• Quando houver ossinho, o mês tem 31 dias; o mês que cai no espaço entre os ossos tem 30 dias.

Atenção! O mês de fevereiro cai no espaço entre os ossinhos, mas não tem 30 dias! Tem 28 ou 29 dias.

janeiro **31**
fevereiro **28** ou **29**
março **31**
abril **30**
maio **31**
junho **30**
julho **31**
agosto **31**
setembro **30**
outubro **31**
novembro **30**
dezembro **31**

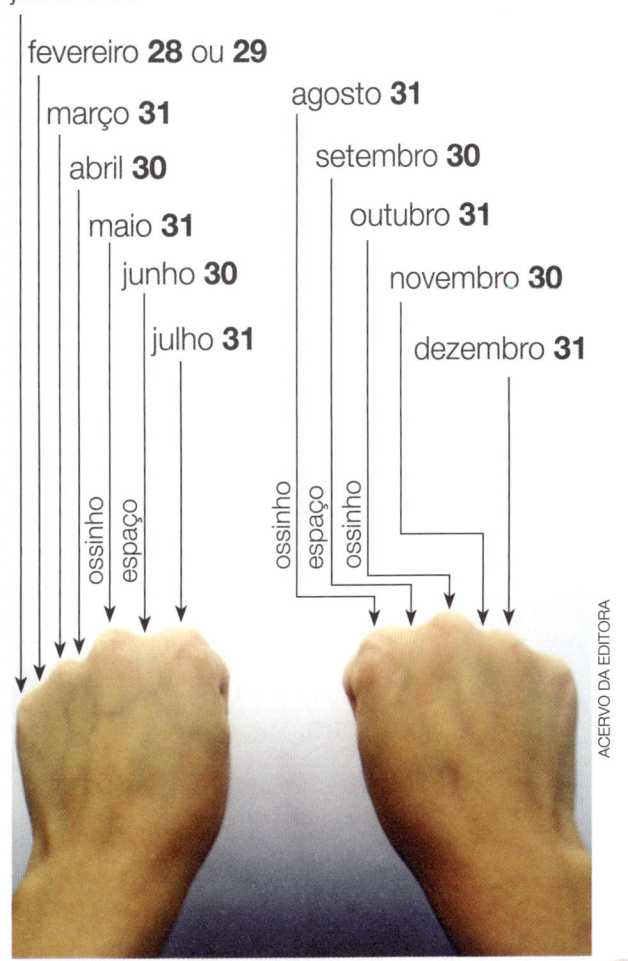

LIÇÃO 15 — MEDIDAS DE COMPRIMENTO

Comprimento

Observe alguns instrumentos utilizados para medir comprimento.

Fita métrica.

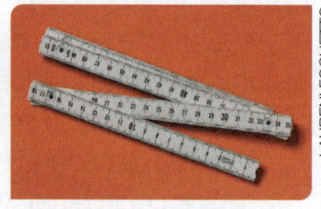

Metro articulado.

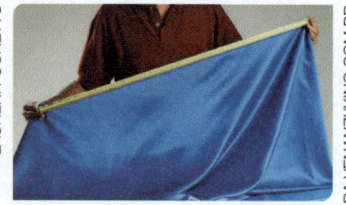

Metro rígido.

Trena.

Metro e centímetro

O **metro** é a unidade fundamental de medida de comprimento.

Dele derivam outras unidades de medida: o **centímetro**, o **milímetro**, o **quilômetro** etc.

No Almanaque você vai encontrar uma régua para montar. É uma régua que, montada, medirá 100 centímetros, ou seja, 1 metro.

Capriche na montagem da sua régua.

Observe esse metro que você construiu. Ele está dividido em 100 partes iguais. Cada uma dessas partes é chamada centímetro.

1 metro é igual a 100 centímetros

1 m = 100 cm

O símbolo que representa o metro é **m**.

O símbolo que representa o centímetro é **cm**.

Um exemplo de instrumento com a unidade centímetro é a régua escolar.

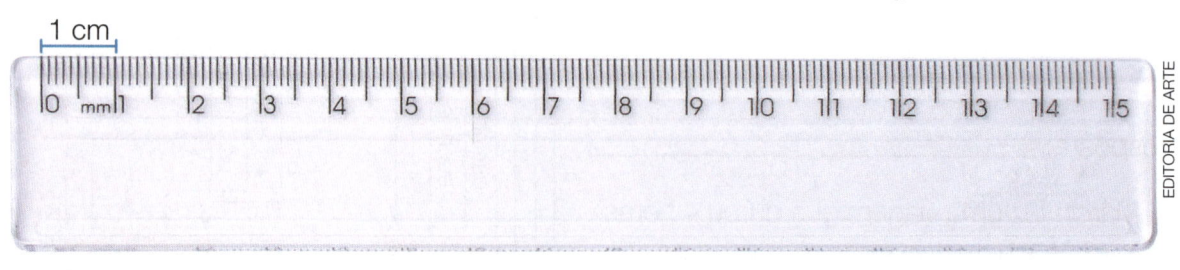

Para medir distâncias maiores, como a de uma cidade a outra, usamos uma unidade chamada quilômetro.

O símbolo que representa o quilômetro é **km**.

Metro, centímetro e quilômetro são as unidades de medida de comprimento mais usadas.

ATIVIDADES

1. Utilizando sua régua escolar, encontre as medidas solicitadas.

a) Comprimento do seu lápis: _____

b) Comprimento de sua borracha: _____

c) Comprimento de sua mão: _____

2. Sabendo que 1 metro é igual a 100 centímetros, escreva quanto falta para completar 1 metro.

a) 20 cm + [____] → 1 metro

b) 38 cm + [____] → 1 metro

c) 60 cm + [____] → 1 metro

d) 80 cm + [____] → 1 metro

e) 42 cm + [____] → 1 metro

f) 50 cm + [____] → 1 metro

3. Quanto mede cada um dos lápis? Observe o gráfico e complete.

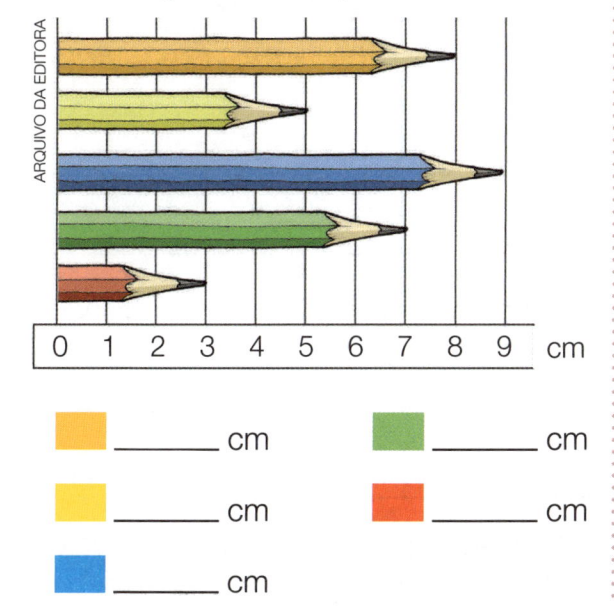

_____ cm   _____ cm

_____ cm   _____ cm

_____ cm

4. Agora, os lápis estão ordenados do maior para o menor. Escreva quanto mede cada um e pinte com a cor correspondente.

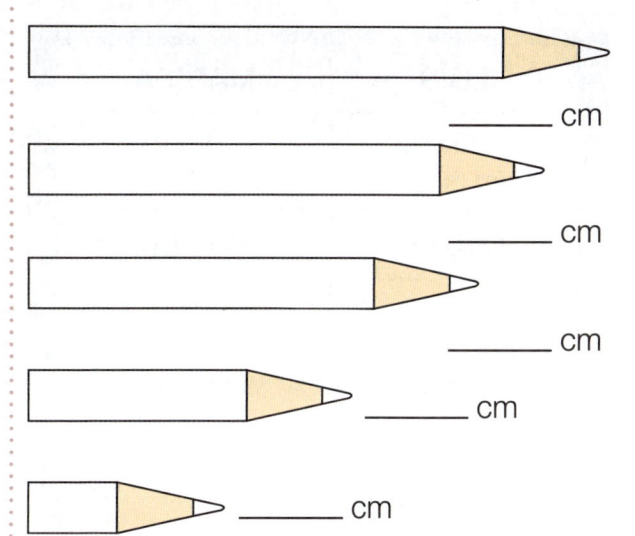

_____ cm

_____ cm

_____ cm

_____ cm

_____ cm

5. A figura nos mostra a altura de três crianças, em centímetros.

Clara 142 cm   João 137 cm   Renato 158 cm

a) A criança mais alta é _____.

b) A diferença entre as alturas de Clara e João é de _____ centímetros.

c) Renato é _____ centímetros mais alto do que João.

d) Clara é _____ centímetros mais baixa do que Renato.

6. Confira no quadro a altura destas pessoas. As medidas estão em metros e em centímetros.

LUÍS	MARISA
180 cm 1 m 80 cm	170 cm 1 m 70 cm
ANDRÉ	**CARLA**
150 cm 1 m 50 cm	190 cm 1 m 90 cm

Luís   Marisa   André   Carla

Observando o quadro, faça o que se pede:

a) Quem tem altura entre 1 m 70 cm e 1 m 90 cm? _____

b) Escreva a altura em centímetros da pessoa mais alta. _____

c) Eu tenho acima de 150 cm e menos do que 1 m 80 cm de altura. Quem sou eu? _____

d) Quantos centímetros de altura Marisa tem a menos que Carla? _____

e) Quantos centímetros faltam para André atingir a mesma altura de Luís? _____

RESOLUÇÃO DE PROBLEMAS

1. Leia o problema.

Os 4 amigos estavam na praia. A foto despertou neles o interesse de compararem suas alturas. Caio e Daniel têm a mesma altura. Alícia tem 10 cm a menos que Daniel, e Bela tem 5 cm a menos que Alícia, que, por sua vez, tem 1 m e 70 cm. Qual é a altura dos meninos?

a) Há dados numéricos nesse problema que não são necessários para a resolução?

b) Quais ideias estão envolvidas nesse problema? Faça um **X**.

( ) comparação   ( ) padrão geométrico
( ) medidas de comprimento

c) Que operações você utilizaria para resolver esse problema?

d) Agora resolva o problema.

Resposta: _____

2. Complete o problema abaixo utilizando noções sobre comprimentos.

Marta e Laís são irmãs. A altura de Marta é _____

• Troque seu problema com um colega e resolva o problema elaborado por ele.

16 SIMETRIA

Vistas

Laura olhou de cima para baixo uma caixa com formato de cubo.

Ela fez um desenho do que observou.

Veja.

Quando observamos um objeto olhando de cima para baixo, chamamos essa visão que temos do objeto de **vista superior**.

ATIVIDADES

1. Agora é com você! Ligue cada sólido à sua respectiva vista superior.

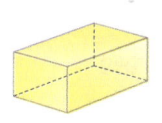

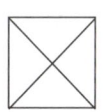

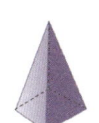

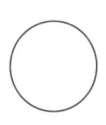

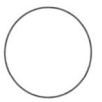

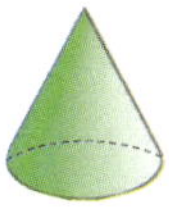

Qual das duas imagens representa a vista superior da figura que Fernando montou?

a)

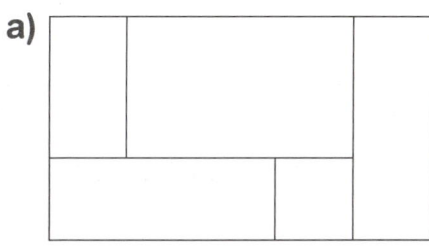

b)

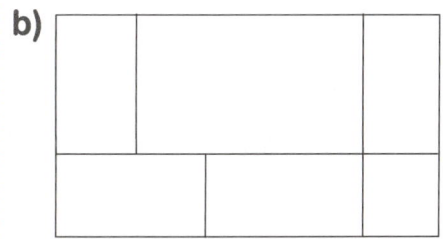

Agora, pinte com as cores corretas!

2. Fernando juntou cubos e paralelepípedos e montou esta figura.

3. Observe o desenho destas pilhas de cubos. Escreva quantos cubos há em cada pilha.

a)

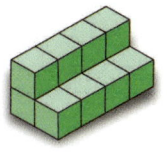

b)

c)

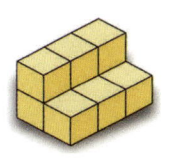

d)

_____

_____

_____

_____

Simetria

Para esta atividade, você vai precisar de papel, lápis e tesoura sem ponta.

Pegue a folha e dobre-a ao meio.

Faça um desenho.

Recorte sobre a linha.

Agora, abra a figura e pinte-a como quiser!

Observe que a figura tem uma dobra no meio. Essa dobra divide a figura em duas partes com a mesma forma. Essa dobra é um **eixo de simetria**.

Algumas letras do nosso alfabeto também podem ser divididas em duas partes idênticas.

A M Y

O eixo de simetria divide a figura em duas partes idênticas.

Há figuras que têm mais de um eixo de simetria.

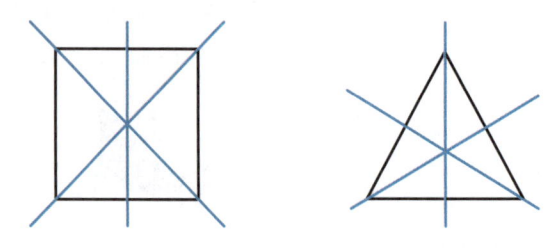

Nem todas as figuras, porém, têm eixo de simetria.

G N J

ATIVIDADES

1. Trace os eixos de simetria de cada figura. Escreva ao lado quantos eixos você traçou. Observe o exemplo.

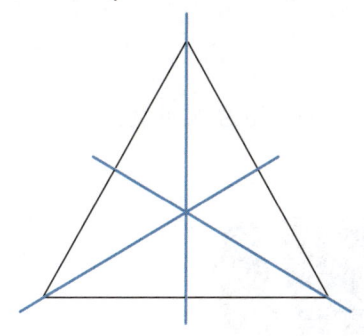

Eixos de simetria: 3

Eixos de simetria:

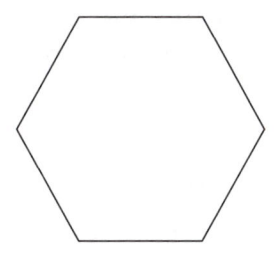

Eixos de simetria:

Eixos de simetria:

2. Sabendo que a linha vermelha é o eixo de simetria, complete cada figura.

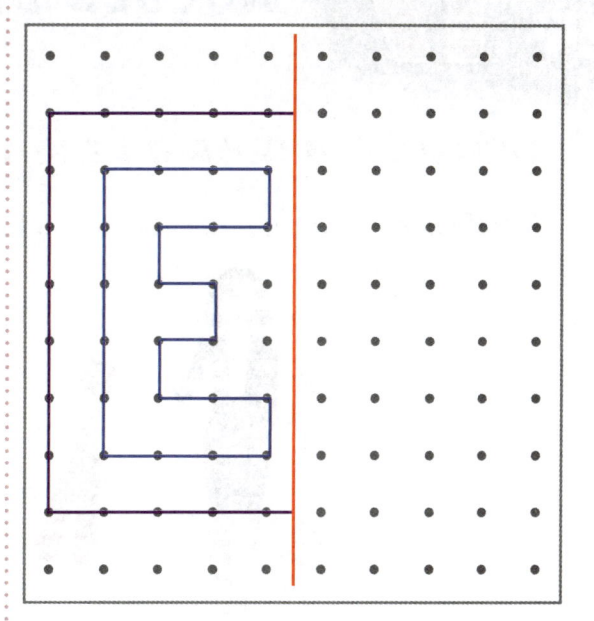

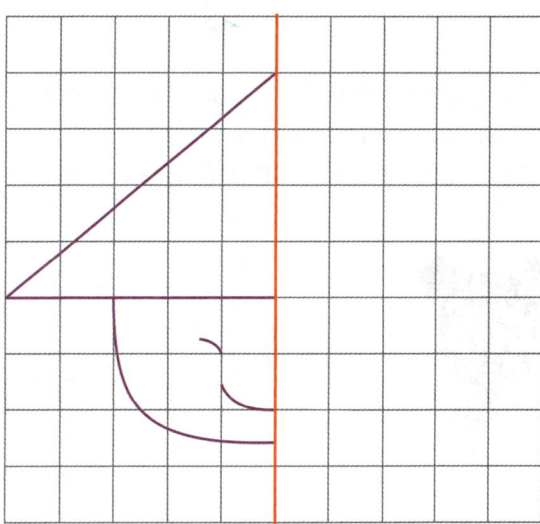

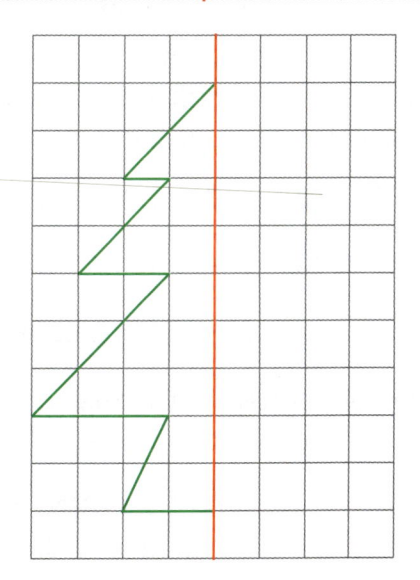

LIÇÃO 17 — NOÇÕES DE ACASO

Chances: maiores ou menores

A professora Fernanda mostrou para a turma do 3º ano estes palitos:

Ela disse que iria colocar todos dentro de um saco, misturar e depois retirar lá de dentro, sem olhar, apenas um palito.

Qual cor de palito as crianças achavam que sairia de lá?

Analu: Eu acho que o palito sorteado vai ser azul, porque tem mais.

Raul: E eu acho que vai ser vermelho, porque essa cor me dá sorte.

- Quem você acha que tem mais chance de acertar o palpite?

Depois disso, a professora fez outros sorteios, sempre colocando de volta o palito no saco e embaralhando todos antes do próximo sorteio. Sendo assim, leia as frases das duas colunas e ligue formando pares.

O palito sorteado será azul. •	• Acontecerá isso com certeza.
O palito sorteado será vermelho. •	• É muito provável que isso aconteça.
O palito sorteado será branco. •	• É pouco provável que isso aconteça.
A cada novo sorteio um vermelho alterna com um azul. •	• É improvável que isso aconteça.
O palito sorteado ou é vermelho ou é azul. •	• É impossível isso acontecer.

ATIVIDADES

1. Veja uma das coleções que Sabrina tem.

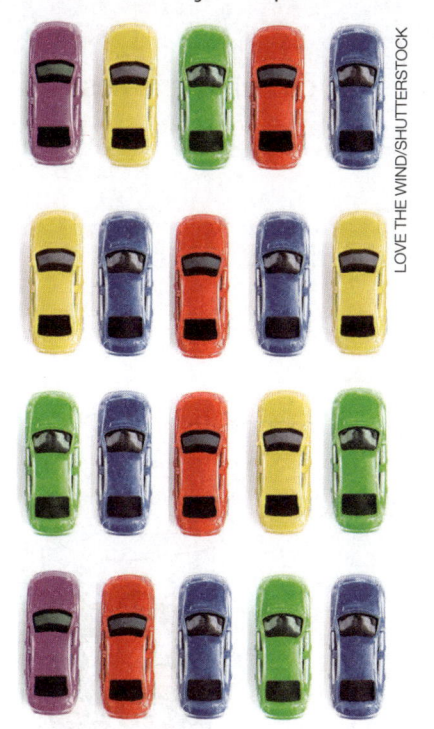

a) Quantos carrinhos tem na coleção de Sabrina?

☐ 20   ☐ 15   ☐ 10

b) Complete o quadro com a quantidade de carrinhos por cores.

🟩	🟨	🟦	🟥	🟪

c) Marque com um **X** a cor que tem mais chances de sair em cada caso, se Sabrina for sortear um carrinho ao acaso:

• Sabrina terá mais chances de sortear um carrinho amarelo ou roxo?

☐ amarelo   ☐ roxo

• Sabrina terá mais chances de sortear um carrinho vermelho ou azul?

☐ vermelho   ☐ azul

d) De todas as cores de carrinhos que Sabrina tem, qual cor tem mais chances de ser sorteada? Por quê?

_____

2. Observe as fichas numeradas a seguir.

352	937	445	620
1 340	3 455	9 723	7 232
8 808	3 345	2 244	5 732

a) Escreva os números das fichas numeradas em ordem crescente.

_____

_____

b) O que tem mais:

• Números de 3 ou de 4 algarismos?

_____

• Números pares ou ímpares?

_____

• Números maiores do que 1 000 ou números menores do que 1 000?

_____

c) André vai sortear uma ficha numerada ao acaso. Agora, faça um **X** na alternativa correta.

- Ele tem mais chances de sortear um número:

    ☐ com 3 algarismos.　　　☐ com 4 algarismos.

- Ele tem mais chances de sortear um número:

    ☐ par.　　　☐ ímpar.

- Ele tem mais chances de sortear um número:

    ☐ maior do que 1 000.　　　☐ menor do que 1 000.

3. Observe o saquinho com bolinhas coloridas e responda:

a) Quantas bolinhas há no saquinho? _____

b) Quantas são vermelhas? _____

c) Quantas são verdes? _____

d) Se tirarmos uma bolinha do saquinho, sem olhar, qual tem maior chance de sair:

vermelha ou verde? Por quê? _____

4. Luna está brincando de jogar dados.

Somando os resultados dos dois dados que Luna está jogando, pinte de azul no quadro os números que são prováveis de ela obter. Pinte de vermelho os números que são impossíveis de ela obter.

1	3	4
6	7	12
9	0	14
13	6	10

18 MEDIDAS DE CAPACIDADE

Capacidade

Observe esta foto da caixa de suco.

- O que representa o número circulado na foto?

Para medir a quantidade de líquido que cabe em um recipiente, usamos a unidade padrão de medida de capacidade: o **litro**.

O símbolo do litro é **L**.

Observe as imagens.

- **1 litro** é o mesmo que **dois meios litros**.
- **Meio litro** é o mesmo que **dois quartos de litro**.
- **1 litro** é o mesmo que **quatro quartos de litro**.

ATIVIDADES

1. Complete.

a) Uma das unidades de medida de capacidade é o _____.

b) 1 litro tem _____ meios litros.

c) 4 quartos de litro formam _____ litro.

d) Cite 3 coisas que podemos comprar por litro.

_____

_____

_____

2. Desenhe mais garrafas para completar 10 litros.

3. Pinte as jarras na capacidade indicada.

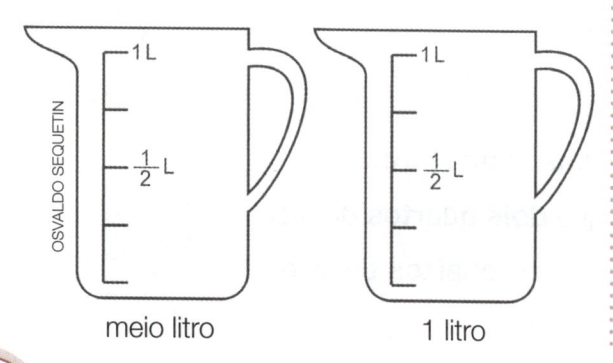

meio litro   1 litro

4. Escreva quantos meios litros são necessários para obter:

a) 1 litro → _____ meios litros.

b) 2 litros → _____ meios litros.

c) 3 litros → _____ meios litros.

d) 4 litros → _____ meios litros.

e) 5 litros → _____ meios litros.

5. Observe as ilustrações e a informação.

1 litro de água enche 5 copos.

Durante um fim de semana:

Paula bebe 5 litros

Rodrigo bebe 2 litros

Carla bebe 3 litros

Andréa bebe 4 litros

Felipe bebe 6 litros

Complete a tabela com a quantidade de água que cada criança consome por fim de semana.

Nome	Quantidade de litros	Quantidade de copos
Paula	5 L	5 × 5 = 25
Rodrigo	2 L	
Carla		3 × 5 = 15
Felipe	6 L	
Andréa		_____ = 20

226

PROBLEMAS

1. Em um barril, havia 35 litros de vinagre que José usou para encher garrafões de 5 litros cada um. Quantos garrafões José encheu?

Cálculo

Resposta: _____

2. Uma cozinheira gasta 4 litros de óleo por mês. Quanto ela gastará em 6 meses?

Cálculo

Resposta: _____

3. Um litro de suco enche 4 copos de mesmo tamanho. Com 8 litros de suco, quantos copos iguais a esses encherei?

Cálculo

Resposta: _____

4. Em um tanque de gasolina havia 350 litros de combustível. Já foram vendidos 135 litros. Quantos litros de gasolina ainda restam no tanque?

Cálculo

Resposta: _____

5. Marlene comprou 6 garrafas de suco. Cada uma contém 1 litro e meio de suco. Quantos litros de suco foram comprados?

Cálculo

Resposta: _____

MATEMÁTICA

LIÇÃO 19 — MEDIDAS DE MASSA

Massa

Usamos a balança para medir a massa de pessoas, de alimentos e de outros objetos.

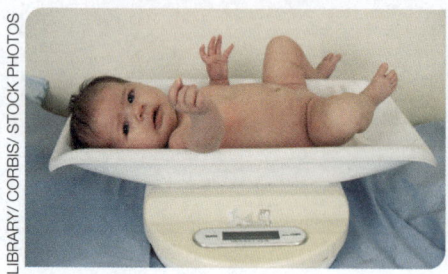

Balança usada em postos de saúde e consultórios médicos para pesar bebês.

Balança com escala graduada em quilograma (kg), usada em açougues, quitandas, feiras etc.

Balança de pratos usada para pesar carne, cereais, entre outros.

Quilograma e grama

A unidade fundamental de **medida de massa** é o **quilograma**.

O símbolo do quilograma é **kg**.

Outra unidade de medida de massa muito usada é o **grama** (g).

> 1 quilograma é igual a 1 000 gramas
>
> 1 kg = 1 000 g

É comum usarmos a palavra "peso" em vez de massa, e a palavra "quilos" em vez de quilogramas.

Observe algumas das maneiras de dividir 1 quilograma.

- 1 quilograma é o mesmo que 1 000 gramas.

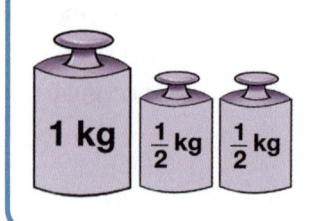

- 1 quilograma tem **2 meios** quilograma com 500 gramas cada.
  Meio quilograma é o mesmo que 500 gramas.

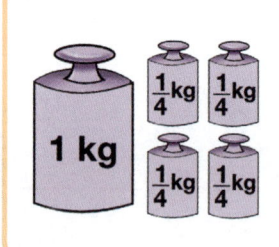

- 1 quilograma tem **4 quartos** de quilograma com 250 gramas cada.
  1 quarto de quilograma é o mesmo que 250 gramas.

O nome popular para quilograma é quilo.

ATIVIDADES

1. Complete.

a) O instrumento utilizado para medir massa chama-se _____.

b) Um quilograma contém _____ meios quilograma.

c) Meio quilograma corresponde a _____ gramas.

d) Dois meios de 1 quilograma correspondem a _____ quilograma.

e) Dois pacotes de 250 gramas correspondem a _____ quilograma.

f) Quatro pacotes de 250 gramas correspondem a _____ quilograma.

2. Escreva o nome de dois produtos que compramos por quilograma.

3. Quanto pesa? Contorne a indicação certa.

mais de 1 kg
menos de 1 kg

mais de 5 kg
menos de 5 kg

mais de 1 kg
menos de 1 kg

mais de 5 kg
menos de 5 kg

4. Observe as imagens e responda:

Quanto deve marcar a última balança?

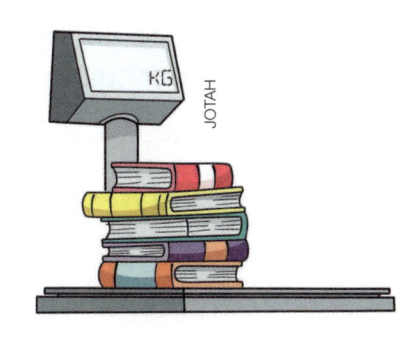

5. Observe os pesos das frutas.

1 kg   1 kg   1 kg

Faça um **X** nas balanças que estão com a medida errada.

2 kg   2 kg

2 kg   2 kg

PROBLEMAS

1. Ana foi ao mercado comprar alguns ingredientes que faltavam para seu lanche. Veja o que ela comprou e quanto gastou.

> 100 g de presunto   2 reais
> 200 g de queijo prato   3 reais
> 400 g de rosbife   16 reais

a) Calcule o total de ingredientes que Ana comprou. Esse total é maior ou menor que um quilo?

Resposta: _____

b) Descubra o preço de um quilo do presunto e do queijo e veja qual deles é mais caro.

Resposta: _____
_____
_____

2. Seu Antônio vendeu 26 quilogramas de carne de boi, 18 quilogramas de carne de porco e 12 quilogramas de frango. Júnior vendeu a metade dessa quantidade. Quantos quilogramas de carne Júnior vendeu?

Resposta: _____

DESAFIO

1. Observe esta imagem. A moça está pesando uma verdura.

Quanto pesa, aproximadamente, essa verdura? Marque com um **X**.

a) menos do que 1 kg.
b) entre 1 kg e 2 kg.
c) entre 2 kg e 5 kg.
d) mais do que 5 kg.

2. O livro fino pesa meio quilo. Quanto você acha que pesa o livro grosso?

Resposta: O livro mais grosso pesa
_____
_____

230

20 NOSSO DINHEIRO

O Real

A unidade monetária do Brasil é o **Real**. O símbolo do real é **R$**.

Cédulas

R$ 2,00

R$ 5,00

R$ 10,00

R$ 20,00

R$ 50,00

R$ 100,00

R$ 200,00

Moedas

1 centavo    5 centavos    10 centavos    25 centavos    50 centavos    1 real

ATIVIDADES

1. Escreva as quantias por extenso.

a) R$ 75,00 _____

b) R$ 50,00 _____

c) R$ 82,00 _____

d) R$ 285,00 _____

e) R$ 46,80 _____

f) R$ 315,00 _____

2. Represente numericamente as quantias por extenso.

cento e quarenta reais
R$ _____
quinze reais
R$ _____
noventa reais
R$ _____
quarenta e oito reais
R$ _____
oitenta e três reais e dez centavos
R$ _____
duzentos e setenta e dois reais
R$ _____
quinhentos reais
R$ _____
setenta e sete reais
R$ _____
vinte e nove reais e vinte centavos
R$ _____

3. Vamos fazer compras na papelaria "Eu gosto".

Veja os preços de alguns produtos vendidos na papelaria.

Produtos	Preço (R$)
1 lápis preto	2,00
Caderno com 200 folhas	12,00
Caneta marca-texto	3,00
Caixa de giz de cera	4,00
Caixa de 12 lápis de cor	9,00
Calculadora simples	5,00
Régua de 30 centímetros	2,00
Tesoura com pontas arredondadas	4,00
Pasta com elástico	3,00
1 borracha	1,00
Apontador para lápis	2,00
Caderno de capa dura com 50 folhas	6,00

a) Qual é o produto mais caro?
_____

b) Qual é o produto mais barato?
_____

c) Ana comprou 3 cadernos de 50 folhas de capa dura. Quanto ela gastou?
_____

d) Paulo comprou uma pasta com elástico e uma tesoura. Pagou com uma nota de R$ 10,00. Quanto ele recebeu de troco?
_____

e) Luís tem R$ 14,00 e precisa de uma caixa de lápis de cor. O que ele pode levar a mais para gastar todo seu dinheiro?
_____
_____
_____

PROBLEMAS

1. Anita tinha R$ 500,00. Ganhou R$ 280,00 de seu pai. Quanto dinheiro Anita tem agora?

Cálculo

Resposta: _____

2. Marcos tinha R$ 650,00. Gastou R$ 280,00. Quanto dinheiro sobrou?

Cálculo

Resposta: _____

3. Francisco pagou com R$ 100,00 uma despesa de $\frac{1}{4}$ desse valor. Quanto vai receber de troco?

Cálculo

Resposta: _____

4. Pedro ganhou R$ 500,00 por um trabalho e R$ 300,00 pela venda de uma bicicleta. Gastou R$ 400,00 e guardou o restante. Quanto Pedro guardou?

Cálculo

Resposta: _____

Não se esqueça de escrever a resposta completa para a pergunta do problema.

5. Utilize as cédulas e as moedas do Almanaque para resolver as atividades.

Descubra as combinações que você pode fazer com cédulas e moedas para obter as seguintes quantias e registre da forma como preferir.

a) Cédulas de 10 reais e 5 reais.

Quantia a ser obtida: R$ 30,00.

b) Cédulas de 5 reais e moedas de 1 real.

Quantia a ser obtida: R$ 25,00.

c) Moedas de 50 centavos e 25 centavos, cédulas de 5 reais.

Quantia a ser obtida: R$ 20,00.

d) Cédulas de 5 reais, moedas de 1 real e moedas de 50 centavos.

Quantia a ser obtida: R$ 22,00.

RESOLUÇÃO DE PROBLEMAS

1. Leia o problema.

> Martin recebe um salário bruto de R$ 1 350,00. Seu salário sempre vem com descontos fixos de R$ 430,00. Esse mês ele teve um prêmio de R$ 350,00.
>
> **A.** Qual é o valor do salário de Martin com o desconto?
>
> **B.** Qual foi o valor do salário bruto de Martin com o prêmio?

> **Salário bruto** é o pagamento mensal que um trabalhador recebe sem considerar os descontos oficiais obrigatórios, como o INSS e o Imposto de Renda.

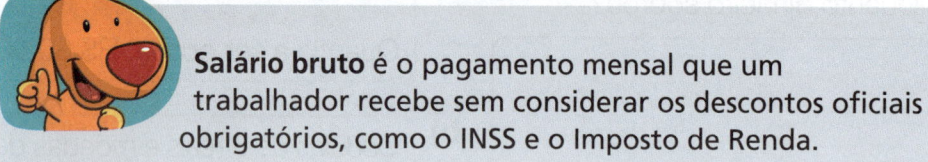

a) Esse problema tem quantas perguntas?

_____

b) Que operação será necessária para responder cada pergunta do problema?

_____

c) Agora resolva os dois problemas, indicados pelas perguntas A e B do problema de Martin.

Cálculo

Respostas:

A: O valor do salário de Martin com o desconto é _____

B: Juntos, o salário bruto e o prêmio, somam o valor _____

2. Elabore dois problemas envolvendo situações de dinheiro: um precisa ser resolvido com uma adição e outro com uma subtração.

- Troque seus problemas com um colega e resolva os problemas elaborados por ele.

234

Coleção Eu gosto m@is

HISTÓRIA

3º ANO
ENSINO FUNDAMENTAL

SUMÁRIO

Lição 1 – As cidades têm história **237**
- Histórias do lugar onde moro 237
- As ruas se transformam com o tempo 239
- Os moradores podem se associar 241
- Os bairros se transformam com o passar do tempo 242

Lição 2 – A vida no campo **243**
- Reunir-se para sobreviver 243
- As mulheres desenvolveram a agricultura 244
- Surgiu também a pecuária 244
- Surgiram as primeiras aldeias 245
- O trabalho no campo hoje 247
- Crianças no campo 248
- A cidade 250
- Trabalhadores das cidades 251
- O campo e a cidade 251

Lição 3 – O mundo do lazer **253**
- O que é lazer 253
- Meus momentos de lazer 254
- Meus espaços de lazer 255
- O lazer no bairro onde moro 256

Lição 4 – O lugar onde vivo: o bairro **259**
- Por que existem bairros? 260

Lição 5 – As pessoas do meu bairro **263**
- Os moradores do bairro 263
- Associações de bairro 265
- Cuidar do bairro e do ambiente em que se vive 266

Lição 6 – O mundo das comunicações **268**
- O que é comunicação? 268
- O rádio, a TV e os computadores e a internet 269

Lição 7 – O mundo dos transportes **273**
- O que são transportes? 274
- Transportes do passado no mundo 277
- Transportes do passado no Brasil 278

Lição 8 – Datas comemorativas **279**
- Dia Nacional do Livro Infantil 279
- Dia do Indígena 280
- Chegada dos portugueses ao Brasil 282
- Dia dos Trabalhadores 283
- Independência do Brasil 283
- Proclamação da República 286

1 AS CIDADES TÊM HISTÓRIA

Histórias do lugar onde moro

Ruas, bairros, cidades... Quando alguém escreve o endereço de onde mora, começa por "Rua" ou "Avenida", não é mesmo? Mas também poderia escrever "Alameda", "Estrada", "Travessa", "Praça".

Mas nem sempre foi assim.

Antigamente, muitas ruas eram conhecidas pelo nome de um morador, pela cor de uma casa ou por um ponto de referência, como uma árvore. Além disso, as casas não eram numeradas.

A rua é um espaço de convivência para aqueles que nela moram. É um espaço público, pois nela todos têm o direito de ir e vir livremente e de realizar atividades coletivas, como passeatas, protestos, desfiles ou paradas, feiras livres e festas populares.

Nas cidades, as ruas fazem parte de conjuntos maiores, os bairros.

O que é um endereço?

Para entregar a correspondência, o carteiro precisa procurar o endereço escrito no envelope ou na caixa. Esse endereço compreende: o nome da rua, o número da moradia e, se for o caso, do complemento, o nome do bairro, o nome da cidade e um número, que é o Código de Endereçamento Postal (CEP). O endereço de uma pessoa é esse conjunto de informações que permitem que o local onde ela reside seja encontrado.

O CEP foi criado porque o número de casas e ruas aumentou com o tempo.

Observe as fotos a seguir. Elas mostram ruas, em bairros, cidades e anos diferentes.

Essa rua fica em uma cidade antiga chamada Diamantina, no estado de Minas Gerais. Ela ainda mantém características de 250 anos atrás. Foto década de 2010.

Essa é uma rua do bairro de Copacabana (RJ). Atualmente, as ruas e avenidas são mais amplas, para comportar um número maior de veículos. Foto de 2021.

ATIVIDADES

1. O que é uma rua? Qual é o nome da rua de sua escola?

_____
_____

2. Marque **C** para as frases corretas e **E** para as erradas.

☐ Antigamente, as ruas eram identificadas pelo nome de moradores ou por pontos de referência.

☐ As ruas sempre tiveram CEP.

☐ O CEP foi criado porque o número de casas e ruas aumentou com o tempo.

3. Qual é o significado da sigla CEP? Qual é o CEP da rua da sua escola?

_____
_____

4. Escreva cinco nomes de atividades que podem ser realizadas coletivamente na rua.

_____
_____
_____
_____

As ruas se transformam com o tempo

Muitas ruas, assim como outros espaços da cidade, mudam bastante com o passar do tempo, pois as paisagens construídas pelas pessoas estão em constante transformação. As ruas podem ser alargadas, podem ter suas casas reformadas ou derrubadas, podem receber outro tipo de pavimentação e assim por diante.

Ruas que em outros tempos eram de terra batida passam a receber asfalto; casas que ficam velhas, às vezes, são demolidas para dar lugar a novas casas ou a edifícios; outras são reformadas e se tornam novas moradias ou passam a ser uma casa de comércio, como lojas, farmácias, restaurantes etc.

A mudança também pode ser dos moradores: pessoas mudam de endereço e vão morar em outras ruas. E, assim, novos vizinhos surgem.

Observe as fotos a seguir.

Avenida Afonso Pena, em Belo Horizonte (MG). Foto de 1930.

Avenida Afonso Pena, em Belo Horizonte (MG). Foto década de 2021.

Como batizar ou mudar o nome de uma rua

Você aprendeu que as ruas têm nomes ou números. Mas quem escolhe esses nomes e números? Como se faz para batizar uma rua?

Para nomear uma rua, precisa existir um projeto de lei, criado por algum vereador. Os vereadores são os representantes da população, eleitos para fazer as leis.

O projeto para o nome da rua ou praça é apresentado, então, na Câmara da cidade. Se ele for aprovado, vira lei.

Após a aprovação, a prefeitura se incumbe de obedecer a essa lei, ou seja, coloca ou modifica o nome da rua.

Os moradores de uma rua podem, por exemplo, enviar a um vereador uma sugestão de nome e pedir-lhe que apresente essa proposta na Câmara de Vereadores.

Rua do Trapiche, em São Luís (MA). Foto década de 2010. Trapiche é o nome que se dava ao armazém onde eram estocadas as mercadorias importadas ou para exportar.

O nome dessa praça, no município de Caxias (MA), foi escolhido em homenagem ao poeta maranhense Gonçalves Dias. Foto década de 2010.

ATIVIDADES

1. Observe mais uma vez as fotos da Avenida Afonso Pena, em Belo Horizonte, e escreva qual é a principal diferença entre a avenida do passado e a do presente.

_____
_____
_____

2. Escreva quais são, em sua opinião, as vantagens e as desvantagens da transformação de uma rua.

Vantagens: _____
_____
_____

Desvantagens: _____
_____
_____

3. Marque com um **X** como se dá o nome a uma rua.

☐ É escolhido pelo prefeito da cidade.

☐ Pode ser colocado por qualquer cidadão.

☐ Precisa existir um projeto de lei aprovado pela Câmara de Vereadores da cidade.

☐ Depende de uma votação de todos os moradores da rua.

4. Os nomes das ruas podem lembrar fatos ou personagens históricos, tanto da cidade como do país. Dos nomes a seguir, quais lembram fatos ou personagens históricos? Marque com um **X** os quadradinhos correspondentes.

☐ Rua Zumbi dos Palmares.

☐ Rua Harmonia.

☐ Rua 7 de Setembro.

☐ Rua da Casa Amarela.

☐ Rua das Violetas.

☐ Rua Tiradentes.

5. Na cidade onde você mora, existem ruas com nomes ligados a fatos históricos? Faça uma pesquisa e escreva dois desses nomes.

_____

_____

6. No Brasil, é muito comum termos ruas com nomes indígenas, pois, até o século XIX, o tupi-guarani era uma língua muito falada pelos brasileiros, em vários lugares. Marque com um **X** as ruas com nomes indígenas.

☐ Rua Aimorés.

☐ Rua 2 de Julho.

☐ Rua 21 de Abril.

☐ Rua Botocudos.

☐ Rua Dom Pedro I.

☐ Rua Xavantes.

☐ Rua Frei Caneca.

☐ Rua Tupã.

7. Na sua cidade, existe alguma rua com nome indígena? Escreva qual é o nome dessa rua.

_____

Os moradores podem se associar

Em muitos bairros, quando os moradores se conhecem e se tornam amigos, são formadas associações para conseguir melhorias para o local.

Funciona assim: um grupo de moradores se reúne e conversa sobre problemas que precisam ser resolvidos no bairro, como ruas esburacadas, falta de um parque com jardim, falta de policiamento e necessidade de aumentar o transporte público.

Reunião de moradores no bairro de Ermelino Matarazzo (SP). Foto de 2014.

HISTÓRIA

Os moradores, então, realizam uma campanha para que mais pessoas do bairro apoiem as propostas. Eles encaminham essas propostas, ou os pedidos de melhorias, para os vereadores, na Câmara Municipal.

São os vereadores que criam as leis que beneficiam os bairros de uma cidade.

Os bairros se transformam com o passar do tempo

Os moradores podem se reunir para trabalhar em prol dos menos favorecidos. Na foto, membros da Associação de Mulheres de Paraisópolis (SP) reunidos no preparo de marmitas para moradores em situação de vulnerabilidade. Foto de 2020.

Os bairros existem tanto nas cidades como nas áreas rurais. Há vários tipos de bairros: residenciais, onde moramos; comerciais, onde há muitas lojas; e industriais, onde há várias fábricas. Os bairros têm história, isto é, eles são formados, crescem ou diminuem com o passar do tempo, recebem um nome.

ATIVIDADES

1. Converse com o professor e os colegas sobre qual é a função de uma associação de moradores. Registre as conclusões de vocês nas linhas a seguir.

_____

_____

_____

2. Marque com um **X** o que uma associação de moradores pode fazer pelo bairro de uma cidade.

☐ Pode construir parques e avenidas no bairro.

☐ Pode fazer reuniões de moradores para que todos contem os problemas que enfrentam no bairro.

☐ Pode fazer leis que melhorem a vida das pessoas do local.

☐ Pode fazer campanhas para conseguir que a Câmara Municipal aprove melhorias para o bairro.

3. No bairro onde você vive, existe alguma associação de moradores? Se não souber, pesquise ou pergunte para um adulto. Depois, registre aqui.

_____

_____

_____

_____

_____

LIÇÃO 2 — A VIDA NO CAMPO

Reunir-se para sobreviver

Ao conversarmos sobre ruas e bairros, na lição anterior, falamos sobre as cidades. Atualmente, a maioria das pessoas vive em cidades, pequenas ou grandes. Mas nem sempre foi assim.

Os primeiros grupos humanos moravam no **campo**. As pessoas reuniam-se em pequenos grupos, pois assim tinham mais chances de sobreviver. Esses agrupamentos viviam da caça, da pesca e da coleta de alimentos da natureza, pois não sabiam como plantar vegetais ou criar animais.

Quando acabava a comida de uma região, os grupos eram obrigados a se mudar. Por isso, eram chamados **nômades**.

Nesta lição, vamos estudar algumas das atividades que os seres humanos desenvolveram no campo para obter alimentos.

Família nômade mongol. Foto de 2017.

Você vive no campo ou na cidade?

VOCABULÁRIO

nômades: grupos que não têm moradia fixa, mudando-se de lugar quando acaba a comida nas áreas onde vivem.

As mulheres desenvolveram a agricultura

No início da humanidade, as tarefas eram divididas: os homens e os meninos eram responsáveis pela caça e pela pesca; as mulheres e as meninas praticavam a coleta, isto é, colhiam os vegetais que já existiam na natureza.

Com o tempo, as mulheres perceberam que, quando uma semente caía no chão, brotava uma nova planta. Essa descoberta das mulheres permitiu que surgisse a **agricultura**, que é a atividade de plantar e colher.

Representação de como era a agricultura no início.

Surgiu também a pecuária

Os homens caçavam os animais que existiam na natureza. Mas algumas espécies se aproximavam sozinhas dos seres humanos, em busca de alimento. Com o tempo, as pessoas passaram a cuidar de animais que podiam lhes servir de alimento. Também descobriram que alguns deles produziam leite ou ovos, reforçando a alimentação do grupo.

Assim surgiu a atividade de criar animais para fornecer alimentos, que foi chamada de **pecuária**.

Representação de como era a pecuária no início.

ATIVIDADES

1. Complete as frases abaixo, sobre a divisão de trabalho entre os primeiros grupos humanos.

a) As mulheres e as meninas faziam a _____.

b) Os homens e os meninos _____ e _____.

2. Assinale as informações corretas.

☐ Os homens que descobriram que podiam plantar sementes para colher frutos.

☐ Os primeiros grupos humanos eram nômades.

☐ Agricultura é a atividade de plantar e colher.

☐ A criação de animais começou quando algumas espécies se aproximaram dos seres humanos, em busca de alimento.

Surgiram as primeiras aldeias

A agricultura e a pecuária mudaram o modo de viver dos primeiros grupos humanos. Eles não precisavam mais mudar de um lugar para outro em busca de alimentos. Deixaram de ser nômades para se fixarem em um lugar, tornando-se **sedentários**.

O resultado dessa mudança foi a formação dos primeiros agrupamentos humanos, chamados **aldeias**. Para facilitar a vida das pessoas, esses grupos geralmente se formavam às margens dos rios.

Representação de como seria uma aldeia no início da humanidade.

Para viver em uma aldeia, as pessoas precisavam construir moradias, fazer os próprios objetos para a caça e para a pesca e confeccionar as roupas que vestiam. Os seres humanos começaram então a vida em **comunidade**.

VOCABULÁRIO

sedentário: aquele que permanece morando em um lugar; que tem moradia fixa.
comunidade: conjunto de pessoas organizadas em determinado lugar para uma vida comum, em que ajudam umas às outras.

Surgiram as ferramentas

No começo, as pessoas usavam as mãos para plantar e colher alimentos. Depois, criaram algumas **ferramentas** feitas de ossos e pedras lascadas. Uma das principais ferramentas era a enxada, que servia para preparar a terra para o plantio.

Outro avanço foi a criação do arado, uma ferramenta puxada por animais, usada para semear a terra.

Muitos séculos depois, a invenção de máquinas tornou a agricultura ainda mais eficiente.

Surgiu o comércio

Com o tempo, mais pessoas passaram a viver nas aldeias. Em uma aldeia, algumas pessoas só realizavam o plantio e não tinham tempo para produzir outras coisas de que precisavam.

Mas, como sobravam produtos do seu trabalho, elas passaram a trocar mercadorias com outros moradores e, assim, obter aquilo que não podiam fazer.

Quem produzia frutas trocava com quem produzia ovos; quem plantava verduras trocava com quem tivesse leite. Calçados eram trocados por alimentos, e assim por diante.

Até que, em vez de trocar uma coisa por outra, foram inventadas as moedas. A atividade de troca, então, passou a chamar-se **comércio**.

Representação do comércio nos primeiros assentamentos urbanos.

ATIVIDADES

1. Quais atividades possibilitaram a formação das primeiras aldeias?

_____

2. Pinte os quadros com o nome dos materiais usados pelos primeiros grupos humanos na fabricação de ferramentas.

- ouro
- osso
- folha
- madeira
- pedra
- água

3. Responda com suas palavras: Qual é a importância do surgimento de moedas de troca?

_____
_____
_____
_____
_____
_____
_____
_____
_____

O trabalho no campo hoje

> Você sabe de onde vêm os alimentos que consumimos? Não o local onde você os compra, mas onde são produzidos?

Muitos são os trabalhadores rurais que vivem no campo e que contribuem para o crescimento do Brasil.

Eles trabalham na **agricultura** plantando produtos como arroz, feijão, milho, legumes, verduras e árvores frutíferas, entre outros. Trabalham também na **pecuária**, que é a criação de animais.

Existem outros trabalhadores do campo que retiram das florestas frutos como a castanha-do-pará e o babaçu, e várias plantas que são utilizadas para fazer remédios, perfumes e chás. Esse tipo de trabalho recebe o nome de **extrativismo vegetal**.

Produtos como o café, a soja e a laranja, por exemplo, são vendidos e consumidos também por pessoas de outros países.

Trabalhadores rurais colhem rúcula orgânica na zona rural de Ibiúna (SP). Foto década de 2010.

ATIVIDADES

1. Faça a correspondência.

1 Alimentos que provêm da agricultura.

2 Alimentos que provêm da pecuária.

3 Alimentos que provêm do extrativismo.

☐ castanha-do-pará

☐ carne de frango

☐ babaçu

☐ leite

☐ laranja

☐ feijão

2. Preencha os quadros abaixo com alimentos que vêm do campo e que você gosta de comer no café da manhã, no almoço e no jantar.

ALIMENTOS DO CAMPO QUE VOCÊ GOSTA DE COMER NO

Café da manhã
_____
_____

Almoço
_____
_____

Jantar
_____
_____

Crianças no campo

No Brasil, existem quase dois milhões e quinhentas mil crianças menores de 14 anos vivendo no campo, de acordo com informações do governo brasileiro.

Muitas dessas crianças trabalham em atividades da agricultura e da pecuária como se fossem adultos, para ajudar no sustento de suas famílias.

Elas enfrentam grandes problemas nesses trabalhos, como ficar muito tempo sob o sol e fazer uso de instrumentos perigosos.

Além disso, várias dessas crianças não vão à escola. Algumas porque trabalham o dia inteiro, outras porque moram longe do local de estudo. Para essas crianças, os direitos de ir à escola e brincar não são respeitados.

Essa situação é um crime, porque, no Brasil, o trabalho infantil é proibido por lei. As pessoas que empregam crianças podem ser punidas pela Justiça.

Crianças trabalhando em lavoura de sisal, em Petrolina (BA). Foto década de 1990.

ATIVIDADES

1. Pinte as frases dos quadros abaixo que explicam por que não é correto crianças trabalharem.

> Porque as crianças não receberão salário pelo trabalho.

> Porque as crianças precisam estudar, brincar e se desenvolver com saúde.

> Porque o trabalho infantil é proibido no Brasil.

> Porque as crianças não devem nem mesmo ajudar os pais nas tarefas de casa.

2. Como é a vida no campo no lugar onde você mora? Converse com adultos ou procure em jornais, revistas ou em outras fontes de pesquisa e responda às questões.

a) Na região em que você vive, há grandes fazendas ou pequenas chácaras e sítios?
_____
_____
_____
_____
_____
_____

b) Quais são os principais produtos agrícolas da sua região?
_____
_____
_____
_____

c) Existem crianças que trabalham no campo na região em que você vive?
_____
_____
_____
_____

3. Marque com um **X** as palavras que completam a frase de modo correto.

a) Os primeiros seres humanos viviam:

> no campo.

> nas cidades.

b) As pessoas só puderam se fixar em um local após aprenderem:

> a produzir ferramentas de trabalho.

> agricultura e pecuária.

A cidade

Há centenas de anos, com o desenvolvimento da agricultura e da pecuária, surgiu também o comércio, pois as pessoas começaram a trocar os produtos de que necessitavam.

As comunidades também passaram a viver em locais cada vez maiores, dando origem aos povoados e às vilas. Muitos desses povoados e vilas cresceram e se transformaram em **cidades**. Quando os portugueses chegaram ao território que posteriormente seria chamado de Brasil, fundaram muitos povoados e vilas que deram origem a cidades que existem até hoje.

Nas cidades, praticam-se principalmente o **comércio**, as **atividades industriais** e diversos tipos de **serviços**. Nelas também são tomadas as decisões políticas.

As cidades cresceram com o desenvolvimento das indústrias. As indústrias surgiram com a invenção das máquinas, que faziam o trabalho de muitas pessoas e assim produziam muito mais mercadorias.

A população do campo passou a se transferir para as cidades, para trabalhar nas fábricas. Atualmente, cerca de metade da população mundial vive em cidades.

Centro Cultural Dragão do Mar, Praia de Iracema, Fortaleza (CE). Foto de 2013.

Trânsito na esquina das avenidas Tocantins e Paranaíba, em Goiânia (GO). Foto de 2010.

Indústria F. Matarazzo, na cidade de São Paulo (SP). Foto de 1906.

Trabalhadores das cidades

Além dos operários, que trabalham nas fábricas, as cidades contam com muitos outros tipos de trabalhadores.

Na cidade, as pessoas podem trabalhar em um dos setores apresentados a seguir:

- **Produção e construção:** esse setor abrange desde a produção em fábricas e oficinas até as construções em geral.

Operários trabalhando no gasoduto da Gasmig (Companhia de Gás de Minas Gerais), em Ouro Preto (MG). Foto década de 2010.

- **Comércio:** setor que engloba todos os trabalhos ligados à venda e à compra de produtos.

Loja de calçados da Rua Teodoro Sampaio, no bairro de Pinheiros (SP). Foto década de 2010.

- **Prestação de serviços:** nesse setor, as pessoas vendem seus serviços. É o setor em que há mais pessoas trabalhando.

Cabeleireira cortando cabelo de seu cliente em seu salão.

Taxista na Avenida Paulista (SP). Foto década de 2010.

O campo e a cidade

O campo e a cidade estão ligados, pois um depende do outro.

O campo fornece à cidade os produtos básicos para as indústrias, chamados **matérias-primas**, como leite, couro, ovos, madeiras, vegetais de todos os tipos (frutas, legumes, verduras), além de variados tipos de minérios.

No Brasil, a produção agrícola se dá quase toda em grandes propriedades rurais. Os trabalhadores são assalariados, isto é, recebem um **salário**.

Muitas famílias acabam saindo do campo e indo para a cidade, em busca de empregos e melhores condições de vida. Esse movimento de pessoas do campo para a cidade chama-se **êxodo rural**.

Colonos de origem italiana colhendo maçãs em Veranópolis (RS). Foto década de 2010.

Mercado municipal na cidade de Altamira (PA). Foto década de 2010.

ATIVIDADES

1. Pinte as frases verdadeiras sobre as cidades.

- Nas cidades são cultivados produtos agrícolas.
- É nas cidades que se tomam decisões políticas.
- Grande parte do comércio é feita em cidades.
- Muitas fazendas de criação de gado se encontram em cidades.

2. Por que as máquinas foram importantes para o crescimento das cidades?

_____
_____
_____
_____

3. Relacione cada setor de trabalho com suas características.

1 Produção e construção

2 Comércio

3 Prestação de serviços

☐ venda de serviços

☐ construção de imóveis e produção em fábricas

☐ compra e venda de produtos

4. O que é êxodo rural?

_____
_____

5. Entreviste um adulto de sua família para descobrir em que setor de trabalho ele atua e que tipo de trabalho realiza. Siga o roteiro e registre as respostas no caderno.

a) Nome do adulto;

b) Setor em que trabalha;

c) Quais são suas funções.

3 O MUNDO DO LAZER

O que é lazer

Lazer significa o que a gente faz durante o tempo de folga, de descanso. É o conjunto de atividades agradáveis e prazerosas que temos na nossa vida.

> Como você costuma passar seus momentos de lazer?
> Você faz algo semelhante às crianças mostradas nas ilustrações? Em qual delas?

Toda criança tem direito ao lazer. E os adultos também! Da mesma forma que as crianças estudam e têm seus momentos para brincar, os adultos trabalham e precisam de alguns momentos para descansar e se divertir. Assim, nos fins de semana e nas férias, eles tiram um tempo para o lazer.

Você sabe por quê?

É uma questão de saúde. O nosso corpo e a nossa mente precisam desse tempo para recuperar energias. Isso acontece por meio de alimentação saudável e também de descanso, de atividades agradáveis e de distração.

As crianças normalmente passam seu tempo de lazer brincando.

Elas também têm momentos de lazer descansando ou passeando, com amigos ou com os familiares.

ATIVIDADES

1. Observe as imagens das brincadeiras e relacione-as ao nome correspondente.

ILUSTRAÇÕES: JOSÉ LUIS JUHAS

☐ bola   ☐ amarelinha   ☐ pipa   ☐ cantigas de roda

2. Sublinhe a frase que fala de momentos de lazer das crianças.

a) Meninos e meninas crescem muito depressa.

b) É gostoso correr no parque nos domingos de manhã.

c) Os adultos também precisam de lazer.

d) Durante a semana, as crianças frequentam a escola todos os dias.

3. Ligue a palavra lazer com uma definição correta.

LAZER

- é o direito de estudar.
- é um direito que só as crianças têm.
- é apenas o passeio de final de semana.
- é o tempo de folga ou a atividade que se tem no tempo de folga.

4. Pense nos seus familiares e assinale as atividades que eles têm em seus momentos de lazer:

☐ assistir à televisão

☐ dormir

☐ passear

☐ ir ao cinema

☐ desenhar

☐ conversar na rua com vizinhos e amigos

☐ ir ao clube

☐ convidar amigos e parentes para visitá-los em casa

☐ ir à casa de amigos e parentes para visitá-los

☐ ler livros, revistas e jornais

Meus momentos de lazer

Nas horas de lazer, Fátima gosta muito de brincar de roda no pátio do prédio onde mora.

Julinho, seu irmão, prefere jogar *videogame* no computador, no quarto.

Ana Paula, uma das amigas de Fátima, adora brincar de cabeleireira, para pentear todas as bonecas dela e das amigas. Ela faz isso na sala ou no quarto.

Maria Cecília prefere jogar futebol com os meninos do parque, porque ela é ótima goleira.

E você, o que faz em seus momentos de lazer?

ATIVIDADES

1. Escreva os espaços de lazer que foram mencionados no texto anterior.

_____

2. Associe a criança com o que ela faz nos momentos de lazer.

Maria Cecília	Pentear as bonecas
Ana Paula	Jogar futebol
Fátima	Jogar *videogame*
Julinho	Brincar de roda

3. Qual das brincadeiras citadas no texto você também costuma realizar?

_____

_____

4. De qual brincadeira você mais gosta? Onde você costuma brincar disso?

_____

_____

5. Converse com dois colegas da classe e pergunte o que eles fazem nos momentos de lazer. Registre em seguida.

Nome do colega: _____

_____

O que ele faz: _____

_____

Nome do colega: _____

_____

O que ele faz: _____

_____

Meus espaços de lazer

Cada pessoa tem um lugar preferido para seus momentos de lazer.

Algumas gostam de ficar ao ar livre, outras preferem alguma atividade em um ambiente mais aconchegante, como a sala ou o quarto.

O espaço do lazer depende do que se faz.

Praticar esportes, por exemplo, pode ser no clube, em parques, no pátio ou em quadras apropriadas.

Ler, assistir a vídeos ou programas na televisão pode ser em um lugar confortável, como a sala ou o quarto.

- Escreva um pequeno texto contando tudo que você fez no último domingo. Faça desenhos para mostrar quais foram as atividades de lazer.

O lazer no bairro onde moro

Quase sempre existem espaços públicos de lazer nos bairros de uma cidade.

Esses espaços públicos são os parques e jardins, que as pessoas podem frequentar para passar algum tempo descansando, praticando esportes e conversando. Também existem associações de moradores, igrejas, clubes e outras organizações que costumam oferecer aos participantes muitas atividades de lazer e diversão.

As festas nos bairros reúnem moradores em determinados locais ou ruas e podem ser uma ocasião para as pessoas **confraternizarem**.

Nas festas juninas, por exemplo, em muitas localidades brasileiras há comemorações feitas nas ruas e em parques dos bairros. Os moradores fazem barraquinhas para vender comidas típicas, vestem-se com roupas de caipira e, em aparelhos de som, colocam músicas juninas para tocar. Em um determinado momento, dança-se a quadrilha, que é uma tradição dessas datas.

VOCABULÁRIO

confraternizar: conviver e divertir-se com outras pessoas como se fossem irmãos, em paz, com amizade.

Também existem festas populares diferentes, em outras regiões brasileiras, como bumba-meu-boi, **moçambique** etc.

Grupo folclórico em apresentação na cidade de Belém (PA). Foto de 2016.

VOCABULÁRIO

moçambique: dança folclórica e tradicional, geralmente em homenagem a São Benedito, introduzida no Brasil por africanos escravizados. É dançada com bastões, que um dançarino bate no de outro dançarino.

Nas festas religiosas católicas, realizam-se procissões que são acompanhadas por muitos fiéis. Depois da procissão, os devotos costumam se reunir em alguns locais e realizar **quermesses**. Você já participou de alguma quermesse?

Procissão da festa do Círio de Nazaré, em Belém (PA). Foto de 2012.

VOCABULÁRIO

quermesse: feira realizada ao ar livre, com sorteios, jogos e brincadeiras. A renda é beneficente, isto é, destinada a alguma instituição ou para caridade.

Se um bairro não oferecer nenhum espaço de lazer para seus moradores, o que as pessoas poderiam fazer para solucionar esse problema? Elas poderiam realizar campanhas, para melhorar a qualidade de vida da comunidade, o que inclui ter espaço para o lazer. Por exemplo, os integrantes de uma associação de bairro poderiam seguir estas etapas:

- Reunir-se para discutir o problema e apresentar sugestões.
- Organizar um abaixo-assinado pedindo às autoridades um espaço como, por exemplo, um parque, um jardim público, um imóvel que pudesse servir de clube etc.
- Enviar o abaixo-assinado para vereadores, subprefeito e prefeito.
- Comunicar a repórteres que estão fazendo essa reivindicação, para a notícia sair na imprensa.

ATIVIDADES

1. Você sabe quais são as oportunidades de lazer que existem no seu bairro? Escreva uma lista em seu caderno.

2. Faça uma entrevista com dois adultos que morem com você ou nas proximidades, para descobrir qual o local de lazer de que eles mais gostam de frequentar nesse bairro. Registre em seguida:

Nome do 1º adulto: _____
_____

Local de que gosta: _____
_____

Nome do 2º adulto: _____
_____

Local de que gosta: _____
_____

3. No seu bairro existe alguma festa tradicional? Qual é?
_____
_____

4. Recorte e cole no caderno a imagem de uma festa popular de sua cidade. Coloque a fonte (nome, local e data).

5. Desenhe a sua família e você em um momento de lazer.

4 — O LUGAR ONDE VIVO: O BAIRRO

Bairro é uma parte da cidade ou do município. Geralmente apresenta um conjunto de casas residenciais, comerciais, edifícios, áreas públicas e indústrias. Nele vivem ou trabalham muitas pessoas.

Espaços públicos são os locais comuns a todos os moradores da cidade, como ruas, avenidas, parques, praças etc. Existem também prédios públicos, como prefeitura, tribunal de Justiça, postos de saúde.

Espaços particulares são aqueles que pertencem a um ou mais proprietários, como bancos, lojas, supermercados, residências, farmácias.

Existem bairros que ficam perto do centro da cidade, e outros, mais afastados. Quando são afastados, dizemos que são bairros de periferia ou de subúrbio. Também existem bairros que ficam fora da região **urbana**, no campo, por isso são chamados bairros rurais. Nos bairros rurais há menos ruas e casas, **predominando** zonas agrícolas, da **agroindústria** ou da pecuária.

Dependendo dos estabelecimentos que predominam no bairro, podemos classificá-lo em:

VOCABULÁRIO

urbano: da cidade.
predominando: dominando, existindo em número maior.
agroindústria: indústria de produtos de origem agrícola.

Residencial: quando existem mais residências.

Industrial: quando há principalmente indústrias.

Comercial: quando é um bairro com grande número de casas comerciais, como lojas, supermercados, armazéns, padarias, quitandas, mercadinhos, bancos, farmácias.

De que tipo é o seu bairro?

Por que existem bairros?

Fotos da Avenida Paulista, em São Paulo, em duas épocas distintas: a primeira, em 1902, e a segunda, em 2018. É possível observar as mudanças ocorridas ao longo do tempo.

Os municípios foram divididos em bairros para facilitar a administração e a localização dos moradores. Alguns bairros são muito antigos, tendo surgido na mesma época de fundação da cidade. Outros são mais novos, fundados em épocas recentes.

Os primeiros bairros de uma cidade geralmente se formaram no centro, na região onde foram construídos os primeiros edifícios públicos, como a sede da prefeitura, a delegacia de polícia, a câmara de vereadores. Depois, à medida que a população foi crescendo, outros bairros foram aparecendo, em decorrência das necessidades dos moradores: abriram-se ruas, fundaram-se casas comerciais ou indústrias, estabeleceram-se escolas, postos de saúde, e assim por diante.

Pátio do Colégio, ponto inicial da fundação de São Paulo, ocorrida em 1554. As primeiras construções de uma cidade geralmente foram erguidas no centro. Ali se forma um bairro histórico, pois se conserva a memória do local.

Vila Curuçá, em São Miguel Paulista (SP), foi um bairro planejado. Bairros novos surgem quando a população cresce e se fixa em locais em que possam construir novas ruas e habitações. Para atender a população, são também abertos estabelecimentos como postos de saúde, casas comerciais e escolas.

Todo bairro precisa de melhorias como saneamento básico, calçamento das ruas, abertura de espaços de lazer, como parques e praças, e postos de saúde, para atender a população local.

Nem sempre essas melhorias ocorrem. As pessoas, em muitas ocasiões, precisam se unir para **reivindicar** das autoridades aquilo de que necessitam.

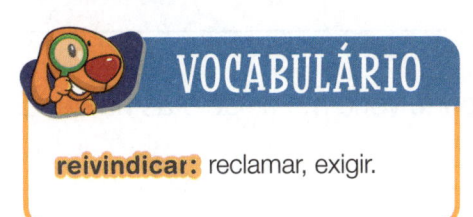

VOCABULÁRIO

reivindicar: reclamar, exigir.

Sede da Associação dos remanescentes do Quilombo de São Francisco do Paraguaçu, da cidade de Cachoeira (BA). Foto de 2018.

ATIVIDADES

1. Como se chama o bairro onde você mora?

_____

2. No seu bairro existem casas comerciais? Registre o nome dos seguintes estabelecimentos de seu bairro:

Supermercado: _____

Quitanda: _____

Pizzaria: _____

Cabeleireiro: _____

Sapateiro: _____

3. Quando você vai à escola, utiliza algum meio de transporte? Que tipo de meio de transporte você utiliza?

_____
_____
_____
_____

4. Quais são os locais de lazer que você conhece em seu bairro? Você frequenta algum desses locais? Qual?

_____
_____

5. No seu bairro existe posto de saúde? Pesquise o nome e o endereço desse posto e registre.

_____
_____

6. Escreva um parágrafo descrevendo o bairro onde você mora.

_____
_____
_____
_____

7. Escreva um problema que, em sua opinião, existe no seu bairro. O que seria necessário fazer para resolvê-lo?

_____
_____
_____

8. Em que bairro fica sua escola? É o mesmo em que você mora?

_____

_____

_____

9. Pesquise em revistas e jornais imagens do bairro onde você mora. Cole-as no quadro abaixo. Se preferir, você poderá desenhá-lo.

10. Escreva duas reivindicações para melhoria de seu bairro. Se preferir, peça ajuda a seus familiares ou responsáveis.

_____

_____

_____

_____

_____

_____

5 AS PESSOAS DO MEU BAIRRO

Os moradores do bairro

Em um bairro, as pessoas têm mais facilidade de fazer amizades e conhecer os vizinhos, que são as pessoas que moram em casas ou apartamentos ao lado ou nas proximidades da nossa residência.

JOSÉ LUÍS JUHAS

1. Na ilustração, as pessoas parecem se conhecer? Por que você acha isso?
_____
_____

2. No seu bairro, como as pessoas agem quando se encontram nas ruas?
_____
_____

3. Você conhece seus vizinhos? Quem são eles?
_____
_____

263

Em lugares mais tranquilos, sem muito trânsito, as crianças até podem brincar na rua, mas isso, atualmente, está se tornando muito raro. Brincar na rua era mais comum no passado, porque havia menos carros circulando nas cidades. Atualmente, as crianças precisam tomar muito mais cuidado com os perigos das vias públicas. Elas devem estar sempre acompanhadas por adultos e obedecer às regras do trânsito, como atravessar a rua em faixa de pedestre e se orientar pelos semáforos.

Geralmente os moradores de um bairro fazem compras nas proximidades de suas casas, em lojas, supermercados e **sacolões**. As crianças também estudam em escolas do próprio bairro.

Para trabalhar, entretanto, nem sempre as pessoas encontram empregos perto de suas casas e, por isso, precisam se deslocar para outros pontos da cidade. Para isso, usam os transportes urbanos, que são ônibus, trens ou metrô. Ou, então, vão em veículos próprios.

A faixa de pedestres é o local seguro para atravessar a rua. São Paulo, década de 2010.

Nas cidades, muitos locais onde se vendem frutas, legumes e verduras recebem o nome popular de "sacolão".

VOCABULÁRIO

sacolão: nome popular de mercado onde se vendem verduras, legumes e frutas.

ATIVIDADES

Responda no caderno as atividades 1 a 4.

1. Você conhece ruas próximas da rua em que você mora? Escreva o nome de três delas.

2. Seus familiares trabalham no mesmo bairro em que vocês moram? Como eles vão até o trabalho?

3. Você tem amigos na rua em que mora? Escreva o nome de dois deles.

4. Se você não puder brincar na rua, em que local de seu bairro poderia ir com seus amigos?

5. Assinale com **F** as frases falsas e com **V** as verdadeiras.

☐ Atualmente as crianças brincam na rua do mesmo jeito que faziam seus pais ou avós.

☐ Em ruas tranquilas, ninguém precisa obedecer às regras de trânsito.

☐ Nos bairros, as pessoas têm mais facilidade para fazer amizades.

☐ Os vizinhos são pessoas que moram ao lado ou nas proximidades de nossa casa.

☐ Nem sempre as pessoas conseguem emprego no próprio bairro.

Associações de bairro

Em muitas cidades, tanto nas brasileiras quanto nas de outros países, os moradores de bairro ou de uma rua têm se unido em associações, que são grupos onde podem discutir os problemas que todos enfrentam e propor soluções.

Um exemplo é a união de moradores para cuidar da segurança uns dos outros. As pessoas de uma rua formam um grupo em alguma rede social, pela internet e, se algum problema ocorre com uma delas, ela avisa às demais e pede ajuda. É um grupo de ajuda **solidária**.

Também há casos em que os moradores de uma rua se unem para promover melhorias no calçamento, poda das árvores, conserto da rede elétrica e resolver outros problemas. Eles podem enviar às autoridades cartas e pedidos para que a prefeitura ou os responsáveis municipais resolvam essas questões.

Placa de uma associação de bairro em um parque de Florianópolis, SC, na década de 2010.

VOCABULÁRIO

solidário: que tem solidariedade, isto é, que está pronto para ajudar, dar apoio a quem precise.

ATIVIDADES

1. O que é uma associação de bairro?

2. Você conhece alguma associação de moradores em seu bairro? Qual é o nome dessa associação?

3. Pense em uma associação de moradores do seu bairro que você gostaria de criar e responda:

a) qual seria o nome da associação?

b) quais as pessoas que você chamaria para participar?

c) quais os problemas do seu bairro que seriam discutidos por todos?

d) que festa a associação promoveria?

Cuidar do bairro e do ambiente em que se vive

Cuidar do bairro não é apenas tarefa das autoridades ou de funcionários da prefeitura. Todos os moradores precisam preservar aquilo que existe de bom no lugar onde moram. Por exemplo, é muito importante ter áreas verdes, ou seja, muitas plantas e árvores, porque elas purificam o ar, atraem pássaros, impedem que o ar se torne muito seco. Tudo isso favorece a boa saúde dos seres humanos.

Parque da Jaqueira em Recife (PE), 2020.

Assim, é preciso que os parques e jardins sejam sempre bem cuidados. As pessoas que frequentam esses lugares não devem jogar lixo fora das lixeiras nem destruir a grama, os canteiros ou sujar a água de lagos e bebedouros.

Outra atividade importante dos moradores de um bairro é se unir para que não haja altos índices de poluição no local. Poluição é quando o ar fica contaminado por gases tóxicos ou outros fluidos que podem provocar doenças nas pessoas.

Como impedir a poluição? De vários modos. Por exemplo, as pessoas podem usar menos automóveis e se locomover de bicicletas. Em muitas cidades existem ciclovias, que são faixas nas ruas por onde esses veículos podem circular com segurança. E andar de bicicleta é um ótimo exercício físico para adultos e crianças.

Outro modo de evitar poluição é não fazer fogueiras, que podem provocar queimadas, principalmente em regiões de muita vegetação.

Também não se deve despejar lixo em rios e córregos. E é muito recomendável que o lixo produzido em casa seja separado para reciclagem: em muitas localidades existe coleta de materiais recicláveis ou então há locais certos para descartar vidro, metais, papéis e papelões. Esses materiais são enviados para empresas que os tornam reutilizáveis.

Outro tipo de poluição é a sonora. O barulho excessivo prejudica as pessoas, impede o descanso e o lazer, pode até provocar doenças. Por isso, nunca se deve tocar música muito alto ou usar veículos desregulados, que fazem muito ruído nas ruas.

A poluição sonora não afeta apenas os humanos. Os animais, quando expostos ao barulho, se sentem estressados, e isso atrapalha seus instintos. Até mesmo as plantas sofrem com o excesso de ruído.

ATIVIDADES

1. Sublinhe as frases que falem como evitar a poluição em um bairro.

a) Jogar o lixo apenas nos rios e riachos.

b) Separar o lixo para aproveitar materiais recicláveis.

c) Usar lixeiras nas ruas, parques e praças.

d) Permitir que apenas as fábricas lancem gases tóxicos na atmosfera.

e) Só se locomover em veículos movidos a gasolina.

2. Marque um **X** em um hábito saudável para preservar o ambiente é usar como meio de transporte:

☐ ônibus   ☐ bicicleta

☐ automóvel   ☐ trem

3. De quem é a responsabilidade de cuidar do bairro? Circule:

prefeito	funcionários da prefeitura
vereadores	exército
governador do estado	deputados
moradores	apenas homens adultos

4. O que é poluição sonora? Como evitá-la?

_____

_____

_____

5. Sente-se com um colega e conversem sobre o seguinte problema: Em um bairro, uma empresa começou a jogar lixo tóxico em um rio próximo. O que os moradores desse bairro podem fazer contra isso?

LIÇÃO 6 — O MUNDO DAS COMUNICAÇÕES

Você sabia que as crianças costumam "brincar de telefone"? Existem duas brincadeiras muito divertidas, chamadas "telefone sem fio" e "telefone de lata". Observe as ilustrações.

ILUSTRAÇÕES: JOSÉ LUÍS JUHAS

Crianças brincando de telefone de lata.

Crianças brincando de telefone sem fio.

O telefone de lata é um brinquedo que as crianças fazem com fio de barbante e latinhas vazias. O telefone sem fio não precisa de nada, somente da voz e de várias crianças. Você já brincou de telefone sem fio?

É uma brincadeira muito divertida, porque a palavra dita pela primeira criança nem sempre é a mesma palavra que a última criança escuta.

Isso acontece porque a comunicação entre elas é oral, e, por isso, pode haver muitas interferências.

Alguma criança pode não escutar bem o que foi dito, outra pode não entender, ou outra pode dar um significado diferente à palavra...

Vamos fazer uma rodada de telefone sem fio? O professor dirá uma palavra para um aluno, que deve transmiti-la ao seguinte, e assim por diante.

O que será que vai acontecer?

O que é comunicação?

Quando duas ou mais pessoas conversam, trocando ideias ou informações, estão se comunicando.

As pessoas podem se comunicar oralmente ou mandando mensagens escritas por carta, *e-mail*, telefone celular etc.

Também existem comunicações coletivas, como as feitas por jornal, rádio, televisão e internet.

Há mais de 100 anos, as comunicações coletivas eram feitas por jornais, revistas e cartazes.

As comunicações individuais eram feitas por carta e também por telefone, que foi inventado no século XIX.

A impressão de um jornal no século XIX, em desenho de Henri Toulouse-Lautrec.

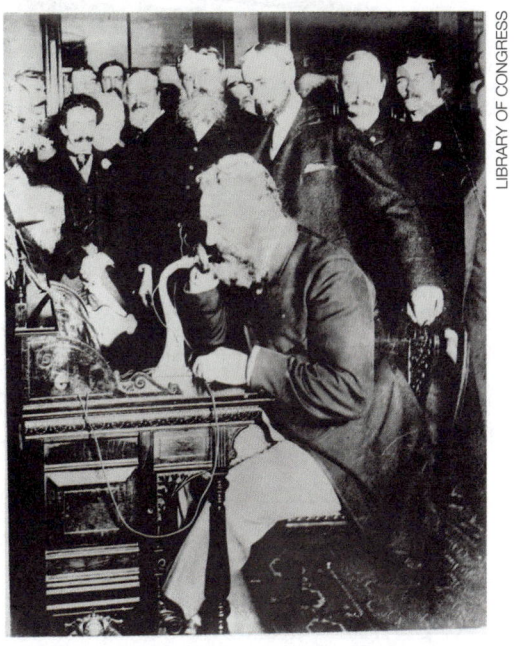

Alexander Graham Bell faz a primeira ligação telefônica de longa distância entre Nova York e Chicago, nos Estados Unidos, em 1892.

O rádio, a TV e os computadores e a internet

No século XX, duas invenções provocaram uma grande mudança nas comunicações: o rádio e a televisão.

O rádio foi inventado no fim do século XIX e começou a ser utilizado no século XX.

Quando apareceu, as pessoas ficavam deslumbradas por poder ouvir alguém falando, cantando ou dando notícias em um local muito distante de onde estavam, às vezes até em outro país.

Logo o rádio se tornou uma das principais formas de lazer no Brasil e no mundo.

O aparecimento do rádio foi uma grande sensação. Na foto, uma família reunida em torno do rádio, no início do século XX.

A televisão foi inventada nos anos 1920 e chegou ao Brasil por volta de 1950. Os primeiros aparelhos de TV eram enormes e, para ligar ou mudar de canal, as pessoas tinham de manusear botões no próprio aparelho, pois não existia controle remoto.

As transmissões eram em preto e branco, os programas eram feitos ao vivo e só existiam dois ou três canais. Também ficavam no ar apenas algumas horas do dia.

A transmissão de TV por satélite começou com a corrida espacial entre a Rússia (antiga União Soviética) e os Estados Unidos na década de 1960.

Hoje em dia, na **órbita** da Terra, existem centenas de satélites que transmitem os sinais de televisão no mundo inteiro.

O primeiro satélite de comunicações, o Telstar 1, começou a funcionar em órbita em 1962, e possibilitou a primeira transmissão de televisão ao vivo entre Europa e Estados Unidos.

A maior inovação nas comunicações, entretanto, veio com a internet, que permite às pessoas conversar e trocar mensagens pelo computador.

Os computadores foram inventados também no século XX e no início eram enormes, chegando a ocupar salas inteiras.

> **VOCABULÁRIO**
>
> **órbita:** trajetória que um objeto percorre em volta de outro. Por exemplo: um planeta em torno do Sol ou um satélite em torno da Terra.

Eniac, o primeiro computador eletrônico. Estados Unidos, 1946.

O Telstar 1 foi lançado em 10 de julho de 1962, da Estação da Força Aérea de Cabo Canaveral, nos Estados Unidos.

270

Porém, evoluíram rapidamente e hoje, no século XXI, é a computação ou informática que permite tecnologias como *smartphones*, *tablets* e outros aparelhos de comunicação.

ATIVIDADES

1. Complete as frases. Depois, encaixe as palavras no diagrama.

a) Meio de comunicação em que escrevemos para alguém e enviamos a mensagem pela internet: _____.

b) Meio de comunicação que nossos antepassados utilizavam para se comunicar por escrito e enviavam pelo correio: _____.

c) Meio de comunicação em que ouvimos um repórter dando notícias, mas não vemos imagens: _____.

d) Meio de comunicação em que um escritor transmite suas ideias, narra uma história, desenvolve uma teoria etc. Antes era escrito à mão, mas depois passou a ser impresso: _____.

Será que você consegue escrever as respostas no diagrama?

2. Compare as duas fotos de uma pessoa falando ao telefone. Escreva o que mudou no aparelho.

Foto de 1950.

Foto de 2015.

___
___
___

3. As comunicações individuais podem ser feitas por quais meios?

___
___

4. E as comunicações coletivas, são feitas por quais meios?

___
___

5. Destaque os adesivos do final deste livro e cole-os nos quadrinhos, do mais antigo para o mais recente.

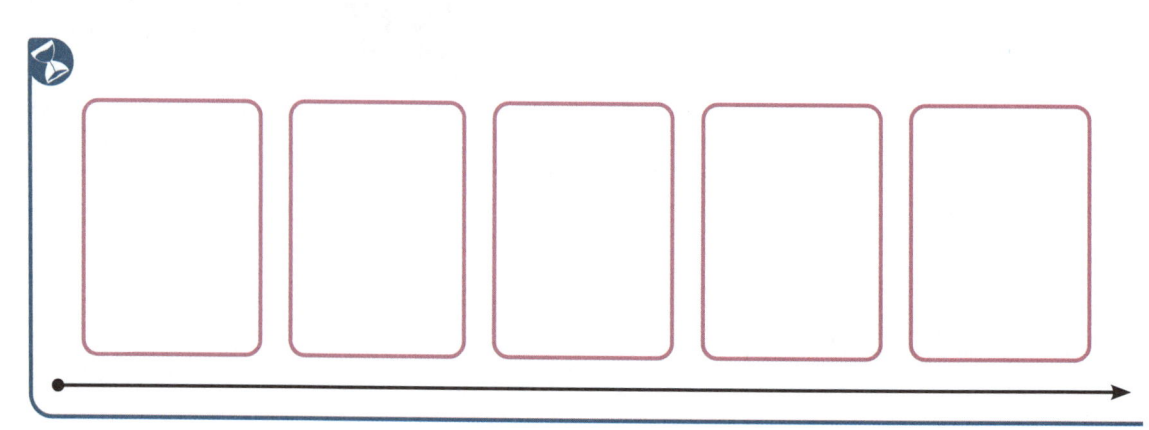

272

7 O MUNDO DOS TRANSPORTES

Você sabe o que é uma tirinha?

É um tipo de desenho de humor, mas também contém uma crítica a alguma coisa. A tirinha, ao mesmo tempo que nos faz rir, nos faz refletir sobre a realidade.

Observe esta tirinha de um **cartunista** brasileiro chamado Jean Galvão.

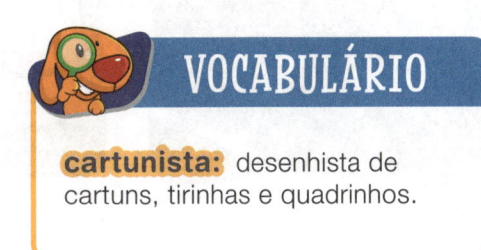

> **VOCABULÁRIO**
>
> **cartunista:** desenhista de cartuns, tirinhas e quadrinhos.

Jean Galvão. Disponível em: http://jeangalvao.blogspot.com.br/. Acesso em: 10 fev. 2022.

- Marque com um **X** o que for verdadeiro sobre a tirinha.

  ☐ O personagem do primeiro quadrinho nem notou o que aconteceu no seu carro.

  ☐ O personagem do primeiro quadrinho ficou surpreso porque o volante de seu carro foi substituído por um guidão de bicicleta.

  ☐ No segundo quadrinho vemos que uma das crianças resolveu andar a pé.

  ☐ Uma das crianças do segundo quadrinho trocou o guidão de sua bicicleta pelo volante do carro do pai.

- Você tem bicicleta? Sabe andar nela?

  _____

- Quais os cuidados que devemos ter ao andar de bicicleta?

  _____
  _____

O que são transportes?

Transportes são os meios que utilizamos para nos deslocar de um lugar a outro. Os transportes também são usados para levar mercadorias de um local a outro.

Usamos transportes quando as distâncias são muito grandes para ir a pé.

Podemos usar diversos meios de transporte para ir à escola, trabalhar, ir de uma cidade a outra, de um país a outro e até mesmo da Terra para o espaço.

Transportes públicos e transportes privados

Quando utilizamos um meio de transporte oferecido pela administração da cidade ou do estado, esse transporte é público.

Normalmente, o uso desse transporte é pago. Por exemplo: ônibus, trem, metrô, balsa.

Quando usamos o próprio meio de transporte, esse transporte é particular ou privado. Por exemplo: bicicleta, automóvel, canoa, barco a motor, cavalo, carroça, charrete.

Atualmente, um grande número de pessoas utiliza o automóvel para se locomover.

Veículos trafegando na Avenida Cruzeiro do Sul e composição do Metrô da linha 1 azul. São Paulo, 2020.

Apesar de ser um meio de transporte confortável, o uso do automóvel tem trazido muitos problemas tanto nas cidades como nas estradas.

Há congestionamentos de trânsito e as pessoas perdem muito tempo se deslocando de um local a outro.

Além disso, muitos automóveis provocam poluição, piorando a qualidade do ar.

Tráfego intenso na avenida Vinte e Três de Maio numa tarde de quinta-feira. São Paulo, 2021.

As cidades buscam soluções para os transportes

Uma solução encontrada em algumas cidades brasileiras é a criação de ciclovias, isto é, pistas para bicicletas. As pessoas, assim, podem usar mais a bicicleta, que não polui nem provoca congestionamentos, para ir aos lugares de trabalho e de lazer.

Outra solução é aumentar a oferta de transportes públicos e melhorar sua qualidade. Se existir ônibus, metrô e trens bons e confortáveis, que conseguem transportar a maioria dos passageiros, o número de automóveis nas ruas pode diminuir.

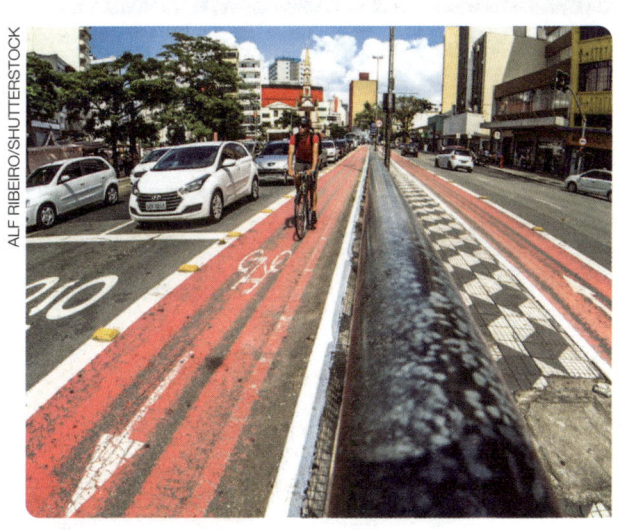

As faixas exclusivas favorecem o trânsito de ciclistas. São Paulo, década de 2010.

As faixas exclusivas favorecem o transporte público, pois permitem a circulação mais rápida dos ônibus. São Paulo, década de 2010.

Transporte de pessoas e de mercadorias

As pessoas precisam se locomover, mas também têm a necessidade de enviar produtos de um lugar para outro.

Há meios de transporte que são muito importantes para o desenvolvimento de um país, pois levam as mercadorias das fábricas, fazendas, minas e demais empresas para vários locais.

Os produtos podem ser transportados por trens, caminhões, navios, aviões etc.

Trem de carga em Morretes (PR), 2019.

Caminhões em estrada de Minas Gerais, 2020.

Cargas no Porto de Santos (SP), 2021.

Cargas no aeroporto de Viracopos, em Campinas (SP), 2021.

ATIVIDADES

1. Escreva uma definição de "transporte".

_____

_____

2. Escreva nos quadrinhos:

- **M**, se o transporte for de mercadorias;
- **P**, se o transporte for de pessoas;
- **MP**, se o transporte servir tanto para mercadorias como para pessoas.

3. Escreva o nome dos transportes mostrados na atividade 2, separando-os em duas colunas: privados e públicos.

Privados	Públicos

4. Circule os problemas que o automóvel pode causar.

trânsito livre

trânsito congestionado

poluição

facilidade para irmos de um lugar a outro

5. Em uma roda de conversa, discutam como os problemas causados pelo uso do automóvel podem ser solucionados.

Transportes do passado no mundo

No século em que vivemos, o XXI, há transportes dos mais variados tipos. Mas nem sempre foi assim.

Os seres humanos passaram centenas de anos usando meios de transporte mais simples, como carroças puxadas por cavalos ou por bois, charretes, barcos movidos a remo, entre outros.

A primeira grande revolução nos transportes aconteceu quando os seres humanos inventaram a roda, que facilitou o deslocamento em um terreno.

Pintura antiga mostrando o transporte de um rei, soldados e outras pessoas em barcos. Paris, século XIV.

Sua invenção é tão importante que é impossível imaginarmos o mundo sem ela.

A roda foi inventada há cerca de 6 mil anos – isso é muito tempo –, possivelmente na Mesopotâmia, uma região na Ásia. Essa invenção mudou o mundo, porque melhorou a forma de se locomover de um lugar para o outro, tornando o comércio e a comunicação entre os povos mais rápidos e fáceis.

Painel decorado com a imagem de uma carroça, no tempo dos antigos romanos. Sem a invenção da roda esse transporte não existiria. Roma, século IV.

Transportes do passado no Brasil

No Brasil, durante 200 anos, o transporte de cargas era feito apenas em lombo de cavalos e mulas ou em carroças puxadas por bois.

Nas vilas e cidades usava-se também um tipo de carruagem que podia ser puxada por cavalos, mas também havia um tipo de cadeira conduzida por pessoas escravizadas, para transportar os mais ricos.

Dama em liteira (1776), de Carlos Julião. Aquarela.

Esse transporte era chamado de "cadeirinha" ou "liteira".

O transporte de cargas em lombo de cavalos e mulas era feito pelos tropeiros, como na aquarela *Tropeiro de Minas com sua tropa* (1817), de Maximiliano de Wied-Neuwied.

Carro de bois (1638), de Frans Post. Óleo sobre tela, 61 cm × 88 cm.

Atualmente, a maior parte dos produtos no Brasil é transportada em caminhões, navios e aviões.

ATIVIDADES

1. Circule o nome de uma invenção que provocou uma revolução nos transportes.

carroça	trilhos de trem	roda
automóvel	navio	bicicleta

2. Se você morasse em uma vila brasileira, há 400 anos, e precisasse ir para outra localidade, como faria para se deslocar?

_____
_____
_____

3. Volte para a abertura desta lição e releia o que é tirinha.

Depois, no caderno, desenhe uma tirinha sobre meios de transporte.

4. Como é transportada a maior parte dos produtos no Brasil?

☐ caminhões ☐ bicicleta

☐ navios ☐ trem

☐ aviões

SEÇÃO 8 — DATAS COMEMORATIVAS

Dia Nacional do Livro Infantil

O dia 18 de abril foi escolhido para comemorar o Dia Nacional do Livro Infantil, em homenagem a José Bento Monteiro Lobato, nascido em 18 de abril de 1882.

Monteiro Lobato é um dos principais escritores da literatura infantil brasileira e escreveu muitos livros para crianças e adultos. O Sítio do Picapau Amarelo é o cenário dos seus livros mais famosos, que narram as aventuras de Pedrinho e Narizinho. Lá, também vivem Dona Benta, Tia Nastácia, a boneca Emília e o Visconde de Sabugosa.

Além de ser uma atividade prazerosa, ler é muito importante para nossa formação. Por meio da leitura, somos convidados a conhecer novos mundos, novas pessoas, novos costumes...

E você? O que tem lido ultimamente?

Crianças lendo em biblioteca.

ATIVIDADES

1. Complete as frases abaixo.

a) O Dia Nacional do _____ foi escolhido para ser comemorado em _____ por ser a data do nascimento de _____.

b) Monteiro Lobato foi um grande _____ brasileiro. Suas histórias mais conhecidas acontecem no _____.

2. Você já se imaginou como um escritor de livros infantis? Sobre o que você escreveria? Pense e preencha a ficha a seguir.

Qual seria o título do seu livro? _____
_____

Como seria a história que você contaria? _____
_____

Quais seriam os personagens? _____
_____

Qual seria o destino dos personagens? _____
_____

Dia do Indígena

Quando os portugueses chegaram ao Brasil, em 1500, encontraram nessas terras milhões de pessoas nativas, que estavam organizadas em vários povos, cada qual com seus costumes e sua cultura.

Os indígenas que habitavam o Brasil viviam da caça, da pesca, da agricultura de milho, feijão, abóbora, amendoim, batata-doce e, principalmente, de mandioca. Com a chegada dos portugueses, suas terras foram tomadas e eles passaram a ser escravizados para trabalhar no cultivo da cana-de-açúcar.

Atualmente, de acordo com o censo realizado pelo Instituto Brasileiro de Geografia e Estatística (IBGE), a população indígena brasileira é de 896 917 pessoas, que vivem mais nas áreas rurais do que nas urbanas. Os estados com maior concentração de indígenas são Amazonas, Pernambuco, Bahia e Mato Grosso do Sul.

Para homenagear esses povos e valorizar sua cultura, comemora--se, no dia 19 de abril, o Dia do Indígena.

Indígenas do povo Munduruku. Brasília (DF). Foto de 2013.

É muito importante que a população indígena brasileira seja respeitada. Por isso, a cultura de cada povo deve ser transmitida para as gerações futuras, tanto por meio das escolas como dos mais velhos.

HISTÓRIA

ATIVIDADE

1. Observe os mapas abaixo e responda às questões.

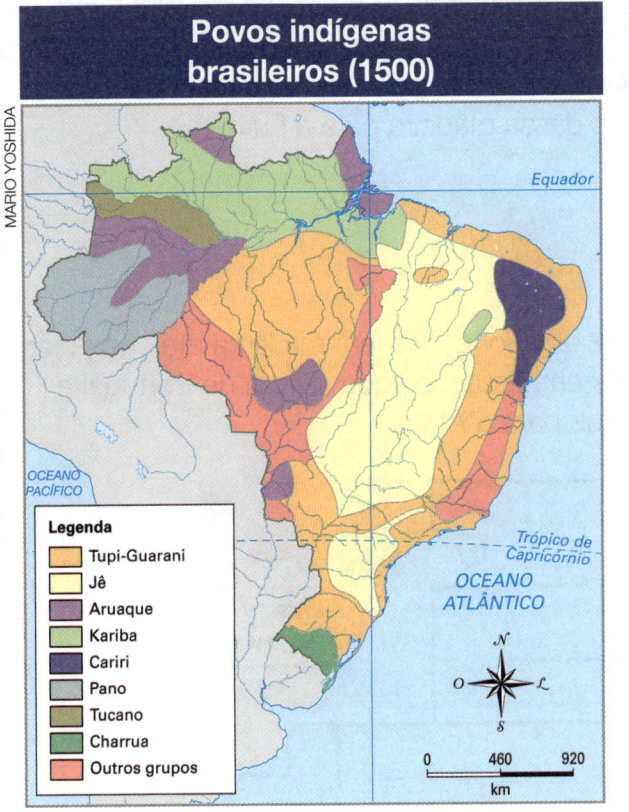

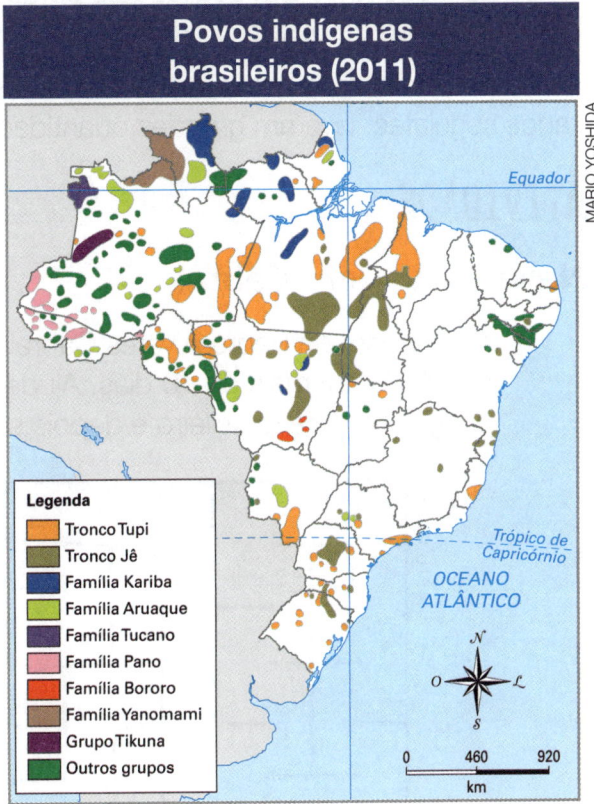

Povos indígenas brasileiros (1500)

Legenda:
- Tupi-Guarani
- Jê
- Aruaque
- Kariba
- Cariri
- Pano
- Tucano
- Charrua
- Outros grupos

Fonte: IBGE, 2011.

Povos indígenas brasileiros (2011)

Legenda:
- Tronco Tupi
- Tronco Jê
- Família Kariba
- Família Aruaque
- Família Tucano
- Família Pano
- Família Bororo
- Família Yanomami
- Grupo Tikuna
- Outros grupos

Fonte: IBGE, 2011.

a) Ao comparar o território que os povos indígenas ocupavam em 1500 com o que ocupavam em 2011, o que se pode concluir?

_____

_____

b) Em 1500, quais grupos indígenas viviam no estado onde você mora?

_____

c) Atualmente, existe algum povo indígena vivendo no estado onde você mora? Em caso afirmativo, escreva o nome desse povo.

_____

281

Chegada dos portugueses ao Brasil

No ano de 1500, uma esquadra de 13 caravelas comandada por Pedro Álvares Cabral saiu de Portugal, na Europa, com o objetivo de chegar às Índias.

O grupo desviou do percurso de contornar a costa da África e atravessou o Oceano Atlântico, chegando, no dia 22 de abril, a uma terra desconhecida, que passou a ser chamada de Brasil.

Esse nome foi escolhido por causa de uma árvore chamada pau-brasil, que existia em grande quantidade nas matas do litoral brasileiro. Ela era valiosa na época porque fornecia madeira de alta qualidade e porque dela se extraía uma espécie de tinta vermelha utilizada para tingir roupas.

O pau-brasil foi o primeiro produto brasileiro explorado pelos portugueses, que, nos anos seguintes, levaram grandes quantidades dessa madeira para a Europa.

ATIVIDADE

Navegando com Cabral

- A esquadra de Pedro Álvares Cabral fez uma longa viagem marítima até chegar ao Brasil. Foram mais de 40 dias. Ajude as embarcações que saíram de Portugal a chegar ao litoral brasileiro e depois seguir para a África.

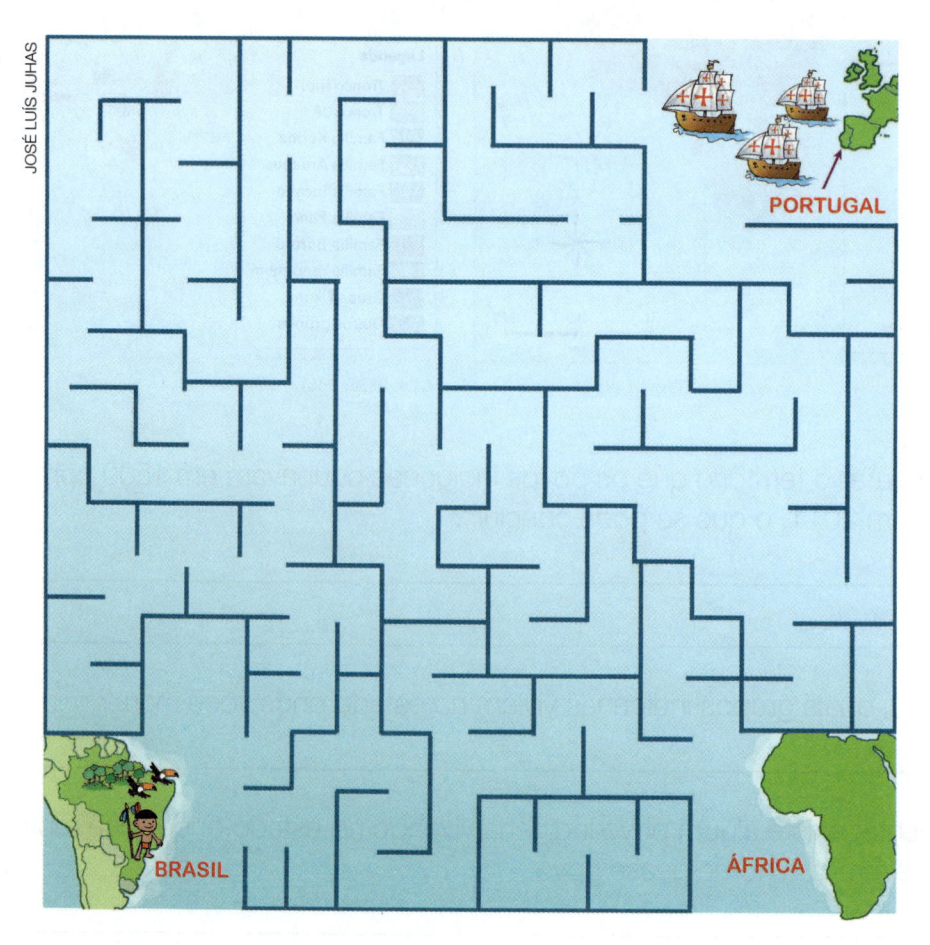

Dia dos Trabalhadores

O Dia dos Trabalhadores ou Dia do Trabalho se tornou feriado no Brasil para homenagear todos os trabalhadores. Essa data é comemorada no dia 1º de maio.

Existem muitas profissões diferentes. Cada tipo de trabalho é muito importante para a sociedade. Todos são dignos e devem ser respeitados.

Ao trabalhar, os seres humanos constroem as sociedades, se realizam como profissionais e conhecem muitas pessoas.

Você já pensou no que quer ser quando crescer?

Chef de cozinha preparando um prato em restaurante.

Frentista trabalhando em posto de gasolina.

ATIVIDADE

1. Descubra as profissões correspondentes às indicações a seguir e complete a cruzadinha.

- **A** Cuida dos dentes.
- **B** Ensina a ler e a escrever.
- **C** Constrói casas e prédios.
- **D** Cuida da saúde dos animais.
- **E** Dirige carros ou ônibus.
- **F** Cuida da saúde humana.

Independência do Brasil

O dia 7 de setembro é um dos feriados nacionais mais importantes comemorados no Brasil.

Desde que os portugueses chegaram aqui, em 1500, nosso território passou a pertencer a Portugal. Muitos brasileiros, em diferentes momentos da História, lutaram para que o Brasil fosse um país independente.

O rei de Portugal, D. João VI, morou algum tempo no Brasil, e, quando foi embora, deixou seu filho, Dom Pedro, como príncipe regente.

No dia 7 de setembro de 1822, Dom Pedro proclamou a independência do Brasil. Às margens do riacho Ipiranga, em São Paulo, ele declarou aos soldados que o acompanhavam: "Independência ou morte!". Com isso, quis dizer que não obedeceria mais às ordens de Portugal e que o Brasil se tornava um país autônomo.

Monumento da Independência do Brasil, também conhecido como Monumento do Ipiranga, São Paulo (SP). Foto de 2011.

O príncipe Dom Pedro foi coroado como o primeiro imperador do Brasil e passou a chamar-se Pedro I. Ele governou o Brasil durante nove anos e depois voltou para Portugal.

Atualmente, o dia 7 de setembro é feriado nacional, comemorado com desfiles de militares e de estudantes de várias escolas. É uma data patriótica, em que muitas cidades brasileiras se enfeitam com as cores verde e amarela.

No local onde Dom Pedro proclamou a independência do Brasil, em São Paulo, existem hoje um monumento em sua homenagem e um grande museu, chamado Museu Paulista ou Museu do Ipiranga.

ATIVIDADES

1. Organize as palavras dentro das frases a seguir e descubra a informação.

a) Portugal por O 300 Brasil mais anos pertenceu a de

_____

_____

b) brasileiros de Portugal Os sempre para lutaram independentes ser

_____

_____

c) a Independência D. Pedro às São Paulo do Brasil margens riacho do às Ipiranga proclamou em

_____

_____

_____

2. Leia as frases a seguir, assinale a afirmação incorreta e corrija-a.

☐ Com a Independência do Brasil, o governo continuou nas mãos do filho do rei de Portugal.

☐ A independência do Brasil foi proclamada em Santos, onde o príncipe Dom Pedro se encontrava.

☐ A frase "Independência ou morte!" queria dizer que o Brasil não obedeceria mais às ordens portuguesas.

_____

_____

3. Você conhece o **Hino da Independência**?

Segundo diz a tradição, a música foi composta por Dom Pedro I, às 4 horas da tarde do mesmo dia da Proclamação da Independência, em 7 de setembro de 1822.

Hino da Independência

Já podeis, da Pátria filhos,
Ver contente a mãe gentil;
Já raiou a liberdade
No horizonte do Brasil. } bis

Brava gente brasileira!
Longe vá... temor servil:
Ou ficar a pátria livre,
Ou morrer pelo Brasil. } bis

Os grilhões que nos forjava
Da perfídia astuto ardil...
Houve mão mais poderosa:
Zombou deles o Brasil. } bis

Brava gente brasileira!
Longe vá... temor servil:
Ou ficar a pátria livre,
Ou morrer pelo Brasil. } bis

Não temais ímpias falanges,
Que apresentam face hostil;
Vossos peitos, vossos braços
São muralhas do Brasil. } bis

Brava gente brasileira!
Longe vá... temor servil:
Ou ficar a pátria livre,
Ou morrer pelo Brasil. } bis

Parabéns, ó brasileiro,
Já, com garbo juvenil,
Do universo entre as nações
Resplandece a do Brasil.

Brava gente brasileira!
Longe vá... temor servil:
Ou ficar a pátria livre,
Ou morrer pelo Brasil. } bis

Letra de Evaristo Ferreira da Veiga; música de Dom Pedro I.
Disponível em: https://www.cbm.df.gov.br/hino-da-independencia/ Acesso em: 7 jun. 2022.

VOCABULÁRIO

ardil: malícia, truque.
astuto: esperto.
falange: tropa.
forjar: moldar, modelar.
garbo: elegância.
grilhão: algema, prisão.

horizonte: lugar onde o céu parece juntar-se ao mar ou à terra.
hostil: inimigo, ameaçador.
ímpio: cruel, mau.
perfídia: traição, deslealdade.

raiar: brilhar.
resplandecer: brilhar muito.
servil: submisso.
temor: medo.
zombar: dar risada, caçoar, desdenhar.

Proclamação da República

Depois da independência, em 1822, o Brasil passou a ser governado por imperadores.

Os brasileiros queriam ter um governante escolhido pelo povo e começaram a fazer campanhas pela **república**, forma de governo em que o povo elege seus representantes.

Em 15 de novembro de 1889, no Rio de Janeiro, o marechal Deodoro da Fonseca proclamou a República no Brasil. Ele foi também o primeiro presidente do país.

Atualmente, no Brasil, os presidentes têm mandatos com duração de 4 anos e são eleitos diretamente pela população.

Proclamação da República. Pintura de Henrique Bernardelli, feita em 1900, retratando o marechal Deodoro da Fonseca.

ATIVIDADES

1. Complete as frases com as informações corretas.

a) A república brasileira foi proclamada pelo _____

b) A república foi proclamada no dia _____

c) República é uma forma de governo em que _____

2. Responda às questões a seguir. Se necessário, peça orientação a seus familiares.

a) Como são escolhidos os governantes do nosso país nos dias de hoje?
_____

b) Quem é o presidente do nosso país?
_____

c) Pesquise algumas informações sobre a vida do presidente da República e registre no caderno. Depois, troque as informações obtidas com seus colegas. Vocês pesquisaram dados semelhantes?

Coleção Eu gosto m@is

GEOGRAFIA

3º ANO
ENSINO FUNDAMENTAL

SUMÁRIO

PÁGINA

Lição 1 – A vida em comunidade 289
- As comunidades 290
- Outros tipos de comunidade...292
- Ser cidadão..293

Lição 2 – A vida nos bairros.. 297
- Os bairros nos espaços urbanos 298
- Os bairros nos espaços rurais 298

Lição 3 – Os trabalhadores urbanos e rurais.......................... 300
- O trabalho urbano...300
- O trabalho rural...304

Lição 4 – Campo e cidade se completam 309
- Êxodo rural..311

Lição 5 – Elementos da paisagem: a água................................ 314
- A água salgada 315
- A água doce...316

Lição 6 – Elementos da paisagem: plantas e animais............. 321
- Os animais e a paisagem 322
- As plantas e a paisagem 323

Lição 7 – Elementos da paisagem: relevo................................. 328
- Relevo natural..328
- Relevo modificado 329
- Formas de representação da paisagem.....................................331

Lição 8 – Interferência humana na paisagem 334
- As relações entre os seres humanos e os elementos da paisagem..336
- Os tipos de extrativismo...337
- Fontes de energia 337

1 A VIDA EM COMUNIDADE

Observe a imagem a seguir.

Comunidade participa de festa na rua. Florianópolis (SC), 2022.

Todos gostam de estar na companhia de amigos e familiares, porque juntos podemos brincar, conversar e nos divertir. Quando nos reunimos com outras pessoas, formamos um grupo, que compartilha interesses e aspectos culturais comuns.

Esses grupos de pessoas, ao se organizarem em um mesmo local, criam vínculos e regras de convivência. Assim se forma uma **comunidade**.

Em uma comunidade, todos precisam:
- respeitar uns aos outros;
- colaborar uns com os outros;
- respeitar as regras decididas pelo grupo;
- exigir seus direitos e cumprir seus deveres.

Você já pensou de quantas comunidades faz parte? Do que você mais gosta nelas?

As comunidades

Grupos diferentes podem formar uma comunidade:
- a família;
- os alunos e os funcionários de uma escola;
- as pessoas que frequentam uma igreja;
- os moradores de uma rua, de um bairro ou de uma cidade.

A comunidade familiar

A família é uma pequena comunidade. Ela é, geralmente, o primeiro grupo do qual fazemos parte.

Uma comunidade familiar pode ser formada, por exemplo, pelos pais e pelos filhos, por apenas um dos pais e seus filhos, por avós e netos, por tios e sobrinhos, entre outras possibilidades. As crianças que vivem em orfanatos formam uma comunidade com o grupo de crianças e de adultos com que convivem.

Família chefiada por avó durante refeição. Planaltina (GO), 2021.

No dia a dia da família, todos devem colaborar e dividir o trabalho da casa participando das atividades familiares. Tratar a comunidade familiar com paciência e atenção é outra forma de contribuir para que todos se sintam bem.

A comunidade escolar

Sala de aula em escola municipal. Feira de Santana (BA), 2019.

Existe outra comunidade da qual você certamente faz parte: a escolar.

Assim como na nossa família, precisamos respeitar as pessoas e as regras da nossa comunidade escolar para que também possamos ter nossos direitos respeitados.

Tanto os funcionários como os alunos de uma escola têm direitos e deveres. É importante que cada um conheça seus direitos e cumpra seus deveres.

ATIVIDADES

1. Leia e sublinhe a resposta correta de cada pergunta.

a) O que é comunidade?

- Comunidade é um grupo onde cada um vive a sua regra de convivência.

- Comunidade é um grupo de pessoas que se organizam e criam regras de convivência.

- Comunidade só pode ser um grupo de cinco pessoas da mesma idade.

b) Como devem viver as pessoas de uma comunidade?

- É necessário apenas criar leis.

- Não é necessário criar leis, basta só respeitar as pessoas.

- Devemos respeitar todas as pessoas e colaborar umas com as outras.

2. Marque um **X** nas frases que mostram regras importantes para que todos em nossa comunidade familiar se sintam bem.

☐ Dividir o trabalho da casa e participar das atividades familiares.

☐ Não respeitar os pais ou os avós.

☐ Tratar as pessoas da família sem paciência.

☐ Dar atenção às pessoas da comunidade familiar.

3. Que tal conhecer melhor as pessoas da comunidade de sua escola? Escreva:

a) o nome do diretor ou da diretora: _____

_____

b) o nome de seu professor ou de sua professora: _____

c) o nome de outros funcionários da escola: _____

_____

d) o nome de alguns colegas de turma: ___

_____

4. Seu grupo de amigos também forma uma comunidade. Faça um desenho de vocês em alguma de suas aventuras.

GEOGRAFIA

Outros tipos de comunidade

Observe as fotos a seguir.

Pescadores se unem para ajudar a puxar barco de pesca do mar. Florianópolis (SC).

Crianças reunidas para foto do time de futebol. Rio de Janeiro (RJ).

Indígenas do povo Kamayura tocam flauta sagrada. Parque do Xingu (MT).

Quilombolas durante festa em comemoração ao Dia da Consciência Negra. Araruama (RJ).

O que há em comum nessas fotos?

Todos estão em convivência com pessoas da comunidade. O que os torna membros de uma comunidade são os vínculos afetivos, socioeconômicos e culturais comuns nos lugares onde vivem e trabalham.

Os interesses comuns e a aceitação das regras de convivência caracterizam uma comunidade e identificam seus membros. Nas atividades que desenvolvem, nos hábitos alimentares, no idioma que falam e nas tradições que preservam, podemos identificar as marcas de cada comunidade, como os pescadores que ajudam uns aos outros a recolher do mar os barcos de pesca, os indígenas Kamayura que se reúnem para tocar o instrumento sagrado, as mulheres que se reúnem para a celebração e os meninos que fazem pose para registrar o convívio no jogo do futebol.

Ser cidadão

Para conviver em comunidade, as pessoas precisam exercer direitos e deveres. Respeitar o direito das outras pessoas e cumprir com os deveres são atitudes de cidadão.

Todo cidadão tem **direito**:

- ao trabalho;
- a estudar em uma escola qualificada;
- à alimentação diária;
- a uma moradia digna;
- ao divertimento, à cultura e ao lazer.

É **dever** de todo cidadão:

- respeitar as leis do país;
- respeitar o patrimônio histórico, cultural e ambiental;
- zelar pelos bens públicos;
- respeitar as outras pessoas, sem impor regras.

Apresentação de circo para comunidade em Londrina (PR), 2021.

Ação voluntária para doação de comida durante a pandemia de Covid-19. São Paulo (SP), 2020.

Pessoas em momento de lazer no Jardim Botânico, Curitiba (PR), 2020.

O respeito às leis do país, incluindo as de trânsito, é um dever de todo cidadão.

Os direitos e os deveres dos cidadãos estão registrados em vários documentos. Conheça um deles a seguir.

Convenção sobre os Direitos da Criança

1. Todas as pessoas com menos de 18 anos têm todos os direitos inscritos na Convenção sobre os Direitos das Crianças.

2. Toda criança tem direitos iguais, seja qual for sua raça, sexo, língua ou religião, independentemente de onde nasceu, se tem alguma deficiência ou se é rica ou pobre.

3. O adulto responsável pela criança deverá fazer sempre o melhor por ela.

4. Os estados adotarão todas as medidas administrativas, legislativas e de outra natureza para a implantação dos direitos reconhecidos na Convenção.

5. Os estados respeitarão as responsabilidades, os direitos e os deveres dos pais, ou, se for o caso, membros da família ou da comunidade, de proporcionar à criança instrução e orientação adequadas.

6. Toda criança tem direito à vida.

7. A criança tem direito a um nome a ser registrado, a uma nacionalidade e o direito de conhecer e ser educado pelos pais.

8. Sua identidade será respeitada e preservada pelo Estado.

9. A criança não deve ser separada de seus pais, a não ser que seja para seu próprio bem.

10. Se a criança e os pais viverem em países diferentes, ela tem o direito de ir viver junto deles.

ONU. Convenção sobre os Direitos da Criança. Disponível em: https://www.unicef.org/brazil/convencao-sobre-os-direitos-da-crianca. Acesso em: 31 jul. 2022.

Direitos e deveres da escola

Na escola, os funcionários têm os seguintes direitos:

- ser respeitado;
- trabalhar em um ambiente limpo e seguro;
- receber o material necessário para o seu trabalho;
- receber um salário justo.

Toda comunidade tem seus direitos e deveres, mesmo que não estejam escritos.

Por outro lado, os funcionários devem cumprir seus deveres:

- respeitar os alunos e os demais funcionários;
- conhecer bem o seu trabalho;
- cooperar para o bom funcionamento da escola;
- ser responsável pelo trabalho. Ser pontual e não faltar sem um motivo justo.

Direitos e deveres dos alunos

Os alunos de uma escola também devem conhecer seus direitos e deveres.

São **direitos** dos alunos:

- ser respeitado;
- ter segurança;
- receber ensino e educação de qualidade;
- ter professores competentes;
- dar opiniões;
- ter um lugar na sala de aula;
- ter um local para brincar;
- ter uma escola limpa e agradável.

São **deveres** dos alunos:

- respeitar e tratar bem os colegas e os funcionários que trabalham na escola;
- estudar e fazer as lições;
- cuidar do material escolar;
- ir à escola todos os dias;
- ser pontual;
- zelar pela limpeza e pela conservação da escola.

ATIVIDADES

1. Releia o trecho da Convenção sobre os Direitos da Criança. Escreva dois direitos garantidos às crianças por esse documento.

_____

_____

2. Identifique as situações representadas nas imagens indicando **DE** para cumprimento de deveres e **DI** para direitos garantidos.

3. Como você contribui para a boa convivência em sua comunidade escolar?

_____

_____

4. Relacione a segunda coluna de acordo com a primeira.

| 1 | Deveres dos alunos. |
| 2 | Direitos dos funcionários. |

☐ Ir à escola todos os dias.

☐ Receber um salário justo.

☐ Estudar e fazer as lições.

☐ Trabalhar em ambiente seguro.

☐ Cuidar do material escolar.

☐ Ser pontual.

5. Além da família e da escola, você convive em outra comunidade? O que a caracteriza?

_____

_____

6. Alguém da sua família participa de outras comunidades? Escreva quais são as características delas.

_____

_____

_____

_____

_____

_____

_____

A VIDA NOS BAIRROS

Área urbana do município de Goiânia (GO), 2020.

Há pessoas que vivem em espaços urbanos, as cidades. Outras moram em espaços rurais, os campos. Cada um desses espaços tem características próprias.

Nas cidades, as pessoas geralmente moram em casas e apartamentos localizados em ruas, avenidas e praças. Podem trabalhar em lojas, bancos, hospitais, escolas, fábricas etc.

No campo, predominam casas, sítios e fazendas, espaços de grandes áreas verdes. Muitas pessoas vivem da plantação de alimentos e da criação de animais.

No Brasil, é comum a existência de espaços com características urbanas e rurais. Cada espaço costuma ser dividido em áreas menores com características comuns, chamadas **bairros**.

Você vive em um espaço rural ou urbano?

Área rural do município de Bananeiras (PB), 2020.

Os bairros nos espaços urbanos

As famílias da cidade, em geral, têm maior acesso aos serviços de:

- eletricidade;
- água e esgoto tratados;
- transportes coletivos, como ônibus, trem e metrô;
- saúde (médicos, hospitais, dentistas etc.);
- bancos;
- comércio variado;
- comunicação (jornais, revistas, rádio, televisão, correio etc.).

Pessoas em ponto de ônibus, Belém (PA), 2022.

Esses serviços não ficam concentrados em uma área. Espalham-se pelos bairros, de acordo com as características de cada um.

À medida que um bairro cresce, também são ampliados os recursos que lhe dão suporte, como supermercados, escolas, feiras, hospitais, lojas e áreas de lazer.

Nas grandes cidades, às vezes, os bairros têm o tamanho e os recursos de uma pequena cidade.

Muitas vezes, os moradores dos bairros formam grupos para lutar por melhorias nesses bairros.

Os bairros nos espaços rurais

No espaço rural, as pessoas organizam-se em grupos de vizinhança onde predominam as relações de ajuda mútua.

Essa ajuda pode ser por meio do trabalho realizado pela família para garantir o sustento da casa, ou, quando necessário, um vizinho ajuda o outro, principalmente na época do plantio e da colheita.

Na área rural, as casas são mais afastadas umas das outras. Paisagem rural em Bueno Brandão (MG), 2019.

298

Nos finais de semana, vizinhos e parentes costumam se reunir e realizar atividades diversas, como festas e eventos religiosos.

Os bairros rurais diferenciam-se dos urbanos quanto à forma de trabalho. Geralmente, as casas são construídas longe umas das outras, com predomínio de sítios, chácaras e fazendas em que se realiza o plantio de produtos e a criação de animais.

ATIVIDADES

1. Como você classifica o tipo de bairro em que mora: residencial, comercial, industrial, rural ou misto?

_____
_____
_____

2. Para que seus amigos possam encontrar o lugar onde você mora, precisam de seu endereço e de pontos de referência, como uma farmácia, um supermercado, uma igreja, o nome de uma chácara, de um rio etc.

a) Complete a ficha a seguir com as informações do seu endereço.

Nome da rua: _____
_____
Nº: _____ Complemento: _____
Bairro: _____ CEP: _____
Cidade: _____ Estado: _____

b) Escreva o nome de três pontos de referência próximos da casa onde você mora.

_____
_____

3. Observe, na página 297, as fotos que mostram dois tipos de bairro: um localizado em um espaço urbano e, outro, em um espaço rural. Quais diferenças você observa entre eles?

_____
_____

4. Se você mora na cidade, você já foi ao campo? O que observou lá de diferente do lugar onde você vive?

_____
_____
_____
_____
_____
_____

5. Se você mora no campo, você já foi à cidade? O que observou de diferente do lugar onde você vive?

_____
_____
_____
_____
_____
_____
_____

GEOGRAFIA

LIÇÃO 3 — OS TRABALHADORES URBANOS E RURAIS

Para atender às necessidades das pessoas tanto no espaço urbano como no rural, é necessário o trabalho de muitos profissionais.

O trabalho urbano

Nas áreas urbanas, as pessoas podem trabalhar em indústrias, bancos, escolas, hospitais, lojas etc.

Conheça alguns profissionais que trabalham na cidade:

- **operários:** trabalham em fábricas, em montadoras de automóveis, em construções etc.;
- **bancários:** trabalham nas agências dos bancos;
- **feirantes:** trabalham em feiras livres vendendo verduras, ovos, frutas, legumes, utensílios domésticos etc.

Outros profissionais que normalmente trabalham na cidade são: comerciantes, mecânicos, tintureiros, jornaleiros, entregadores de mercadorias, advogados, pedreiros, farmacêuticos, jornalistas, bombeiros, entre outros.

Os bancos são empresas prestadoras de serviços. Os funcionários dos bancos são os bancários.

As feiras livres ocorrem nas ruas das cidades e, em geral, comercializam frutas, legumes e verduras. Seus trabalhadores são os feirantes.

O trabalho na indústria

Na cidade, muitas pessoas trabalham em indústrias ou em fábricas. Elas transformam matérias-primas em produtos industrializados. **Matéria-prima** é o material que a natureza fornece e que utilizamos para fabricar diversos produtos. **Produto industrializado** é aquele já transformado pelas máquinas.

Nas indústrias, as matérias-primas são transformadas em diversos produtos que serão vendidos aos consumidores. Na imagem, linha de montagem de tratores, em Mogi das Cruzes (SP), 2018.

Veja os exemplos.

Matéria-prima	Produto industrializado
couro	sapatos, bolsas
cana-de-açúcar	açúcar, rapadura, etanol
petróleo	gasolina
tomate	molho de tomate enlatado
algodão	tecidos para roupas
madeira	mesas, cadeiras

Os trabalhadores das indústrias chamam-se operários. Os donos das indústrias são chamados industriais.

O trabalho no comércio

As pessoas da cidade também trabalham no comércio, atividade que envolve compra e venda de produtos. As pessoas que trabalham no comércio são os comerciários. Os donos das casas comerciais são os comerciantes.

Chamamos estabelecimentos comerciais os lugares em que são comprados e vendidos produtos, como lojas de calçados e roupas, farmácias, livrarias, padarias, bancas de jornal, supermercados etc.

Consumidores são as pessoas que compram os produtos. O consumidor tem o direito de ser bem atendido na casa comercial e de trocar o produto quando este estiver com problemas. Na hora da compra, o consumidor deve verificar se o produto está bom, se o prazo de validade está vencido e se o produto tem garantia contra defeitos de fabricação.

Interior de supermercado. Porto Alegre (RS), 2020.

As pessoas que trabalham recebem um salário, uma quantia em dinheiro que serve para atender às suas necessidades básicas, como aluguel ou prestação de moradias, roupas, alimentação, lazer e serviços diversos.

Os produtos vendidos no comércio podem vir de indústrias ou do campo.

Alguns produtos vêm da área rural para serem vendidos nas cidades:

- legumes: abobrinha, cenoura, batata;
- frutas: mamão, maçã, laranja, banana;
- cereais: trigo, milho, aveia;
- verduras: alface, rúcula, escarola;
- leite e derivados;
- carnes de boi, de porco e de aves;
- ovos.

O trabalho no setor de serviços

Na cidade ou no campo as pessoas têm necessidades de vários serviços, como: coleta de lixo, cabeleireiro, atendimento médico e veterinário, provedores de internet, entre outros. Esses tipos de atividade são chamados prestação de serviços.

O cabeleireiro, oferece serviços de corte, penteados e outros cuidados com os cabelos.

O conserto dos veículos em oficinas mecânicas também é uma prestação de serviços.

ATIVIDADES

1. Relacione os profissionais aos estabelecimentos comerciais em que trabalham.

- **A** farmacêutico
- **B** açougueiro
- **C** professor
- **D** cabeleireiro
- **E** bancário
- **F** padeiro

- ☐ açougue
- ☐ agência bancária
- ☐ farmácia
- ☐ padaria
- ☐ escola
- ☐ salão de beleza

2. Desenhe o que você pode comprar nos estabelecimentos comerciais abaixo.

farmácia

papelaria

supermercado

3. Responda.

a) O que é matéria-prima?

_____
_____
_____
_____
_____
_____
_____

b) Onde é transformada a matéria-prima?

_____
_____
_____
_____
_____
_____
_____

GEOGRAFIA

303

4. Classifique os itens a seguir de acordo com o código.

> MP = matéria-prima
> PI = produto industrializado

- [ ] algodão
- [ ] barro
- [ ] tecido
- [ ] tijolo
- [ ] chocolate
- [ ] madeira
- [ ] cacau
- [ ] milho
- [ ] óleo de soja
- [ ] fubá
- [ ] soja
- [ ] uva
- [ ] maçã
- [ ] móvel de madeira

5. Indique qual das matérias-primas do quadro foi usada para fazer os produtos citados a seguir.

> carne   ferro   milho   trigo   couro   leite

a) biscoito, macarrão, pão, farinha: _____

b) iogurte, queijo, manteiga, coalhada: ____

c) presunto, linguiça, mortadela, salame: _____

d) óleo, ração, farinha: _____

e) automóvel, tesoura, faca: _____

f) cinto, bolsa, sapato: _____

6. Pesquise informações sobre uma casa comercial que fica perto de onde você mora e registre as informações no seu caderno. Siga este roteiro:

- Nome do estabelecimento.
- Endereço.
- Horário de funcionamento.
- Tipo de produto que vende.

O trabalho rural

No campo, também chamado de espaço rural, as pessoas moram em sítios, chácaras, fazendas, granjas etc. As casas da área rural geralmente ficam distantes umas das outras, mas isso não impede que as pessoas se reúnam e formem comunidades.

A maioria dos agricultores que têm a própria terra também mora na propriedade.

As pessoas que vivem na comunidade rural costumam trabalhar com atividades ligadas à agricultura, à criação de animais ou às indústrias que transformam os produtos do campo.

Propriedade rural em Quevedos (RS), 2015.

Vamos conhecer um pouco mais sobre as pessoas que vivem no campo.

Alguns profissionais do campo:

- **agricultores** ou **lavradores**: cuidam da terra. Aram, adubam, plantam, cuidam das plantações e colhem a produção;
- **boiadeiros**: cuidam do gado.

O trabalho na agricultura

No campo, as pessoas preparam a terra, plantam, cuidam da plantação e colhem. Essa atividade é chamada **agricultura**.

As plantações exigem cuidados especiais, como uso de adubo, controle contra as pragas e construção de canais de irrigação.

Aqueles que trabalham na agricultura são os agricultores ou lavradores. Os donos das terras são chamados de fazendeiros ou proprietários rurais.

Agricultor colhendo verduras em plantação. Marília (SP), 2019.

O trabalho na pecuária

Os moradores do campo também trabalham na **pecuária**, que é a criação de animais, como bois, cavalos, porcos etc. Quem trabalha diretamente com os animais é o peão, boiadeiro ou retireiro. O dono do gado é o pecuarista.

Outra atividade desenvolvida no campo é a criação de aves (como galinhas, codornas, patos, perus etc.), chamada **avicultura**.

Boiadeiros cuidando do gado, Corumbá (MS), 2020.

A criação de galinhas para a produção de ovos é um tipo de atividade muito comum no campo.

As indústrias do campo

Muitos produtos do campo são utilizados para a fabricação de outros, que se transformam em produtos industrializados. Há diversas indústrias instaladas nas áreas rurais. É o caso, por exemplo, de indústrias que produzem etanol usando cana-de-açúcar como matéria-prima. Muitas delas ficam em regiões próximas de onde a matéria-prima é plantada.

Há ainda indústrias que preparam a carne para o consumo e outras que fabricam produtos utilizando como matéria-prima couro e ossos.

Usina de produção de etanol, Piracicaba (SP), 2020.

Os desafios da vida no campo

As pessoas que dependem das atividades agrícolas para viver precisam aprender a lidar com as variações do clima.

Em épocas de grande chuva ou de seca, por exemplo, podem perder toda a plantação ou não ter alimento para o gado. Por isso, o profissional do campo tem investido cada vez mais em tecnologias que permitem a superação das dificuldades impostas pela natureza.

As áreas irrigadas são um exemplo disso: áreas em que as chuvas não são suficientes para o plantio e, por isso, são regadas por meio de modernos sistemas e maquinários, garantindo o abastecimento de água no local.

Irrigação de plantação de alface, Minas Gerais, 2020.

ATIVIDADES

1. Sublinhe as afirmativas verdadeiras.

a) O campo também é chamado de área urbana.

b) As casas do espaço rural em sua maioria são distantes umas das outras.

c) Na cidade, os moradores dependem de atividades agrícolas para viver.

d) A vida no campo é mais tranquila do que nas cidades porque há menos trânsito.

e) No campo não encontramos rede de esgoto.

2. Observe o quadro da pintora Tarsila do Amaral e responda às questões.

O touro (Paisagem com touro) (1925), de Tarsila do Amaral. Óleo sobre tela, 52 cm × 65 cm.

a) O quadro retrata um espaço urbano ou rural?

_____
_____

b) Escreva duas características que confirmem sua resposta no item **a**.

_____
_____

3. Complete as frases a seguir com as palavras do quadro.

> boiadeiros terra indústria agricultores
> lavoura plantação animais

a) Na comunidade rural existem atividades ligadas à _____, à criação de _____ e à _____ de transformação.

b) Alguns dos profissionais do campo são os _____

e os _____.

c) A agricultura é uma atividade que prepara a _____, planta e cuida da _____.

4. Escreva nomes de produtos comercializados:

a) do espaço urbano para o rural;

_____
_____

b) do espaço rural para o urbano.

_____
_____

5. Relacione a segunda coluna de acordo com a primeira.

1 Pecuária

2 Fazendeiros

3 Peão

☐ Trabalha com os animais.

☐ Criação de animais.

☐ Donos de terras.

6. As palavras a seguir estão relacionadas a outras atividades praticadas no espaço rural ou campo. Pesquise no dicionário o significado delas.

a) Piscicultura: _____
_____

b) Apicultura: _____
_____

GEOGRAFIA

307

c) Suinocultura: _____
_____

7. Associe corretamente o tipo de trabalhador com a atividade.

A Frentista   **F** Bancário

B Boiadeiro   **G** Feirante

C Sitiante   **H** Escriturário

D Comerciário   **I** Lavrador ou agricultor

E Operário

☐ Trabalhador urbano, faz comércio nas feiras.

☐ Trabalhador rural da agricultura.

☐ Trabalhador urbano, nas atividades bancárias.

☐ Trabalhador rural, pequeno proprietário de terra.

☐ Trabalhador urbano, atividades em escritórios.

☐ Trabalhador urbano, de lojas, armazéns, supermercados etc.

☐ Trabalhador rural, com atividades na pecuária.

☐ Trabalhador urbano ou rural da indústria ou agroindústria.

☐ Trabalhador urbano na prestação de serviços em postos de combustível.

8. Dos trabalhadores citados na atividade anterior, quais desenvolvem suas atividades no campo?
_____
_____
_____

9. E quais desenvolvem suas atividades na cidade?
_____
_____

10. Além dos profissionais urbanos e rurais, existem nas cidades e no campo os trabalhadores com atividades no setor de serviços. Escreva o nome de cinco trabalhadores do setor de serviços.
_____
_____
_____
_____
_____

11. O que são as áreas irrigadas?
_____
_____
_____
_____
_____

4 CAMPO E CIDADE SE COMPLETAM

O campo é uma área tradicionalmente produtora de alimentos e fornecedora de matérias-primas. Tanto a cidade como o campo consomem os produtos gerados nesse espaço.

Nas áreas urbanas os supermercados são um dos principais responsáveis pela distribuição de frutas, legumes e verduras produzidos no campo. Campo Grande (MS), 2020.

As feiras distribuem produtos tanto no campo como nas áreas urbanas. São Paulo (SP), 2021.

ATIVIDADES

1. Observe as imagens dos produtos e indique **CI** para os que têm origem na cidade e **CA** para os que têm origem no campo.

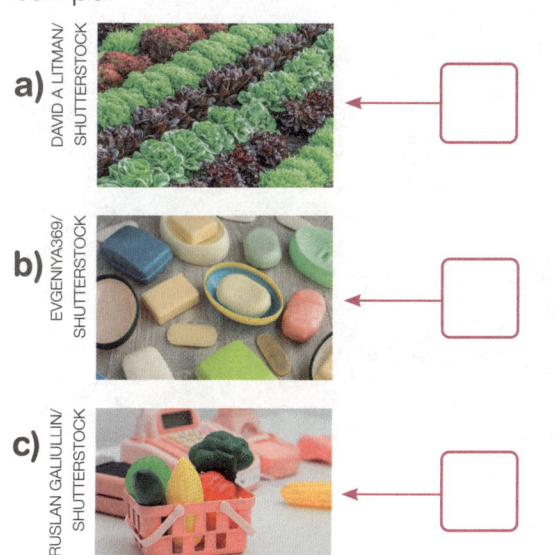

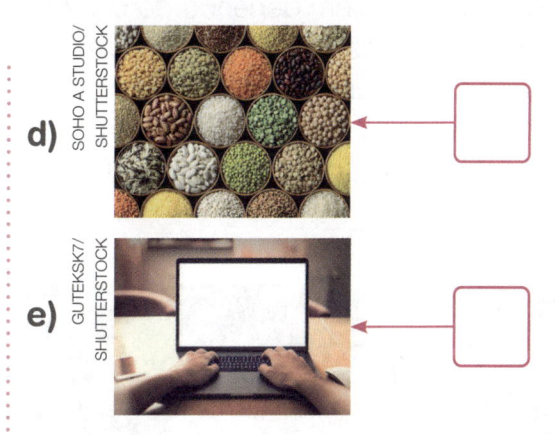

a)

b)

c)

d)

e)

2. Você sabe quais alimentos são produzidos na área rural do município onde você vive?

_____

_____

3. Quais matérias-primas são extraídas da área rural do município em que você vive?

_____

309

A cidade é um espaço que oferece um grande número de serviços e atividades comerciais. É comum, por exemplo, que pessoas que morem no campo tenham de se deslocar à cidade para utilizar esses serviços, como atendimentos hospitalares.

Nas cidades, estão concentradas as atividades comerciais, como supermercados e lojas de roupas. Elas também abrigam indústrias e empresas que vendem produtos e equipamentos utilizados nas atividades ligadas ao campo, como a produção de adubos e sementes ou o comércio de tratores.

Linha de produção de tecelagem, Guaranésia (MG), 2020.

Linha de produção de fábrica de tratores, 2021.

A cidade também depende do campo. A grande maioria dos alimentos consumidos pelas pessoas que moram na cidade tem sua origem na área rural, como frutas, legumes e carnes. Muitas indústrias instaladas na cidade dependem de matéria-prima vinda do campo. Algumas indústrias se instalam no campo – as agroindústrias – e enviam seus produtos para a cidade, como o açúcar, o leite e o papel.

A indústria de produção de sucos, em geral, está localizada no campo, próxima da área de produção das frutas. Laranjas sendo selecionadas para a produção de suco.

Transporte de cana-de-açúcar para usina de produção de açúcar e etanol. Minas Gerais.

Êxodo rural

Ao longo do século XX, as características da população do Brasil se modificaram significativamente.

No início desse século, a população era predominantemente rural, ou seja, vivia no campo. Ao longo das décadas, esse quadro foi se modificando, e, atualmente, é a população urbana, isto é, a maioria das pessoas vive nas cidades.

Um dos motivos para essa mudança no quadro social foi o chamado **êxodo rural**. Esse termo é utilizado para definir a migração em massa da população do campo em direção à cidade.

Muitos desses migrantes decidiram mudar para as áreas urbanas do país em busca de melhores condições de vida, novos empregos e maior acesso às redes públicas de saúde e educação.

População ocupando área central da cidade no início do processo de urbanização brasileira. Praça da Sé, São Paulo (SP), 1940.

Pessoas circulam por avenida de São Paulo (SP), 2018.

É importante compreender que as políticas públicas urbanas não se adequaram corretamente a essa chegada de migrantes e muitos acabaram instalando-se em locais de risco, como barrancos ou encostas de morros.

Atualmente, alguns desses migrantes, notando novas oportunidades em suas terras natais, realizam migração de retorno.

Passageiros em estação rodoviária, Londrina (PR), 2019. O transporte rodoviário é o mais utilizado para a circulação das pessoas de um lugar para outro.

Observe os gráficos com a transição demográfica do Brasil. Faça a leitura dos gráficos e converse com os colegas e o professor a respeito.

DISTRIBUIÇÃO DA POPULAÇÃO BRASILEIRA POR SITUAÇÃO DE DOMICÍLIO, 1950-2010

— % Urbana   — % Rural

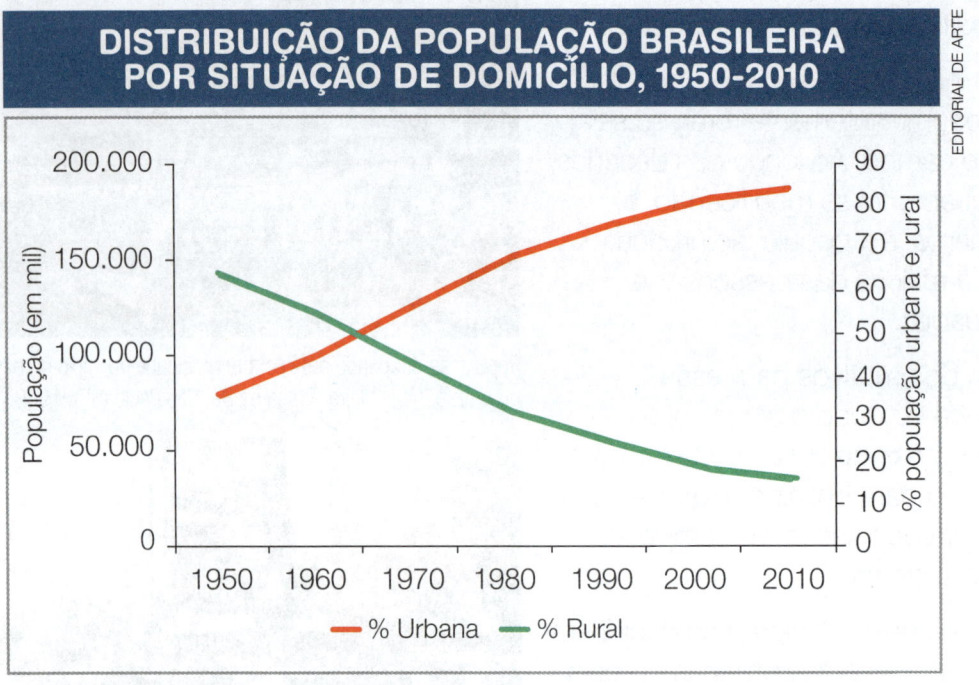

Fonte: IBGE. Disponível em: https://brasilemsintese.ibge.gov.br/populacao/distribuicao-da-populacao-por-situacao-de-domicilio.html. Acesso em: 30 jul. 2022.

DISTRIBUIÇÃO DA POPULAÇÃO BRASILEIRA POR SITUAÇÃO DE DOMICÍLIO, 1950-2010

■ Total   ■ Urbana   ■ Rural

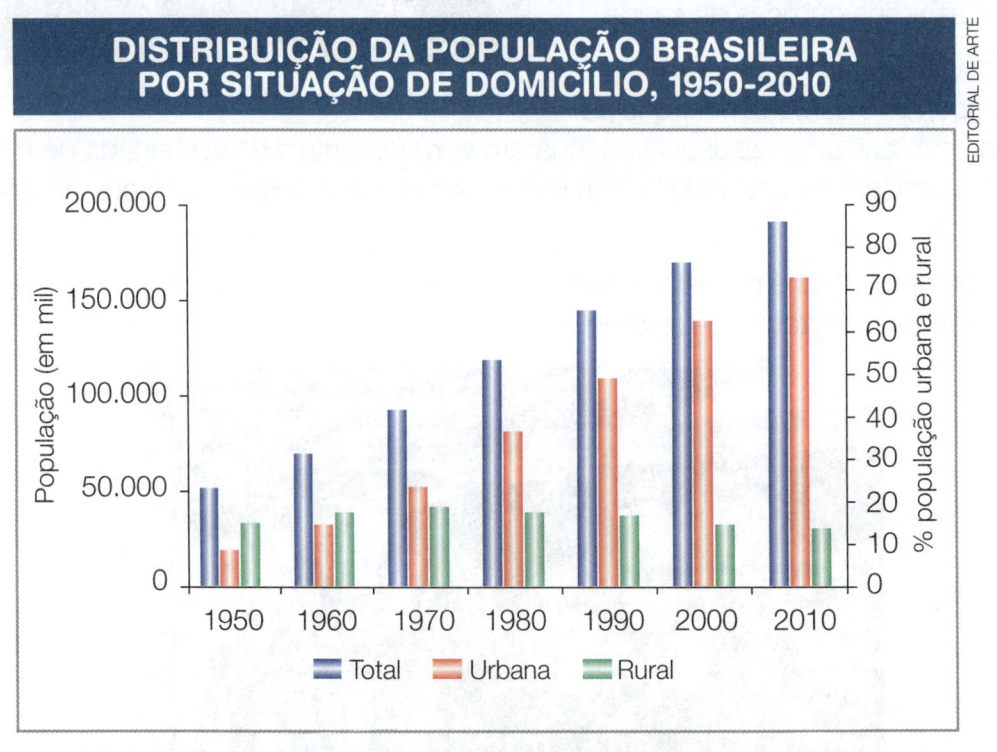

Fonte: IBGE. Disponível em: https://brasilemsintese.ibge.gov.br/populacao/distribuicao-da-populacao-por-situacao-de-domicilio.html. Acesso em: 30 jul. 2022.

ATIVIDADES

1. Com base nos gráficos da página anterior, responda:

a) O que aconteceu com a população urbana do Brasil ao longo das últimas décadas?

_____
_____
_____

b) O que aconteceu com a população rural do Brasil ao longo das últimas décadas?

_____
_____
_____

c) O que houve com a população total do Brasil em números absolutos nas últimas décadas?

_____
_____
_____

d) Em que período a população urbana superou a rural?

_____
_____
_____

2. Marque **V** se a frase for verdadeira e **F** se for falsa.

☐ Campo e cidade podem existir separadamente, sem se relacionar.

☐ Entre campo e cidade não existe qualquer tipo de comércio.

☐ O campo fornece à cidade produtos alimentícios e outros vindos da agricultura e da pecuária, além de matérias-primas para a indústria.

☐ A cidade envia ao campo roupas, móveis, máquinas, materiais de construção e outros produtos industrializados.

3. Quais são os motivos mais comuns para haver êxodo rural?

_____
_____
_____
_____

4. Faça uma lista de produtos que você usa na escola e em casa. Agora, classifique esses produtos de acordo com a origem na tabela abaixo.

Campo	Cidade

GEOGRAFIA

LIÇÃO 5
ELEMENTOS DA PAISAGEM: A ÁGUA

Se pudéssemos olhar a Terra de cima, veríamos uma grande esfera azul: é porque as águas dos oceanos cobrem boa parte do planeta.

Eles compõem cerca de dois terços da Terra e os continentes ocupam o restante.

A maior parte dessa quantidade de água é imprópria para o consumo.

Do total de água do planeta, uma pequena quantidade é doce e a maior parte é formada por água salgada dos oceanos.

A água doce está distribuída nos rios, nos lagos, nas lagoas e nos lençóis subterrâneos, e uma grande quantidade está congelada na Antártida e no Polo Norte.

Nessa representação da Terra, a quantidade de água existente em nosso planeta pode ser observada nas áreas em azul.

Geleiras da Antártida, 2022.

Trecho do Rio São Francisco, em Ibotirama (BA), 2022.

Se fosse possível colocar toda a água do planeta em uma garrafa de um litro, só uma gota serviria para beber.

ATIVIDADES

1. Complete:

a) A maior parte da superfície da Terra é coberta por _____ _____.

b) A maior parte da água da Terra está presente nos _____ _____.

c) A outra parte de água da superfície do planeta é de água _____ _____.

d) A água doce está distribuída nos _____ _____ _____.

2. Marque com um **X** uma fonte de água utilizada para o consumo humano.

☐ Oceanos.

☐ Geleiras.

☐ Rios.

A água salgada

A água salgada é encontrada nos oceanos e mares.

Os **oceanos** são a porção de água salgada que cobre a maior parte da Terra. Existem cinco oceanos: o Atlântico, o Pacífico, o Índico, o Glacial Ártico e o Glacial Antártico. Os **mares** são as partes dos oceanos que estão em contato com os continentes formando o litoral. Os principais mares do planeta são o Mediterrâneo, o das Antilhas, o Arábico e o da China.

O Brasil é banhado pelo Oceano Atlântico. Praia em Recife (PE).

Nos mares e nos oceanos, costuma-se fazer a pesca, a extração de petróleo, o transporte de pessoas e mercadorias em barcos e navios e também ter momentos de lazer.

De toda a água do planeta, 97% encontra-se nos oceanos e mares, ou seja, é água salgada. A água doce representa apenas 3% do total de água.

ATIVIDADES

1. O litoral brasileiro é banhado por qual oceano?

_____

2. Considerando que na malha quadriculada cada quadradinho representa 1% da quantidade de água no planeta, pinte de azul o percentual correspondente à água salgada e de verde o percentual correspondente à água doce.

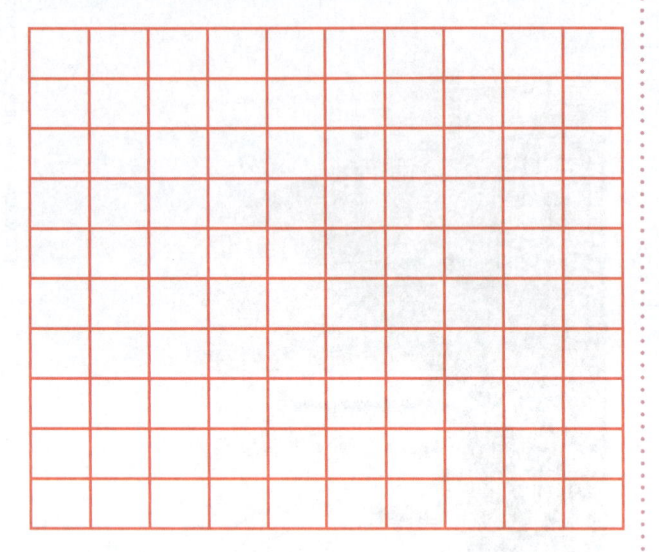

3. Quais são as atividades feitas nos mares e oceanos?

_____

_____

A água doce

A água doce é a água de rios, lagos, lagoas, lençóis subterrâneos e geleiras.

As **geleiras** são grandes camadas de gelo que se formam com a neve que se acumula e não derrete. Elas são os maiores depósitos de água doce.

Parte do gelo das geleiras derrete continuamente e abastece de água mares, rios, fontes e lagos. No inverno, as geleiras recebem neve e formam novas camadas. No verão, uma parte maior do gelo derrete e fornece mais água a rios, fontes, lagos e lençóis subterrâneos.

No entanto, um fenômeno tem provocado alterações nesse ciclo: o aumento do **efeito estufa**.

O efeito estufa é causado pela concentração de gases na atmosfera, principalmente o dióxido de carbono. Esses gases funcionam como uma capa que impede que o calor da irradiação solar absorvido pela superfície terrestre escape para o espaço. O efeito estufa é um processo natural no planeta e, sem ele, as temperaturas seriam muito baixas. Entretanto, por causa das atividades humanas, a concentração de gases de efeito estufa na atmosfera duplicou nos últimos 100 anos. Isso ocorreu principalmente pela queima de combustíveis fósseis, como carvão, petróleo e gás natural, e pelo desmatamento e queimadas de florestas. Como consequência, a temperatura média da Terra vem aumentando.

A temperatura mais alta provoca, por exemplo, o derretimento de geleiras e isso faz aumentar a quantidade de água dos oceanos, cujo nível pode elevar-se e inundar muitas cidades litorâneas. Além disso, a diminuição do depósito de gelo nas altas montanhas, por sua vez, pode provocar a redução da quantidade de água que elas fornecem a rios, fontes e lagos, causando problemas de abastecimento.

Os rios

O **rio** é uma corrente de água natural que se origina em nascentes de águas subterrâneas, lagos ou em outros rios e se dirige para o mar, para outro rio ou para um lago.

Cidade de Penedo (AL), às margens do Rio São Francisco.

Os rios são muito importantes para os seres humanos, pois são fonte de alimento e água, vias de transporte de pessoas e mercadorias e servem para produzir energia elétrica nas usinas hidrelétricas.

Região da cidade de Manaus (AM) banhada pelo Rio Negro.

Nos primórdios da humanidade, muitas cidades surgiram e cresceram perto de rios. A maioria dos países é cortada por rios que se tornam importantes meios de transporte para seus habitantes.

Grande parte das cidades do mundo é abastecida de água pelos rios.

No Brasil, existem muitos rios que abastecem cidades. Mas alguns deles, nos períodos de seca, podem ficar com um volume pequeno de água e até secar. No Nordeste, por exemplo, existem os rios temporários. Durante uma parte do ano ou mesmo por períodos prolongados, eles ficam secos. Milhares de pessoas dessa região do Brasil, sobretudo moradores das zonas rurais e das pequenas cidades do Sertão, sofrem para se abastecer de água.

Vista produzida por drone da rodovia BR-428 sobre rio temporário no período da seca. Cabrobó (PE).

Leito do Riacho Grande no período da seca, Sertão da Bahia.

ATIVIDADES

1. O que provoca o aumento do efeito estufa?

2. O que é um rio?

3. Onde se originam os rios?

4. Qual é a importância dos rios?

5. Cite alguns exemplos de alimentos que podem ser obtidos nos rios.

6. O que são rios temporários?

O consumo de água

Mesmo o Brasil sendo um país rico em recursos hídricos, a distribuição de água não é igual em todas as regiões. Na Região Norte, por exemplo, concentra-se 80% da quantidade de água disponível e, nas regiões próximas ao litoral, onde vive o maior número de pessoas, temos menos de 3% dos recursos hídricos do país.

De acordo com a Organização das Nações Unidas (ONU), cada pessoa precisa de cerca de 110 litros de água por dia para atender às suas necessidades. Entretanto, muitas pessoas no Brasil e no mundo não têm acesso a essa quantidade, sofrendo diariamente com a falta de água. De cada dez pessoas, três não têm acesso a água potável.

Existem diversas causas para a crescente falta de água potável. As principais são:

- aumento do consumo: a população mundial continua aumentando, sobretudo nos países mais pobres, onde já é crônica a falta de água;
- crescente uso de água de rios, lagos e lençóis subterrâneos para uso na agricultura;
- poluição: muitos rios são poluídos por esgotos domésticos e industriais;
- secas prolongadas: ocorrem em alguns lugares do Brasil e do mundo;
- desperdício: ocorre na maioria das cidades e suas causas são os vazamentos nos encanamentos e o uso inadequado da água.

O desperdício por uso inadequado ocorre quando se gasta mais água do que o estritamente necessário. A tabela a seguir refere-se ao consumo doméstico de água.

Consumo doméstico de água		
Atividade doméstica	Quantidade de água (litros)	Tempo
Lavar o rosto com a torneira aberta	2,5	1 minuto
Descarga do vaso sanitário (padrão Brasil)	6	6 segundos
Escovar os dentes com a torneira aberta	12	5 minutos
Chuveiro (banho)	45	15 minutos
Lavar a louça com a torneira meio aberta	117	15 minutos
Molhar jardim	186	10 minutos
Lavar roupa no tanque	279	15 minutos
Lavar calçada com mangueira	279	15 minutos
Lavar carro com mangueira	560	30 minutos

Fonte: Companhia de Saneamento Básico de São Paulo (Sabesp). Adaptado.

Se usarmos apenas a quantidade suficiente de água para nossas necessidades domésticas e fecharmos as torneiras que pingam ou que estão abertas desnecessariamente em casa, na escola e nos locais públicos, poderemos economizar muita água.

ATIVIDADES

1. Todas as pessoas no mundo têm acesso à água?

_____
_____
_____
_____

2. Pense na água que você gasta para lavar o rosto, dar descarga no vaso sanitário, escovar os dentes e tomar banho. Você está dentro do consumo indicado pela ONU de 110 litros de água por dia para cada pessoa?

_____
_____
_____
_____

3. Que medidas podem ser adotadas para evitar o desperdício de água? Cite pelo menos cinco delas.

_____
_____
_____
_____
_____
_____
_____

4. Você já esteve em alguma situação na qual não havia água para consumir? Como foi? Compartilhe com os colegas.

Poluição das águas

Além do desperdício, existe a poluição dos recursos hídricos. Se os rios abastecem as cidades desde a origem da humanidade, eles também são usados para descartar os dejetos, tanto domésticos como industriais e agrícolas.

Observe as imagens a seguir.

Aspecto do Rio Tietê durante uma competição de natação, na cidade de São Paulo (SP), década de 1920.

As imagens mostram o aspecto atual do Rio Tietê, poluído e com uma via expressa de grande circulação de veículos nas suas margens.

As imagens mostram dois momentos do Rio Tietê, que corta grande parte da cidade de São Paulo. No passado, ele servia para abastecimento de água, pescaria, meio de transporte e recreação da população. Com o crescimento da cidade, a área em seu entorno foi sendo remodelada pela própria prefeitura e o rio, além de receber esgoto, perdeu a vegetação de suas margens, que foi estreitada e ocupada por uma grande via que liga a Zona Oeste à Zona Norte de São Paulo.

Na atualidade, o rio, neste trecho, não tem mais peixes e não é mais navegável. No período das chuvas, por conta do estreitamento das margens e da retirada da vegetação, entre outras ações, o rio transborda. Suas águas são intensamente poluídas, sendo considerado um lixão a céu aberto na cidade.

Esse processo de uso dos rios não fica restrito a São Paulo. Em muitos outros locais do Brasil e do mundo, os rios, que antes abasteciam a população, são fontes de problemas por causa da poluição de suas águas.

Além dos rios, os mares e oceanos também são agredidos com a poluição, pois muitos esgotos domésticos e industriais são despejados diretamente no mar por canais de esgoto ou provenientes dos rios, do vazamento de óleo de navios e de dejetos que os banhistas deixam nas praias.

A poluição dos oceanos fica muito visível nas praias, tanto pelos dejetos que os banhistas deixam na areia como os que as ondas trazem das águas do mar.

ATIVIDADES

1. O que provocou a transformação do Rio Tietê em São Paulo?

_____
_____

2. O que era possível obter do Rio Tietê antes de ele ficar poluído?

_____
_____

3. O que polui os mares?

_____
_____
_____
_____

4. Se no lugar onde você mora existir um rio, responda:

a) Qual o nome desse rio?
_____

b) Onde ele se localiza (longe ou perto da sua casa)?
_____

c) Esse rio costuma inundar e invandir as casas que ficam perto dele?
_____

d) Você costuma nadar ou pescar nesse rio?
_____

e) E esse rio está poluído?
_____

6 ELEMENTOS DA PAISAGEM: PLANTAS E ANIMAIS

Leia esta lista a seguir. São animais que vivem no Brasil. Será que você conhece algum deles? Já viu algum pessoalmente?

- Ararajuba
- Arara-azul
- Ariranha
- Baleia-franca-do-sul
- Cervo-do-pantanal
- Gato-maracajá
- Lobo-guará
- Macaco-aranha
- Mico-leão-dourado
- Muriqui-do-norte
- Onça-pintada
- Saíra-militar
- Soldadinho-do-araripe
- Tamanduá-bandeira
- Tartaruga-de-couro
- Tartaruga-oliva
- Uacari-branco
- Udu-de-coroa-azul

Este é um gato-maracajá que foi muito caçado pelo valor de sua pele. Atualmente, está ameaçado pela destruição de seu hábitat em virtude do desmatamento.

Ameaçado pela caça ilegal e pelo desmatamento, este macaco-aranha-de-cara-vermelha vive na Floresta Amazônica.

Tamanduá-bandeira fêmea com seu filhote. O mamífero está em extinção devido à destruição do seu hábitat.

Você sabe por que esses animais foram colocados nessa lista? Porque eles podem desaparecer completamente em algumas décadas.

São espécies brasileiras ameaçadas de extinção. No mundo, existem muitos outros animais ameaçados, assim como outros tipos de vegetação que podem deixar de existir.

Se isso acontecer, as paisagens deixarão de contar com uma parte muito importante da fauna e da flora do planeta.

Você sabe o que é fauna e flora?

Os animais e a paisagem

O conjunto dos animais de um ambiente, com exceção do ser humano, forma a **fauna**. Se considerarmos o planeta, esse conjunto é muito variado, pois existem milhares e milhares de espécies. Esses animais compõem a paisagem, isto é, fazem parte da **biodiversidade** de um local.

Biodiversidade é o conjunto, muito variado, de espécies da fauna, da flora (que são os vegetais), de microrganismos e de ecossistemas de determinado hábitat, ou seja, do local em que vivem.

O Brasil é o país que abriga a maior biodiversidade do mundo. Os cientistas afirmam que cerca de 10% a 15% de toda a biodiversidade do planeta estão em nosso país.

Tanto no Brasil como no restante do mundo, entretanto, muitas espécies de animais sofrem com a ação de seres humanos, que destroem seus hábitats e os caçam para obter lucros. Nos últimos séculos, centenas de espécies foram extintas. Veja alguns exemplos:

O emu-negro habitava uma ilha da Austrália e foi extinto em 1822 devido à ação de colonizadores.

O antílope-azul habitava as savanas do sul da África, mas desapareceu por volta de 1800 com a colonização europeia. A espécie foi dizimada pela caça e, além disso, seu hábitat foi tomado pela agricultura.

A tartaruga e o tuiuiú são animais ameaçados de extinção.

As plantas e a paisagem

A superfície do planeta Terra apresenta um conjunto de plantas das mais diferentes espécies. Esse conjunto é chamado de **flora** e constitui a vegetação do planeta ou de uma região.

A grande variedade da flora terrestre acontece por causa do clima e da variação de temperatura e umidade de uma região para outra.

Estepe é um tipo de vegetação formada por gramíneas e pequenos arbustos.

Assim, dependendo das condições climáticas, podem existir muitos tipos de vegetação, como desértica, estepe, floresta de coníferas, floresta temperada, floresta tropical, savana, tundra, vegetação de montanha e vegetação mediterrânea.

Vegetação de deserto é aquela típica de regiões áridas, nas quais chove muito pouco.

Tundra é um tipo de vegetação em que há capim e junco. É típica de regiões com baixas temperaturas.

No Brasil, a flora é bastante diversa, compondo as paisagens com inúmeras árvores, arbustos e outras espécies. Nenhum outro país tem tantas variedades de orquídeas e palmeiras catalogadas.

Floresta de coníferas é o nome da vegetação de regiões que apresentam baixas temperaturas. As árvores têm folhas em forma de agulha – por exemplo, o pinheiro.

Essa extrema diversidade acontece porque o Brasil é um país extenso – seu território é o quinto maior do mundo, havendo, portanto, muitas matas, como a Floresta Amazônica, a Mata Atlântica e o Pantanal. Além disso, o clima é bastante variado, o que favorece a diversificação de vegetação.

Entretanto, como ocorre em outras partes do mundo, a vegetação sofre com a ação humana, que promove desmatamentos, queimadas e poluição em áreas que deveriam ser preservadas.

Floresta temperada é um tipo de floresta de região de clima temperado, em que as quatro estações são bem definidas. As árvores típicas são carvalhos, faias e bordos.

Savana ou cerrado é uma vegetação que apresenta árvores pequenas, de caule torto. É comum na porção central da América do Sul, no norte da América Central, em algumas áreas da Austrália e do continente africano.

A Planície do Pantanal é extremamente rica em biodiversidade.

A floresta tropical aparece em regiões próximas à Linha do Equador, onde há muita chuva e umidade. A Floresta Amazônica é a maior floresta tropical do mundo.

Com as queimadas, muitas espécies vegetais ou mesmo animais morrem ou são expulsas de seus hábitats.

ATIVIDADES

1. O conjunto de animais de um local pode ser chamado de:

☐ flora. ☐ biodiversidade.

☐ fauna. ☐ ecossistema.

2. Marque com um **X** a frase verdadeira.

☐ O Brasil não tem espécies animais em extinção.

☐ O Brasil abriga uma flora bastante diversa.

☐ Não existem mais espécies de mamíferos no Brasil.

☐ Os cientistas já descobriram todas as espécies animais do Brasil.

3. Por que existem espécies animais ameaçadas de extinção?

_____

_____

_____

4. Leia novamente o começo desta lição, escolha o nome de duas espécies ameaçadas de extinção no Brasil e pesquise a respeito delas.

5. Qual é a melhor definição de biodiversidade?

☐ Conjunto de espécies da fauna, da flora, dos microrganismos e dos ecossistemas em determinado hábitat.

☐ Conjunto de todas as espécies animais de um local.

☐ Conjunto de todas as espécies vegetais de um local.

☐ Conjunto de microrganismos e animais de um local.

6. Complete:

O conjunto de plantas que cobre a superfície do planeta é a _____

ou _____.

7. Por que a vegetação do planeta varia tanto?
_____
_____
_____

8. Cite três tipos de vegetação.
_____
_____
_____

9. Associe o tipo de vegetação com uma de suas características.

- **A** Desértica
- **B** Tundra
- **C** Floresta de coníferas
- **D** Floresta tropical
- **E** Floresta temperada
- **F** Vegetação mediterrânea
- **G** Estepe
- **H** Savana
- **I** Vegetação de montanha

☐ Quatro estações bem definidas.

☐ Ocorre em regiões de grandes altitudes.

☐ Árvores com folhas em forma de agulha em regiões frias.

☐ Árvores baixas, como a oliveira.

☐ Capim e junco, baixas temperaturas.

☐ Árvores pequenas de caule torto.

☐ Muitas árvores altas em regiões quentes e chuvosas.

☐ Vegetação rala, região de quase nenhuma chuva.

☐ Grandes campos com vegetação baixa.

10. Faça um desenho representando um hábitat com fauna e flora muito ricas, isto é, espécies bem diversas de animais e plantas. Use a imaginação, pois agora você vai pensar como artista!

11. Pesquise se algum animal na região onde você vive está ameaçado de extinção e liste o nome deles.

_____

_____

_____

LIÇÃO 7
ELEMENTOS DA PAISAGEM: RELEVO

Você sabe em qual parte do planeta Terra vivemos?

Quem respondeu que vivemos na superfície, acertou. A humanidade surgiu e se desenvolveu sobre os continentes, na superfície do planeta.

Essa superfície não é plana nem regular, não é verdade? É cheia de altos e baixos, mesmo na parte coberta pelos oceanos.

E como se chama o conjunto desses "altos e baixos"? Relevo.

Observe com atenção as duas fotografias ao lado. Elas mostram paisagens com relevos diferentes.

Que diferenças essas paisagens apresentam quanto ao relevo?

Montanhas na Escócia.

Montanha na Noruega.

Relevo natural

Relevo é o conjunto de formas, de altos e baixos, da superfície terrestre.

Essas formas diferentes – terrenos planos, montes, subidas, descidas e depressões – são o resultado da ação do tempo, da erosão, dos ventos, das chuvas e de fenômenos como furacões e *tsunamis*.

Ao longo de milhares de anos, a paisagem foi se modificando, com o relevo adquirindo formas diferentes.

Quando a paisagem não sofre interferência da ação humana, dizemos que ela é **natural**. É modificada apenas pela ação de fenômenos da natureza.

Os agentes que modificam o relevo natural, por sua vez, podem ser internos e externos.

Agentes internos são aqueles que atuam no interior do planeta, como tectonismo (movimento provocado por terremotos) e vulcanismo (movimento provocado pela erupção de vulcões, que despejam lava, material incandescente que cobre extensas áreas e depois endurece, alterando o relevo).

Estrago em avenida causado por terremoto na Nova Zelândia, em 2010.

Ao fundo, montanha resultante da ação de antigo vulcão, nos Estados Unidos.

Agentes externos são os fenômenos que atuam na superfície do planeta, como o vento, a água e as geleiras.

Muitos seres vivos, como insetos e outros animais, contribuem para as mudanças do relevo natural porque escavam, constroem túneis, transportam terra e minerais de um local a outro etc.

No fundo dos mares e oceanos, o relevo se apresenta como um conjunto de formas irregulares, com montanhas, cordilheiras, depressões e abismos.

Relevo modificado

Os seres humanos, desde que surgiram no planeta Terra, interferiram nas paisagens, pois precisaram construir abrigos, vilas e cidades, além de plantar, criar estradas, pontes, túneis e barragens em rios e mares.

A interferência dos seres humanos na superfície terrestre deu origem ao que chamamos de **relevo modificado**.

O relevo natural leva um longo tempo para se transformar, mas o relevo modificado pelos seres humanos muda com muita rapidez, por causa do emprego de tecnologias surgidas nos últimos 200 anos.

Interferência humana no relevo causada pela construção de barragem em São José de Piranhas (PB), 2014.

Altitudes e formas de relevo

As altitudes do relevo são sempre calculadas em relação ao nível do mar, que é contado como zero. A partir daí, calculam-se as altitudes. Dizer, por exemplo, que o topo de uma montanha tem 500 m de altura significa que ela está a 500 metros acima do nível do mar. As principais formas de relevo encontradas na superfície terrestre são planaltos, planícies, montanhas, serras e depressões.

Interferência humana no relevo causada pela abertura de um canal para a obra de transposição do Rio São Francisco, em Sertânia (PE), 2010.

ATIVIDADES

1. Observe as fotos e escreva se o relevo é natural ou modificado (pela ação humana).

Morretes (PR), 2015. _____

Barra dos Garças (MT), 2013. _____

Joanópolis (SP), 2014. _____

Belterra (PA), 2014. _____

2. Marque **V** se a frase for verdadeira e **F** se for falsa.

☐ Os seres humanos vivem, plantam e constroem tanto na superfície como no interior do planeta.

☐ O conjunto de formas da superfície terrestre constitui o relevo.

☐ O relevo pode ser natural ou modificado pelos seres humanos.

☐ Apenas os seres humanos conseguem modificar a forma do relevo.

3. Imagine que um vulcão entrou em erupção e passou três meses despejando lava sobre determinado vale. Quando o vulcão cessou sua atividade, a lava endureceu aos poucos. O que era um vale passou a ser um morro. Marque a frase que descreve o que aconteceu.

☐ O relevo foi modificado pela ação de um agente natural e interno.

☐ O relevo foi modificado pela ação externa do vento, que endureceu a lava.

☐ O relevo não pode mais ser considerado natural, porque foi modificado pelo vulcão.

☐ O vulcão foi um agente externo que modificou um relevo natural.

4. Complete: Os agentes que modificam o relevo natural podem ser:

a) internos, quando se originam no _____ _____, como os _____ e os _____.

b) externos, quando se originam na _____, como os _____, a _____ e as _____.

5. O relevo pode ser modificado pelos seres humanos? Dê um exemplo.

_____

6. Além dos seres humanos, outros seres vivos podem modificar o relevo? De que modo?

_____

7. O fundo dos mares e dos oceanos também apresenta relevo? Por quê?

_____
_____

8. Quais são os tipos de relevo que podemos encontrar na Terra? Circule-os.

montanhas   rios   ribeirões
planaltos   depressões   pontes
túneis   serras   vales

9. A cidade de São Paulo está localizada em um planalto, a 792 metros de altitude. Marque o que essa altitude significa.

☐ Que a cidade está a 792 metros do topo do planalto.

☐ Que a cidade fica a 792 metros acima do nível do mar.

☐ Que a cidade fica no ponto mais alto do planalto.

☐ Que a cidade tem uma altitude calculada em relação ao vale mais próximo.

10. Faça uma pesquisa sobre a cidade em que você mora e responda:

Qual é a altitude?

_____

A cidade fica em um/uma:

☐ vale.   ☐ depressão.
☐ planalto.   ☐ montanha.
☐ serra.   ☐ planície.

Formas de representação da paisagem

As fotos revelam a paisagem em determinado momento, e podem servir de base para a representação da paisagem.

Observe.

Praça de Belém e seus arredores, (PA) 2008.

Agora veja a planta elaborada a partir da foto.

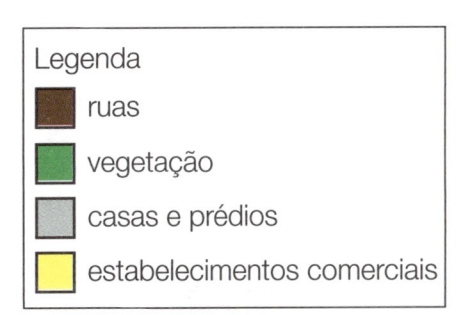

Legenda
- ruas
- vegetação
- casas e prédios
- estabelecimentos comerciais

Você percebeu que essa planta não apresenta uma escala? Você imagina por quê? Essa planta não apresenta escala porque ela foi feita com base em uma foto; assim, não é possível saber as medidas daquela área. Portanto, não é possível fazer uma escala. Mas quando uma planta é feita com o objetivo de construir algum prédio ou casa, ela deve conter a escala para que as pessoas que irão trabalhar na construção saibam as medidas certas.

Quando desenhamos um mapa ou uma planta, estamos fazendo a representação de um espaço como uma casa, um bairro ou uma cidade. Para que este desenho caiba no papel, precisamos diminuir o tamanho desse espaço, sem tirar as suas características, quer dizer, para uma medida real, criamos uma medida bem menor.

Das plantas aos mapas

As fotografias são úteis para fazer plantas e também para produzir mapas de uma região. Essas fotografias, tiradas de aviões com equipamentos especiais para isso, fornecem muitos elementos da paisagem, que são representados nos mapas por meio de diversos sinais e símbolos.

Observe a imagem feita por satélite de um trecho da cidade de Brasília e depois o mapa que pode ser elaborado a partir dela.

- ● Vegetação
- ● Solo desnudo
- ● Construções
- ● Água

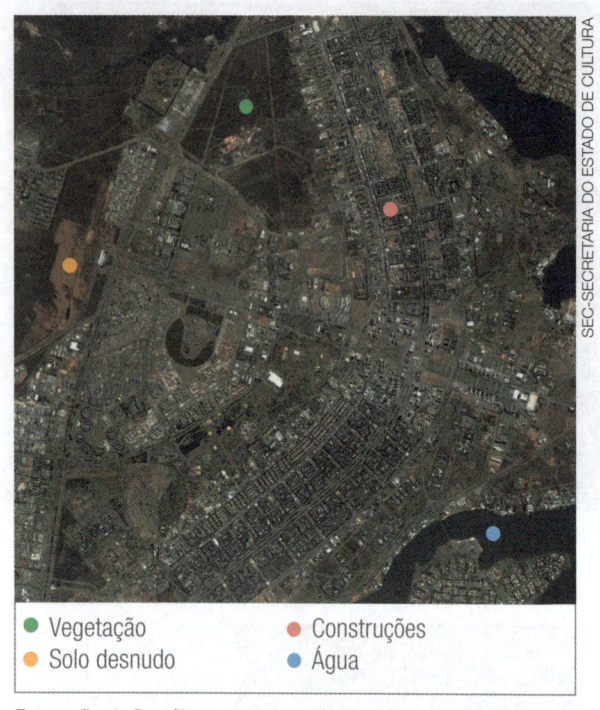

Fotografia de Brasília a partir de satélite, onde é possível identificar as áreas construídas, vegetação, solo desnudo e água.

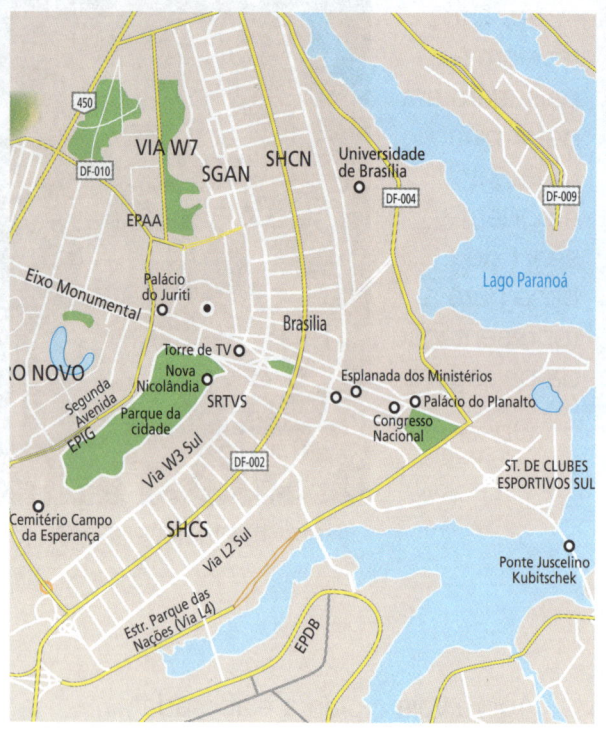

Mapa do mesmo trecho da foto de satélite de Brasília.

ATIVIDADES

1. Faça uma planta da área da foto apresentada a seguir. Para isso, você vai precisar de uma folha de papel vegetal para copiar a fotografia.

Para fazer a cópia, você deve prender o papel com fita adesiva sobre a fotografia. Com lápis de cor, vá desenhando os elementos principais da fotografia. Depois escreva a legenda.

Bairro residencial de Lindgren, Flórida, Estados Unidos, 2010.

2. Observe novamente a planta que foi desenhada da fotografia na página 331. Nas linhas a seguir, descreva todos os elementos presentes na planta.

_____

_____

A representação do planeta Terra

Antigamente, os seres humanos imaginavam que o nosso planeta era uma placa enorme, mais ou menos plana. Aos poucos essa ideia foi mudando, pois alguns estudiosos perceberam que havia fenômenos que não podiam ser explicados se a Terra fosse plana. Os navios, por exemplo, desapareciam no horizonte à medida que se afastavam do litoral. No ponto onde eles desapareciam, o mar e o céu se encontravam. Sabendo da forma arredondada da Terra, os cartógrafos passaram a construir globos em que desenhavam o contorno dos continentes e dos mares. Surgiu, assim, a representação do nosso planeta em forma de globo, o globo terrestre. Essa é uma das melhores formas de representar o planeta. Ao girá-lo ou ao circular a seu redor, podemos ter uma ideia mais próxima do real da localização dos continentes, oceanos e países. Entretanto, em um globo terrestre, podemos ver apenas uma parte da superfície. O mapa de todos os continentes e países é a forma de representação da superfície terrestre mais utilizada em atlas, livros e para uso em escolas ou para colocar em paredes. É a forma pela qual podemos ver toda a superfície ao mesmo tempo.

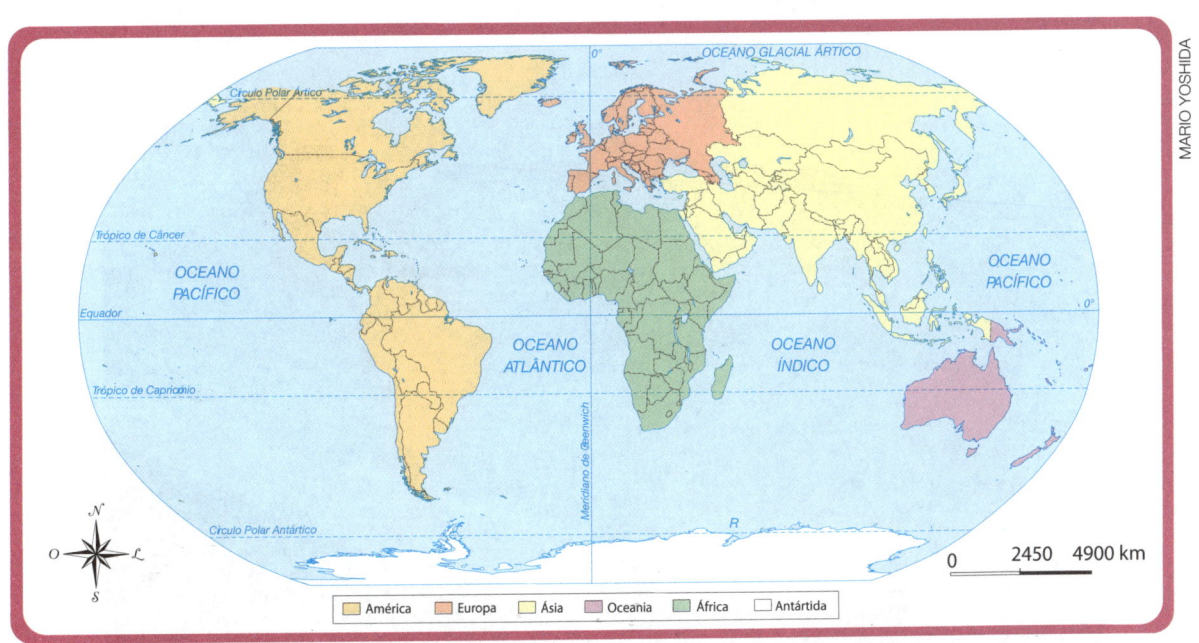

Globo terrestre.

Fonte: IBEG. *Atlas geográfico escolar*, 5 ed. Rio de Janeiro: IBGE, 2009.

ATIVIDADE

Observe o mapa. Você consegue localizar nosso país nessa representação? E no globo terrestre?

333

LIÇÃO 8 — INTERFERÊNCIA HUMANA NA PAISAGEM

Na paisagem ao lado você pode identificar elementos naturais e elementos criados pelos seres humanos. Esses elementos variam muito de um lugar para o outro. Por isso, as paisagens são diferentes.

A paisagem natural é constituída de relevo, vegetação, clima, rios e outros elementos do ambiente, sem nenhuma interferência do ser humano.

Subúrbio (2004), de Airton das Neves.

A partir do momento em que os seres humanos passam a explorar os recursos da naturezas, eles modificam a paisagem. Esses recursos naturais podem ser renováveis ou não renováveis.

Praia da Armação, Florianópolis (SC), 2008. Paisagem natural, ou seja, sem interferência dos seres humanos.

Os recursos naturais extraídos da natureza em ritmo mais lento, que conseguem se recompor e se renovar para novo aproveitamento dos seres humanos, são chamados **recursos renováveis**, como a água e os frutos das árvores.

Quando os recursos demoram muito tempo para se recompor e os seres humanos não podem reutilizá-los, são chamados **recursos não renováveis**, como o petróleo, utilizado na produção de combustíveis para automóveis e máquinas.

Unidade de extração de petróleo em Guamaré (RN), 2012.

Quando a paisagem natural é transformada pelos seres humanos, dizemos que ela foi modificada. Algumas das modificações humanas que podemos observar nas paisagens naturais são as construções de avenidas, ruas, pontes, viadutos, casas, edifícios, túneis e barragens, entre outras.

Nessa foto da Avenida Gustavo Richard, em Florianópolis (SC), vê-se a paisagem modificada por casas, ruas e avenidas construídas pelos seres humanos.

Tudo aquilo que nossos olhos conseguem ver em determinado momento é uma paisagem. Todos os objetos, construções, formas de relevo e seres vivos presentes no lugar formam a paisagem.

As relações entre os seres humanos e os elementos da paisagem

Muitas vezes, os seres humanos fazem modificações que prejudicam o ambiente em que vivem: contaminam a água dos rios, matam os animais, poluem o ar, fazem queimadas e derrubam as florestas.

As consequências dessas modificações são ruins: o ar e a água poluídos causam doenças; com a derrubada de florestas, as espécies de animais e vegetais desaparecem.

Tudo isso pode ser evitado com planejamento e providências, como a instalação de equipamentos antipoluição nas indústrias e nos veículos, o replantio de árvores derrubadas e o uso de técnicas adequadas para o cultivo do solo.

Área desmatada na Amazônia. Foto de 2011.

A foto mostra uma formação rochosa conhecida como Pedra Furada, no município de Jericoacoara (CE).

ATIVIDADES

1. Observe as paisagens e complete as frases.

a) Na paisagem da foto ao lado, é possível observar elementos naturais, como:
_____
_____
_____
_____.

Amanhecer na aldeia Yanomani, no estado do Amazonas.

b) Na paisagem da foto ao lado, predominam os elementos construídos pelo ser humano, como:
_____
_____
_____
_____.

Avenida Paulista, São Paulo (SP), 2010.

c) Na paisagem da foto ao lado, podemos ver elementos naturais, como:
_____
_____
_____
_____.

Baía de Guanabara, localizada no estado do Rio de Janeiro.

2. Imagine um ambiente que não teve nenhuma interferência do ser humano e desenhe-o no seu caderno. Escreva se é uma paisagem natural ou uma paisagem modificada.

3. Escreva três modificações que o ser humano faz na paisagem para facilitar seu transporte.

_____

4. Marque com um **X** somente as afirmações corretas.

☐ O Sol, a água, o ar e as plantas são elementos naturais.
☐ O ser humano nunca prejudica o meio em que vive.
☐ A derrubada de árvores deve ser uma atividade planejada para conservar a natureza.
☐ A paisagem natural não foi criada pelo ser humano.
☐ Algumas ações dos seres humanos podem contaminar os rios.
☐ Ar e água poluídos podem causar doenças.

5. As modificações feitas pelos seres humanos na paisagem sempre são positivas? Explique.

_____

_____

Os tipos de extrativismo

De acordo com o recurso explorado, podemos classificar o tipo de extrativismo realizado. Veja estas imagens.

Extração mineral em pedreira localizada em Cardoso Moreira (RJ), 2014.

Extração vegetal realizada por seringueiro em Neves Paulista (SP), 2012.

Você nota alguma diferença entre elas?

As imagens indicam, respectivamente, exploração de recursos minerais e vegetais. Por isso, esses tipos de extrativismo são classificados como **extrativismo mineral** e **extrativismo vegetal**.

Fontes de energia

Muitos recursos naturais podem ser utilizados como fontes de energia.

A madeira, por exemplo, pode ser queimada para aquecer caldeiras ou fornos utilizados com diferentes finalidades.

Já o carvão é utilizado em indústrias metalúrgicas e siderúrgicas.

A lenha é um recurso natural que pode ser utilizado em indústrias para o aquecimento de fornos. Na imagem, o forno é utilizado para secagem de erva-mate, em Concórdia (SC), 2012.

ATIVIDADES

1. Observe as imagens a seguir e indique se são recursos naturais renováveis ou não renováveis.

a) _____

b) _____

c) _____

d) _____

2. Circule as palavras que completam corretamente as frases a seguir:

a) Os recursos renováveis se _____ e podem ser explorados novamente pelos seres humanos. (recompõem/não se recompõem)

b) Os recursos não renováveis _____ _____ e não podem ser explorados novamente pelos seres humanos. (recompõem/não se recompõem)

c) Os recursos naturais, como a madeira e o carvão, podem ser utilizados como _____. (fontes de energia/alimentos)

3. Marque **F** para as frases falsas e **V** para as verdadeiras.

☐ Os recursos naturais podem ser usados à vontade, porque todos eles são repostos pela natureza.

☐ São exemplos de recursos naturais renováveis os vegetais, a água, o Sol etc.

☐ A água é renovável, mas precisa ser usada com consciência para não haver desperdício.

☐ Os vegetais são recursos naturais importantes porque nos servem de alimento.

☐ O petróleo é um exemplo de recurso natural renovável.

4. Associe as duas colunas de acordo com o tipo de extrativismo.

A Extrativismo vegetal

B Extrativismo mineral

☐ Retirada de babaçu, látex e castanha-de-caju.

☐ Retirada de petróleo.

☐ Retirada de gás natural.

☐ Retirada de vários tipos de cipó.

5. Pesquise e marque qual é o tipo de energia mais utilizado no Brasil e escreva de onde essa energia é retirada.

☐ Energia eólica.   ☐ Energia das marés.

☐ Energia elétrica.   ☐ Energia solar.

Essa energia é retirada _____
_____

Coleção Eu gosto m@is

CIÊNCIAS

3º ANO
ENSINO FUNDAMENTAL

SUMÁRIO

Lição 1 – O Universo e o Sistema Solar **341**
- Os astros do Universo 342
- O Sistema Solar 343
- Planeta Terra 345
- A Lua 348
- Como se observam os astros 350

Lição 2 – O planeta Terra **352**
- A hidrosfera 352
- Mudanças de estado físico da água 354
- Chuva 356
- A atmosfera 357

Lição 3 – Cultivando o solo **359**
- Desertificação e erosão do solo 362
- O solo e a vegetação 364
- O ser humano e o ambiente 368
- Poluição do ar 368
- Poluição da água 368
- Poluição do solo 369
- A preservação dos ambientes 371
- Uso racional dos recursos naturais 372
- Proteção de plantas nativas e animais silvestres 372
- Saneamento básico 373
- Tratamento da água 373
- A água potável 374
- Tratamento do esgoto 375
- O lixo 376

Lição 4 – Os animais **379**
- Animais vertebrados 380
- Animais invertebrados 380
- Classificação dos animais vertebrados 384
- Espécies ameaçadas de extinção 386

Lição 5 – Os animais e o ambiente **388**
- O ser humano 389
- Os animais precisam de gás oxigênio para viver 389
- Os animais dependem da água para viver 390
- Como os animais se locomovem 393
- Como os animais se alimentam 395

Lição 6 – O ciclo de vida dos animais **397**
- O comportamento dos animais na reprodução 400

Lição 7 – O som **403**
- Os instrumentos musicais 404
- A voz humana 404
- Os sons dos animais 404
- Audição 405

Lição 8 – A luz e os materiais **407**
- A passagem de luz pelos materiais 407
- Visão 409

1 O UNIVERSO E O SISTEMA SOLAR

Você já observou o céu à noite? O que viu?

Vista do céu em Teodoro Sampaio (SP).

Quando olhamos para o céu durante o dia, observamos as nuvens e o Sol, e algumas vezes podemos ver a Lua. Mas, ao observarmos o céu em uma noite sem nuvens, percebemos a enorme quantidade de pequenos pontos luminosos que brilham nele. A maior parte desses pontos são as **estrelas**. O Sol, que ilumina e aquece a Terra, também é uma estrela.

Todo corpo ou objeto celeste é chamado **astro**.

Os astros são reunidos em grandes sistemas chamados **galáxias**, que são formadas por estrelas, planetas e muitos outros astros. Existem bilhões de galáxias no **Universo**. O Sol fica na galáxia chamada **Via Láctea**.

Os astros do Universo

Acompanhe a explicação sobre os principais astros conhecidos.

Estrelas são astros que emitem luz e calor. Um conjunto de estrelas chama-se constelação.

Planetas são astros que giram em torno de uma estrela, mas, ao contrário das estrelas, não têm luz própria.

Satélites giram em torno de um planeta e também não têm luz própria. A Lua é um satélite natural da Terra.

Cometas são astros formados por rocha, gelo, poeira e gases e são visíveis apenas entre grandes intervalos de tempo.

Asteroides são corpos rochosos que viajam pelo espaço. Eles são menores que os planetas.

Meteoroides são fragmentos de matéria que circulam pelo espaço. Ao entrar na atmosfera terrestre, eles se aquecem e deixam um rastro luminoso. Chamamos esse rastro de estrela cadente.

Estrelas. As cinco mais brilhantes formam a constelação do Cruzeiro do Sul.

Imagem do planeta Saturno.

A Lua é o satélite da Terra.

Cometa Neowise, visto do Canadá.

Asteroide.

Meteoroides.

O Sistema Solar

O Sistema Solar está localizado na galáxia Via-Láctea e é formado por uma estrela (o Sol), por oito planetas (Mercúrio, Vênus, Terra, Marte, Júpiter, Saturno, Urano e Netuno) e seus respectivos satélites, além de outros astros (asteroides, cometas etc.).

Cada planeta gira sempre pelo mesmo caminho e na mesma direção ao redor do Sol. Esse caminho que os planetas fazem é chamado de **órbita**.

O Sol

O **Sol** é uma estrela e por meio das explosões que ocorrem em sua superfície ele emite luz e calor.

Sol visto do espaço.

A luz e o calor solares são tipos de energia que chegam à superfície terrestre e são fundamentais para a vida no planeta.

O Sol também é mais de cem vezes maior que a Terra e mais de quatrocentas vezes maior que a Lua.

> O planeta mais distante do Sol é Netuno. Por isso, lá é muito frio. O planeta mais próximo do Sol é Mercúrio. Por essa razão, lá é muito quente.

Os planetas

Os planetas não têm luz própria. Eles refletem a luz que recebem do Sol e por isso aparecem no céu como pontos brilhantes semelhantes a estrelas.

Mercúrio.

O planeta **Mercúrio** é quase do tamanho da Lua. Ele é o planeta mais próximo do Sol. As temperaturas na sua superfície podem atingir até 430 °C durante o dia e 170 °C negativos durante a noite.

Vênus é o segundo planeta mais próximo do Sol. Seu tamanho é parecido com o tamanho da Terra. As temperaturas em sua superfície podem chegar a 400 °C durante o dia. Quando Vênus aparece no céu de madrugada, antes do nascer do Sol, pode ser visto em alguns lugares como um ponto brilhante. Por isso, também é chamado estrela-d'alva.

Vênus.

O terceiro planeta é a **Terra**, onde vivemos. A atmosfera, camada de gases que envolve nosso planeta, faz com que as temperaturas estejam em torno dos 18 °C e permite que exista vida em sua superfície. Até hoje, o planeta Terra é o único do Sistema Solar no qual foram encontrados água líquida e seres vivos.

Terra.

O quarto planeta é **Marte**. Sua atmosfera é formada principalmente por gás carbônico. As temperaturas podem atingir 120 °C negativos. Esse é o planeta mais próximo da Terra e o mais estudado pelos cientistas. Em 1996, uma agência espacial enviou para Marte um robô que andou sobre sua superfície e enviou muitas fotos de lá para a Terra.

Marte.

O quinto planeta é **Júpiter**. Ele é o maior planeta do Sistema Solar. As temperaturas em Júpiter são muito baixas, sempre em torno de 120 °C negativos. A maior parte de Júpiter é formada por gases. Ele possui 63 satélites conhecidos até o momento.

Júpiter.

343

Saturno é o sexto planeta do Sistema Solar e o segundo maior em tamanho. Ele possui anéis formados por cristais de gelo e rochas. Saturno tem muitos satélites. Até o ano de 2007 já haviam sido descobertos 60 deles.

Saturno.

Urano é o sétimo planeta do Sistema Solar. Ele também possui anéis. Urano está tão longe do nosso planeta que a luz refletida por ele chega à Terra muito fraca e ele não pode ser visto a olho nu. Isso também acontece com **Netuno**, o oitavo planeta que forma o Sistema Solar.

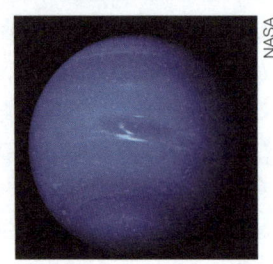

Urano. Netuno.

ATIVIDADES

1. Marque com um **X** o que podemos observar no céu à noite.

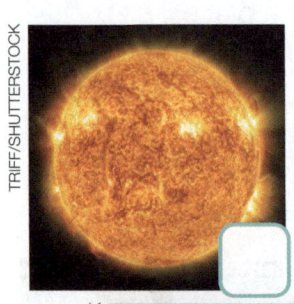

2. O que é o Universo?

3. O que são astros?

4. O que são estrelas?

5. O que são planetas?

6. O que são satélites?

7. Observe esta foto tirada do amanhecer.

a) Que astro aparece no céu?

b) Qual o outro nome que ele tem?

344

8. Complete a cruzadinha.

1 – Satélite natural da Terra.

2 – Corpo rochoso que viaja pelo espaço.

3 – Pedaço de matéria que circula pelo espaço.

4 – Meteoroide que deixa rastro luminoso.

5 – Astro formado por rocha, gelo, poeira e gases.

9. Escreva o nome dos planetas que formam o Sistema Solar.

_____
_____
_____

10. Que planeta fica mais próximo do Sol? E que planeta fica mais distante?

_____
_____
_____

Planeta Terra

A **Terra** é o planeta em que vivemos. Ela tem forma arredondada, é levemente achatada nos polos e gira em torno de si mesma e do Sol. Em relação ao Sol, sua posição é um pouco inclinada.

Na mitologia romana, o nosso planeta era chamado *Tellus* (deusa da Terra), que significa "solo fértil". Na mitologia grega era chamado *Gaia*, que significa "terra mãe".

A **Terra** é formada por: atmosfera, hidrosfera, litosfera e biosfera.

Atmosfera é a camada de gases que envolvem a Terra. Não conseguimos vê-la, mas podemos percebê-la. Os gases que formam a atmosfera não têm cheiro, nem cor nem gosto.

Hidrosfera é formada pelo conjunto de águas em estados sólido (gelo), líquido e gasoso (vapor) do nosso planeta. A água é essencial para todos os seres vivos. A água salgada cobre a maior parte da superfície terrestre e é encontrada nos oceanos e mares. A água doce é encontrada em rios e lagos.

Litosfera é a parte sólida e externa da Terra formada por rochas e minerais. É representada pelos continentes, por ilhas e pelo fundo dos mares, oceanos, lagoas etc.

Biosfera é a parte do planeta onde é possível existir vida.

A Terra e os outros astros estão sempre em movimento.

Os dois principais movimentos que a Terra realiza são os movimentos de **rotação** e de **translação**.

Rotação

Um dos movimentos da Terra é a rotação. Nesse movimento, a Terra gira em torno de si mesma, como um pião. Desse movimento resultam os dias e as noites.

Quando a Terra gira, a sua face voltada para o Sol é iluminada, enquanto a outra face permanece no escuro. Na face iluminada, é dia; na outra, é noite. A Terra dá um giro completo em aproximadamente 24 horas.

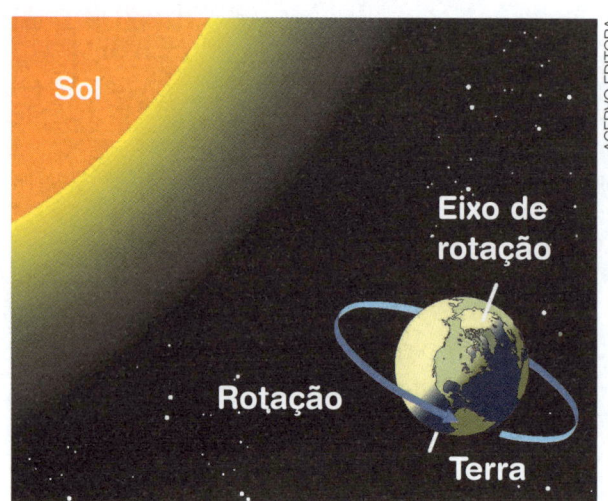

No movimento de rotação, a Terra gira ao redor de si mesma.

Ao amanhecer, o Sol começa a surgir no horizonte e clareia essa parte da Terra. O lado em que o Sol surge ao amanhecer é chamado de **nascente**.

Ao entardecer, o Sol desaparece aos poucos no horizonte. Essa parte da Terra vai escurecendo e a noite vai começando. O lado em que o Sol se põe é denominado **poente**.

Translação

A Terra também se move ao redor do Sol. Esse movimento chama-se **translação**.

Uma volta completa da Terra em torno do Sol demora 365 dias (um ano). O movimento de translação e a inclinação do eixo da Terra determinam as **estações do ano**: **primavera**, **verão**, **outono** e **inverno**.

Representação do movimento de translação

21 de março — Primavera no Norte / Outono no Sul
21 de junho — Verão no Norte / Inverno no Sul
23 de setembro — Outono no Norte / Primavera no Sul
21 de dezembro — Inverno no Norte / Verão no Sul

As estações do ano no Hemisfério Norte e no Hemisfério Sul se opõem: quando aqui é verão, é inverno no Hemisfério Norte.

A inclinação do eixo da Terra em relação ao Sol influencia as estações do ano porque faz com que a superfície terrestre receba luz e calor do Sol de forma desigual.

No Brasil, as estações do ano no Norte e no Nordeste são diferentes das estações no Sul e no Sudeste.

No inverno, é muito frio no Sul e no Sudeste do Brasil; as noites são mais longas do que os dias e chove pouco.

Nessa época, quem vive no Norte e no Nordeste brasileiros não sente grandes diferenças na temperatura. A duração da noite é quase igual à do dia. Em regiões do Nordeste, todos sabem que chegou o inverno porque chove mais do que em outras épocas do ano.

A representação do planeta Terra

Observe a imagem da Terra vista da Lua.

A imagem mostra a parte do planeta Terra que está sendo iluminada pelo Sol.

A Terra vista da Lua.

Veja agora uma imagem feita do espaço que mostra outra visão do planeta. Nela, inclusive, é possível ver no canto direito inferior parte do nosso país.

A forma da Terra é arredondada, como mostra o globo terrestre a seguir.

O globo terrestre representa os continentes e os oceanos, no caso em azul. Ele também tem uma inclinação simulando a posição do planeta.

Foto do planeta Terra visto do espaço. A imagem mostra a camada de nuvens recobrindo o planeta.

Outra representação possível do planeta Terra é o que chamamos planisfério, que possibilita visualizar como é a Terra em uma dimensão plana, como se cortássemos e esticássemos o globo.

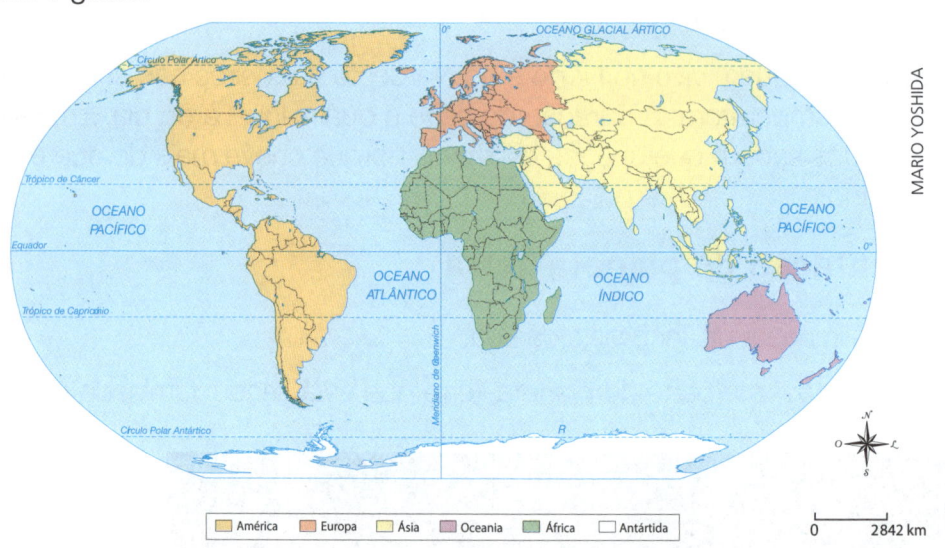

Fonte: IBGE. Atlas geográfico escolar. 5 ed. Rio de Janeiro: IBGE, 2009.

A Lua

A **Lua** é o satélite natural da Terra. Por ser um satélite natural, ela não tem luz própria. Dessa forma, vemos apenas a parte da Lua que está iluminada pelo Sol e temos a sensação de que ela muda de forma, pois não está parada, já que orbita ao redor do nosso planeta.

Lua vista do espaço.

Esquema representativo da órbita da Lua em volta da Terra

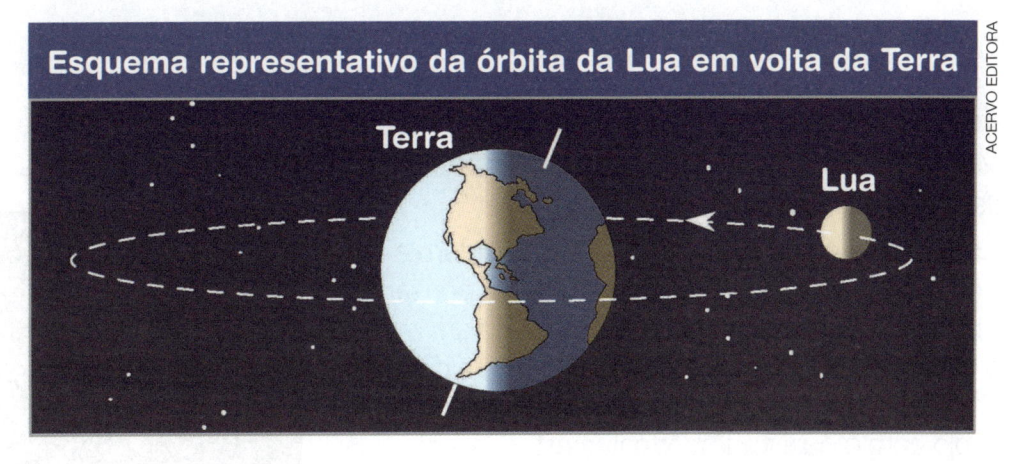

Terra • Lua

Chamamos **fases** as aparentes mudanças da forma da Lua. Cada fase da Lua dura, em média, uma semana.

As fases da Lua dependem de sua posição em relação à Terra e ao Sol. São elas: **cheia**, **minguante**, **nova** e **crescente**.

Lua cheia
A Lua parece uma bola porque a face voltada para a Terra está toda iluminada.

Lua nova
A face da Lua voltada para a Terra não está iluminada. Não vemos a Lua no céu à noite.

Lua minguante
Conforme a Lua gira ao redor da Terra, a face voltada para o planeta vai ficando cada vez menos iluminada.

Lua crescente
A face da Lua voltada para a Terra vai ficando mais iluminada. A Lua tem a forma da letra C.

Essas são as formas aparentes da Lua no Hemisfério Sul terrestre, ou seja, em locais situados abaixo da Linha do Equador.

No Hemisfério Norte terrestre, as fases crescente e minguante têm formas inversas.

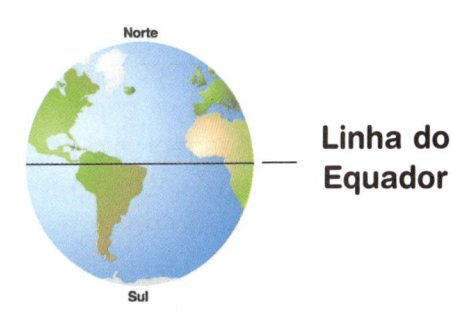

Norte — Linha do Equador — Sul

Hemisfério Norte
Lua crescente.  Lua minguante.

Hemisfério Sul
Lua crescente.  Lua minguante.

Como se observam os astros

Os seres humanos sempre olharam para o céu com a intenção de conhecer os astros que são vistos à noite. Porém, em razão da distância entre a Terra e os astros, essa era uma tarefa muito difícil.

Quando foram inventadas as lentes que aumentam a visão dos objetos, alguns cientistas começaram a pensar em utilizá-las para observar os astros. Assim surgiram a luneta e o telescópio. O italiano Galileu Galilei foi um dos que mais contribuíram para o estudo dos astros. Ele aperfeiçoou um telescópio com o qual fez importantes estudos de astronomia.

Galileu Galilei nasceu em Pisa, na Itália, em 1564. Ele realizou importantes estudos de Física e fez diversas descobertas astronômicas.

Graças a essas descobertas, Galileu contribuiu para comprovar a teoria de que a Terra gira ao redor do Sol, ideia avançada para a época, pois se acreditava que o Sol girava ao redor da Terra. Por isso, ele foi perseguido pela Igreja e condenado à morte na fogueira. Para ser absolvido, negou suas teorias publicamente, mas continuou seus estudos, que contribuíram para um grande avanço científico nos séculos posteriores. Galileu faleceu em 1642.

O retrato de Galileu Galilei foi pintado na época em que ele viveu.

Retrato de Galileu Galilei, pintado por Justus Sustermans, 1636.

Depois do telescópio de Galileu, o instrumento foi sendo aperfeiçoado até chegar aos equipamentos da atualidade, que permitem enxergar cada vez mais longe.

Um dos mais modernos equipamentos são os telescópios espaciais que, lançados no espaço, permitem ver novos aspectos do universo. É o caso do Telescópio Espacial Hubble, lançado no espaço em 1990, e do Telescópio Espacial James Webb, lançado em dezembro de 2021. Para lançar no espaço cada um desses telescópios levam-se anos no projeto de construção do equipamento, que envolve uma equipe de dezenas de pessoas. Entretanto, todo esse esforço é importante para conhecermos melhor o universo no qual o planeta onde vivemos está inserido.

Um dos tipos mais atuais de telescópio. Os dois equipamentos estão instalados no Havaí e permitem observar o Universo com alta precisão.

ATIVIDADES

1. Complete as frases com as palavras adequadas.

> A Terra – O Sol/ arredondada – oval/ pelo Sol – pela Lua

a) _____ é um planeta.

b) Sua forma é _____ e ela é aquecida e iluminada _____.

2. Responda:

a) O que é hidrosfera?

_____
_____

b) O que é litosfera?

_____
_____

c) O que á atmosfera?

_____
_____

3. Marque com um **X** a resposta correta. Quanto tempo, aproximadamente, a Lua leva para mudar de fase?

☐ Um ano.

☐ Uma semana.

☐ Um mês.

4. Quais são as fases da Lua?

_____

5. Numere as descrições de acordo com o astro adequado.

[1] Sol   [2] Lua

☐ Está mais longe de nós.

☐ Não possui luz própria.

☐ Gira em torno da Terra.

☐ Possui luz própria.

6. De onde vem a luz que a Lua reflete na Terra?

_____

7. Como se chama o movimento da Terra em torno de si mesma?

_____

8. Quanto tempo a Terra leva para realizar o movimento de rotação?

_____

9. No que o movimento de rotação resulta?

_____

10. Complete as frases.

a) Quando a Terra gira em torno do Sol, ela realiza o movimento de _____.

b) Para completar esse movimento, a Terra leva _____ dias ou _____.

c) O movimento de translação e a inclinação do eixo da Terra determinam as _____.

CIÊNCIAS

LIÇÃO 2 — O PLANETA TERRA

A **Terra** é constituída de água, ar, solo e seres vivos. A parte constituída de água recebe o nome de **hidrosfera**, a de ar, **atmosfera**, e a de solo, **litosfera**. Essas três partes formam os elementos não vivos do ambiente. Ao conjunto dos elementos não vivos mais os seres vivos que neles vivem damos o nome de **biosfera**.

Hidrosfera.   Atmosfera.   Litosfera.

A hidrosfera

A parte da superfície do nosso planeta coberta por água forma a **hidrosfera**, que significa "esfera de água". Essa área ocupa a maior parte do planeta.

Todos os seres vivos dependem da água para sobreviver.

A água é fundamental para todos os seres vivos.

Mesmo com toda essa quantidade de água, é importante ressaltar que, dessa água toda, apenas 2,5% é **água potável**, ou seja, água que podemos utilizar para beber, comer, tomar banho etc. e que chamamos de água doce.

A água doce encontrada no planeta está distribuída da seguinte forma: 68,9% está nas geleiras e nos polos, 29,9% está subterrânea (lençóis freáticos), 1% está na superfície (lagos, lagoas, rios etc.) e 0,2% está no ar (vapor) e no solo.

Observando a quantidade de água doce disponível para o consumo, percebe-se que é fundamental evitar o desperdício e economizar água, já que a água é fundamental para os seres vivos manterem-se vivos.

A maior parte dos seres vivos também é formada por água. As pessoas têm, aproximadamente, 70% do seu peso constituído de água.

Características da água

A água que bebemos se chama **água potável**, mais conhecida como **água doce**. Ela apresenta as seguintes características: incolor (não tem cor), inodora (não tem odor) e insípida (não tem sabor).

Na água é possível encontrar gases dissolvidos. É por isso que os animais e vegetais aquáticos conseguem respirar, pois retiram o oxigênio que está dissolvido na água.

ÁGUA POTÁVEL DA TERRA
- Água superficial: 1%
- Umidade do ar e do solo: 0,2%
- Água subterrânea: 29,9%
- Polos e geleiras: 68,9%

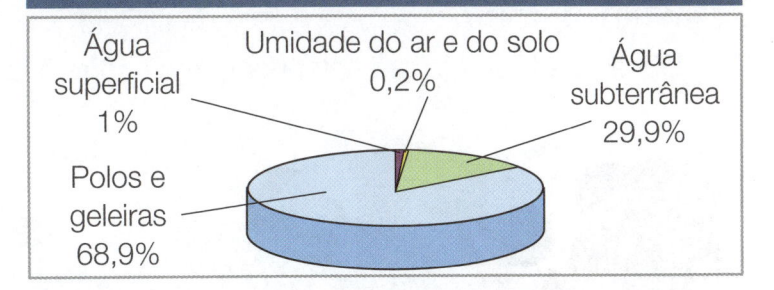

SUPERFÍCIE DA TERRA
- Terra: 25%
- Água: 75%

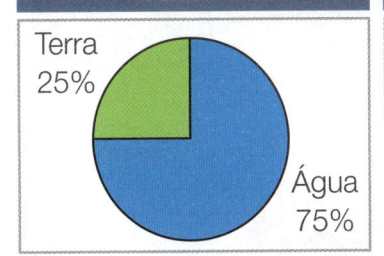

ÁGUA DA TERRA
- Água salgada: 97,5%
- Água doce: 2,5%

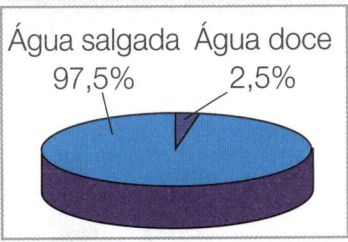

WWF-Brasil. Disponível em: https://www.wwf.org.br/natureza_brasileira/areas_prioritarias/pantanal/dia_da_agua/. Acesso em: 30 jun. 2022.

Estados físicos da água

A água pode ser encontrada nos estados **sólido**, **líquido** e **gasoso**.

No estado **sólido**, ela forma o gelo, a neve, as geleiras.

A água no estado **líquido** forma os mares, os rios, os lagos, as lagoas e as nuvens. Também é encontrada no subsolo e nos seres vivos.

Árvore com neve.

Iceberg: bloco de gelo flutuante.

No estado **gasoso**, a água forma o vapor de água. Sabemos que ele existe pela formação de gotas de água suspensas. A maior parte do vapor de água está no ar.

Imagem aérea da região amazônica cortada por rio.

Praia em Maceió, Alagoas.

O que vemos saindo da chaleira são gotas de água suspensas. Não é água na forma de gás.

Mudanças de estado físico da água

Observe as figuras para entender como ocorrem as mudanças de estado da água.

Quando a temperatura diminui, a água solidifica-se e forma o gelo.

Quando a temperatura aumenta, o gelo derrete e temos água líquida.

A água aquecida passa para o estado gasoso. O vapor invisível sobe, esfria e a água se torna líquida na forma de gotas. É a fumaça que vemos saindo da vasilha.

> Nas representações científicas, costuma-se usar uma seta para mostrar a passagem de um estado para outro. No caso da mudança de estado da água provocada pela alteração de temperatura, a seta varia da cor azul para o vermelho, indicando do mais frio para o mais quente.

A poluição e o desperdício da água

Utilizamos a água para beber, cozinhar, para a higiene pessoal, para uso industrial e no lugar onde vivemos, para irrigação das plantações, para geração de energia e para navegação.

Nós só podemos beber água potável, que é água limpa e tratada. Com o aumento da poluição, a quantidade de água potável é cada vez menor no mundo.

A poluição da água é causada pelo lixo, pelo esgoto e pelos produtos químicos das indústrias e das plantações.

Mais da metade do consumo de água de uma casa ocorre no banheiro:
- um banho de 15 minutos gasta, em média, 130 litros de água limpa;
- escovar os dentes com a torneira aberta gasta até 25 litros;
- a caixa de descarga chega a consumir 20 litros de água de cada vez.

Todos nós devemos economizar água. Para isso:
- não deixe torneiras abertas ou pingando;
- enxague os pratos antes de lavá-los;
- tome banhos mais rápidos;
- use balde em vez de mangueira para lavar o quintal, a calçada, o carro;
- escove os dentes com a torneira fechada;
- a descarga deve estar sempre regulada e só ser usada o tempo necessário.

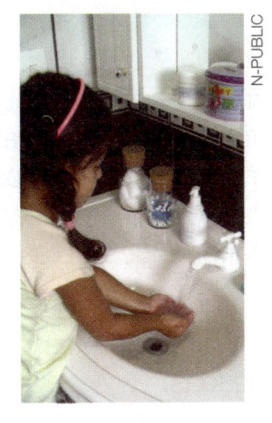

O ciclo da água

A água da natureza passa por um **ciclo**. Veja como isso acontece.

A água dos mares, rios e lagoas é aquecida diariamente pelo Sol. Uma parte dessa água evapora e se transforma em vapor.

O calor do Sol aquece as geleiras. O gelo derrete e a água evapora. As plantas e os animais transpiram e a água evapora.

O vapor sobe e, nas camadas frias da atmosfera, ele se condensa e forma gotinhas de água que originam as nuvens.

As gotinhas se agrupam mais e mais formando gotas pesadas. Em determinado momento, as gotas de água caem em forma de chuva.

Quando a temperatura nas altas camadas da atmosfera esfria muito, as gotas de água formam flocos ou blocos de gelo. Os flocos são a neve. Os blocos de gelo formam a chuva de pedra, também chamada de granizo.

A chuva molha a terra, as cidades, os campos e as florestas. Ela enche as lagoas e os rios e cai sobre o mar.

A água é aquecida pelo Sol e evapora. O ciclo da água continua. Ele ocorre sempre, sem interrupção.

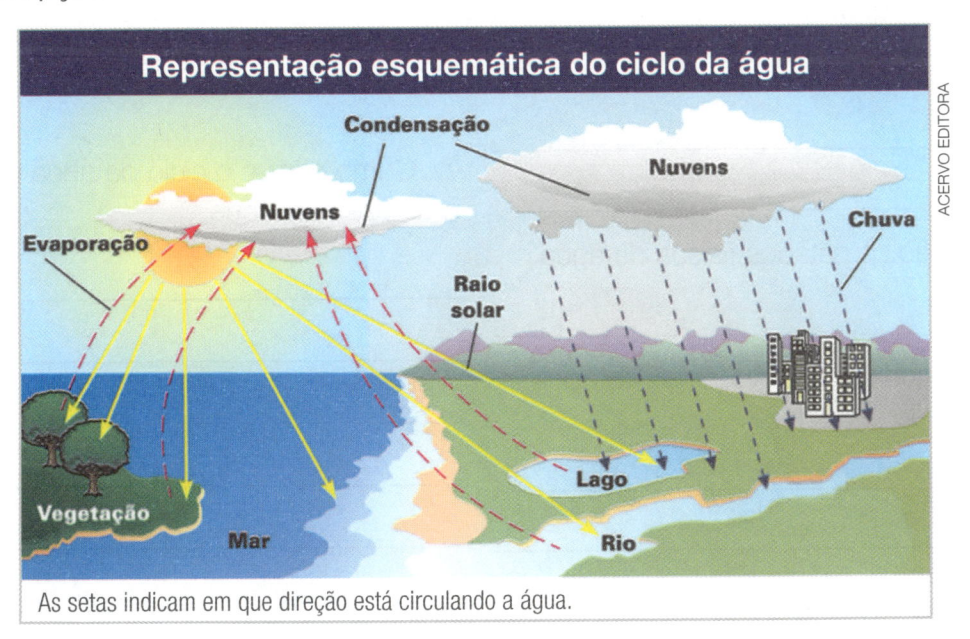

Representação esquemática do ciclo da água

As setas indicam em que direção está circulando a água.

Chuva

A vida na Terra depende da **chuva**. A chuva enche os rios e os lagos, faz as sementes germinarem e garante água para beber. Em algumas áreas, se a chuva cai apenas durante uma estação, milhares e até milhões de pessoas podem morrer de fome porque as colheitas fracassam.

Muita chuva também é um problema. Enchentes podem destruir casas, fazendas, animais e deixar pessoas desabrigadas.

A água que cai de uma nuvem chama-se **precipitação**.

A temperatura do ar, tanto dentro, como fora da nuvem determina se a precipitação será em forma de chuva, neve ou granizo.

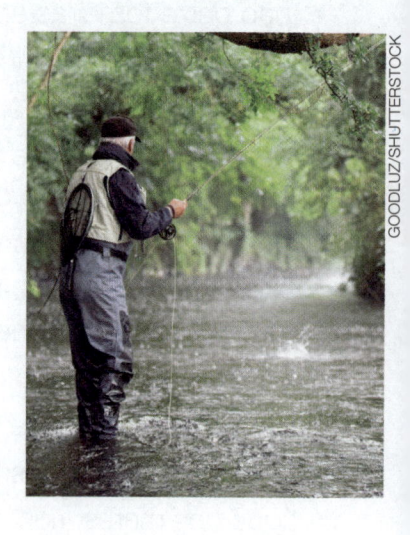

ATIVIDADES

1. O que é hidrosfera?

2. Marque a alternativa correta.

A maior parte da superfície da Terra é coberta por:

☐ terra.   ☐ água.

3. Quais são as características da água potável? Explique.

4. Quais são os estados físicos da água?

5. Onde encontramos água nos estados líquido, sólido e gasoso?

6. O que vai acontecer se:

a) deixarmos alguns cubos de gelo fora da geladeira?

b) aquecermos água líquida?

c) colocarmos água líquida em um recipiente e guardá-lo no congelador?

7. Como ocorre o ciclo da água na natureza? Explique.

8. De que são feitas as nuvens?

_____

_____

_____

9. Procure saber mais sobre a água que abastece sua cidade. No caderno, responda:

a) Para onde vai o esgoto de sua cidade?

b) De onde vem a água de sua cidade?

10. Qual a importância da água na vida das pessoas?

_____

_____

11. Converse com seus colegas e escreva no caderno:

a) O que pode acontecer se as águas dos rios continuarem sendo poluídas?

b) Como é possível evitar a poluição das águas?

A atmosfera

A Terra está rodeada por uma grande camada de ar chamada **atmosfera**. O ar é uma mistura de gases. O oxigênio e o gás carbônico são alguns desses gases.

Sem oxigênio, as pessoas, os animais e as plantas não podem viver, pois o oxigênio é usado na respiração. A atmosfera também protege a Terra das radiações emitidas pelo Sol. Sem ela, o calor do Sol seria tão forte que a vida no planeta se tornaria impossível. Graças à atmosfera, as temperaturas permitem que os seres vivos habitem quase todos os espaços do planeta.

O ar em movimento

Podemos perceber a existência do ar pelo vento. O **vento** é o ar em movimento.

Ao se movimentar, o ar dá origem:
- às brisas, que balançam as plantas, as folhas das árvores e nos refrescam;
- aos ventos fortes, que sacodem as árvores e levantam poeira;
- aos vendavais, que arrasam os lugares por onde passam.

Brisa balançando o trigal.

Vendaval derrubando árvores, no México.

Sem a atmosfera, os dias seriam muito quentes e as noites muito frias. A atmosfera também filtra parte dos raios do Sol que são prejudiciais à nossa saúde.

Como se forma o vento?

Você sabia que o Sol é o grande responsável pela existência dos ventos?

O Sol esquenta a superfície da Terra. O ar aquecido dilata-se, fica mais leve e sobe. Em seu lugar fica o ar mais pesado, mais frio. O ar quente que sobe se resfria e volta à superfície da Terra, substituindo o ar quente.

Esse movimento do ar forma o vento.

Representação esquemática da formação do vento.

ATIVIDADES

1. Complete as frases.

Atmosfera é _____

Ar é _____

O oxigênio e o _____ são alguns desses gases.

2. Que papel importante a atmosfera tem com relação às temperaturas do planeta?

3. O oxigênio é importante para as pessoas e os outros animais? Por quê?

4. Como percebemos a existência do ar?

5. O que é vento?

6. Explique a diferença entre: brisas, ventos fortes e vendavais.

- Qual desses tipos de vento pode causar mais prejuízos?

358

CULTIVANDO O SOLO

A Terra tem uma camada sólida superficial formada por rochas e solo. Essa camada recebe o nome de **litosfera**. A parte mais superficial da litosfera é chamada **crosta terrestre**.

A crosta terrestre é habitada pelos seres vivos. É dela que se retiram os recursos minerais. Na crosta terrestre, as pessoas também plantam e fazem construções.

Extração de ferro em Carajás, Pará.

Plantação, Guaíra, Paraná.

Como o solo é formado?

O solo é formado por diferentes tipos de rocha. Com o passar do tempo, essas rochas são fragmentadas pela ação do vento, da chuva, das mudanças de temperatura e das raízes das plantas.

Os fragmentos dessas rochas, quando ficam bem pequenos, formam a areia e a argila, que são ricas em sais minerais. Então, elas se juntam ao ar, à água, aos restos de animais e vegetais e formam o solo. Esse processo não é rápido. É preciso passar muitos anos para o solo se formar.

Esquema do processo de formação do solo

Os solos podem ser:
- **Arenosos** – formados principalmente por areias. Por não segurarem a água da chuva são solos secos.

- **Argilosos** – formados principalmente por argilas. Não deixam a água passar com facilidade. São solos barrentos.
- **Humíferos** – formados principalmente por húmus, são solos escuros e ótimos para a agricultura.

Solos férteis

A primeira camada do solo é rica em **húmus**, detritos de origem orgânica. Essa camada é chamada **camada fértil**.

A água, o oxigênio e os sais minerais são os nutrientes do solo. Um solo rico em nutrientes é fértil para o plantio.

Plantação de soja, Campo Verde, Mato Grosso, 2005.

Na agricultura são usados procedimentos importantes para o cultivo do solo.

- **Irrigação** – molha os solos secos por meio de tubos e canais.
- **Drenagem** – retira o excesso de água dos terrenos muito úmidos. Costumam-se abrir valas, fazer aterros ou plantar vegetais que absorvem muita água, como o eucalipto e o girassol.
- **Adubação** – enriquece os solos pobres em nutrientes com a utilização de adubos naturais (húmus e esterco) ou adubos químicos (sódio, potássio, nitrogênio).
- **Aragem** – revolve a terra, facilitando a circulação do ar, da água e dos nutrientes.

Plantação sendo irrigada.

Plantação sendo arada.

EXPERIÊNCIA

Observando a permeabilidade dos solos

Materiais necessários

3 garrafas PET de 2 litros

1 copo plástico de terra argilosa

1 copo plástico de areia

1 copo plástico de terra adubada (terra de jardim)

3 chumaços de algodão

1 canecão

Água

Procedimentos

- Corte as garrafas de plástico um pouco acima da metade.
- Encaixe a metade com o gargalo sobre a parte de baixo, de modo a formar um funil.
- Coloque um pouco de algodão na boca do funil.
- Coloque os diferentes solos em cada um dos funis.
- Coloque a água aos poucos sobre cada amostra de solo e anote o tempo necessário para a água passar em cada uma delas. Use a mesma quantidade de água para cada amostra.

Esquema de montagem do experimento.

Agora, responda:

a) Em qual solo a passagem da água foi mais rápida? Em qual foi mais lenta?

_____

_____

_____

b) Quais são as modificações que você observou em cada um dos tipos de solo após a passagem da água?

_____

_____

_____

_____

c) Qual das três amostras armazena mais água?

_____

_____

d) A partir dos resultados obtidos, diga qual é a melhor amostra para as plantas absorverem água para o seu crescimento e sobrevivência.

_____

_____

_____

e) A partir da interpretação dos resultados obtidos, imagine que existam dois terrenos, um deles com solo arenoso; o outro com solo argiloso. De repente, começa a chover muito. Em qual dos solos é mais provável ficar encharcado o terreno?

_____

_____

_____

A erosão do solo

A **erosão** ocorre quando a vegetação é retirada do solo, deixando-o pobre e desprotegido. O vento e a água arrastam parte do solo e seus nutrientes.

Para evitar a erosão, é preciso manter a vegetação que cobre o solo.

Erosão e desmoronamento, Rodovia Rio-Santos, Mangaratiba, Rio de Janeiro.

A utilidade das minhocas

As minhocas vivem em galerias que perfuram a terra. Essas galerias arejam o solo.

As minhocas comem terra e digerem os restos de plantas e animais. Enquanto comem, elas cavam.

Para eliminar as fezes, as minhocas sobem de marcha a ré até a superfície e soltam bolinhas de terra na entrada das galerias.

Por isso, dizemos que as minhocas enriquecem os solos com seus excrementos. Solo com minhoca é arejado, úmido e rico em húmus.

Minhoca.

Desertificação e erosão do solo

A desertificação é a mudança do solo fértil em solo arenoso, impróprio para a agricultura.

A desertificação é um processo natural da Terra. Muitos desertos de hoje já foram florestas no passado. No entanto, as atividades humanas estão acelerando a formação de desertos. Cerca de 15% da superfície terrestre está sob o risco de desertificação.

Esse processo pode ser causado pela criação de gado, pelo plantio e extração de minérios do subsolo. Essas atividades contribuem para o surgimento de terrenos que não retêm água.

A desertificação é um problema grave porque diminui as terras cultiváveis do planeta. Com o crescimento da população mundial, essas áreas certamente farão falta no futuro.

A erosão das rochas e do solo

As rochas e os solos sofrem constantemente modificações provocadas pela ação do vento, das águas, do calor, do frio, dos seres vivos.

No calor, as rochas dilatam. No frio, elas se contraem. Com o passar do tempo, as rochas se partem. A água entra pelas fendas das rochas e congela, forçando as fendas a abrirem ainda mais.

As rochas se partem e formam pedras, que, por sua vez, se partem formando pedregulhos.

O vento e a água derrubam árvores, cavam buracos, desgastam as margens dos rios e carregam grandes porções de solo de um lugar para outro.

A água do mar e as ondas desgastam as rochas do litoral.

A água dos rios cava vales profundos nas rochas.

O desgaste das rochas e a remoção das partículas do solo é a erosão.

A erosão é inimiga do solo fértil. E nós dependemos do solo fértil para cultivar os vegetais que nos alimentam. A erosão também é inimiga do solo das cidades. Nos locais onde ela acontece, as casas podem desabar.

A principal maneira de impedir a erosão do solo é por meio da cobertura vegetal. Onde há plantas, a água da chuva não remove as partículas do solo.

O rio corre no vale que cavou nas rochas durante milhares de anos.

As ondas do mar desgastam as rochas e fazem o contorno do litoral.

ATIVIDADES

1. O que é erosão?
_____
_____
_____

2. Quais agentes da natureza causam a erosão?
_____
_____
_____
_____

3. Marque com um **X** as frases corretas.

☐ A erosão causa a formação de vales profundos.

☐ Erosão é o desgaste sofrido pelas rochas e pelo solo.

☐ As enchentes desgastam as margens dos rios, carregando grandes porções de terra de um lugar para outro.

4. Pesquise, recorte e cole em seu caderno fotos de locais onde ocorreu erosão.

5. Explique a seguinte frase: "Água mole em pedra dura tanto bate até que fura".
_____
_____
_____
_____

6. Na foto a seguir, a água da cachoeira desce pelas pedras. Com o passar dos anos, o que pode ocorrer com as rochas desse local?

_____
_____
_____

O solo e a vegetação

Nos variados tipos de solo crescem diferentes espécies de plantas. Os inúmeros solos que formam a Amazônia servem como exemplo disso.

Nas regiões amazônicas baixas, denominadas **igarapés**, em determinados meses do ano, o solo é inundado pelas enchentes dos rios,

Nas regiões baixas da Floresta Amazônica, o solo é inundado pelas cheias dos rios e fica rico em húmus. Isso ajuda a sustentar muitos tipos de vegetais.

364

tornando-se rico em húmus, o que sustenta uma vegetação densa.

A vegetação das regiões amazônicas altas apresenta poucas árvores. Isso é decorrência da menor quantidade de húmus, já que as partes altas não são inundadas pelas enchentes periódicas.

Nos solos ricos em húmus, como os das florestas, cresce uma grande variedade de plantas.

Nos solos arenosos, como o da caatinga, cresce uma vegetação baixa e esparsa. Como a quantidade de húmus é pequena, há pouca vegetação.

O solo do cerrado é rico em minerais de alumínio. As plantas da região têm folhas grossas e flores com pétalas que parecem feitas de cera, por causa da grande quantidade desses minerais.

As árvores são baixas, com caules retorcidos. O capinzal cobre o solo.

Vegetação do cerrado em Minas Gerais.

Vegetação da caatinga no sertão paraibano.

O mangue está situado na foz dos rios que deságuam no mar. O solo dos mangues é lodoso, com muitos sais minerais e pouco oxigênio, e é periodicamente inundado pelas marés.

As plantas têm adaptações especiais para sobreviver nesse ambiente.

Uma espécie de árvore do manguezal tem raízes que escoram a planta no solo lodoso.

Em outra espécie desse ambiente, as raízes crescem para fora da linha da água para absorver o gás oxigênio do ar e ficam acima do nível da água mesmo quando a maré sobe.

Planta do mangue com raízes que a escoram no terreno lodoso.

O solo do manguezal é pobre em oxigênio. Nele crescem plantas com raízes para fora do lodo. Elas absorvem gás oxigênio do ar.

Na região onde você mora, que tipo de vegetação prevalece?

365

Manguezal

O manguezal é uma região de transição entre o ambiente terrestre e o costeiro, por isso está localizado sempre no litoral. No Brasil existem 12% de todos os manguezais do mundo. Eles se distribuem do Amapá até Santa Catarina em grandes áreas naturais que vêm sendo destruídas e degradadas.

Manguezal na Barra do Cunhaú, distrito da cidade de Canguaretama, Polo Costa das Dunas, Canguaretama (RN).

Ocupação de moradias em área de manguezal, Rodovia Padre Manuel da Nóbrega, Cubatão (SP).

Catador de caranguejos no Delta do Rio Parnaíba (PI).

A destruição ocorre principalmente pelo aterro dessas áreas para a construção de prédios nas orlas marítimas ou marinas. Já a degradação advém da utilização do local para a deposição de lixo, do lançamento de esgotos residenciais ou industriais, e da pesca predatória.

A importância do manguezal para o meio ambiente é enorme. No mangue vivem várias espécies de plantas e animais. É do mangue que peixes, moluscos e crustáceos que habitam o mar encontram as condições ideais para reprodução. Assim, o local funciona como berçário, criadouro e abrigo para várias espécies de fauna aquática e terrestre. São os manguezais que produzem mais de 95% do alimento que o ser humano pesca no mar. Desse modo, a destruição dos manguezais afeta as comunidades pesqueiras que vivem em seu entorno, incluindo os catadores de caranguejo que obtêm sustento da coleta e da comercialização desses animais.

A destruição da vegetação do mangue acaba por favorecer a erosão e o desmoronamento da costa, já que as raízes dessas plantas ajudam a fixar as terras.

Além disso, a destruição do ambiente do mangue faz com que muitas espécies de animais e vegetais fiquem em risco de extinção. Por isso, existe uma legislação específica para a proteção dessas áreas, mas muitas vezes ela não é respeitada.

Área de mangue com despejo de lixo, Magé (RJ).

Fonte: Adaptado de: OLINTO, Andrea. O ecossistema manguezal. Disponível em: http://ecologia.ib.usp.br/portal/index.php?option=com_content&view=article&id=70&Itemid=409. Acesso em: 20 ago. 2022.

ATIVIDADES

1. Qual é a importância dos manguezais?

_____
_____
_____
_____

2. Pesquise se na sua região ou próxima a ela há manguezal. Se houver, verifique se a região está preservada ou se há degradação/destruição do local. Pesquise também se há alguma comunidade pesqueira que vive daquela área e se há respeito à legislação que protege o mangue.

3. Como é o solo da Amazônia? Numere os quadrinhos de acordo com a legenda.

| 1 | Nas regiões amazônicas baixas |
| 2 | Nas regiões amazônicas altas |

☐ o solo é inundado pelas enchentes dos rios.

☐ o solo não é inundado pelas enchentes periódicas.

☐ há menor quantidade de húmus no solo.

☐ o solo é rico em húmus.

☐ a vegetação é densa.

☐ a vegetação apresenta poucas árvores.

4. Relacione as colunas.

Mangue — Solo rico em húmus.

Floresta — Solo arenoso.

Caatinga — Solo rico em minerais de alumínio.

Cerrado — Solo lodoso.

5. Que tipo de vegetação se desenvolve nestes solos?

a) Solo rico em húmus: _____
_____

b) Solo arenoso: _____
_____

c) Solo rico em minerais de alumínio:
_____
_____
_____
_____
_____

d) Solo lodoso:
_____
_____
_____
_____
_____

O ser humano e o ambiente

Os seres humanos modificam o ambiente.

Eles plantam, criam animais, constroem casas em diferentes lugares do planeta Terra.

Plantação de soja, Rio Grande do Sul.

Cidade de São Luís, Maranhão.

Muitas cidades brasileiras do litoral foram construídas onde havia anteriormente a Mata Atlântica. Outras foram erguidas nas regiões do Cerrado.

Nesses lugares, o **ambiente natural** foi substituído pelo **ambiente construído**.

Muitas atividades humanas geram desequilíbrios ambientais, como a poluição do ar e da água. Elas também consomem os recursos naturais.

Poluição do ar

As queimadas de florestas, as fábricas e os veículos são responsáveis pela emissão de gases que poluem o ar e causam doenças respiratórias, principalmente em crianças e idosos.

Os gases produzidos pelas atividades humanas também aumentam a temperatura da Terra, o que é muito ruim, pois gera desequilíbrio no planeta.

Queimada em área de pasto no Cerrado, São Simão, GO, 2010.

Poluição da água

Além de poluírem o ar, as atividades humanas também poluem a água.

O vazamento de petróleo nos mares e oceanos ocorre com frequência. Quando isso acontece, o petróleo espalha-se na água e mata peixes, aves, mamíferos, entre outros seres vivos.

Muitas cidades não possuem um sistema de tratamento de esgoto.

Óleo que vazou de transatlântico na baía de Guanabara, Rio de Janeiro, 2002.

Poluição da água.

Nessas cidades, os maiores poluentes da água são o lixo e o esgoto das residências e indústrias. A água carrega a poluição dos lixos e leva dos solos o pesticida usado no combate às pragas.

Nas regiões agrícolas, além desses poluentes da água, há também os adubos e inseticidas, chamados agrotóxicos. Eles poluem o ar e a água.

Poluição do solo

A **poluição do solo** ocorre principalmente pelo despejo de lixo em locais não apropriados e pelos resíduos dos agrotóxicos e fertilizantes usados na agricultura, que afetam de modo drástico as características naturais do solo e podem provocar doenças.

Lixo doméstico descartado em barranco na margem da BR-116, Jeremoa, BA, 2012.

Plantação com placa de alerta para o risco de contaminação pelo uso de agrotóxico. Ivorá, RS, 2010.

VOCABULÁRIO

agrotóxico: produto usado na agricultura para fertilizar o solo, combater pragas e eliminar ervas daninhas para as plantações.

A poluição provocada pelo vazamento de petróleo nos oceanos

O derramamento de petróleo nas águas do mar causa enormes desequilíbrios nas regiões afetadas, prejudicando toda a vida existente no lugar.

Como o petróleo flutua na água salgada, acaba por impedir que a luz do Sol penetre na água. Com isso as plantas que vivem no mar não conseguem mais fazer a fotossíntese, ou seja, produzir o seu próprio alimento e liberar oxigênio, e morrem.

Sem oxigênio dissolvido na água e alimento, a morte em grande escala dos peixes e outros animais marinhos é inevitável. Aqueles que conseguem chegar à superfície ficam impregnados de óleo e morrem por asfixia.

As aves que se alimentam de peixes também acabam morrendo.

Ave com o corpo coberto de óleo.

Suas penas, que servem para manter o corpo aquecido nas épocas de frio, com o óleo perdem essa função, causando-lhes a morte pelo frio. Algumas aves morrem ao lamber o petróleo impregnado no corpo na tentativa de se limparem.

As áreas do litoral atingidas, além dos prejuízos ambientais, acabam sofrendo perdas muitas vezes irreparáveis nas suas atividades econômicas, sendo diretamente afetados a pesca e o turismo e indiretamente todas as demais atividades.

O derramamento de petróleo é considerado um dos maiores e mais graves desastres ecológicos. Os ecossistemas locais, quando afetados, só conseguem se recompor após dezenas de anos, desde que sejam "limpos" rapidamente e desde que não haja mais nenhum outro problema sério nesse longo período.

Fonte: http://www2.uol.com.br/ecokids/ecossist/46poluim.htm. Acesso em:12 ago. 2022.

ATIVIDADES

1. Identifique as atividades humanas mostradas nas fotos a seguir conforme a numeração da legenda.

☐ extração de minério

☐ depósito de lixo ao ar livre

☐ criação de animais

☐ plantação

2. Quais das atividades humanas mostradas na atividade 1:

a) modificam o ambiente?

_____

_____

b) são benéficas para os seres humanos?

_____

_____

3. Quais são os poluentes do ar?

_____

_____

_____

4. Quais são os maiores poluentes da água?

_____

_____

_____

5. Assinale os principais poluentes do solo.

☐ Agrotóxico ☐ Lixo

☐ Esgoto ☐ Fertilizantes

☐ Gases

6. Pesquise sobre algumas doenças respiratórias causadas pela poluição do ar.

_____

_____

_____

_____

7. Como é possível controlar a poluição do ar?

_____
_____
_____

8. Qual é a principal causa da poluição do solo? Por quê?

_____
_____
_____
_____

9. A poluição do solo pode causar doenças?

_____
_____
_____
_____

10. O que poderia ser feito para diminuir o problema da poluição do solo?

_____
_____
_____

11. Imagine um piquenique em um parque em um dia agradável. Na hora de ir embora, sobraram latas de sucos, guardanapos, canudinhos e restos de alimentos. Com base nessas informações, responda em seu caderno:

a) Qual é o destino a ser dado aos restos do piquenique?

b) Suponha que as pessoas jogaram restos no meio das árvores. A presença dos restos no parque poderá ficar marcada? Você considera correta essa atitude?

A preservação dos ambientes

As queimadas, a poluição do ar, da água e do solo, a caça e a pesca predatórias agridem os ambientes.

Área de vegetação destruída pela queimada.

Bromélia típica da Mata Atlântica.

Para preservar os ambientes são necessárias algumas atitudes: delimitação de reservas ecológicas, uso racional dos recursos naturais, leis de controle de emissão de poluentes.

371

Uso racional dos recursos naturais

O ser humano necessita dos **recursos naturais** para se alimentar, fazer remédios, roupas, móveis, utensílios e muitos outros produtos.

Do petróleo podemos obter combustíveis que fornecem energia, como a gasolina e o gás de cozinha.

Dos minérios retiramos os metais, como o ferro e o alumínio.

A água é usada nas usinas hidrelétricas para a produção de energia elétrica.

Os recursos devem ser aproveitados e reaproveitados para que não se esgotem. Ao fazer uso deles, é preciso obedecer a regras para preservar o ambiente, como:

- prever e evitar os estragos que podem ser causados à natureza pelas atividades humanas;
- consertar os estragos que forem feitos;
- respeitar as leis que proíbem a caça e a pesca nas épocas de reprodução;
- respeitar as leis contra a poluição do ambiente;
- respeitar as leis de proteção aos animais e às plantas silvestres;
- respeitar as áreas de reservas e os parques florestais;
- reciclar o lixo.

Proteção de plantas nativas e animais silvestres

Utilizar plantas que não são cultivadas pode provocar a extinção dessas plantas. Isso quase aconteceu com o pau-brasil, uma das principais árvores nativas do Brasil, que foi explorado durante anos, desde o Rio Grande do Norte até o Rio de Janeiro. Hoje o pau-brasil sobrevive apenas pelo trabalho de grupos que cultivam essa espécie.

É difícil recuperar o que já foi destruído na natureza. Uma espécie está extinta quando todos os seus indivíduos morrem.

Felizmente, espalham-se pelo mundo organizações que cuidam da preservação dos ambientes e das espécies ameaçadas de extinção. Um exemplo é o Projeto Tamar, que protege as tartarugas marinhas.

Sede do Projeto Tamar em Fernando de Noronha (PE). Foto de 2017.

Captura científica de tarturagas e coleta de dados pelo Projeto Tamar. Fernando de Noronha (PE), em 2017.

Saneamento básico

Saneamento básico é o conjunto de medidas praticadas para garantir as condições de higiene de um lugar, de modo a proteger a saúde da população e evitar a disseminação de doenças, a poluição das águas e do solo.

Fazem parte do saneamento básico:
- o tratamento da água e sua distribuição à população;
- a rede de canos para recolher o esgoto e as estações de tratamento, para que ele não seja jogado diretamente nos recursos d'água;
- a coleta de lixo e seu destino adequado.

As medidas de saneamento básico são pagas pelos cidadãos por meio da arrecadação de impostos ou cobrança de taxas de água e esgoto e de recolhimento do lixo. O saneamento básico é um direito de todo cidadão e uma obrigação de todos os governos.

Coleta de lixo doméstico na cidade de São Paulo (SP), 2014.

Obra de rede de esgoto em Poções (BA), 2016.

Tratamento da água

A água que bebemos ou usamos para cozinhar deve ser tratada para se tornar **potável**, isto é, apropriada para consumo.

Antes de chegar às nossas casas, a água é retirada dos rios ou das represas e levada para as **estações de tratamento**.

Nas estações de tratamento, a água passa por um processo de limpeza e purificação, no qual são retiradas as impurezas, é filtrada e tratada com flúor e cloro.

Etapas do tratamento da água

1. A água é armazenada na represa. Nessa etapa, ela passa por grades de limpeza para reter folhas, troncos, peixes etc.

2. A água é bombeada para a **estação de tratamento**.

3. No tanque de aplicação, a água recebe vários produtos que formam flocos com a sujeira.

4. No tanque de decantação, os flocos de sujeira vão para o fundo.

5. No tanque de filtração, a água passa por filtros de carvão, areia e cascalho.

6. No tanque de água tratada há aplicação de flúor e cloro.

7. Já tratada, a água vai para um reservatório.

8. A água é distribuída para toda a cidade pelos canos da rede de distribuição.

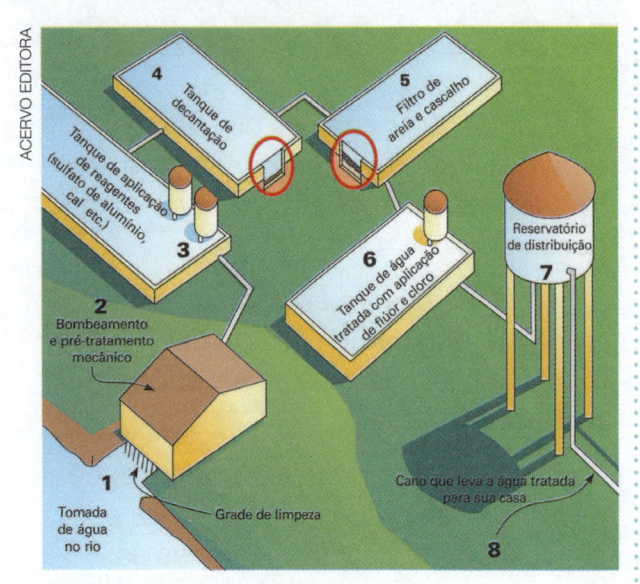

Esquema de estação de tratamento de água.

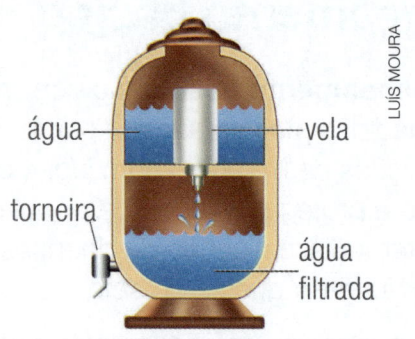

As partes de um filtro caseiro.

A água potável

Mesmo depois de tratada nas estações de tratamento, é importante que a água seja filtrada e fervida antes de ser bebida. Isso é necessário porque não sabemos se nos canos pelos quais a água é distribuída, e também nas caixas-d'água onde fica armazenada, ela foi contaminada por microrganismos causadores de doenças.

A água, para ser consumida sem causar danos à saúde, deve ser potável, ou seja, transparente (incolor), sem cheiro (inodora) e sem sabor (insípida).

O filtro caseiro é muito comum e utiliza uma vela de porcelana porosa. Essa vela tem pequenos furos (poros) pelos quais a água passa e as impurezas ficam retidas na vela – por isso, é importante lavar a vela regularmente e até mesmo trocá-la de tempos em tempos. Veja um esquema de filtro com vela.

Por que a água da moringa de barro é fresquinha?

Foi-se o tempo em que se podia pegar água da bica, levar para casa e colocar na moringa para ter água fresquinha. Hoje é preciso tomar vários cuidados para não se ingerir água que parece limpa, mas está contaminada.

Porém, a moringa ainda tem suas utilidades, pois mantém a água sempre fresquinha. Quer saber por quê?

"A água contida numa moringa de barro é mais fresquinha. Não é só uma sensação física, a temperatura dela é realmente alguns graus centígrados menor que a temperatura ambiente. Por que isso acontece? O barro cozido com que é feita a moringa é poroso à água, ou seja, a água atravessa lentamente a parede de barro. Isto faz com que a parede da moringa esteja sempre úmida. Por sua vez, essa umidade da parede externa está sempre evaporando e a moringa vai lentamente perdendo a água armazenada em seu interior. Como a água, para passar do estado líquido para o gasoso, necessita de calor (lembre-se da água fervendo), do mesmo modo, a evaporação da umidade das paredes da moringa requer calor. Esse calor necessário à evaporação é obtido da água do interior da moringa. Como a água do interior da moringa perde calor, a temperatura dela diminui, ficando, assim, mais 'fresquinha'."

Fonte: http://www2.bioqmed.ufrj.br/ciencia/Agua.htm. Acesso em: 20 ago. 2022.

ATIVIDADES

1. O que é saneamento básico?

_____

_____

_____

2. Cite as medidas de saneamento básico.

_____

_____

_____

3. Quem paga pelo saneamento básico?

_____

_____

_____

4. Responda.

a) Em geral, o que acontece com a água antes de chegar às nossas casas?

_____

_____

_____

b) O que acontece com a água em uma estação de tratamento?

_____

_____

_____

_____

_____

c) Como a água é distribuída às casas?

_____

_____

_____

5. Mesmo recebendo água tratada na torneira de casa, o que é preciso fazer antes de bebê-la?

_____

_____

_____

6. Explique o funcionamento da estação de tratamento de água.

_____

_____

_____

7. Responda no caderno: existe estação de tratamento de água na sua cidade? Onde ela está localizada?

Tratamento do esgoto

Após o uso da água pela população, forma-se o **esgoto**, que contém restos de comida, fezes, produtos químicos etc. A água entra por uma rede de canos e muitas vezes é despejada suja nos rios.

O esgoto não deve ser lançado nos rios ou no mar antes de ser levado às estações de tratamento de esgoto. Nessas estações, o esgoto fica depositado em tanques, até que as bactérias decomponham os resíduos.

No Brasil, existem muitas regiões em que não há saneamento básico. Nesse caso, as pessoas instalam nos quintais a fossa séptica, que retém o material sólido. A parte líquida vai para o sumidouro.

As fossas devem ficar afastadas dos poços, em posição mais baixa que eles, para evitar a contaminação da água.

Tanques para tratamento de água do Departamento de Água e Esgoto da cidade de Jundiaí (SP), 2016.

O lixo

O **lixo** é formado por restos de tudo o que se usa nas casas, nas escolas, nas fábricas etc. Quando fica exposto ao ar livre, o lixo atrai moscas, baratas, ratos e outros animais transmissores de doenças. Além disso, polui o solo e as águas onde é jogado.

A coleta e o acondicionamento do lixo em local apropriado fazem parte do saneamento de uma região. É necessário colocá-lo em recipientes adequados e bem tampados. Onde não há coleta, o lixo deve ser enterrado.

No **aterro sanitário**, o lixo é depositado em buracos e coberto por uma camada de terra. Nesses buracos continuam sendo depositadas camadas de lixo e de terra até completar a sua profundidade. Então, todo esse material é compactado e recebe uma camada de pedra.

A **decomposição** do lixo produz gases. Por isso, o aterro possui tubulações para a saída desses gases ou seu aproveitamento como combustível (biogás).

Nos aterros sanitários, o lixo não fica exposto. Assim, não há proliferação de animais e, consequentemente, de doenças.

O serviço de coleta de lixo é importante para manter o ambiente limpo.

Reciclagem do lixo

As plantas e os animais mortos são destruídos por larvas, minhocas, bactérias e fungos, e os elementos químicos que eles contêm voltam para a terra. Assim, são usados pelas plantas. Esse é um processo natural de reutilização de matérias.

Enquanto a natureza se mostra eficiente em reaproveitamento e reciclagem, nos ambientes construídos a produção de lixo é maior do que a reciclagem.

O problema se agrava porque muitas das substâncias produzidas pelas pessoas não se decompõem facilmente. Vidros, latas e alguns plásticos levam muitos anos para se decompor. Esse lixo acaba poluindo o solo, a água e o ar.

É por isso que o destino correto do lixo é a **reciclagem**. Desse modo, quase todo o material do lixo é reaproveitado: o papel, o plástico, os metais, os vidros.

Para diminuir a quantidade de lixo que produzimos, devemos usar os "três R": **reduzir**, **reutilizar** e **reciclar**.

E até os restos de alimentos, como talos de vegetais, cascas de ovos e de frutas, não precisam ser descartados: podem ser usados como adubo para as plantas.

Embalagens de alumínio, garrafas de plástico e outros materiais podem ser reciclados.

O lixo acumulado na rua atrai ratos, que podem transmitir doenças.

O **lixo orgânico**, ou seja, os restos de alimentos, precisam ser coletados nas residências. Ele não pode ficar nos postos de coleta por causa do mau cheiro.

Quando separamos os materiais para a reciclagem, há menos lixo ocupando espaço no planeta e menos matéria-prima sendo usada para produzir novas mercadorias. Mas não basta reciclar o lixo, é preciso também reduzir o consumo, para que a produção desses materiais diminua, e reutilizar os descartáveis quantas vezes for possível.

A reciclagem começa com a separação do lixo doméstico. Nos postos de coleta seletiva existem recipientes de cor diferente para cada tipo de lixo.

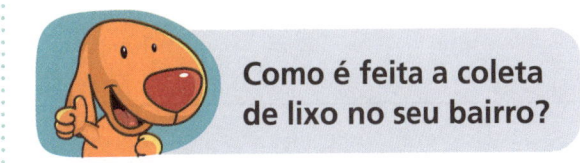

Como é feita a coleta de lixo no seu bairro?

Veja por que é importante reciclar:

Tempo de decomposição do que consumimos e descartamos:

Lixo	Tempo de decomposição
cascas de frutas	de 1 a 3 meses
papel	de 3 a 6 meses
pano	de 6 meses a 1 ano
chiclete	5 anos
filtro de cigarro	de 5 a 10 anos
tampa de garrafa	15 anos
madeira pintada	15 anos
nylon	mais de 30 anos
sacos plásticos	de 30 a 40 anos
lata de conserva	100 anos
latas de alumínio	200 anos
plástico	450 anos
fralda descartável	600 anos
garrafas de vidro	tempo indeterminado
pneu	tempo indeterminado
garrafas de plástico (PET)	tempo indeterminado
borracha	tempo indeterminado
vidro	1 milhão de anos

ATIVIDADES

1. Como deve ser coletado o esgoto das casas na cidade?

_____

_____

2. Qual deve ser o destino do esgoto onde não há rede de esgotos?

_____

_____

3. Em que lugar devem ficar as fossas em relação aos poços? Justifique.

_____

_____

_____

4. Em sua cidade há rede de esgoto? E estação de tratamento de esgoto?

_____

_____

5. Por que o lixo espalhado ameaça a nossa saúde?

_____

_____

_____

6. De que maneira pode-se resolver o problema do lixo?

_____

_____

_____

_____

7. Marque com um **X** o material que pode ser reciclado.

☐ latas de alumínio   ☐ objetos de vidro

☐ objetos de plástico   ☐ metais

☐ jornais   ☐ restos de comida

4 OS ANIMAIS

Observe as imagens a seguir. Veja a variedade de animais que existem!

Mosca. — ABEL TUMIK/SHUTTERSTOCK

Mico-leão-dourado. — ABEL TUMIK/SHUTTERSTOCK

Anta. — VLADIMIR WRANGEL/SHUTTERSTOCK

Rã. — ABLESTOCK

Arara. — OLEGD/SHUTTERSTOCK

Tartaruga. — ABLESTOCK

Cobra. — ABLESTOCK

Beija-flor. — GLASS AND NATURE/SHUTTERSTOCK

Pulga. — SCHANKZ/SHUTTERSTOCK

Piranhas. — KATERYNA_MOROZ/SHUTTERSTOCK

Lagosta. — ABLESTOCK

Aranha. — RICARDO DE PAULA FERREIRA/SHUTTERSTOCK

Os animais podem ser agrupados de acordo com algumas de suas características, entre elas:
- as semelhanças entre as partes do corpo de cada um;
- o modo como se locomovem;
- os alimentos que consomem;
- a forma como nascem e se reproduzem.

Você sabia que o corpo de alguns desses animais na realidade é bem maior do que aparece nas fotos?

Animais vertebrados

Há animais que têm coluna vertebral. São chamados animais **vertebrados**.

O esqueleto desses animais é interno.

Esquema de esqueletos.

Peixe.

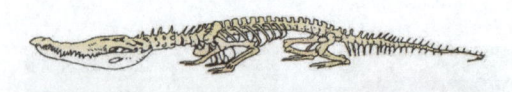

Jacaré.

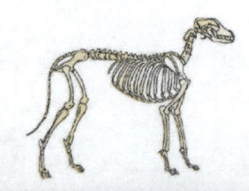

Cachorro.

Avestruz.

Cobra.

VOCABULÁRIO

esqueleto: conjunto de ossos e cartilagens que formam a base de sustentação do corpo do animal.

Esquema de esqueletos.

Animais invertebrados

Os **animais invertebrados** são aqueles que não têm coluna vertebral. Eles vivem na terra e na água.

A formiga, a minhoca e o caracol vivem na terra.

A ostra, o polvo e a estrela-do-mar vivem na água.

Os invertebrados estão reunidos em vários grupos; o maior deles é o dos **artrópodes**.

O caracol mede de 2 a 5 cm de comprimento.

Aranhas, moscas, abelhas, borboletas, baratas, vespas, besouros, grilos, escorpiões, caranguejos, camarões e muitos outros fazem parte desse grupo.

A estrela-do-mar tem de 12 a 14 cm de diâmetro.

Os insetos

Os **insetos** são artrópodes facilmente reconhecidos por causa das seguintes características:

- seu corpo é dividido em cabeça, tórax e abdome;
- na cabeça, possuem um par de antenas e um par de olhos;
- no tórax, possuem três pares de pernas e um ou dois pares de asas.

Os insetos são os animais terrestres mais abundantes; estão espalhados por todos os ambientes. Os insetos alados são os únicos invertebrados capazes de voar.

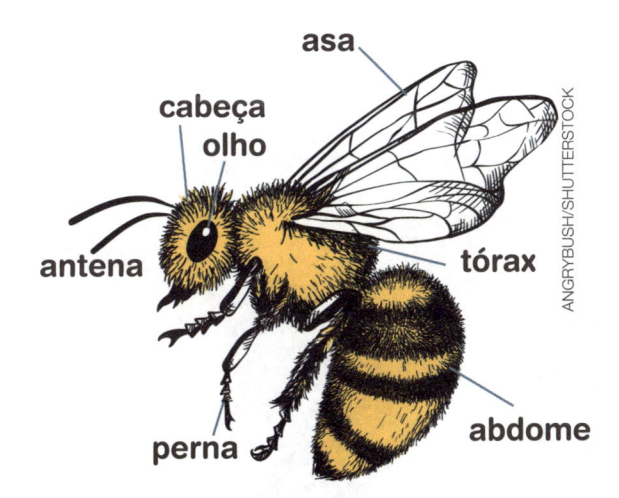

As partes do corpo de uma abelha.

Os aracnídeos

Os **aracnídeos** são artrópodes que possuem quatro pares de pernas e não têm antenas. As aranhas, os escorpiões e os ácaros fazem parte desse grupo.

Algumas espécies de aranhas e escorpiões são perigosas e causam danos aos seres humanos. Em geral, esses animais vivem embaixo de pedras e troncos ou entre folhas secas caídas no chão.

Aranha.

Escorpião.

Outros invertebrados

Há outros **invertebrados**, inclusive **aquáticos**, que vivem no fundo dos mares e dos rios. Alguns deles vivem presos em rochas, como os mariscos e os corais. Já as lulas, as águas-vivas e os polvos podem nadar.

Polvo.

Água-viva.

Lula.

Os vários olhos da mosca

Você já se perguntou por que é difícil pegar uma mosca? Ela pousa. Você vai de mansinho e, pimba, ela já voou para outro lugar. A explicação está nos olhos desses insetos. Eles são chamados olhos compostos, pois cada um deles abriga milhares de olhos simples, uma quantidade que pode variar de 3 a 6 mil olhos!

Isso quer dizer que ela monitora totalmente o que está ao seu redor, mesmo que tenha a visão, digamos, um pouco embaçada.

Por causa de seus olhos, a mosca pode ver o que acontece em todos os lados, inclusive atrás.

ATIVIDADES

1. Escreva o nome dos animais e marque com um **X** os invertebrados.

2. Relacione o esqueleto ao nome do animal.

ave

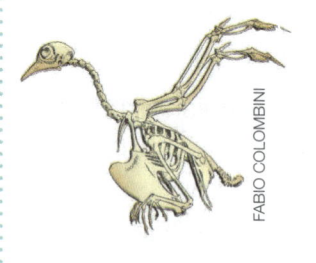

peixe

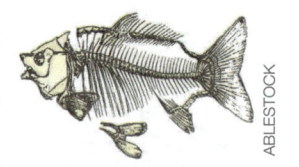

macaco

3. Nomeie as partes do corpo da abelha.

1 – _____ 2 – _____

3 – _____ 4 – _____
5 – _____ 6 – _____

4. Escreva **esqueleto interno**, **esqueleto externo** ou **sem esqueleto** embaixo dos animais a seguir, de acordo com sua estrutura física.

Gato.

_____

Minhoca.

_____

Aranha.

_____

Existe em todo lugar. Tem olho composto, seis pernas, duas antenas e quatro asas. Adora pousar em alimentos frescos ou jogados no lixo.

_____

Tem duas asas bem grandes que, quando se fecham, parecem formar uma carapaça protegendo o corpo. Tem seis pernas, duas antenas e quatro asas. Gosta de comer pulgões, que sugam as plantas.

_____

Vive debaixo do solo fazendo túneis ao se locomover. Tem o corpo bem mole.

_____

Tem oito pernas e possui um ferrão que injeta veneno na ponta da cauda.

_____

5. Os seres humanos são:

☐ vertebrados.   ☐ invertebrados.

• Por quê?

_____

6. Identifique os invertebrados das imagens a seguir.

As duas antenas servem para sentir o que está a sua volta. Tem seis pernas e aparece em todos os lugares.

_____

Tem uma concha sobre o corpo. No alto da cabeça possui duas antenas com os olhos nas pontas.

_____

É do mar que ele gosta, mas também pode viver em rios. Tem uma carapaça bem dura revestindo seu corpo.

_____

Tem quatro pares de asas, um par de antenas e três pares de pernas. Seus hábitos são noturnos.

_____

7. Liste os animais invertebrados que você conhece e com os quais tem contato.

_____
_____
_____
_____

CIÊNCIAS

Classificação dos animais vertebrados

Os animais vertebrados podem ser classificados em: **mamíferos**, **aves**, **répteis**, **anfíbios** e **peixes**.

Mamíferos

Os **mamíferos** são animais que nascem do corpo de suas mães e mamam para se alimentar. Eles têm o corpo coberto por pelos e respiram por meio de pulmões.

A maioria dos filhotes de mamíferos se forma dentro do corpo da mãe e por isso são chamados **vivíparos**. Alguns, porém, se formam em ovos e, por isso, são chamados **ovíparos**, como as equidnas e os ornitorrincos.

Os gatinhos nascem do corpo da fêmea. Eles se alimentam do leite da mãe quando filhotes.

Ornitorrinco.

Aves

As **aves** são animais vertebrados que têm o corpo coberto por penas e respiram por pulmões. Elas se locomovem no ar, na terra e na água. As aves nascem de ovos e, por isso, são animais **ovíparos**.

As galinhas fazem ninho para chocar os ovos. O corpo da fêmea aquece os ovos para que os pintinhos se desenvolvam até o nascimento.

O gavião tem o corpo coberto de penas. É uma ave que pode chegar a 40 cm.

Répteis

Os **répteis** podem ter o corpo coberto por placas resistentes, por escamas ou por carapaças. Costumam viver na terra para aquecer seu corpo ao Sol, mas também podem viver na água. Seus filhotes nascem de ovos, então são animais **ovíparos**.

A tartaruga é um réptil com carapaça: seu corpo é protegido por um casco. Seus filhotes nascem de ovos.

Anfíbios

Os **anfíbios** são animais que vivem na terra quando adultos, mas precisam de água para manter a pele sempre úmida. Para se reproduzir, põem ovos em meios aquáticos ou úmidos, sendo, dessa forma, **ovíparos**. Apresentam metamorfose, ou seja, seus corpos passam por uma grande transformação em seu desenvolvimento.

Os filhotes dos anfíbios sofrem transformações do momento em que nascem até a fase adulta.

Peixes

Os **peixes** vivem na água e, para se reproduzir, põem ovos e, portanto, são **ovíparos**. Seu corpo geralmente é recoberto por escamas, possuem nadadeiras e a maioria respira por brânquias.

Alguns peixes vivem na água doce e outros, na água salgada.

Peixe.

ATIVIDADES

1. Escreva o nome de três animais vertebrados.

_____

_____

_____

_____

2. Complete as frases a seguir.

a) O coelho tem o corpo coberto por _____.

b) O jacaré tem o corpo coberto por _____
_____.

c) O peixe tem o corpo coberto por _____.

d) A galinha tem o corpo coberto por _____.

e) A rã tem a pele lisa e _____.

3. Numere as frases de acordo com o quadro abaixo.

1	mamíferos
2	aves
3	répteis
4	anfíbios
5	peixes

☐ Vivem parte de sua vida na água e parte na terra.

☐ Têm o corpo coberto por escamas e vivem na água.

☐ Têm o corpo coberto por pelos e mamam quando filhotes.

☐ Têm o corpo coberto por penas e possuem bico.

☐ Põem ovos, têm o corpo coberto por placas duras ou escamas.

4. Complete as frases com as palavras do quadro.

> água   vivíparos   ovíparos   ovos

a) Os filhotes de animais _____ são formados dentro do corpo da mãe.

b) Os filhotes de animais _____ são formados dentro de ovos.

c) Os peixes vivem na _____ e, para se reproduzir, põem _____, portanto, são ovíparos.

5. Os seres humanos são:

☐ ovíparos   ☐ vivíparos

6. Escreva **V** para animais vivíparos e **O** para animais ovíparos.

☐ galinha   ☐ cavalo

☐ cachorro   ☐ gato

☐ coelho   ☐ ema

☐ tartaruga   ☐ ser humano

☐ jacaré   ☐ papagaio

7. Leia as descrições e complete a cruzadinha com o nome dos animais vertebrados que possuem essas características.

1. Sou um lindo mamífero, por vezes utilizado como montaria pelo ser humano.
2. Sou um mamífero que voa e de hábitos noturnos.
3. Sou mamífero e tenho um pescoço muito comprido.
4. Tenho o corpo coberto por uma carapaça – posso me recolher dentro dela para me proteger.
5. Sou um mamífero e vivo na água.
6. Sou um réptil e tenho o corpo coberto por escamas.
7. Sou um anfíbio de pele fina e vivo em locais úmidos.
8. Sou uma ave e aprendo a falar.
9. Sou um mamífero e gosto de comer formigas.
10. Sou considerado o melhor amigo do ser humano.

Espécies ameaçadas de extinção

A extinção das espécies pode acontecer por causas naturais ou pelas atividades humanas.

A causa da extinção das espécies de dinossauro, que viveram na Terra há milhões de anos, foi natural. Naquele tempo não existiam pessoas na Terra.

As atividades humanas que mais ameaçam as espécies são as derrubadas de árvores para o uso da madeira, a construção de cidades, as plantações.

Caçar animais também pode extinguir uma espécie. Alguns são caçados para servirem como alimento e para aproveitamento do couro, enquanto outros são caçados para serem vendidos. As araras, por exemplo, estão ameaçadas de extinção porque são caçadas e vendidas às pessoas que desejam ter essa bela ave como enfeite em suas casas.

Em razão da captura, a arara-azul esteve muito próxima de desaparecer do Pantanal, no Mato Grosso do Sul. A ação do Projeto Arara-azul foi muito importante para a preservação dessa espécie. Ela permitiu o acompanhamento das araras-azuis capturadas e sua volta à natureza, a fiscalização de ninhos e a cooperação de fazendeiros da área para impedir novas capturas.

O lobo-guará é um animal do Cerrado. Ele se alimenta de outros animais e pequenos insetos. Essa espécie está ameaçada de extinção por causa da destruição do ambiente em que vive.

O mico-leão-de-cara-dourada é uma espécie que, durante muito tempo, esteve ameaçada pelo comércio de animais silvestres e pela destruição do seu ambiente (Mata Atlântica). Essa espécie está se recuperando na reserva biológica de Una, no sul da Bahia, que preserva uma diversidade de espécies.

Outros animais ameaçados de extinção.

Mutum.

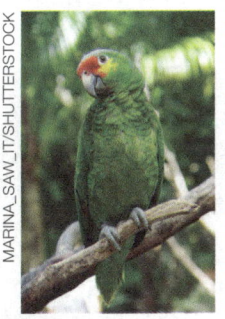

Papagaio-chauá.

Onça-pintada.

ATIVIDADES

1. O que significa dizer que uma espécie está em extinção? Dê um exemplo de um ser em extinção.

_____

_____

2. Cite um animal ameaçado de extinção na região em que você mora.

_____

3. Faça uma pesquisa sobre o lobo-guará (onde vive, do que se alimenta, por que está ameaçado de extinção).

_____

_____

4. Por que algumas espécies vegetais estão ameaçadas de extinção?

_____

_____

5. Faça um cartaz à respeito dos animais brasileiros ameaçados de extinção. Liste o nome de três desses animais, escreva a região em que eles vivem e desenhe-os.

_____

_____

_____

LIÇÃO 5 — OS ANIMAIS E O AMBIENTE

No mundo existe um grande número de espécies de animais com as mais variadas características.

Todos os animais – incluindo o ser humano – precisam de um lugar para viver. A fauna das regiões geladas da Antártida, que fica próxima do Polo Sul, inclui os pinguins. A fauna das regiões árticas, próximas do Polo Norte, inclui o urso-polar.

Os pinguins vivem na Antártida e se alimentam de peixes. Algumas espécies podem chegar até 1,2 metro de altura.

O urso-polar vive no Círculo Polar Ártico e mede cerca de 2 metros de comprimento e 90 cm de altura.

A onça-pintada e o tucano são habitantes das florestas da América do Sul. A onça-pintada mede cerca de 1 metro de altura por 1,8 metro de comprimento sem a cauda. O tucano, por sua vez, mede cerca de 65 centímetros com o bico, que chega a 20 centímetros.

A onça-pintada habita a América do Sul e mede cerca de 1,8 metro de altura.

O tucano vive nas florestas tropicais da América do Sul e mede 65 centímetros.

Quando um animal vive apenas em determinada região, dizemos que ele é nativo dessa região. A onça-pintada, por exemplo, é nativa da América do Sul. O lugar onde o animal vive é o seu hábitat. Nele o animal se reproduz, encontra alimento e abrigo e relaciona-se com outros animais.

O hábitat da capivara, por exemplo, localiza-se à beira de rios de parte da América do Sul. Esse hábitat é bem diferente dos galhos das árvores onde vivem os macacos.

Cada hábitat apresenta características próprias que determinam as atividades do ser vivo naquele local.

A capivara e o macaco-barrigudo vivem em diferentes hábitats. A capivara tem cerca de 1 metro de comprimento, e o macaco-barrigudo tem 60 centímetros de altura e 70 centímetros de cauda.

O ser humano

O ser humano é um animal que se comunica por meio da fala, tem capacidade para analisar seus atos, planejar suas atividades e colocá-las em prática.

É um ser social, isto é, convive com outros seres humanos, tem noção de tempo e espaço, possui hábitos, costumes e crenças.

Também possui a capacidade de transformar vários ambientes, usando o que sabe e aprende. Por isso, consegue sobreviver em quase todos os ambientes na Terra. Por exemplo, no Polo Norte os inuítes constroem suas moradias, chamadas iglu, no gelo, como na imagem à direita a seguir.

Os animais precisam de gás oxigênio para viver

O gás oxigênio é obtido pela respiração, especificamente pela inspiração do ar nos animais que têm **pulmões**. Outros animais retiram gás oxigênio da água por meio de **brânquias**.

O ser humano, as aves, o cavalo, o cachorro, a tartaruga e muitos outros animais absorvem o gás oxigênio pelos pulmões. O sapo, a rã e a perereca absorvem o gás oxigênio pelos pulmões e também pela pele. A maioria dos peixes absorve o gás oxigênio dissolvido na água pelas brânquias.

A minhoca respira pela superfície do corpo.

O peixe retira, por meio das brânquias, o gás oxigênio misturado na água.

A perereca absorve o gás oxigênio do ar pela pele e pelos pulmões.

A tartaruga, embora viva a maior parte do tempo submersa na água, sobe até a superfície para retirar o gás oxigênio do ar, que é absorvido pelos pulmões.

O ser humano inspira ar para os pulmões, que absorvem o gás oxigênio.

Os animais dependem da água para viver

A água é muito importante para os animais.

Os animais **terrestres** obtêm água por meio da alimentação, mas também precisam bebê-la para repor a água que perdem constantemente pela urina ou pela transpiração.

A água é necessária para as transformações químicas e para o transporte de substâncias que existem no corpo.

Muitos animais vivem nas águas de oceanos, rios e lagos. São conhecidos como **aquáticos**, como peixes, camarões, lagostas, baleias e vários outros.

Os anfíbios são exemplos de animais que vivem na água quando filhotes. Quando adultos, podem viver na terra, mas sempre em lugares úmidos.

O elefante bebe água para viver. Mede entre 2,5 e 4,0 metros de comprimento com a cauda. Chega a pesar 7 000 quilos.

O peixe cavalo-marinho vive na água do mar. Chega a medir 13 cm quando adulto.

ATIVIDADES

1. Que nome se dá ao lugar onde o animal vive?

_____

2. Por que o ser humano consegue sobreviver em quase todos os ambientes?

_____

3. Faça uma pesquisa e escreva o hábitat dos seguintes animais:

Animal	Hábitat
Tamanduá-bandeira	
Mico-leão-dourado	
Peixe-boi	
Leão	
Girafa	
Chimpanzé	
Pinguim	

4. Responda.

a) Por que os animais precisam de água para viver?

_____

_____

b) O que são animais aquáticos?

_____

_____

5. Veja a imagem e responda às questões a seguir.

a) Por que o mergulhador precisa de equipamento para ficar debaixo d'água?

_____

_____

_____

b) No caso do peixe arraia, como ele respira?

_____

6. Escreva ao lado dos nomes dos animais abaixo a sua forma de respiração e o ambiente no qual vivem.

a) Tubarão: _____.

b) Cachorro: _____.

c) Sapo: _____.
d) Tartaruga: _____.
e) Sardinha: _____.

7. A Mata Atlântica é o hábitat de muitos animais. Pesquise o nome de alguns animais que vivem na Mata Atlântica. Anote-os a seguir.

_____

_____

8. Encontre no diagrama as seguintes palavras.

capacidade   costumes   crenças   espaço   hábitos   social   tempo

C	A	P	A	C	I	D	A	D	E	N	T	O	U	A
S	A	D	F	G	H	I	J	Z	N	B	V	A	X	R
A	C	Ç	L	Z	C	R	E	N	Ç	A	S	S	F	G
J	O	Q	J	D	S	A	A	D	G	J	M	M	N	E
X	S	Z	D	T	Y	M	L	P	Ç	Q	A	Z	X	S
X	T	C	D	E	R	F	V	B	G	T	Y	H	N	P
E	U	U	I	K	L	O	P	Q	W	E	R	T	Y	A
Q	M	R	E	R	T	S	O	C	I	A	L	U	V	Ç
A	E	A	S	D	F	G	G	H	H	J	J	K	K	O
S	S	W	C	V	B	N	M	P	O	I	U	Y	T	R
T	R	H	Á	B	I	T	O	S	I	U	V	X	P	J
E	D	R	I	T	U	M	A	R	I	J	U	N	I	R
M	R	O	N	L	I	X	A	E	Z	T	I	N	Q	Q
P	O	T	E	M	A	C	O	S	T	P	A	D	E	O
O	X	M	A	T	O	D	R	P	J	N	G	R	I	M

Agora, complete as frases com as palavras adequadas.

a) O ser humano tem _____ para analisar seus atos.

b) O ser humano é um ser _____, tem noção de _____ e _____.

c) O ser humano possui _____, _____ e _____ próprios.

Como os animais se locomovem

Os animais usam diferentes formas para ir de um lugar a outro, seja em busca de alimento, de abrigo ou para fugir de outros animais: eles podem andar, voar, rastejar, nadar, pular ou correr.

As aves possuem asas, mas nem todas voam. A ema é a maior ave do mundo e não voa, mas é o pássaro mais veloz das Américas. O pinguim também não voa, mas anda e nada a grandes profundidades.

A maioria das aves que conhecemos pode voar, como o beija-flor, o bem-te-vi, o canário.

O avestruz é uma ave que não voa; entretanto, ele se locomove andando e pode correr com muita velocidade.

O tuiuiú é uma ave que pode andar e voar.

Em sua maioria, os mamíferos podem andar e correr, mas muitos nadam, como a foca e a baleia. O morcego é o único mamífero que voa.

O puma anda, salta e corre. Por ser um caçador, ele tem muita agilidade e velocidade.

O golfinho é um mamífero que vive no mar. Ele possui nadadeiras que o ajudam a nadar.

Há répteis de pernas curtas que andam e nadam, como o jacaré e a tartaruga. As cobras são répteis sem pernas que rastejam. Algumas cobras podem nadar.

Qual é o animal mais rápido do mundo?
No ar, o mais rápido é o andorinhão-indiano, que chega a voar 140 quilômetros por hora.
Em terra, ninguém vence o guepardo, originário da África e da Ásia. Sua velocidade atinge 110 quilômetros por hora. Mas ele só consegue mantê-la por pouco tempo.
Na água é o peixe-espada. Ele consegue nadar a mais de 70 quilômetros por hora.

A tartaruga anda bem devagar na areia da praia, mas na água nada rápido e muito bem.

A cobra rasteja, sobe em árvores e pode nadar.

Os peixes têm nadadeiras e com elas podem se mover para a frente, para trás e para os lados. Existem diferentes tipos de nadadeiras.

A arraia é um peixe que tem nadadeiras bem grandes coladas ao corpo.

Muitos peixes têm as nadadeiras bem separadas: ao lado do corpo, em cima e na cauda.

Os anfíbios adultos vivem na terra e na água. Quando filhotes, são chamados girinos, têm forma de larva e se deslocam na água.

Girinos.

Sapo adulto.

ATIVIDADES

1. Relacione o animal ao modo como ele se locomove.

   1 rasteja   3 salta   5 nada

   2 anda   4 voa

2. Você convive com algum animal? Se não convive, tem preferência por algum? Escreva que animal é esse e dê algumas características que você estudou que se relacionem a ele.

   a) Animal: _____
   _____

   b) Vertebrado ou invertebrado? _____
   _____

   c) Como ele se locomove? _____
   _____

Como os animais se alimentam

Todos os animais precisam de alimento para obter a energia necessária para viver. Há alguns que se alimentam de vegetais; há os que se alimentam de outros animais; e há, ainda, os que se alimentam tanto de vegetais quanto de outros animais.

O cavalo, a girafa, o carneiro, o boi e o elefante, por exemplo, alimentam-se de vegetais. São chamados de **herbívoros**. A onça, o leão, o lobo, o tigre e o gato, por exemplo, alimentam-se de outros animais. São chamados de **carnívoros**. O ser humano, a galinha, o porco, o urso, a barata e outros animais alimentam-se tanto de vegetais quanto de outros animais. São chamados de **onívoros**.

Elefante se alimentando de arbusto.

Urso capturando peixe.

395

O comportamento dos animais na alimentação

Os animais buscam alimento no ambiente em que vivem. Alguns deles saem à procura de alimentos durante o dia. Outros preferem se alimentar no período noturno, para evitar o ataque de seus inimigos.

Uma ave que se alimenta de peixes tem hábitos diurnos para enxergar a presa. Ela vive próxima da água, onde está seu alimento.

Certas corujas alimentam-se de pequenos animais, como ratos, preás, lagartos e cobras, que têm hábitos noturnos. Elas saem à noite para caçar e enxergam bem com pouca luz.

As onças-pintadas alimentam-se de animais silvestres como capivaras, veados, tatus e jacarés. Como muitos felinos, ela tem excelente visão noturna e costuma caçar à noite.

A coruja tem hábitos noturnos.

Onça-pintada ao anoitecer no Pantanal.

ATIVIDADES

1. Defina o que são os animais a seguir.

a) Carnívoros: _____

b) Herbívoros: _____

c) Onívoros: _____

2. Preencha a tabela indicando como é o animal em relação ao tipo de alimento que come e se tem hábito diurno ou noturno.

Animal	Alimentação	Hábito
Garça-azul		
Leopardo		
Coruja		
Elefante		
Onça-pintada		
Urso		

396

O CICLO DE VIDA DOS ANIMAIS

Veja algumas fases do ciclo de vida da tartaruga marinha.

IMAGENS FORA DE ESCALA.

Tartaruga fazendo ninho e desovando na praia.

Ovos de tartaruga no ninho e o nascimento dos filhotes.

Tartarugas recém-nascidas indo em direção ao mar e tartaruga jovem no oceano.

As tartarugas marinhas desovam na praia. Lá põem seus ovos em ninhos que recebem o calor do Sol. Os filhotes nascem entre 45 e 60 dias e logo se dirigem para o mar onde crescem até a fase adulta, quando já podem se reproduzir e iniciar um novo ciclo.

Assim como as tartarugas, todos os seres vivos têm um ciclo de vida, que começa ao nascer e termina quando morrem, inclusive o ser humano.

Observe as imagens a seguir.

Pelas imagens você nota que o bebê é a primeira fase do ciclo de vida. Conforme os anos passam, a pessoa vai se desenvolvendo e crescendo, passando pela infância, juventude, vida adulta e depois pela velhice. Durante esse processo várias mudanças ocorrem no corpo. Quando nascemos, não conseguimos andar nem falar; depois vamos adquirindo autonomia e conseguimos nos alimentar sozinhos e o nosso corpo cresce acompanhando essas mudanças. Na fase adulta, porém, o corpo adquire as características que teremos até o final da vida.

Muitos animais ao nascerem já indicam a forma que terão na fase adulta, como as tartarugas que você viu no começo da lição, os cachorros, os gatos, os jacarés, os elefantes e muitos outros.

398

Filhotes de jacaré.

Filhote de elefante acompanha a mãe.

Outros animais, no entanto, mudam conforme a fase de vida em que estão. É o caso de muitos insetos e dos sapos. Esse processo de mudança se chama metamorfose.

A metamorfose

Um dos insetos que mais nos encantam por sua beleza e capacidade de transformação é a borboleta. É um inseto delicado que, na fase adulta, pode viver desde algumas horas até alguns dias, semanas ou meses.

A borboleta, porém, não nasce como a conhecemos. Dos ovos nascem lagartas, que passam por uma metamorfose e atingem a forma adulta. Veja abaixo as transformações pelas quais a borboleta passa até chegar à fase adulta, quando a admiramos pelo seu voo.

IMAGENS FORA DE ESCALA.

Ovos de borboleta (1). Após alguns dias, dos ovos nascem as lagartas, que se alimentam o tempo todo (2). As larvas crescem bastante, sofrem várias mudanças e tecem um casulo, chamado de crisálida. Ela permanece dentro dele por cerca de três semanas (3). Ao final da metamorfose, a borboleta adulta sai da crisálida (4).

Muitos outros insetos também passam por metamorfose como as borboletas.

Outro grupo de animais que têm um processo de metamorfose é o dos anfíbios, como o sapo. Depois do acasalamento entre macho e fêmea, ela põe os ovos na água. Os ovos eclodem dando origem aos girinos, que não têm pernas, mas uma cauda que os ajuda a nadar. Nessa fase eles vivem dentro da água, respirando por brânquias como os peixes. Conforme se desenvolvem, surgem os pulmões e as quatro pernas, desaparecendo a cauda. Nesse momento do ciclo de vida, o sapo passa a viver na terra, mas ainda precisa de bastante umidade para sobreviver.

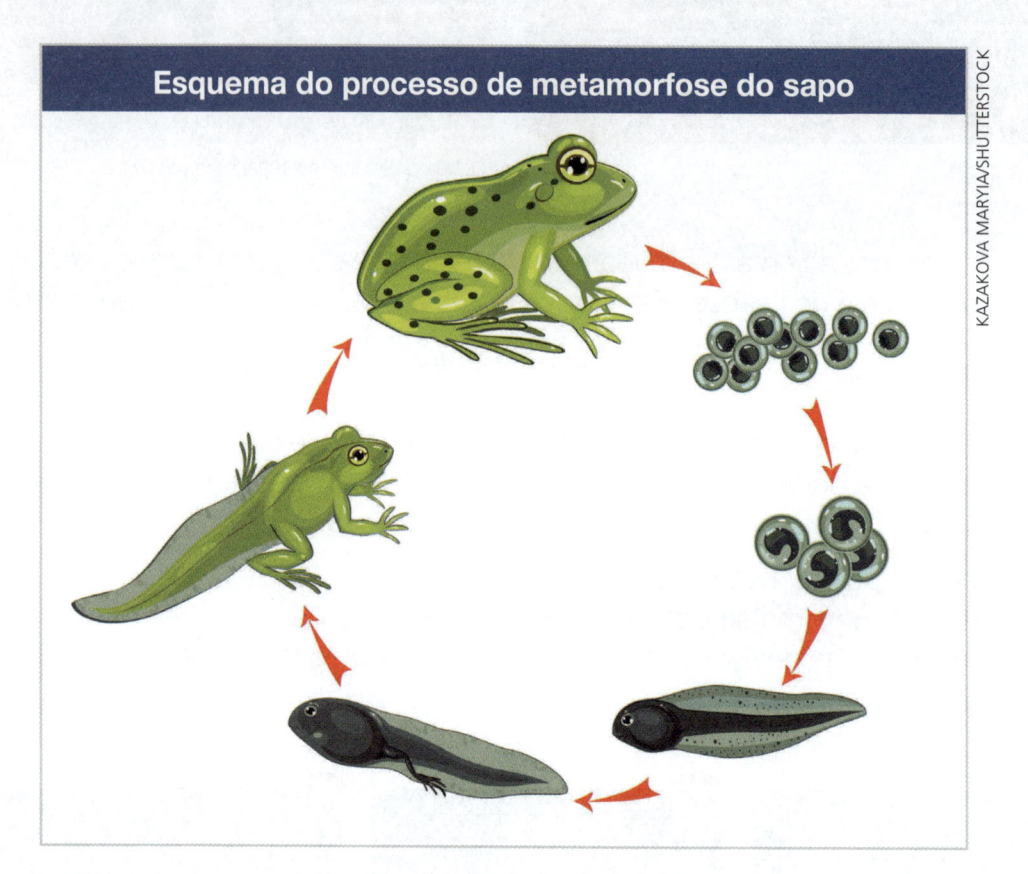

Esquema do processo de metamorfose do sapo

KAZAKOVA MARYIA/SHUTTERSTOCK

O comportamento dos animais na reprodução

A **reprodução** garante a formação de filhotes. A maior parte dos animais se reproduz por meio da união de um macho e uma fêmea da mesma espécie.

Há vários tipos de comportamento dos animais que se reproduzem por ovos, eles são chamados de ovíparos.

Os ovos dos sapos não têm casca dura e só podem se desenvolver na água.

As aves põem ovos de casca dura. Os **embriões** precisam de calor para se desenvolver. Esse calor vem do corpo da mãe enquanto ela **choca** os ovos no **ninho**. Algumas aves fazem ninhos em locais de difícil acesso. Outras escondem seus ninhos em buracos no chão.

Em algumas espécies, os filhotes saem dos ovos já prontos para andar e comer, como os pintinhos. Em outras espécies, os filhotes nascem sem penas, não voam e são alimentados pelos pais até poderem voar.

Muitas espécies de animais se reproduzem em determinada época do ano.

Durante a época reprodutiva, ocorrem disputas entre os machos, na tentativa de conquistar fêmeas e território para alimentação.

IMAGENS FORA DE ESCALA.

O sapo se reproduz na água.

Os pássaros alimentam os filhotes até que eles comecem a voar.

Os machos do veado têm galhadas que são usadas para disputar as fêmeas.

Alguns animais entram em confronto com seus semelhantes simplesmente para demonstrar sua força ao oponente ou para proteger seus filhotes.

ATIVIDADES

1. Quais são as etapas do ciclo de vida dos seres humanos?

_____

_____

2. Como é chamado o processo pelo qual passam a borboleta e o sapo durante seu ciclo de vida?

_____

3. Ordene as fases do ciclo de vida da borboleta.

☐ Pulpa

☐ Ovo

☐ Borboleta

☐ Largata

401

4. Qual é a importância da reprodução para a vida animal?
_____

5. Nas regiões de estações secas e úmidas bem definidas, quando os sapos se reproduzem?
_____

6. Quando ocorrem disputas entre machos da mesma espécie?
_____

7. Recorte figuras de animais conforme seu processo de reprodução.

a) Ovíparos

b) Vivíparos

7 O SOM

Observe a imagem a seguir.

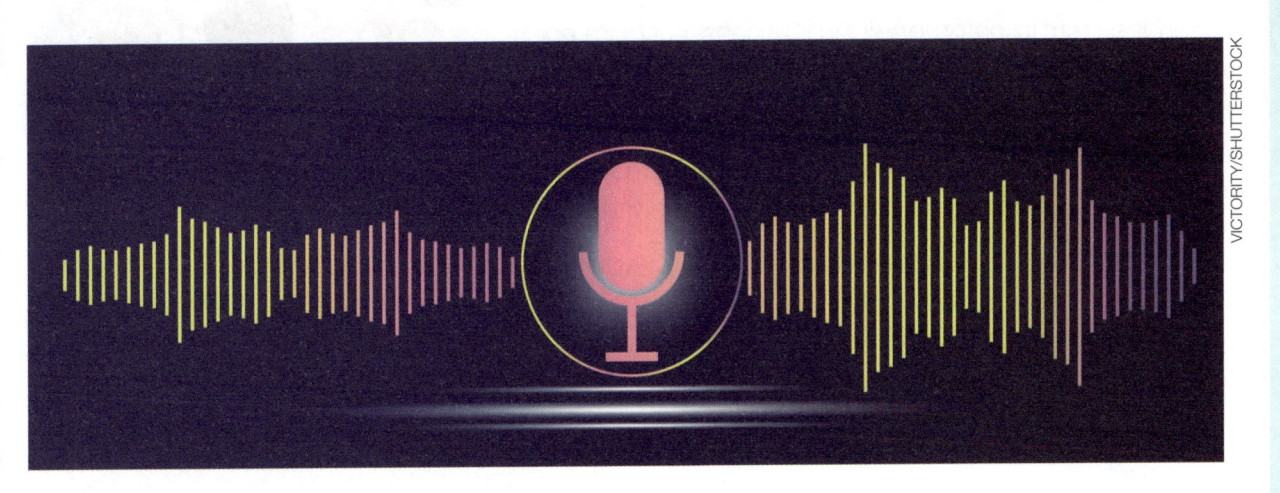

Você já deve ter visto esta imagem ou algo semelhante a ela nos áudios gravados nos aplicativos de mensagens. Ela representa uma gravação de áudio.

Esses risquinhos que saem do microfone servem para representar as ondas sonoras, porque o som é uma vibração e ela se manifesta por meio de ondas.

Todos os tipos de sons são produzidos por vibrações seja ele a sua voz, o som de um instrumento musical ou de uma panela que caiu no chão.

O som depende de dois fatores: uma fonte de vibração, para dar origem às ondas sonoras, e um meio para a propagação das ondas sonoras. Esse meio pode ser o ar, a água ou os sólidos.

Existem sons que não têm harmonia. Nesse caso, as ondas sonoras não são organizadas. Outros sons têm harmonia. Nesse caso, as ondas sonoras são organizadas. Veja as duas imagens a seguir. Qual delas tem um som harmônico?

Os instrumentos musicais

Os instrumentos musicais são aparelhos inventados para produzir sons que formam a música.

Eles são classificados pela forma como dão origem ao som.

Nos instrumentos de sopro, a pessoa sopra em um tubo, fazendo vibrar o ar. A corneta, o trombone, a flauta e o saxofone são instrumentos de sopro.

Nos instrumentos de cordas, o som é produzido pela vibração de cordas. O violão, o violino, o berimbau e o piano são instrumentos de cordas.

Nos instrumentos de percussão, o som é produzido pelas vibrações de uma membrana, como no tambor, ou pelas vibrações causadas pelo impacto de dois corpos, como no chocalho.

Instrumentos eletrônicos são aqueles em que o som é produzido por vibrações geradas eletricamente. O sintetizador e o piano elétrico são exemplos de instrumentos eletrônicos.

A voz humana

A voz humana é produzida por vibrações de membranas elásticas (pregas vocais), localizadas na laringe. Elas vibram durante a passagem do ar que sai dos pulmões.

A língua, a cavidade bucal e a musculatura do tórax podem ser movidas para modificar a voz. As cavidades da face, o nariz e o tórax ampliam a voz, como se fossem caixas de ressonância. Você já reparou como nossa voz muda quando estamos gripados ou quando falamos com o nariz tapado?

A voz humana é produzida por vibrações das pregas ou cordas vocais.

A fala é a voz modificada por movimentos dos lábios e da língua.

Os sons dos animais

Muitos animais produzem sons.

As aves produzem sons por meio da vibração de um grupo de membranas localizado na base da traqueia. As aves canoras utilizam seu canto para atrair as fêmeas, ameaçar rivais e outras aves que invadam seu território e dar alarme contra predadores etc.

Sapo coaxando.

Os sapos, as rãs e as pererecas produzem seu coaxar na laringe. Muitos ampliam o som do coaxar por meio de grandes bolsas ou sacos que formam utilizando a fina parede do "papo". Somente os machos coaxam para atrair parceiras.

Os grilos produzem seu cricrilar raspando as partes duras de suas asas umas contra as outras, como num reco-reco. Esses sons são utilizados para atrair parceiras. Pernilongos produzem som pela vibração intensa de suas asas durante o voo.

Por que os papagaios conseguem falar igual os humanos?

Entenda como funciona o mecanismo que permite que esses maravilhosos animais consigam reproduzir a nossa fala

Os papagaios estão entre os poucos animais que conseguem imitar, de forma espontânea, seres de outras espécies. Isso acontece devido a uma região específica do cérebro, também envolvida no controle do movimento.

Pássaros que conseguem cantar, incluindo os papagaios, possuem em seus cérebros centros capazes de apoiar a vocalização. Mas [...] nos papagaios há uma área ao redor desse centro, chamada de concha. O aprendizado vocal exclusivo dos papagaios, como a imitação, acontece na região da concha.

[...]

Essa região do cérebro consegue controlar um órgão chamado siringe, equivalente às cordas vocais humanas. Aí, os papagaios são capazes de emitir sons articulados, reproduzindo palavras que ouvem. [...]

Os papagaios são muito inteligentes e conseguem decodificar e memorizar novos sons. Na natureza, eles usam o canto para se comunicar. Já quando estão em contato com o ser humano, compensam a falta de comunicação reproduzindo palavras repetidas pelas pessoas. Os papagaios não formam frases para se comunicar, mas eles repetem o que aprenderam para conseguir comida ou carinho, por exemplo.

Letícia Yazbek. Por que os papagaios conseguem falar igual os humanos. *Recreio*. Disponível em: https://recreio.uol.com.br/noticias/zoo/como-os-papagaios-conseguem-falar.phtml. Acesso em: 30 jun. 2022.

Audição

As orelhas e o nosso cérebro possibilitam a audição. Ouvimos vários sons ao mesmo tempo e prestamos mais atenção naqueles que nos interessam em determinado momento.

Nossa audição separa os sons e determina com exatidão de onde eles estão vindo.

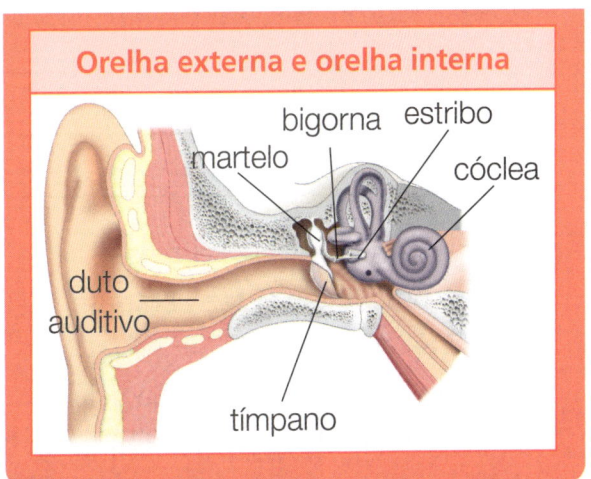

Orelha externa e orelha interna
(martelo, bigorna, estribo, cóclea, duto auditivo, tímpano)

O som são ondas que, captadas pela orelha externa, entram no duto auditivo e fazem vibrar o tímpano, o qual, por sua vez, faz três ossinhos vibrarem: o martelo, a bigorna e o estribo. O estribo estimula o nervo auditivo, que leva os impulsos até o cérebro, e este, por sua vez, os interpreta.

A cóclea e os canais semicirculares são órgãos do equilíbrio e não têm relação com a audição.

A audição pode ser afetada pela poluição sonora. Diariamente convivemos com muitos sons, seja de pessoas falando, de equipamentos eletrônicos ou do trânsito. A intensidade desses sons é que define a poluição sonora.

Para a Organização Mundial da Saúde, sons acima de 50 db, que significa decibeis (a unidade de medida do som), já são prejudiciais à saúde. Uma conversa normal entre pessoas já tem esse nível de som. O trânsito na rua fica na faixa de 70 db, se for por motocicleta, 80 db. Por isso, a grande concentração de veículos nas cidades agrava a poluição sonora. O ruído acima do tolerável pode causar estresse e até distúrbios mais sérios de saúde. Por isso precisamos evitar conviver com sons altos ao nosso redor.

Sensação de zumbido na orelha ou de ouvido abafado são sinais que podem indicar problemas na audição. O otorrinolaringologista é o médico especialista para tratar da saúde auditiva e ele deve ser consultado ao se perceber esses sinais.

ATIVIDADES

1. Teste seus conhecimentos.

   a) O que produz os sons?
   _____

   b) De que fatores depende o som?
   _____
   _____

   c) Como é produzida a voz humana?
   _____
   _____
   _____

2. Assinale as alternativas corretas.

   a) A passagem do ar faz vibrar as cordas vocais.

   b) A voz humana é produzida pela contração das cordas vocais.

   c) As cordas vocais são capazes de produzir sons complexos e harmoniosos sem a participação de outras partes do corpo.

   d) A vibração das cordas vocais durante a passagem do ar que sai dos pulmões produz a voz humana.

3. Como podemos classificar os instrumentos musicais em que

   a) o ar é soprado por um tubo?
   _____

   b) o som é produzido por vibrações geradas por eletricidade?
   _____

   c) o som é produzido pelo impacto de dois corpos?
   _____

   d) o som é produzido pela vibração de cordas?
   _____

A LUZ E OS MATERIAIS

Observe a imagem a seguir.

Como você estudou na lição 1 deste livro, o Sol é a principal fonte de luz do nosso planeta. Por ser uma estrela, o Sol gera em seu interior a luz que emite.

O Sol é a fonte de luz primária, pois consegue emitir luz própria.

As velas, as lâmpadas e as lanternas também são capazes de gerar luz: as velas, por meio da queima do pavio; as lâmpadas, pelo uso da energia elétrica gerada nas usinas hidrelétricas, por exemplo; as lanternas, pelo uso de pilha ou bateria, que funcionam por meio da energia química.

A vela emite luz pela queima do pavio.

A lâmpada gera luz por meio da energia elétrica

Já aquilo que não gera luz, pode refletir ("devolver") a luz que recebem dos corpos luminosos. A Lua, a Terra e os outros planetas do Sistema Solar, por exemplo, refletem a luz do Sol. A água, nosso corpo, as árvores, os prédios, os veículos refletem parte da luz que recebem; tudo o que vemos emite luz ou reflete parte da luz que recebe dos corpos que emitem.

A passagem de luz pelos materiais

Quando a luz passa diretamente por certos materiais, podemos enxergar através deles. Os materiais que permitem a passagem da luz são chamados **transparentes**. O vidro liso, a água limpa e muitos outros materiais são transparentes.

Certos materiais deixam apenas uma parte da luz passar. Esses materiais são chamados **translúcidos**. O vidro fosco, a água turva e muitos outros materiais são translúcidos.

Os materiais **opacos** não permitem a passagem da luz. O ferro, a madeira e muitos outros materiais são opacos.

Copo de vidro.

Janela com vidro fosco.

Porta de madeira.

Sombra

Quando um material opaco é colocado no caminho da luz, forma-se uma região escura, que é chamada de sombra.

- Os materiais transparentes quase não produzem sombras, pois deixam passar quase toda a luz.
- Os materiais translúcidos produzem sombras suaves, pois deixam passar a maior parte da luz.
- Os materiais opacos produzem sombras fortes, pois não deixam passar a luz.

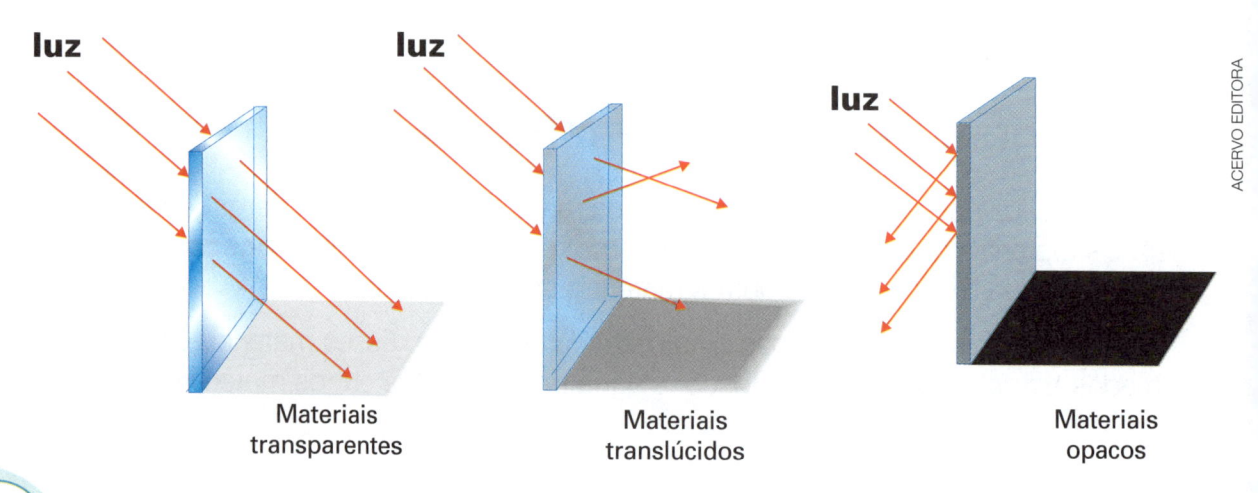

luz

Materiais transparentes

luz

Materiais translúcidos

luz

Materiais opacos

Visão

Os olhos e o cérebro possibilitam ver o que nos rodeia.

Observe, na foto ao lado, o que vemos na parte externa do olho humano:

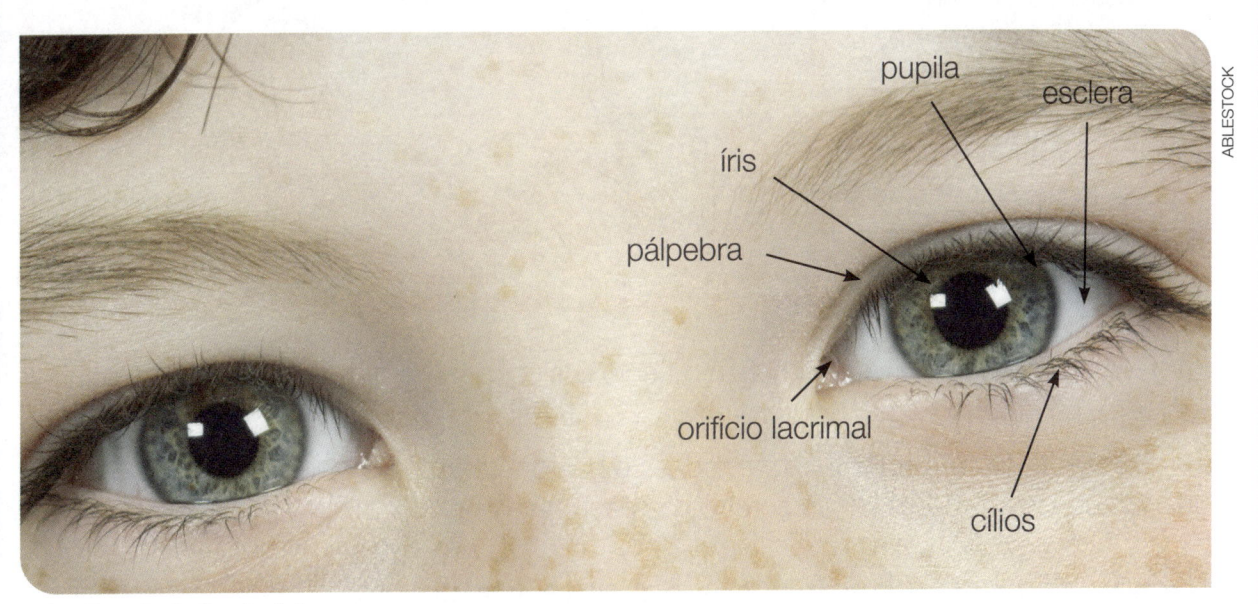

Os olhos são órgãos da visão.

Íris: parte colorida do olho.

Pupila: orifício localizado no centro da íris e pelo qual entra a luz.

Esclera ou **branco do olho**: reveste a parte externa do olho.

Córnea: parte transparente da esclera, situada sobre a pupila e a íris.

Orifício lacrimal: localizado no canto interno do olho, é a abertura da glândula que produz as lágrimas que lubrificam o olho.

Pálpebras e **cílios**: protegem os olhos da poeira e da luz excessiva.

Pupila: orifício que aumenta de diâmetro quando há pouca luz no ambiente e diminui quando há muita luz.

Câmara anterior: contém líquido aquoso.

Lente: muda de espessura conforme os músculos que a prendem contraem e relaxam.

Câmara posterior: contém líquido aquoso.

Retina: recebe os impulsos luminosos.

Nervo óptico: transmite impulsos até o cérebro.

Observe a ilustração a seguir. Ela mostra a parte interna do olho humano como se ele fosse visto de lado e cortado ao meio.

O processo da visão

Os raios luminosos que saem de um objeto atravessam a córnea, passam pela lente e formam a imagem do objeto sobre a retina, localizada no fundo do olho. A lente muda de espessura para focalizar a imagem do objeto sobre a retina.

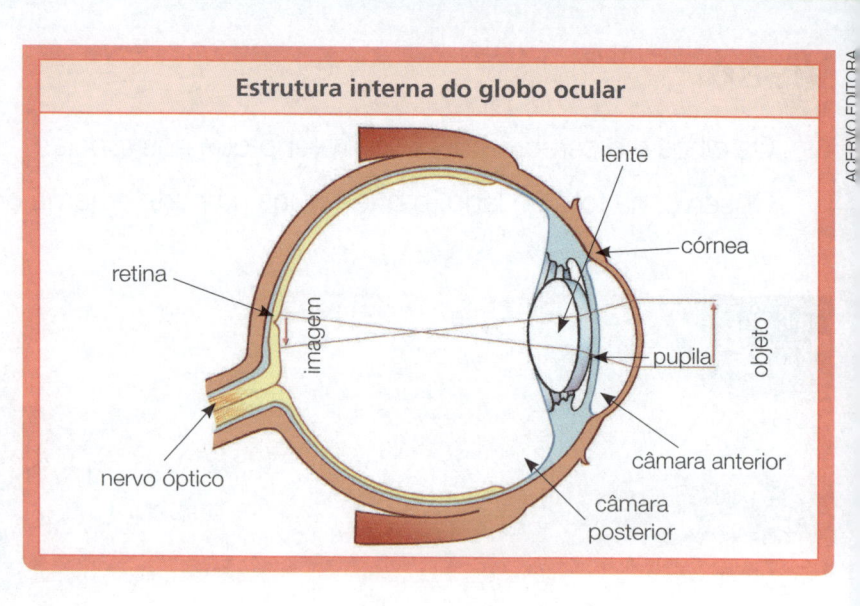

Estrutura interna do globo ocular

(lente, córnea, pupila, câmara anterior, câmara posterior, nervo óptico, retina, imagem, objeto)

Os impulsos luminosos estimulam o nervo óptico, que transmite estímulos até o cérebro, no qual a imagem é interpretada.

Há dois tipos de célula na retina: cones e bastonetes. Essas células são sensíveis à luz. Os cones permitem ver as cores, e os bastonetes nos permitem ver com pouca luz.

A visão nos seres humanos e em outros animais

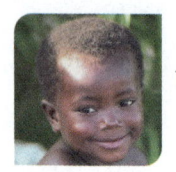

O ser humano tem visão das cores. Veja como ele vê a imagem dos jogadores.

Veja como um cavalo enxerga a imagem dos jogadores.

Agora, observe como um gato enxerga essa mesma imagem.

IMAGENS FORA DE ESCALA. CPG

410

ATIVIDADES

1. Teste seus conhecimentos.

a) Como são chamados os materiais que permitem a passagem da luz? Dê exemplos desses materiais.

_____
_____
_____

b) O que são materiais translúcidos? Dê exemplos desses materiais.

_____
_____
_____

c) O que são materiais opacos?

_____
_____
_____

2. Copie as frases retirando o **não**, quando necessário, para que as afirmações fiquem corretas.

a) Os materiais transparentes quase **não** produzem sombras, pois **não** deixam passar a luz.

_____
_____

b) Os materiais opacos **não** produzem sombras muito fortes, pois **não** deixam passar a luz.

_____
_____

c) Os materiais translúcidos **não** produzem sombras suaves, pois **não** deixam passar a maior parte da luz.

_____
_____

3. Quando brincamos de teatro das sombras, como podemos fazer para aumentar ou diminuir a sombra dos objetos?

_____
_____

4. Classifique os objetos relacionados com os opacos, translúcidos ou transparentes em relação à passagem da luz.

Material	Opaco	Translúcido	Transparente
papel vegetal			
vidro comum			
tijolo			
areia			
ar			
água limpa			
madeira			
vitral			
espelho			

Coleção

Eu gosto m@is

ARTE

3º ANO

ENSINO FUNDAMENTAL

SUMÁRIO

Lição 1 – Circo **415**

Lição 2 – Unindo pontos **417**

Lição 3 – Círculo cromático **418**

Lição 4 – Desenhando o circo **419**

Lição 5 – Páscoa – Porta-ovo de Páscoa **420**

Lição 6 – Reciclando – Mandala em CD **422**

Lição 7 – Dia das Mães – Vaso de flores **424**

Lição 8 – Tipos de linha **427**

Lição 9 – Simetria **429**

Lição 10 – O uso da geometria na Arte **430**

Lição 11 – Mosaico **432**

Lição 12 – Dia dos Pais – Marcador de página **433**

Lição 13 – Nossa fauna – Arara-azul **436**

Lição 14 – Dia das Crianças – Fantoche de palhaço **438**

Lição 15 – Releitura **442**

CIRCO

Você já foi ao circo alguma vez?

Artistas do circo se apresentam para o público.

O circo é sempre uma atração para divertir o público. Nele, vários artistas se apresentam. Tem os malabaristas, os trapezistas, os equilibristas, tem o palhaço... Tem música e até teatro. Neste ano, vamos ver mais aspectos sobre o circo.

Palhaço.

Equilibristas.

Malabarista.

Trapezistas.

No circo encontramos diversas linguagens artísticas, como a dança, a música, o teatro. Para ser um artista de circo é preciso treinar e preparar o corpo para situações que exigem muita habilidade, como a do equilibrista, do malabarista e o do trapezista.

2 UNINDO PONTOS

Com lápis grafite, una os pontos do desenho abaixo seguindo a sequência de números. Depois, pinte com lápis de cor.

LIÇÃO 3

CÍRCULO CROMÁTICO

O **círculo cromático** é um círculo de cores que aqui será representado pelas cores primárias e secundárias.

Relembrando:

As **cores primárias** são as cores puras, sem nenhuma mistura. São elas: o azul, o amarelo e o vermelho.

As **cores secundárias** são as cores que obtemos pela combinação das cores primárias, duas a duas, em proporções iguais. São elas: o verde, o laranja e o roxo.

Observe o círculo cromático. Ele mostra as cores primárias e secundárias e tonalidades entre elas.

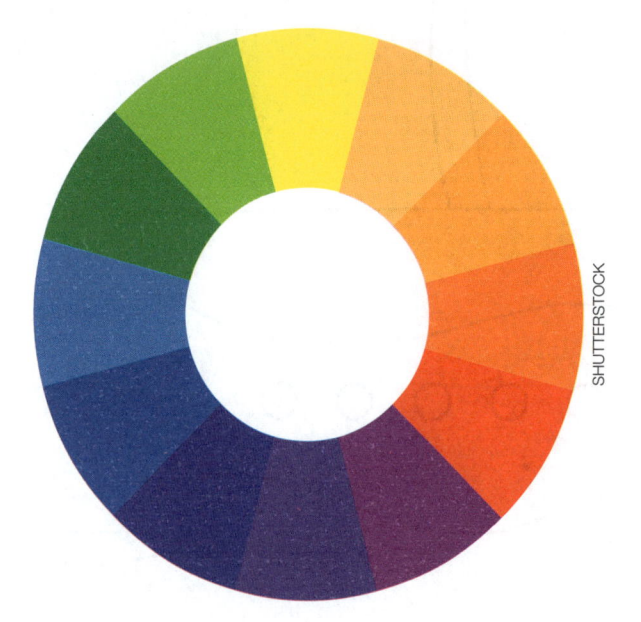

Converse com os colegas sobre o que vocês já viram na natureza que tenha as cores do círculo cromático.

4 DESENHANDO O CIRCO

Como estamos falando de circo, conheça uma pintura sobre o circo.

O artista bielorrusso Marc Chagall, que viveu de 1887 a 1985, produziu esta obra com materiais bem acessíveis: guache, giz de cera, caneta e tinta nanquim. Observe como são os traços dos desenhos.

Agora é sua vez de desenhar no palco do circo. Use giz de cera ou lápis de cor para fazer seu desenho.

O circo amarelo com grande palhaço, 1973, de Marc Chagall. Guache, giz de cera, caneta e tinta nanquim no papel, 63 cm × 51 cm.

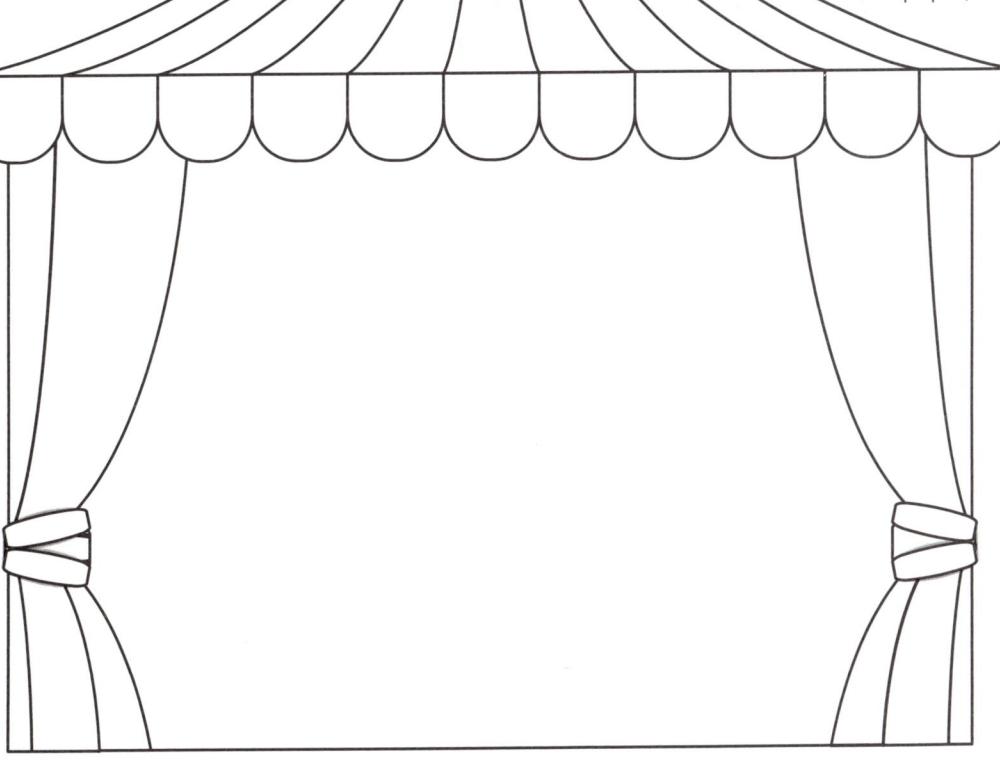

LIÇÃO 5 — PÁSCOA – PORTA-OVO DE PÁSCOA

Um dos símbolos da Páscoa é o coelho, animal que se reproduz com facilidade e representa a renovação da vida.

No dia da Páscoa, as pessoas se confraternizam e trocam ovos de Páscoa.

Nas escolas, costuma-se comemorar a Páscoa com atividades ligadas a essa data. As crianças pintam o rosto e usam adereços, imitando os coelhos.

Vamos construir um porta-ovo de Páscoa usando materiais reutilizáveis.

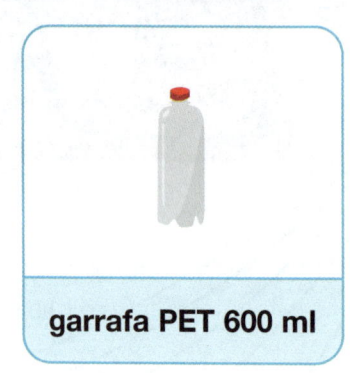

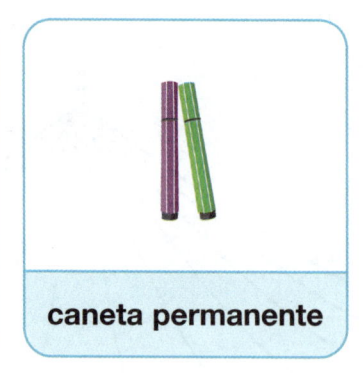

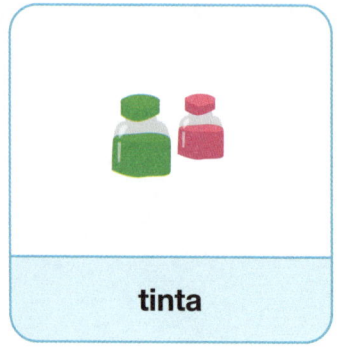

MATERIAIS

- garrafa PET 600 ml
- caneta permanente
- tesoura
- tinta
- pincel

O porta-ovo pode ser feito com garrafas maiores ou qualquer outra embalagem que tenha o mesmo formato.

PASSO A PASSO

FOTOS DE: HNFOTOS

1. Com a caneta permanente, desenhe as orelhas do coelho na garrafa PET, como na imagem.

2. Recorte, pinte e espere secar. Depois, pinte novamente e espere secar.

3. Desenhe os detalhes com a caneta permanente.

4. Agora, é só colocar o ovo e esperar o dia da Páscoa chegar.

LIÇÃO 6 — RECICLANDO – MANDALA EM CD

A palavra **mandala** designa uma imagem organizada ao redor de um ponto central. Inúmeros exemplos de mandalas são encontrados na natureza, desde a forma das flores até a ordem do sistema solar.

Desenhos centralizados são extremamente eficazes para acalmar crianças muito inquietas e melhorar a depressão.

Vamos construir uma mandala usando materiais reutilizáveis.

MATERIAIS

- 2 CDs usados
- fio de náilon
- tinta plástica
- cola quente
- tesoura

A cola quente deve ser usada na presença de um adulto.

422

PASSO A PASSO

1. Com a tinta plástica, inicie a pintura pelo centro do CD.

2. Continue a pintura, lembrando que as imagens se repetem em forma circular.

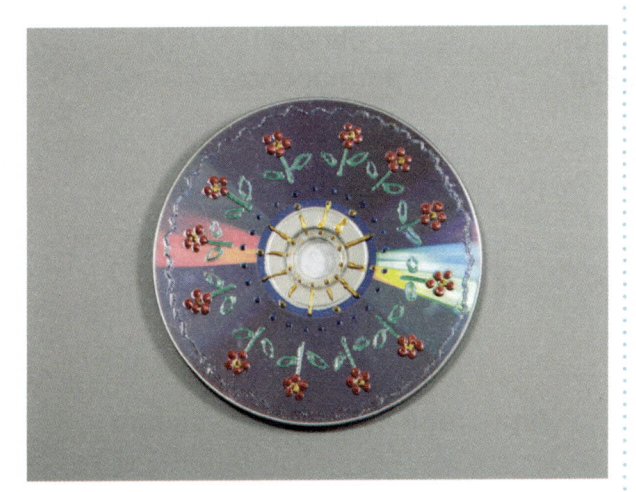

3. Use a imaginação para pintar a sua mandala. Após terminar a pintura de um CD, pinte o outro e espere secar.

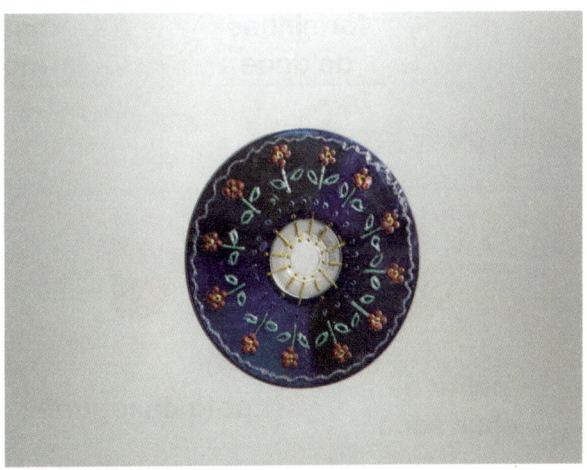

4. Corte o fio de náilon no tamanho desejado para pendurar e, com a cola quente, cole na parte de trás do CD. Cole o outro CD atrás e sua mandala estará pronta para enfeitar a sua casa.

LIÇÃO 7 — DIA DAS MÃES – VASO DE FLORES

O Dia das Mães foi criado para celebrar e homenagear todas as mães.

A origem dessa comemoração vem da Grécia antiga. Em Roma, as comemorações duravam três dias.

Cada país comemora a data com suas tradições locais e tem um dia em especial dedicado àquela que nos deu a vida.

No Brasil, a data é comemorada no segundo domingo de maio.

Vamos construir um vaso de flores usando materiais reutilizáveis.

MATERIAIS

- forminhas de doce
- massa de modelar
- caneta permanente
- palito de churrasco
- pote de iogurte
- fita-crepe
- tesoura
- papel crepom verde 
- tinta
- cola
- pincel

PASSO A PASSO

1. Pinte de amarelo o lado de dentro das forminhas de doce para formar o miolo das flores. Em seguida, deixe secar.

2. Pinte o outro lado das forminhas com as cores preferidas da sua mãe ou outra pessoa que você vai presentear. Depois, deixe secar.

3. Corte o palito de churrasco na altura que desejar e espete-o no meio da forminha de doce. Quanto mais forminhas colocar, maior a flor será.

4. Passe a fita-crepe entre a forminha e o palito para segurar as flores.

FOTOS DE: HNFOTOS

5. Passe cola no palito e cole o papel crepom para formar o caule.

6. Procure variar nos tamanhos e nas cores.

7. Coloque a massa de modelar dentro do copo de iogurte e encaixe as flores na massa de modelar.

8. Com a caneta permanente, escreva um recado para a mamãe ou outra pessoa especial. Seu vaso está pronto para presentear essa pessoa!

TIPOS DE LINHA

As **linhas** podem ter várias formas e diferentes posições.

Uma linha pode ser: **reta**, **curva**, **sinuosa**, **quebrada** ou **mista**.

A linha reta pode estar na posição **horizontal**, **vertical** ou **inclinada**.

Linha reta horizontal

Linha reta vertical

Linha reta inclinada

Linha curva

Linha sinuosa

Linha quebrada

Linha mista

ATIVIDADES

Agora, veja como foi feito um desenho de uma tenda de circo só com linhas. Depois faça um desenho só usando linhas.

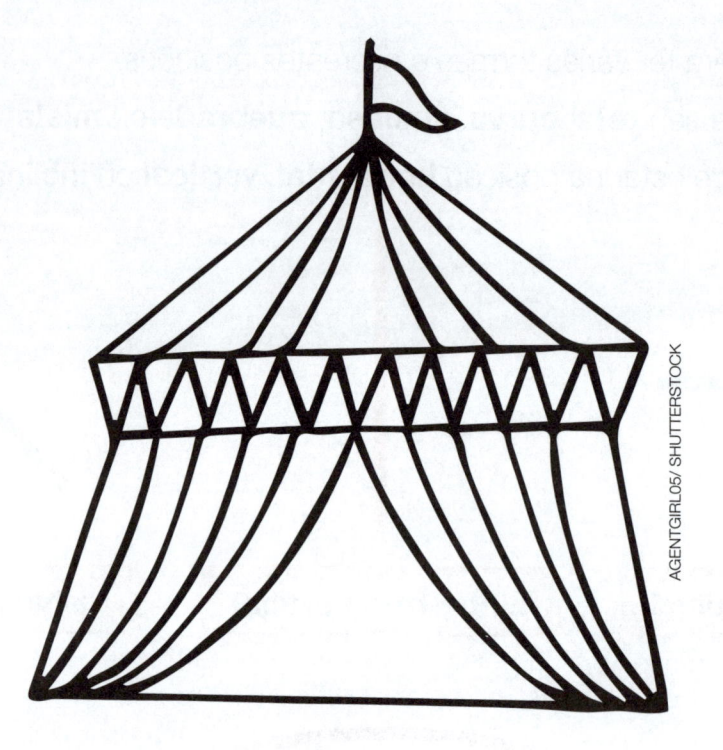

AGENTGIRL05/SHUTTERSTOCK

9 SIMETRIA

Pinte a figura de forma que as cores fiquem simétricas em relação ao eixo laranja.

Complete o desenho de forma que a figura fique simétrica em relação ao eixo laranja.

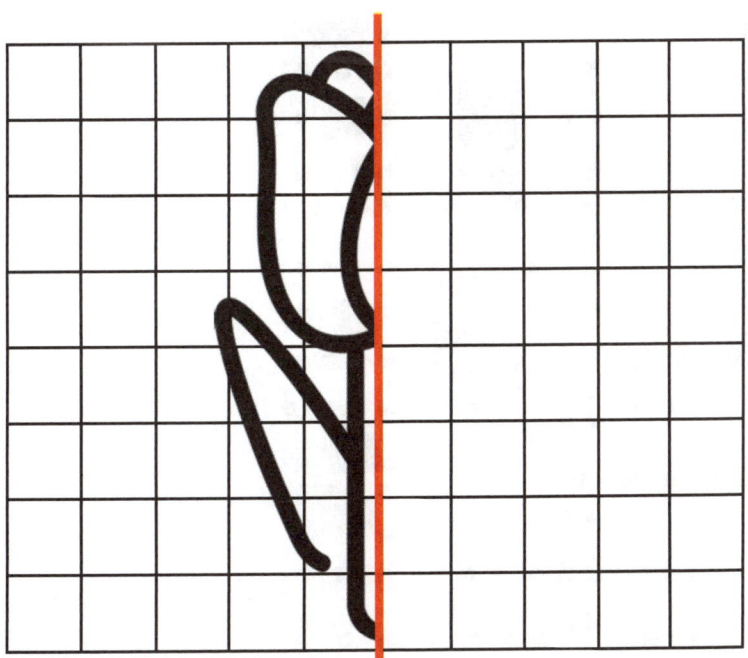

LIÇÃO 10 — O USO DA GEOMETRIA NA ARTE

Muitos artistas já usaram formas geométricas para compor suas obras. Veja alguns exemplos nas obras de **Wassily Kandinsky** (1866-1944) e **Piet Mondrian** (1872-1944).

Composição VII, de Wassily Kandinsky. Óleo sobre tela, 1923, 60cm × 85cm.

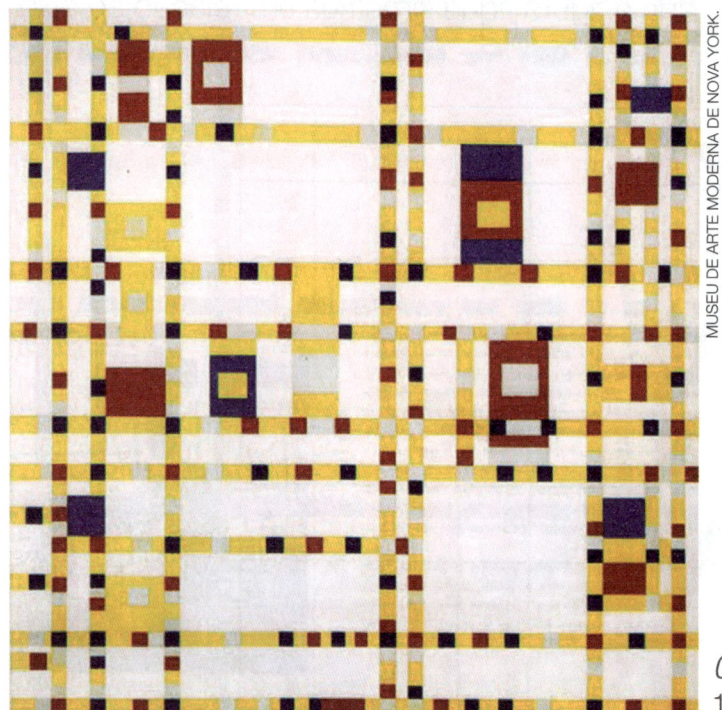

Composições, de Piet Mondrian, 1942-1943, 127cm × 127 cm.

ATIVIDADES

Inspirado nas obras que você viu na página anterior, crie um desenho utilizando formas geométricas.

Você vai precisar de régua e formas circulares para desenhar os círculos. Pinte com lápis de cor e contorne com caneta hidrocor.

LIÇÃO 11

MOSAICO

Recorte quadrados e círculos de EVA ou papel colorido de tamanhos variados e preencha o desenho abaixo, colando-os em forma de **mosaico**.

12 DIA DOS PAIS – MARCADOR DE PÁGINA

"Pai" é uma palavra que vem do latim *pater*. Representa a figura paterna, o genitor de uma pessoa.

Ser pai não se restringe apenas ao fator biológico. Muitas vezes, um pai de criação ou padrasto é mais presente na vida do filho do que o próprio pai biológico.

Em muitas culturas, o pai é o centro da família, o responsável pelo bem-estar dos filhos, pelo seu crescimento digno, por sua educação e moradia.

O Dia dos Pais é comemorado em diferentes datas nos diversos países. No Brasil, os pais são homenageados no segundo domingo do mês agosto.

Vamos construir um marcador de página usando materiais reutilizáveis.

MATERIAIS

- pedaço de papelão fino
- retalhos de tecido
- cola
- tesoura
- fita de cetim
- retalho de papel

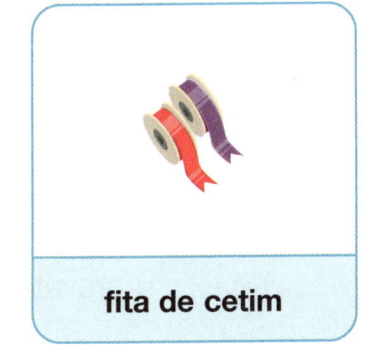

PASSO A PASSO

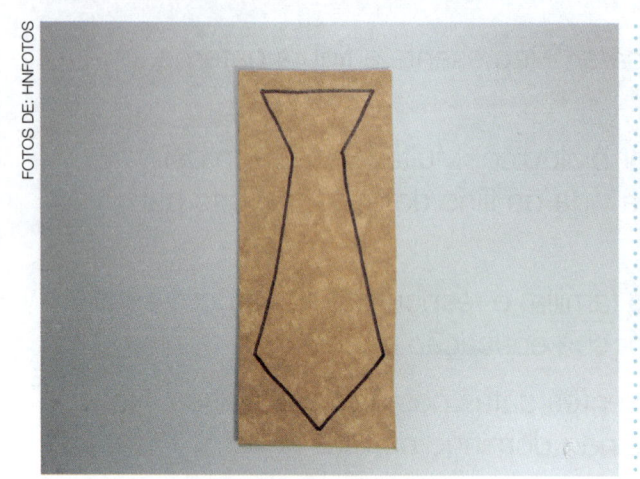

FOTOS DE: HNFOTOS

1. No papelão, desenhe uma gravata, como na imagem.

2. Recorte.

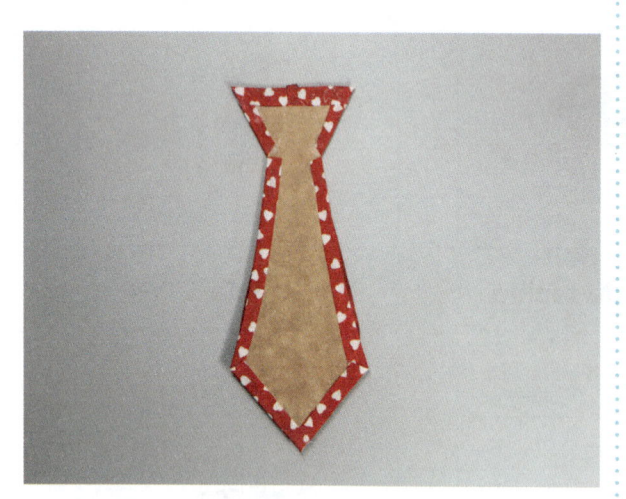

3. Passe cola e cole o tecido, deixando uma pequena margem, como na imagem.

4. Para dar um bom acabamento, cole a margem que sobrou na parte de trás da gravata. Cole um pedaço da fita de cetim na parte de cima da gravata.

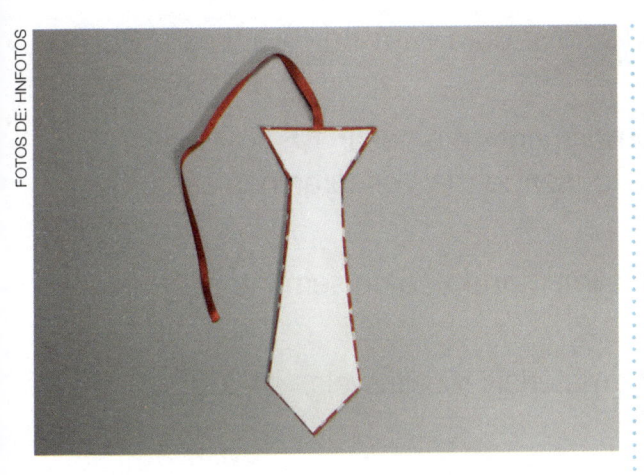

5. Em seguida, recorte retalho de papel liso e cole na parte de trás do marcador e dê um belo acabamento.

6. O marcador de página está pronto para presentear o papai!

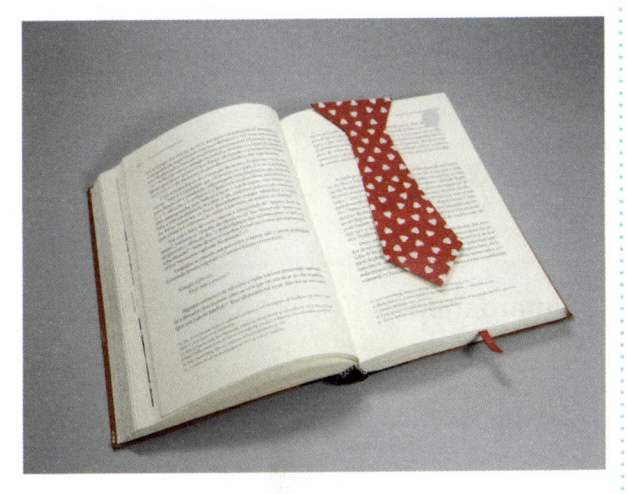

Use a criatividade e crie outros modelos de marcador de página para o papai ou outra pessoa especial.

Você pode escrever uma mensagem para o papai ou outra pessoa especial na parte de trás da gravata.

LIÇÃO 13 — NOSSA FAUNA – ARARA-AZUL

A arara-azul faz parte do grupo que mais sofre com o tráfico de animais. Por isso, essa ave corre risco de extinção.

O pássaro chega a medir 93 cm de comprimento e a pesar 1,5 kg. Suas penas, em sua maior parte, são azul-cobalto, sendo mais escuras nas asas. Seu bico é bem grande.

A arara-azul chega a viver até 40 anos, alimentando-se de sementes e frutos. Vive no Pantanal, no Cerrado e nas matas.

Vamos construir uma arara-azul usando materiais reutilizáveis.

MATERIAIS

- 2 potes de leite fermentado
- bolinhas de isopor
- cola
- massa de modelar
- tesoura
- estilete
- guardanapos
- galho seco
- tinta
- pincel
- cola quente

A cola quente deve ser usada na presença de um adulto.

PASSO A PASSO

1. Com a ajuda do professor, modele a bolinha de isopor com o estilete, formando a cabeça e o bico da arara. Em seguida, cole a cabeça no pote de leite fermentado.

2. Passe uma camada de cola e cole pedaços de guardanapo em toda a arara. Depois, deixe secar. Com a caneta permanente, desenhe os detalhes.

3. Pinte e deixe secar. Se necessário, pinte novamente.

4. Coloque a massa de modelar dentro do outro pote de leite fermentado e encaixe o pedaço do galho dentro. Passe cola no pote e cole pedaços de guardanapo. Depois, deixe secar.

5. Pinte o pote de marrom. Coloque asas na arara usando um pedaço de papelão fino pintado de azul. Com a cola quente, cole a arara-azul no galho. Seu trabalho está pronto!

437

LIÇÃO 14 — DIA DAS CRIANÇAS – FANTOCHE DE PALHAÇO

O Dia das Crianças é comemorado em cada país em uma data diferente. No Brasil, comemoramos essa data no dia 12 de outubro. E como falamos várias aspectos sobre o circo, que tal fazer um palhaço para brincar de circo?

Vamos construir um fantoche de palhaço usando materiais reutilizáveis.

MATERIAIS

- copo de isopor

A cola quente deve ser usada na presença de um adulto.

- palito de churrasco
- bolinha de isopor
- retalho de tecidos liso e estampado 
- cola quente
- fita de cetim
- tinta
- pincel 
- caneta permanente 
- lã

PASSO A PASSO

FOTOS DE: HNFOTOS

1. Espete o palito de churrasco na bolinha de isopor e pinte o rosto de branco e a boca e o nariz de vermelho. Em seguida, deixe secar. Com a caneta permanente, faça os detalhes da carinha do palhaço.

2. Com lã, faça 2 pompons, formando o cabelo do palhaço. Em seguida, cole-os no lugar adequado.

3. Recorte duas vezes, no tecido estampado, o formato de uma camisa, como na imagem.

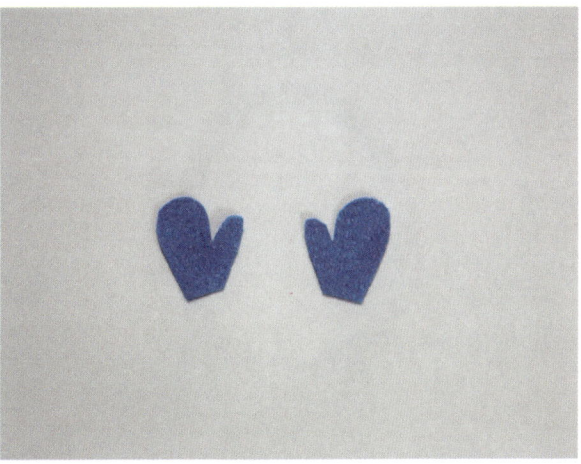

4. Com o tecido liso, faça duas luvas para o palhaço.

ARTE

439

5. Cole as duas partes da camisa e as luvas. Depois, faça um suspensório com a fita de cetim e cole também.

6. Passe cola no copo e encape com o tecido liso. Está feita a calça do palhaço.

7. Faça um pequeno furo na base do copo.

8. Encaixe o palito de churrasco dentro da camisa.

440

9. Encaixe o palito de churrasco no buraco do copo e cole a parte da camisa do palhaço na calça com a cola quente. Nesse momento, você precisará da ajuda de um adulto.

10. O fantoche está pronto!

11. Você pode brincar de esconder o palhaço, criando várias situações engraçadas!

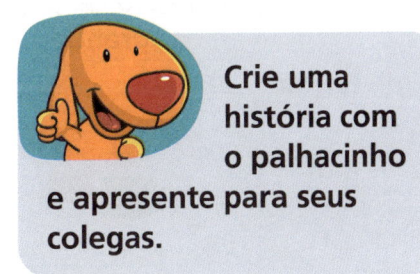

Crie uma história com o palhacinho e apresente para seus colegas.

LIÇÃO 15 — RELEITURA

A obra *Marinha com barco*, da pintora brasileira Anita Malfatti (1889-1964), faz parte da fase em que a artista pintava ao ar livre, usava cores vibrantes e ousadas, com pinceladas rápidas e contorcidas.

Anita Malfatti participou da Semana de Arte Moderna de 1922, em São Paulo, importante evento que renovou as artes no Brasil.

Vamos fazer uma releitura tridimensional da obra *Marinha com barco*, de Anita Malfatti.

Marinha com barco, de Anita Malfatti, 1915, 23 cm × 31 cm.

MATERIAIS

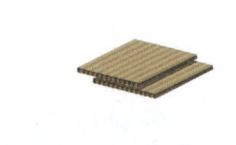

- retângulo de papelão grande
- retângulo de papelão pequeno
- tinta
- pincel
- tesoura 
- cola
- massa de modelar

PASSO A PASSO

1. Dobre o retângulo de papelão grande ao meio para vincar. Levante uma das metades, formando um L. A parte de baixo será o mar, e a parte de cima, o céu. Passe tinta branca e deixe secar.

2. Depois de observar a obra original, pinte o céu. Lembre-se de que está fazendo uma releitura, então deixe a *sua* impressão aparecer. Não se esqueça de que a montanha faz parte do céu. Agora, pinte o mar e a areia.

3. Pegue outro pedaço do papelão e desenhe o barco, como na imagem.

4. Recorte e pinte o barco e espere secar. Pinte a parte de trás de branco para dar um acabamento melhor.

5. Com a massa de modelar, faça as pedras e cole no lugar.

6. Cole o barco no mar e, com a tinta branca, pinte a espuma da água subindo nas pedras. A releitura tridimensional está pronta!

ATIVIDADE

Pesquise e complete os dados sobre **Anita Malfatti**.

Nome	
Nascimento	
Principais obras	

Coleção Eu gosto m@is

LÍNGUA INGLESA

3º ANO
ENSINO FUNDAMENTAL

CONTENTS

Lesson 1 – A house or an apartment? **447**
(Casa ou apartamento?)
- Opposite adjectives 448

Lesson 2 – I'm hungry! **452**
(Estou com fome!)
- Fruits 452
- Vegetables 453
- Cereals, pasta and drinks 453

Lesson 3 – Meals **456**
(Refeições)
- There is / There are 458
- More numbers 459

Lesson 4 – Is there a supermarket near here? **460**
(Há um supermercado perto daqui?)

Lesson 5 – I like clothes **462**
(Eu gosto de roupas)
- Sizes / Colors 462

Lesson 6 – Are you ready to order? **464**
(Você já quer fazer o pedido?)

Lesson 7 – I don't feel very well **467**
(Eu não me sinto muito bem)

Lesson 8 – What did you do last weekend? **471**
(O que você fez no fim de semana passado?)
- Let's see some verbs in the past tense 472

Review **474**
(Revisão)

Glossary **479**
(Glossário)

LESSON 1

A HOUSE OR AN APARTMENT?
(Casa ou apartamento?)

This is a building.

This is a big house.

This is an apartment.

This is a small house.

I LIVE IN AN APARTMENT. AND YOU?

ME TOO.

DO YOU LIVE IN A HOUSE OR IN AN APARTMENT?

I LIVE IN AN APARTMENT.

DO YOU LIVE IN A HOUSE OR IN AN APARTMENT?

I LIVE IN A HOUSE.

Opposite adjectives

Attention!
(Atenção!)

- big ≠ small
- old ≠ new
- modern ≠ old
- dark ≠ bright
- beautiful ≠ ugly

ACTIVITIES

1. Choose the correct option.
(Escolha a opção correta.)

Model:

Do you live in a house or in an apartment?

☐ I live in a house.

☐ I live in an apartment.

a) Is your house comfortable?

☐ Yes. ☐ No.

b) Is your house big?

☐ Yes. ☐ No.

c) Is your house small?

☐ Yes. ☐ No.

d) Is your house old?

☐ Yes. ☐ No.

e) Is your house new?

☐ Yes. ☐ No.

f) Is your house modern?

☐ Yes. ☐ No.

2. Let's write!
(Vamos escrever!)

a) My teacher lives in _____ house.

> an old / a new

b) My mother lives in _____ house.

> a modern / an old

VOCABULARY

big: grande
comfortable: confortável
modern: moderna
new: nova
old: velha

448

3. Let's write.
(Vamos escrever.)

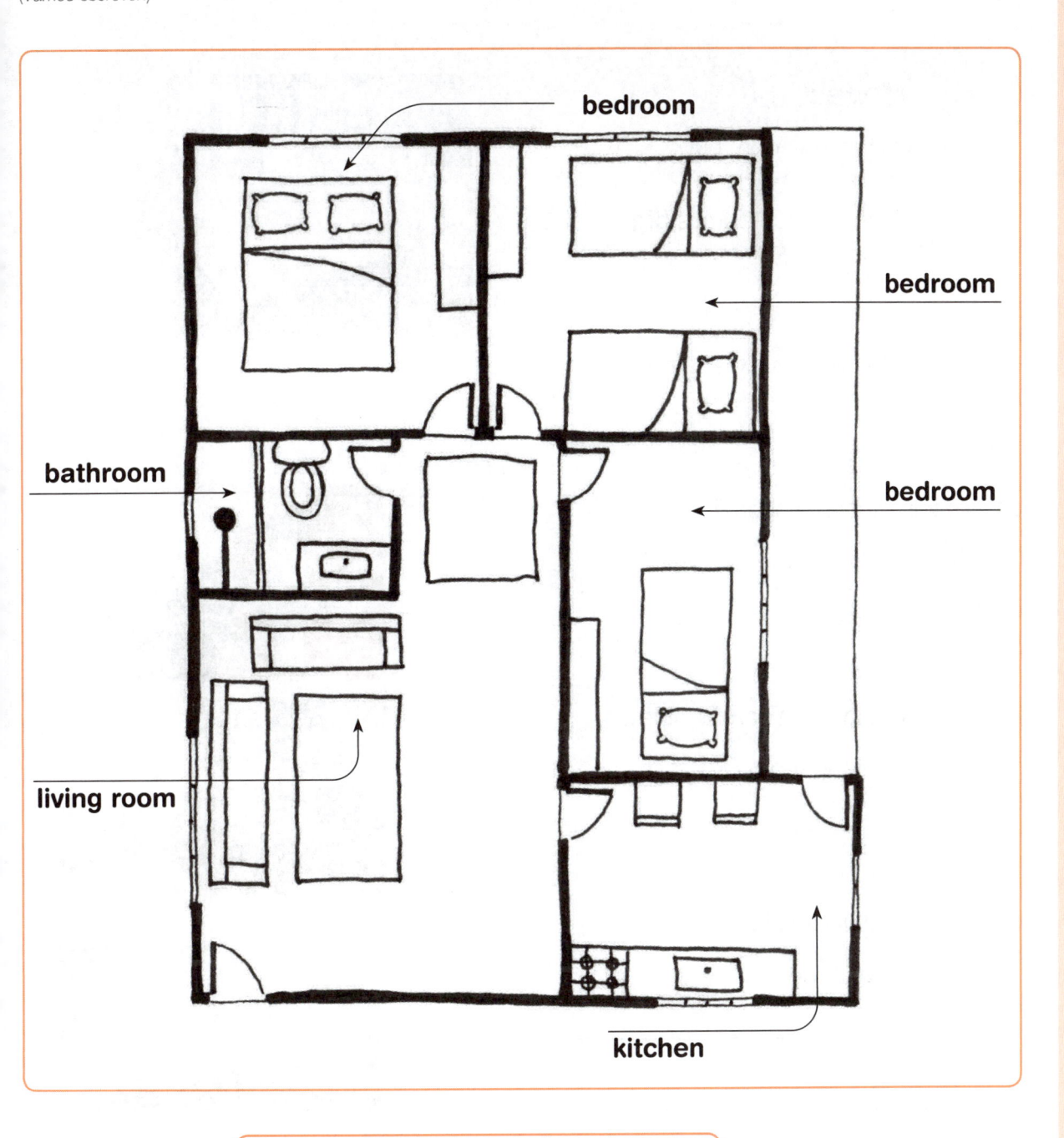

LÍNGUA INGLESA

bedroom

bedroom

bathroom

bedroom

living room

kitchen

Model:

This house has three bedrooms.
(Esta casa tem três quartos.)

a) This house has one _____.

b) This house has one _____.

c) This house has one _____.

4. Let's write.
(Vamos escrever.)

> **Model:**
> – Is this bedroom big?
> (Este quarto é grande?)
>
> – Yes, this bedroom is **big**.
> (Sim, este quarto é grande.)
>
> or
> (ou)
>
> – No, this bedroom is **not big**. It is small.
> (Não, este quarto não é grande. Ele é pequeno.)

a) – Is this kitchen modern?

– Yes, this kitchen is _____.

b) – Is this living room comfortable?

– Yes, this living room is _____.

c) – Is this bathroom old?

– No, this bathroom is not _____.

It is _____.

d) – Is this dining room dark?

– No, this dining room is not _____.

It is _____.

5. Unscramble the words and match to the pictures.

(Desembaralhe as palavras e ligue-as às imagens.)

NEKICTH

MOBATHOR

NINIDG OROM

GVLINI ORMO

ROBEDOM

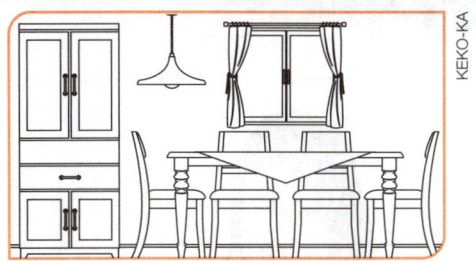

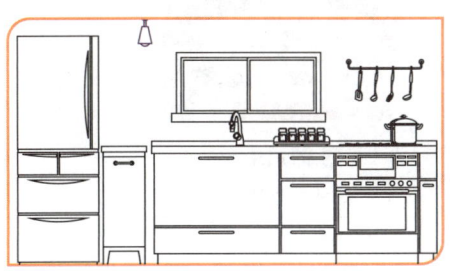

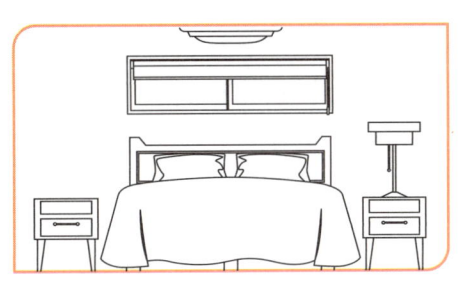

LESSON 2

I'M HUNGRY!
(Estou com fome!)

I like fruits!
(Eu gosto de frutas!)

I like vegetables!
(Eu gosto de verduras/legumes!)

I like cereals!
(Eu gosto de cereais!)

Fruits
(Frutas)

bananas
(bananas)

tomatoes
(tomates)

pears
(peras)

lemons
(limões)

Apples
(maçãs)

oranges
(laranjas)

452

Vegetables
(Verduras e legumes)

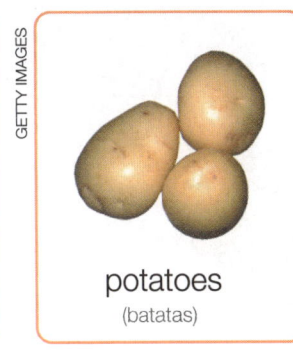

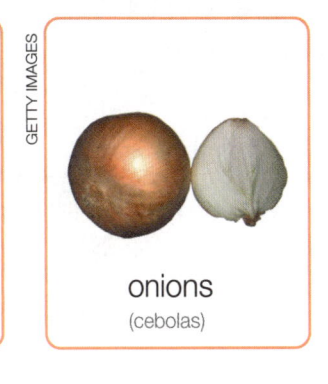

lettuce (alface)	**broccoli** (brócolis)	**potatoes** (batatas)	**onions** (cebolas)
pumpkin (abóbora)	**spinach** (espinafre)	**cauliflower** (couve-flor)	**carrots** (cenouras)

Cereals, pasta and drinks
(Cereais, massa e bebidas)

pasta (macarrão)	**rice** (arroz)	**corn flakes** (cereais de flocos de milho)	**bread** (pão)
tea (chá)	**coffee** (café)	**juice** (suco)	**milk** (leite)

ACTIVITIES

1. Now write!
(Agora, escreva!)

a) I like _____.

b) She likes _____.

c) I like _____.

d) I don't like _____.

e) I don't like _____.

f) I like _____.

g) He likes _____.

h) I like _____.

2. Let's match.
(Vamos ligar.)

Model:

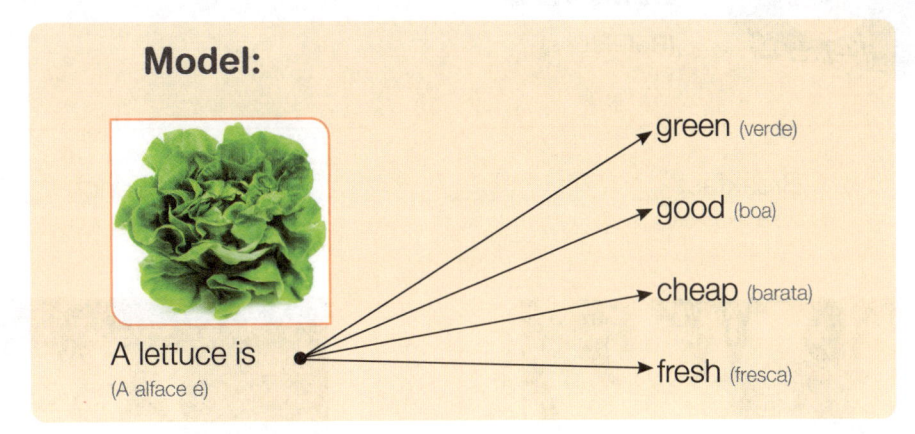

A lettuce is
(A alface é)
→ green (verde)
→ good (boa)
→ cheap (barata)
→ fresh (fresca)

green
(verde)

red
(vermelho/a)

brown
(marrom)

white
(branco/a)

good
(bom/boa)

bad
(ruim)

apples

oranges

potatoes

milk

fresh
(fresco/a)

old
(velho/a)

sweet
(doce)

orange (color)
(laranja)

cheap
(barato/a)

expensive
(caro/a)

LÍNGUA INGLESA

455

LESSON 3

MEALS
(Refeições)

Breakfast
(Café da manhã)

- juice
- milk
- bread
- butter / margarine
- jam

Lunch
(Almoço)

- rice and beans
- potatoes
- steak
- salad
- meat

Dinner
(Jantar)

- soup
- grilled chicken
- salad

Snacks
(Lanches)

- sandwich
- cookies
- fruit salad
- ice cream
- chocolate cake

ACTIVITIES

1. Let's talk and write.
(Vamos conversar e escrever.)

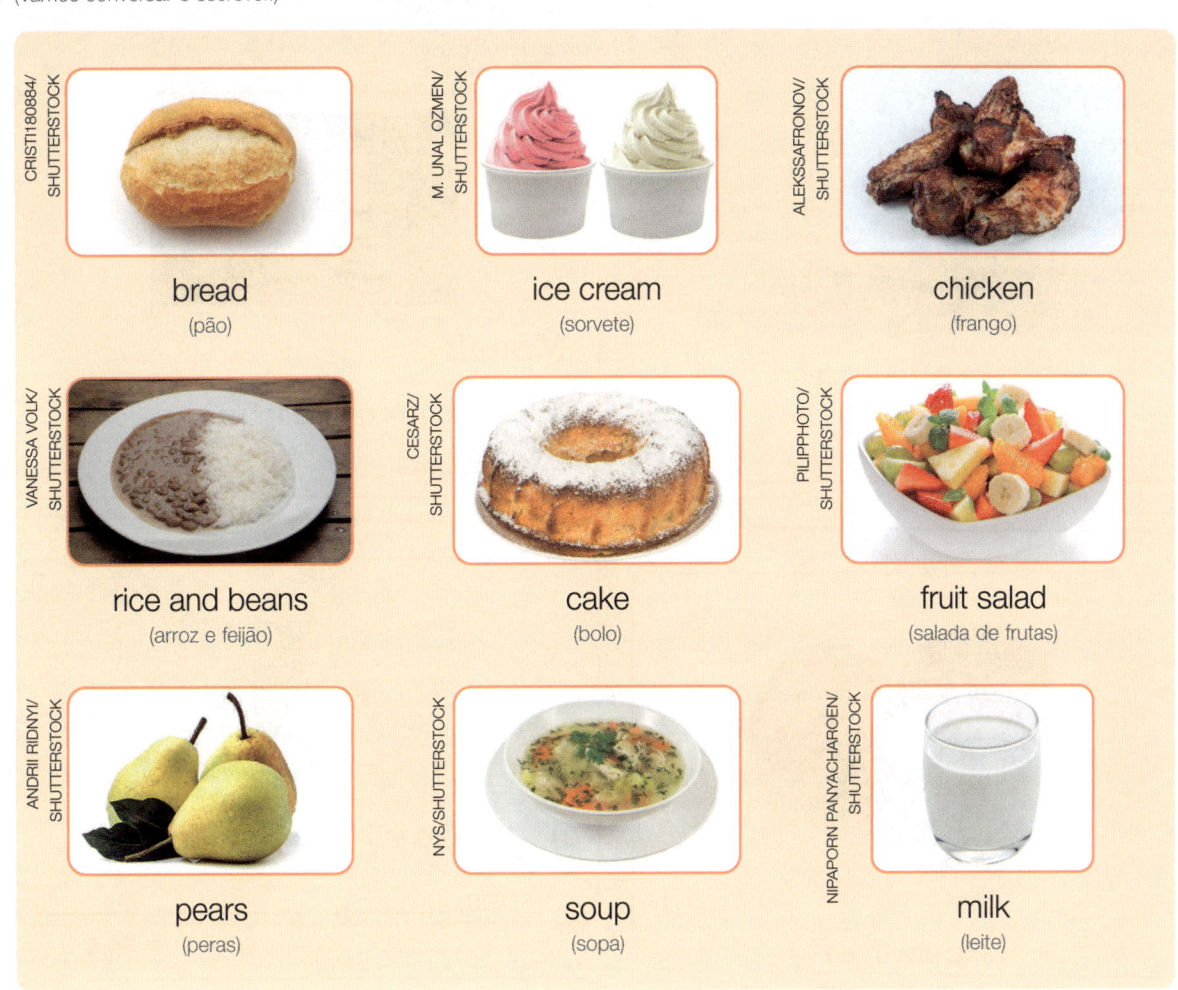

bread
(pão)

ice cream
(sorvete)

chicken
(frango)

rice and beans
(arroz e feijão)

cake
(bolo)

fruit salad
(salada de frutas)

pears
(peras)

soup
(sopa)

milk
(leite)

a) I usually have _____ for breakfast.

b) I have _____ for lunch.

c) I have _____ for dinner.

d) I have _____ for snacks.

There is / There are
(Há)

There is an apple on the plate.
(Há uma maçã no prato.)

There are three apples on the plate.
(Há três maçãs no prato.)

There are two onions and some potatoes on the table.
(Há duas cebolas e algumas batatas na mesa.)

1. Let's answer!
(Vamos responder!)

Model:
– Is there milk on the table?
– Yes, there is.

a) – Is there fruit on the plate?
– Yes, _____.

b) – Is there meat in the fridge?
– Yes, _____.

VOCABULARY

fridge: geladeira
meat: carne

More numbers
(Mais números)

11 Eleven	**12** Twelve	**13** Thirteen	**14** Fourteen	**15** Fifteen
16 Sixteen	**17** Seventeen	**18** Eighteen	**19** Nineteen	**20** Twenty
21 Twenty-one	**22** Twenty-two	**23** Twenty-three	**24** Twenty-four	**25** Twenty-five
26 Twenty-six	**27** Twenty-seven	**28** Twenty-eight	**29** Twenty-nine	**30** Thirty
31 Thirty-one	**32** Thirty-two	**33** Thirty-three	**34** Thirty-four	**35** Thirty-five
36 Thirty-six	**37** Thirty-seven	**38** Thirty-eight	**39** Thirty-nine	**40** Forty
41 Forty-one	**42** Forty-two	**43** Forty-three	**44** Forty-four	**45** Forty-five
46 Forty-six	**47** Forty-seven	**48** Forty-eight	**49** Forty-nine	**50** Fifty

LÍNGUA INGLESA

LESSON 4

IS THERE A SUPERMARKET NEAR HERE?
(Há um supermercado perto daqui?)

supermarket
(supermercado)

drugstore
(farmácia)

bookstore
(livraria)

restaurant
(restaurante)

theater
(teatro)

bank
(banco)

coffee shop
(cafeteria, café)

post office
(correio)

ACTIVITIES

1. My neighborhood.
(Minha vizinhança.)

Model:

- The **school** is near the hospital.
(A escola está próxima ao hospital.)

- The restaurant is **next** to the bank.
(O restaurante está ao lado do banco.)

a) the supermarket is _____ the post office.

b) the coffee shop is _____ to the supermarket.

c) the bank is _____ to the restaurant.

d) the drugstore is _____ the post office.

2. Write.
(Escreva.)

Model:

There is a **supermarket near** my house.
(Há um supermercado perto da minha casa.)

a) There is _____ my house.

b) There is _____ my house.

c) There are _____ house.

d) There is _____.

LESSON 5

I LIKE CLOTHES
(Eu gosto de roupas)

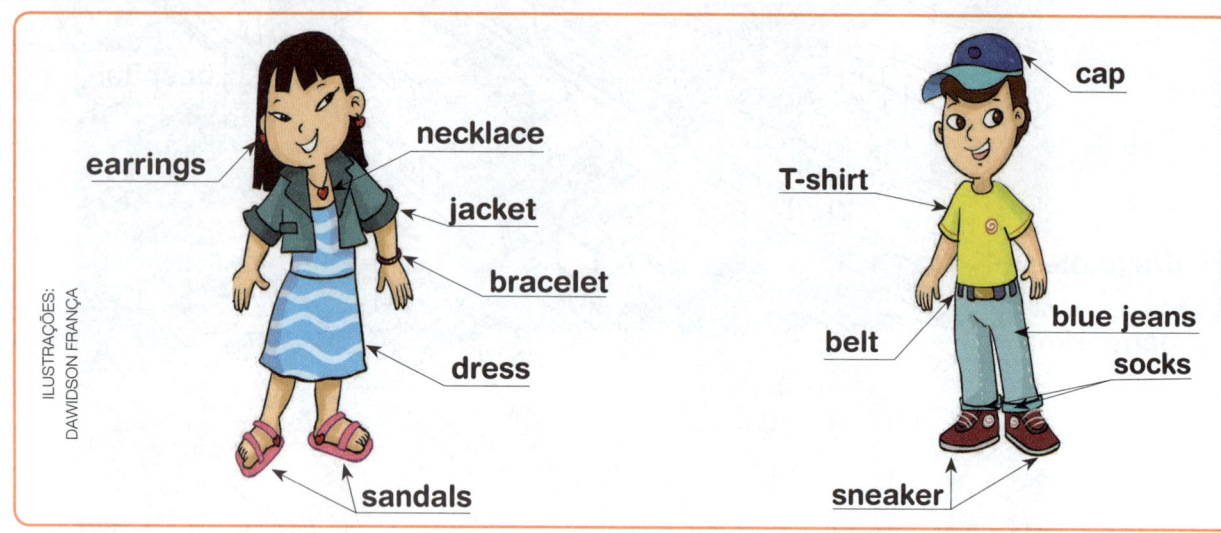

Girl labels: earrings, necklace, jacket, bracelet, dress, sandals

Boy labels: cap, T-shirt, belt, blue jeans, socks, sneaker

ILUSTRAÇÕES: DAWIDSON FRANÇA

Sizes/Colors

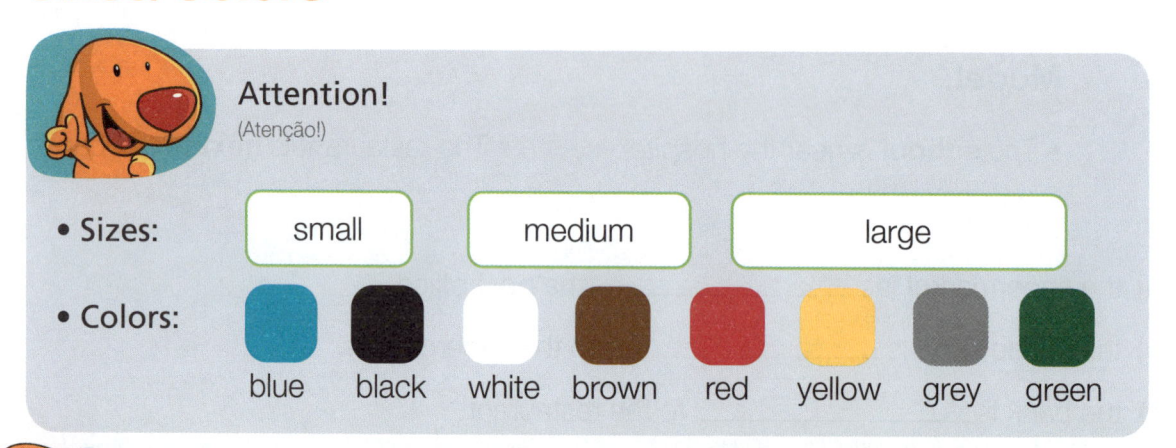

Attention!
(Atenção!)

- Sizes: small | medium | large
- Colors: blue | black | white | brown | red | yellow | grey | green

VOCABULARY

belt: cinto
blouse: blusa
bracelet: pulseira
cap: boné
dress: vestido
earrings: brincos
extra-large: extra grande
jacket: jaqueta
jeans (pants): calça *jeans*
large: grande

medium: médio(a)
necklace: colar
pants: calças
sandals: sandálias
shoes: sapatos
skirt: saia
small: pequeno(a)
sneaker: tênis
socks: meias
T-shirt: camiseta

ACTIVITIES

1. Let's color.
(Vamos colorir.)

a) Choose your favorite piece of clothing and mark an ✓.
(Escolha a sua roupa favorita.)

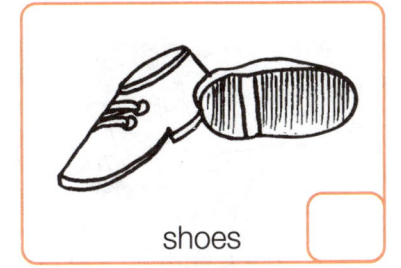

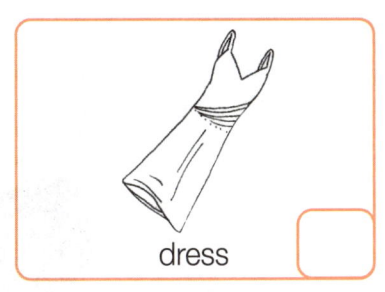

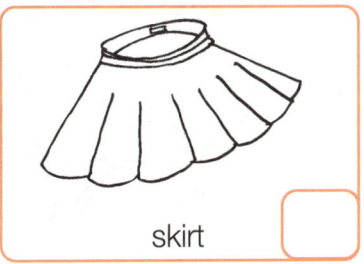

| T-shirt | shoes | dress |
| pants | jacket | skirt |

2. Describe your favorite piece of clothing.
(Descreva sua peça de vestuário favorita.)

> **Model:**
> My favorite piece of clothing is a skirt.
> It's blue.

My favorite piece of clothing is _____
_____.
It's _____.

3. That's the way I like to dress.
(É assim que eu gosto de me vestir.)

LÍNGUA INGLESA

ILUSTRAÇÕES: DAWIDSON FRANÇA

LESSON 6 — ARE YOU READY TO ORDER?

(Você já quer fazer o pedido?)

> ARE YOU READY TO ORDER?
>
> I'D LIKE A HAMBURGER AND FRIES.
>
> I'D LIKE A SALAD WITH LETTUCE AND TOMATOES.

ACTIVITIES

1. Let's copy!

(Vamos copiar!)

- chocolate cake
- orange juice
- salad
- French fries
- soup
- hamburger

464

2. How much is it?

(Quanto é?)

Models:

– How much is it?

– It is $ 2.

– OK.

– How much is it?

– It is $ 5.

– OK. Thanks.

a) – How much is the hamburguer?

– It is _____.

– Thanks.

– OK.

b) – How much is the salad?

– It is _____.

– Thanks.

– OK.

3. Let's talk and write.

(Vamos conversar e escrever.)

chicken	meat	cheese	French fries
		ice cream	sandwich
fish	cake	soup	soda
potato	salad	juice	hamburger

a) My three favorite foods:

My favorite foods are _____.

b) My favorite drink:

My favorite _____.

c) My favorite dessert:

My favorite _____.

d) Write things a friend likes:

My friend _____.

4. Let's match!

(Vamos combinar!)

a) Chicken
b) Meat
c) Fish
d) Soup
e) Juice
f) Salad
g) Cake
h) French fries
i) Hamburger
j) Potatoes

LESSON 7

I DON'T FEEL VERY WELL
(Eu não me sinto muito bem)

Rita: – Hi, Les. Good morning. You don't look good.

Les: – Hi, Rita. I don't feel very well.

Rita: – What is wrong?

Les: – I have a headache and a terrible sore throat.

Rita: – Oh, that's too bad. Maybe you should see a doctor.

Les: – Yes, I think that's a good idea.

ACTIVITIES

1. Look at the dialogue.
(Veja o diálogo.)

Say if the sentences are true ⬚T or false ⬚F.
(Diga se as frases são verdadeiras ou falsas.)

a) Rita doesn't look good.   T ⬚   F ⬚

b) Les doesn't look good.   T ⬚   F ⬚

c) Rita has a stomachache and a headache.   T ⬚   F ⬚

d) Rita has a headache and a sore throat.   T ⬚   F ⬚

e) Rita should see a doctor.   T ⬚   F ⬚

2. Look at the pictures and write the words.
(Olhe as figuras e depois escreva as palavras.)

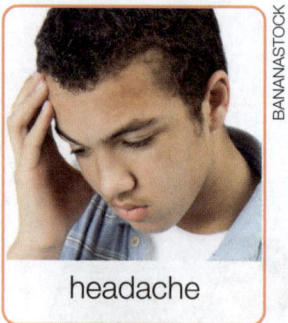

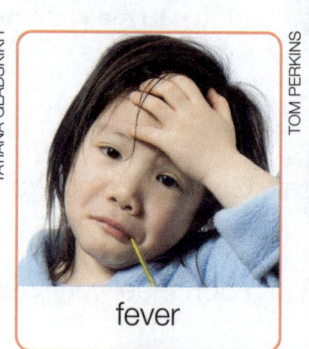

headache   sore throat   fever   earache

cold   cough   backache   stomachache

a) Lucy doesn't feel very well.

She has a _____.

b) John doesn't feel very well.

He has a _____.

c) Allan doesn't feel very well.

He has a _____.

d) Caroline doesn't feel very well.

She has an _____.

3. Let's match the sentences to the pictures.

(Vamos relacionar as frases às ilustrações.)

Model:

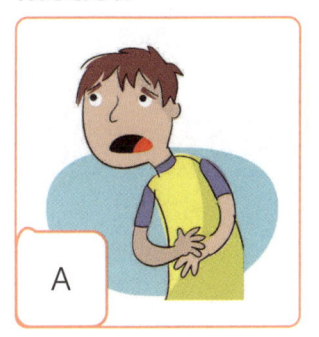

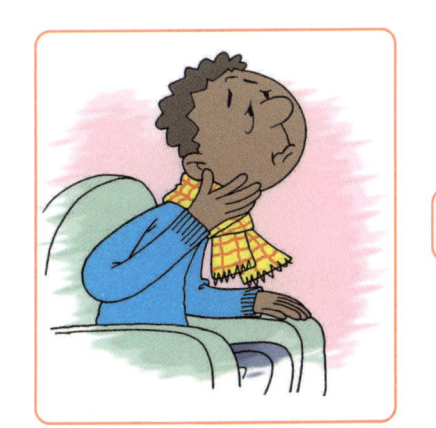

a) He has a stomachache.

e) She has a headache.

b) He has a cold.

f) She has a toothache.

c) She has a cough.

g) He has a sore throat.

d) He has a fever.

A

ILUSTRAÇÕES: IVAN COUTINHO

469

4. Let's match.
(Vamos relacionar.)

> **Model:**
> — I have a headache.
> — You should take an aspirin.

What's wrong? (Qual é o problema?/O que há de errado?)	Maybe you should... (Talvez você devesse...)
• I have a fever. (Estou com febre.)	• ...see a doctor. (...ir ao médico.)
• I have a headache. (Estou com dor de cabeça.)	• ...go to the dentist. (...ir ao dentista.)
• I have a toothache. (Estou com dor de dente.)	• ...take a shower. (...tomar um banho.)
• I have a stomachache. (Estou com dor de estômago.)	• ...go to bed. (...ir para a cama.)
• I have a cold. (Estou resfriado.)	• ...take an aspirin. (...tomar uma aspirina.)
• I have a sore throat. (Estou com dor de garganta.)	• ...drink a cup of tea. (...tomar uma xícara de chá.)
• I have a cough. (Estou com tosse.)	• ...go to a hospital. (...ir para um hospital.)
• I have an earache. (Estou com dor de ouvido.)	• ...take some syrup. (...tomar um xarope.)

LESSON 8
WHAT DID YOU DO LAST WEEKEND?
(O que você fez no fim de semana passado?)

LÍNGUA INGLESA

WE **WENT** TO THE MOVIES.

THEY **PLAYED** SOCCER.

I **STAYED** AT HOME.

SHE **WENT** TO THE CLUB.

I **VISITED** SOME FRIENDS.

THEY **ATE** PIZZA.

WE **HAD** A BARBECUE.

Let's see some verbs in the past tense

(Vamos ver alguns verbos no tempo passado)

Simple present	Simple past	Translation
go	went	ir
see	saw	ver
play	played	jogar, tocar
study	studied	estudar
travel	traveled	viajar
visit	visited	visitar
have	had	ter
make	made	fazer
eat	ate	comer
drink	drank	beber
help	helped	ajudar
take	took	tomar, pegar

ACTIVITIES

1. Find the past tense of the following verbs.

(Encontre o passado dos seguintes verbos.)

> Go   Eat   Visit   Play   Stay   Make   See   Help

W	E	N	T	A	J	H	E	L	P	E	D	A	S
K	H	G	F	B	I	D	J	X	B	Q	V	X	A
P	P	I	T	A	T	E	D	Z	V	Y	Z	A	W
L	V	C	U	H	C	E	C	Y	U	K	B	L	A
A	Y	F	E	B	W	P	V	I	S	I	T	E	D
Y	S	D	G	L	M	O	Q	E	D	R	S	M	T
E	G	R	H	K	N	P	F	J	C	D	M	N	O
D	F	Q	I	D	O	S	T	A	Y	E	D	I	H
Z	A	M	A	D	E	N	J	G	K	L	P	T	U

2. Let's play with verbs.
(Vamos brincar com verbos.)

3. Let's write!
(Vamos escrever!)

a) What did you do last weekend?
_____
_____. (had a party)

b) What did you do last weekend?
_____
_____. (studied English)

c) What did you do yesterday?
_____
_____.
(played soccer)

d) What did you do last night?
_____
_____.
(saw a movie)

e) What did you do last weekend?
_____
_____. (watched TV)

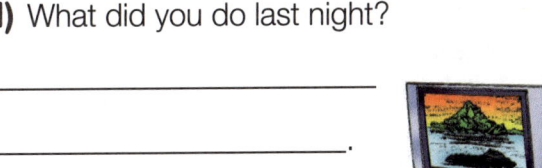

VOCABULARY

last night: a noite passada
last weekend: fim de semana passado
yesterday: ontem

4. Complete these sentences in English.
(Complete estas frases em inglês.)

Model:
Nancy foi ao parque.
Nancy went to the park.

a) Ela tomou sorvete.
She had an _____

b) … viu um cachorro.
… saw _____

c) … encontrou amigos.
… met _____

d) … tomou o ônibus.
… took _____

e) … ligou para os pais.
… called her _____

f) … ajudou o cachorro.
… helped _____

g) … e foi ao veterinário.
… and went to _____

… parents.   … friends.
… a dog.   … a bus.
… ice cream.   … the vet.
                   … the dog.

LÍNGUA INGLESA

REVIEW
(Revisão)

I can describe a house or an apartment.
(Eu sei descrever uma casa ou um apartamento.)

big	small
new	old
modern	comfortable
beautiful	ugly
dark	bright

1. Answer the questions.
(Responda às perguntas.)

a) Do you live in a house or in an apartment?
_____
_____

b) Is your house big or small?
_____
_____

c) Is your house new or old?
_____
_____

d) Is your house beautiful?
_____
_____

2. Match the opposites.
(Relacione os opostos.)

(a) big   (   ) ugly

(b) beautiful   (   ) small

(c) dark   (   ) bright

I can name these fruits and vegetables, cereals, pasta and drinks.
(Eu sei os nomes de algumas frutas, verduras e legumes, cereais, massas e bebidas.)

Fruits:
apple
banana
lemon
orange
pear
tomato

Vegetables:
potato
onion
cauliflower
carrot
spinach
lettuce

Cereals, pasta and drinks:
bread
corn flakes
milk
coffee
tea
juice

3. Write your 3 favorite fruits.
(Escreva suas 3 frutas favoritas.)

a) _____
_____

b) _____
_____

c) _____
_____

4. Write your 3 favorite vegetables.
(Escreva suas 3 verduras ou legumes favoritos.)

a) _____
_____

b) _____
_____

c) _____
_____

I can talk about the meals in a day.
(Eu sei conversar sobre as refeições do dia.)

breakfast	lunch
dinner	

5. Write what you eat for breakfast.
(Escreva o que você come no café da manhã.)

_____
_____
_____

6. Write what you eat for lunch.
(Escreva o que você come no almoço.)

_____
_____
_____
_____

7. Write what you eat for dinner.
(Escreva o que você come no jantar.)

_____
_____
_____
_____
_____

I can count to 50.
(Eu sei contar até 50.)

11 eleven	**12** twelve
13 thirteen	**14** fourteen
15 fifteen	**16** sixteen
17 seventeen	**18** eighteen
19 nineteen	**20** twenty
30 thirty	**40** forty
41 forty-one	**48** forty-eight
49 forty-nine	**50** fifty

LÍNGUA INGLESA

I can name these locations.	
(Eu sei nomear estes locais.)	
supermarket	restaurant
bank	coffee shop
school	bookstore
drugstore	post office

8. Answer the questions.
(Responda às perguntas.)

a) Is there a supermarket near your house?
_____
_____
_____
_____

b) Is there a school near your house?
_____
_____
_____
_____

c) Is there a bank near here?
_____
_____
_____
_____

d) Is there a post office near here?
_____
_____
_____
_____

I can name these clothes and accessories.	
(Eu sei nomear estas roupas.)	
cap	jacket
T-shirt	sandals
jeans	earrings
shirt	necklace
blouse	bracelet
dress	socks
tennis / shoes	belt

9. Match the words.
(Relacione as palavras.)

(a) cap   ( ) colar

(b) socks   ( ) camiseta

(c) earrings   ( ) boné

(d) necklace   ( ) meias

(e) dress   ( ) jaqueta

(f) jacket   ( ) vestido

(g) T-shirt   ( ) brincos

I can order at a restaurant and say my favorite foods and drinks.
(Eu sei fazer pedido em restaurante e falar minhas comida e bebidas favoritas.)

– Are you ready to order?

– What would you like to drink?

– I'd like a hamburger.

I can talk about common diseases, say how I feel and make suggestions
(Eu sei conversar sobre doenças comuns, dizer como me se sinto e fazer sugestões)

– What's wrong?

– I don't feel well.

– Maybe you should sleep.

10. Complete the dialogue.
(Complete o diálogo.)

- – I don't feel well.

- – What's _____
_____.

- – I have a _____ and a _____
_____.

- – Maybe you should _____
_____.

11. Match.
(Relacione.)

(a) dor de cabeça ( ) earache

(b) febre ( ) stomachache

(c) tosse ( ) cold

(d) dor de ouvido ( ) headache

(e) dor de estômago ( ) sore throat

(f) resfriado ( ) fever

(g) dor de garganta ( ) toothache

(h) dor de dente ( ) cough

I learned how to talk about activities in the past tense
(Eu aprendi a conversar sobre atividades no tempo passado)

Last week

Last weekend

Last month

12. Answer the questions.
(Responda às perguntas.)

a) What did your father do last weekend?
_____
_____
_____
_____

b) What did your friend do last weekend?
_____
_____

c) What did your brother / sister do last weekend?
_____
_____

I learned some verbs in the past tense
(Eu aprendi alguns verbos no tempo passado)

went	had
saw	made
played	ate
studied	drank
traveled	helped
visited	took

13. Let's put these verbs into the past tense.
(Vamos colocar estes verbos no tempo passado.)

a) study _____
b) go _____
c) visit _____
d) eat _____
e) drink _____
f) make _____
g) have _____
h) play _____
i) see _____
j) take _____

14. Match.
(Relacione.)

a) take   ( ) beber
b) see   ( ) estudar
c) play   ( ) tomar, pegar
d) have   ( ) jogar, brincar
e) make   ( ) ir
f) drink   ( ) visitar
g) eat   ( ) ver
h) visit   ( ) comer
i) go   ( ) ter
j) study   ( ) fazer

15. Complete the sentences with the verbs from the box.
(Complete as frases com os verbos do quadro.)

> play – study – drink – visits
> have – likes – goes

a) I _____ volleyball.
b) She _____ ice cream.
c) I _____ English.
d) He _____ to the club in the morning.
e) I don't _____ milk.
f) I _____ a dog and a cat.
g) She _____ her grandmother every Sunday.

GLOSSARY

activities atividades
adjectives adjetivos
answer resposta, responder
apartament apartamento
apple maçã
attention atenção
backache dor nas costas
bad mau, má
banana banana
bank banco
barbecue churrasco
bathroom banheiro
bean feijão
beautiful lindo(a), bonito(a)
bedroom quarto
belt cinto
big grande
blue jeans jeans
bookstore livraria
box caixa
bracelet pulseira
bread pão
breakfast café da manhã
broccoli brócolis
brown marrom
building edifício, prédio
bus ônibus
butter manteiga
cake bolo
cap boné
carrot cenoura
cauliflower couve-flor
cereals cereais
cheap barato (a)
chicken frango
chocolate chocolate
chocolate cake bolo de chocolate
choose escolher
clothes roupas
club clube
coffee café
coffee shop cafeteria, café
cold resfriado
color cor, colorir
comfortable cômodo, confortável
cookies biscoitos
correct correto, certo
corn flakes flocos de milho
cough tosse
cup xícara
dark escuro
day dia

dentist dentista
dessert sobremesa
dining room sala de jantar
dinner jantar
doctor médico (a)
dog cachorro
dress vestido
drink bebida, beber
drugstore farmácia
earache dor de ouvido
earrings brincos
eat comer
expensive caro(a)
extra-large extra grande
favorite favorito (a)
feel sentir
fever febre
find encontrar, achar
fish peixe
following seguinte
food comida, alimento
French fries batatas fritas
fresh fresco (a)
fridge geladeira
friend amigo (a)
fries batatas fritas
fruit fruta, frutas
fruit salad salada de frutas
go ir
good bom, boa
green verde
grey cinza
grilled grelhado (a)
hamburger hambúrguer
headache dor de cabeça
help ajudar, socorrer
here aqui
hospital hospital
how much quanto
hungry fome
house casa
ice cream sorvete
jacket jaqueta
jam geleia
juice suco
kitchen cozinha
large grande
last passado (a)
lemon limão
let's vamos
lettuce alface
like gostar

LÍNGUA INGLESA

479

live viver, morar
living room sala de estar
love amar
lunch almoço
margarine margarina
make fazer
maybe talvez
meal refeição
meat carne
medium médio
milk leite
modern moderno(a)
month mês
more mais
morning manhã
mother mãe
movies cinema
my meu(s), minha(s)
necklace colar
near perto
neighborhood vizinhança
new novo(a)
next próximo(a)
night noite
now agora
numbers números
office escritório
old velho(a)
onion cebola
opposite oposto, contrário
option opção
or ou
orange laranja
order pedido
package pacote
pants calça comprida
parents pais
park parque
party festa
pasta massa
pear pera
plate prato
play jogar, tocar, brincar
post office correio
potatoes batatas
pumpkin abóbora
ready pronto(a)
red vermelho(a)
restaurant restaurante
rice arroz
rice and beans arroz e feijão
salad salada
sandals sandália
sandwich sanduíche
school escola
see ver
sentence frase

shirt camisa
shoes sapatos
shower chuveiro
size tamanho
skirt saia
small pequeno(a)
snacks lanches
sneaker tênis
soccer futebol
socks meias
soda refrigerante
sore throat dor de garganta
soup sopa
spinach espinafre
steak bife
stomachache dor de estômago
study estidar
supermarket supermercado
sweet doce
syrup xarope
table mesa
take pegar, tomar, levar
talk conversar, falar
tea chá
teacher professor(a)
tennis tênis (esporte)
theater teatro
there is/there are haver, há
think pensar
this este(s), esta(s), isto
take a shower tomar banho
tomato tomate
too também
toothache dor de dente
travel viajar
T-shirt camiseta
ugly feio(a)
usually frequentemente
vegetables legumes, verduras
very muito
vet veterinário(a)
visit visitar
volleyball vôlei
way caminho, modo
week semana
weekend fim de semana
well bem
what qual
watch assistir
white branco(a)
with com
words palavras
write escrever
wrong errado
year ano
yellow amarelo
yesterday ontem

480

Coleção

Eu gosto m@is

ALMANAQUE

ALMANAQUE

Este material é parte integrante do *Eu Gosto M@is* – Integrado 3º ano – IBEP.

Meu Livro de:
Parlendas, Trava-línguas e Cantigas de Roda

Montagem e ilustrações:

RECORTE SOBRE A LINHA

483

Parte integrante da Coleção Eu gosto m@is – Integrado 3º ano – IBEP.

RECORTE SOBRE A LINHA

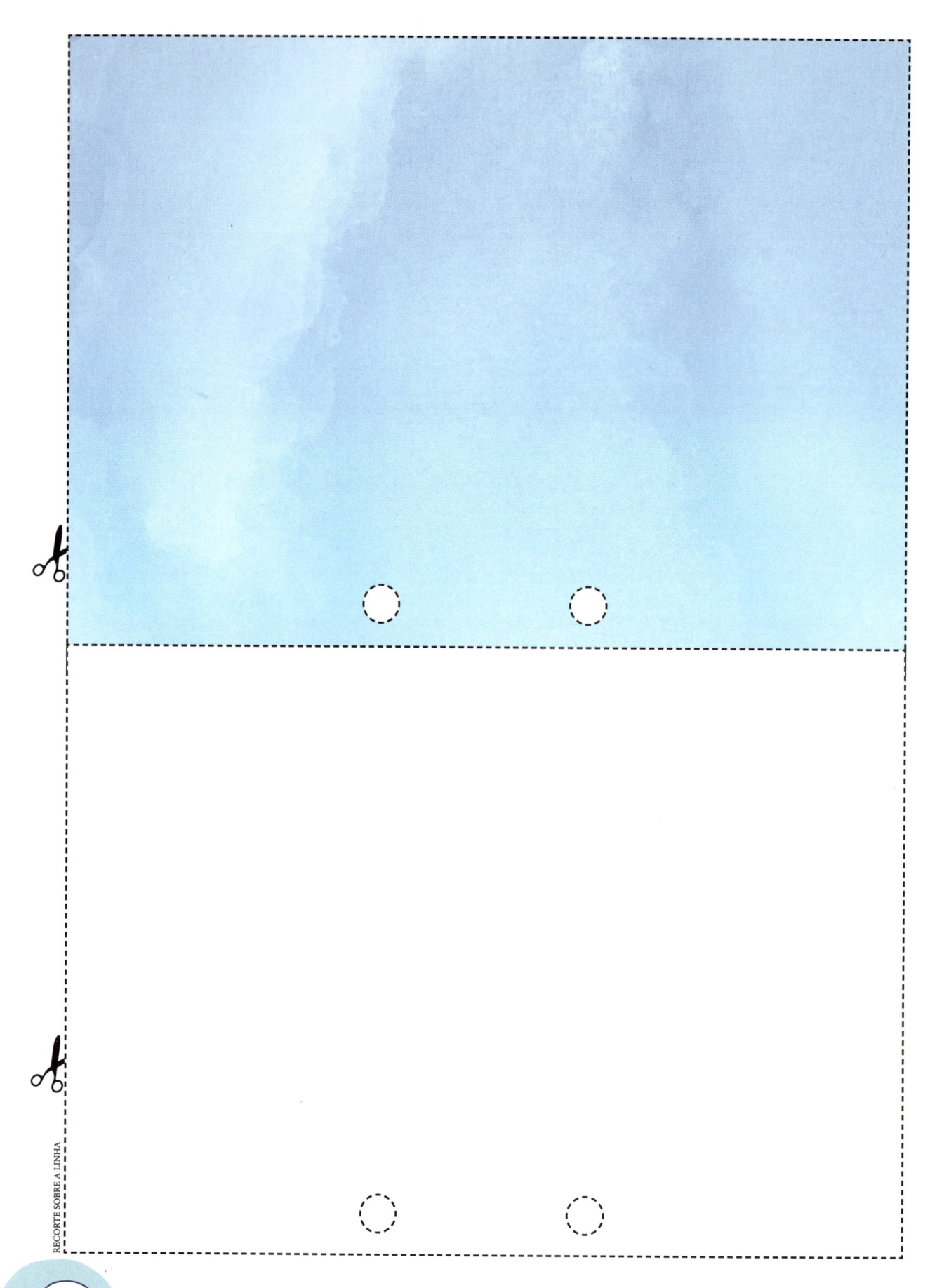

484

Parte integrante da Coleção Eu gosto m@is – Integrado 3º ano – IBEP.

Borboletinha

Borboletinha
Está na cozinha
Fazendo chocolate
Para a madrinha
Poti, poti
Perna de pau
Olho de vidro
Nariz de pica-pau
Pau, pau.

5

Parlenda

Bambalalão,
Senhor capitão
Espada na cinta
Sinete na mão.

3

Parlenda

O macaco foi à feira
Não sabia o que comprar
Comprou uma cadeira
Pra comadre se sentar
A comadre se sentou
A cadeira esborrachou
Coitada da comadre
Foi parar no corredor.

Trava-língua

Um ninho de mafagafos
Cheio de mafagafinhos
Quem desmafagafar
O ninho de mafagafos
Bom desmafagafador será.

ALMANAQUE

Parlenda

Era uma caveira
À meia-noite
Em uma casa mal-assombrada
Com uma faca na mão
Passando manteiga no pão
Passando manteiga no pão.

9

Trava-língua

Um tigre triste comeu um prato de trigo.
Dois tigres tristes comeram dois pratos de trigo.
Três tigres tristes comeram três pratos de trigo.

7

Parte integrante da Coleção Eu gosto m@is – Integrado 3º ano – IBEP.

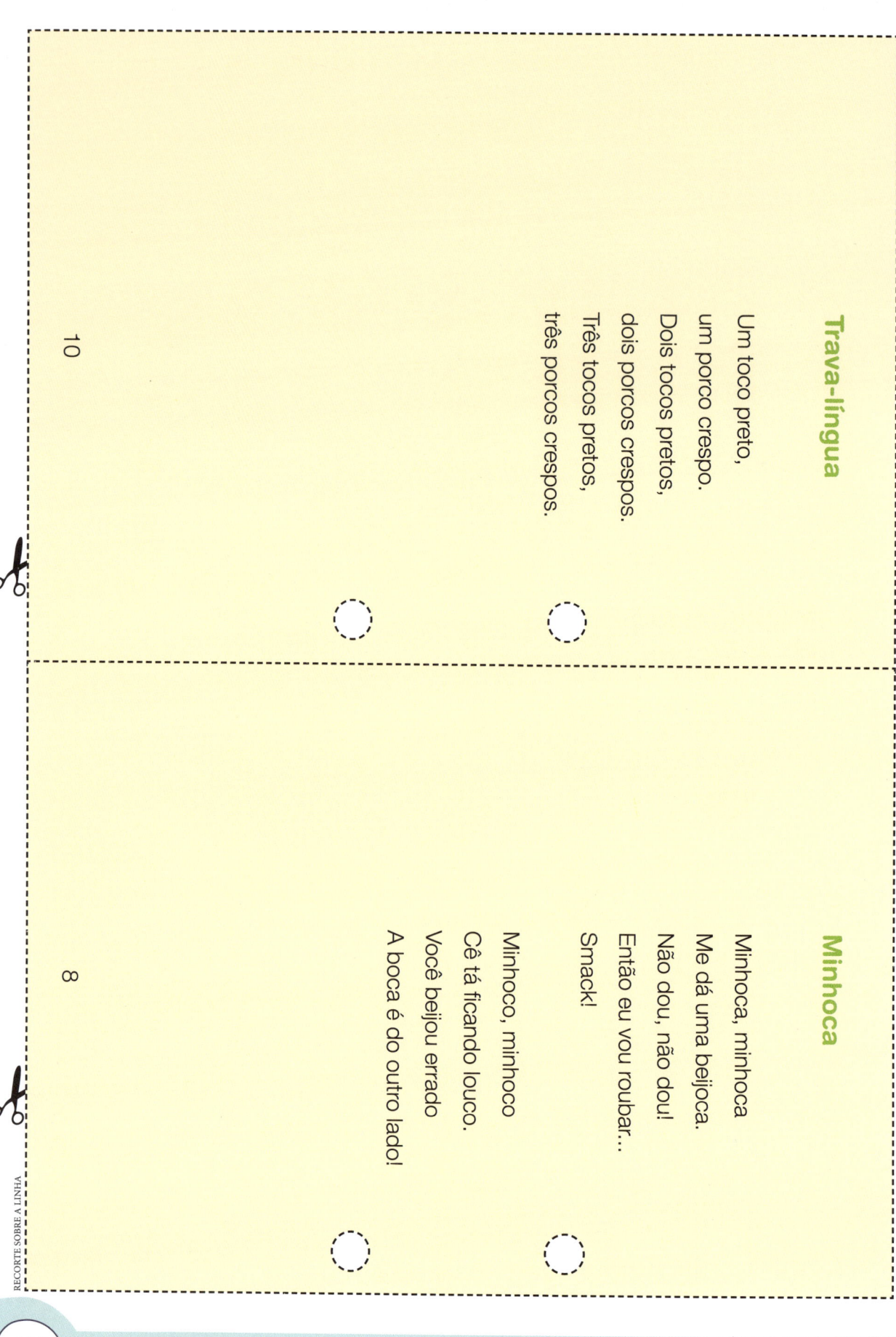

Trava-língua

Um toco preto,
um porco crespo.
Dois tocos pretos,
dois porcos crespos.
Três tocos pretos,
três porcos crespos.

Minhoca

Minhoca, minhoca
Me dá uma beijoca.
Não dou, não dou!
Então eu vou roubar...
Smack!
Minhoco, minhoco
Cê tá ficando louco.
Você beijou errado
A boca é do outro lado!

RELÓGIO DE PONTEIROS

eixo dos ponteiros

Parte integrante da Coleção Eu gosto m@is – Integrado 3º ano – IBEP.

RÉGUA DE 1 METRO

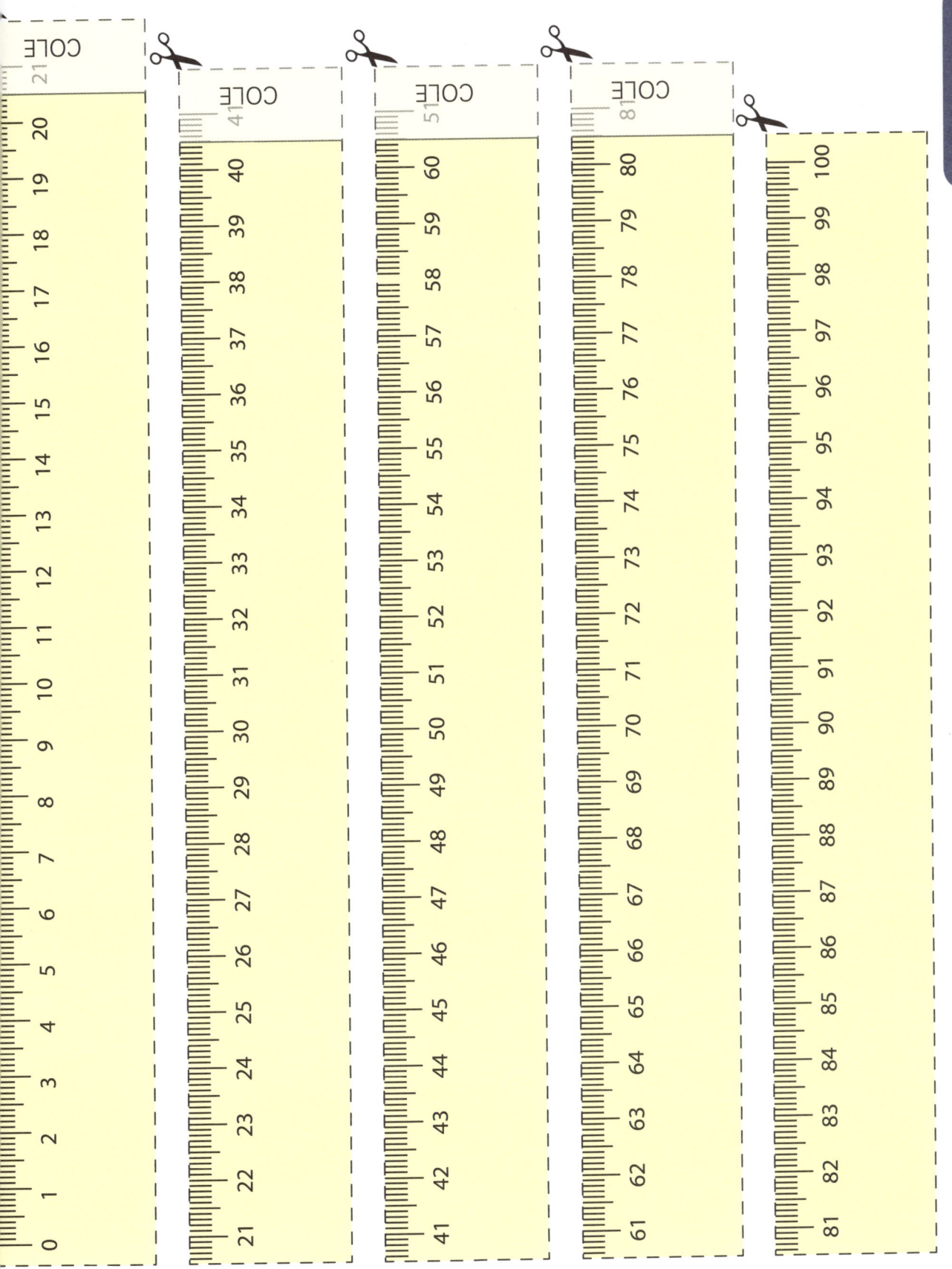

Parte integrante da Coleção Eu gosto m@is – Integrado 3º ano – IBEP.

Moedas

Moedas

Cédulas

ALMANAQUE

497

Parte integrante da Coleção Eu gosto m@is – Integrado 3º ano – IBEP.

Cédulas

ALMANAQUE

499

Parte integrante da Coleção Eu gosto m@is – Integrado 3º ano – IBEP.

Cédulas

ALMANAQUE

Parte integrante da Coleção Eu gosto m@is – Integrado 3º ano – IBEP.

Envelope para Cédulas e Moedas

Almanaque

Cédulas e Moedas

Nome: _____
Escola: _____ Ano e turma: _____

COLE AQUI

COLE AQUI

503

Parte integrante da Coleção Eu gosto m@is – Integrado 3º ano – IBEP.